LA COMPRÉHENSION ET L'APPRENTISSAGE

FRANK SMITH

TRADUIT ET ADAPTÉ PAR ALAIN VÉZINA

HRW   Les Éditions HRW

LA COMPRÉHENSION ET L'APPRENTISSAGE
Un cadre de référence pour l'enseignement

Traduction de
COMPREHENSION AND LEARNING
a conceptual framework for teachers

ISBN 0-03-929589-3

Dépôt légal 3e trimestre 1979
Bibliothèque nationale du Québec

Imprimé au Canada
1 2 3 4 5 IG 83 82 81 80 79

Maquette de la couverture: *Sylvie Nadeau*

Table des matières

Avant-propos   V

Préface   VII

Introduction   1

Chapitre 1   Donner du sens   9

Chapitre 2   Les limites de la compréhension   50

Chapitre 3   Les deux faces du langage   86

Chapitre 4   L'apprentissage   122

Chapitre 5   La signifiance et la mémorisation   144

Chapitre 6   L'apprentissage de la parole
             et de la lecture   175

Chapitre 7   Les différences individuelles   201

Chapitre 8   L'instruction et les instructeurs   223

En guise de conclusion   250

Notes   256

Index   271

Avant-propos

Le livre de Frank Smith sur la compréhension et l'apprentissage vise à présenter au grand public, en un langage aussi dépouillé que possible, les fondements théoriques de la pédagogie dont s'inspire le nouveau programme de français du ministère. L'auteur, qui est Canadien anglais, est bien connu pour ses travaux dans le domaine de la psychopédagogie.

La traduction est l'oeuvre de M. Alain Vézina qui est conseiller pédagogique et a travaillé auprès des enseignants québécois, ce qui lui a permis de faire une adaptation de l'ouvrage au contexte francophone.

L'Éditeur

Préface

Le présent ouvrage veut fournir une description claire et cohérente de la compréhension et de l'apprentissage aux étudiants qui poursuivent des études en psychologie de l'éducation. Il pourrait être utilisé comme complément à un manuel général portant sur les sujets courants en psychologie de l'éducation, mais les professeurs qui cherchent une approche plus intégrée et plus moderne pourraient penser à l'adopter comme livre de base. Ce volume devrait aussi trouver sa place dans les cours généraux de psychologie cognitive, de psycholinguistique et de linguistique appliquée, puisqu'il se veut une intégration théorique de ces domaines, faite en langage simple et qu'on ne trouve pas ailleurs.

Cet ouvrage reflète le déplacement d'intérêt — de l'apprentissage vers la compréhension — auquel on assiste en psychologie et en éducation. Les psychologues sont de plus en plus intéressés par la façon dont la connaissance et les croyances sont représentées dans le cerveau, car la manière dont nous comprenons le monde est la base de notre interaction avec l'environnement, tant sur le plan perceptuel qu'intellectuel et émotif. Les éducateurs sont de plus en plus conscients du fait que plusieurs des problèmes de l'enseignement concernent beaucoup moins l'aptitude à l'apprentissage de l'enfant que sa compréhension de ce qu'il fait à l'école et de ce que l'école veut faire de lui. En théorie comme en pratique, la compréhension apparaît comme la base de l'apprentissage.

Ce n'est pas un ouvrage méthodologique; mon intention est d'inciter et d'aider les enseignants à réfléchir plutôt que d'attendre des consignes particulières. Il n'est pas nécessaire d'avoir des connaissances préalables en psychologie ou en linguistique pour comprendre ce livre, bien que sa lecture fera découvrir plusieurs domaines dont l'étude pourra être approfondie plus tard. Les notes comportent des références qui permettront cet approfondissement.

La brève introduction qui suit fournit un aperçu du contenu ainsi qu'un exposé un peu plus détaillé du but que je poursuis et de la philosophie qui me guide.

Toronto, Canada   Frank Smith
Février 1975

Introduction

Voici un livre qui traite d'abord des enfants. Il s'adresse aux enseignants et adopte le point de vue de la psychologie cognitive. Je me propose d'y analyser ces deux aspects mystérieux et complexes de la pensée humaine qu'on appelle la « compréhension » et l'« apprentissage ». Pour cela, je m'appuierai sur un certain nombre de données spécialisées tout en veillant à la cohérence de l'exposé, afin qu'il soit intelligible et utile pour les futurs enseignants autant que pour ceux qui sont en fonction.

Je traiterai particulièrement des processus mentaux de l'enfant impliqué dans des situations d'apprentissage à l'école, bien que la nature de ces processus ne soit pas étrangère à la façon dont tout individu s'y prend naturellement pour acquérir et organiser ses habiletés et sa connaissance du monde. Les enfants, à l'école, ne constituent pas une race spéciale d'animaux, et leurs aptitudes ne se modifient pas en franchissant le seuil d'une classe. Pour comprendre un enfant qui est à l'école, il est nécessaire de penser à l'enfant qui vient d'y entrer. Il est aussi nécessaire d'analyser les aspects fondamentaux de la compréhension et de l'apprentissage, applicables aux élèves de tous les âges, de la maternelle au collégial, et même aux enseignants.

Le premier principe est que la seule façon efficace et sensée d'apprendre* est d'essayer de relier les expériences nouvelles à ce que l'on sait ou

---

* En anglais, « apprentissage » se rend par « learning » ; le verbe « to learn » s'emploie donc tout naturellement sans transposition. En français, le verbe correspondant à « apprentissage » n'existant pas, il faudrait traduire « to learn » par « faire l'apprentissage de », ce qui serait trop lourd. C'est pourquoi nous conservons le mot apprendre, dont le sens n'est pas si loin d'apprentissage. (N. du T.)

croit déjà. En d'autres termes, la compréhension et l'apprentissage sont inséparables. Je considérerai ce mouvement continuel de mise en rapport du non familier avec le déjà connu comme ce qui « donne du sens au monde ».* La plus grande partie de ce livre s'efforce d'expliquer et d'illustrer ce que signifie cette formule, particulièrement dans le contexte de l'éducation.

Deux thèmes seront développés. Le premier concerne le fait que tous les enfants savent comment apprendre. Le cerveau d'un enfant est un mécanisme merveilleusement efficace et instinctif d'apprentissage; il fait tellement partie intégrante de toute créature vivante normale qu'il fonctionne automatiquement. La tâche de l'éducation n'est pas de créer ni même de développer l'habileté à apprendre, mais de comprendre et de respecter sa nature et ainsi d'en faciliter le fonctionnement. Les enfants ne sont pas des vases vides dans lesquels les enseignants versent des habiletés sélectionnées ou des parcelles de connaissances. Il est plutôt dans la nature de l'enfant de faire agir et de développer ses capacités intellectuelles innées, intégrant toute expérience à une vision complexe de la vie qui comporte des espoirs et des peurs, des amours et des haines, des croyances et des attentes, des attitudes envers les autres et envers lui-même.

Le second thème concerne les limites à l'intérieur desquelles doit se réaliser cette propension à l'apprentissage; les habiletés naturelles peuvent être mises en échec.

Le cerveau d'un enfant peut avoir un potentiel infini, mais il y a des limites à ce qu'il peut accomplir dans une situation donnée. Il y a des bornes infranchissables à la quantité d'information nouvelle — et d'incertitude — qui peut être traitée en un temps donné et stockée en mémoire pour y être retrouvée plus tard. La possibilité qu'a un individu de dépasser ces limites et de développer de nouvelles habiletés ou d'assimiler de nouvelles connaissances dépend de sa capacité à mettre à contribution les habiletés et les connaissances acquises. Tout enseignant a comme tâche fondamentale d'éviter d'interférer dans les processus naturels de compréhension et d'apprentissage.

Orientations

L'approche que j'ai choisie est le reflet de deux orientations théoriques de la psychologie cognitive: la « théorie du traitement de l'information » et la psycholinguistique. Le principe qui sous-tend la psychologie du traitement de l'information est que la première fonction et la première activité du cerveau humain, dans ses rapports avec le monde extérieur, est de cher-

---

* L'expression anglaise « to make sense of » est une sorte de création de l'auteur. C'est une formule que nous avons tenue à calquer, estimant que certains équivalents, comme « interpréter » ou « donner de la signification », n'auraient pas cadré suffisamment avec les diverses applications que l'auteur en fait. (N. du T.)

cher, sélectionner, acquérir, organiser, emmagasiner et, au moment voulu, retrouver et utiliser les informations concernant le monde. L'apprentissage, chez les humains, est rarement passif ou accidentel: il est toujours conduit par la volonté d'accroître la compréhension. L'apprentissage est rarement fortuit. Les humains se contentent difficilement de laisser les événements se produire; même le tout jeune enfant ne se contente pas d'être une victime n'offrant aucune résistance aux caprices du monde. Ce sont nos intentions et non nos habitudes qui déterminent nos plus importantes interactions avec le monde. Il est naturel pour l'homme d'être *rationnel,* d'appuyer ses décisions sur la meilleure information disponible; pour cela, nous nous efforçons de comprendre et de prévoir tout ce qu'il est possible dans le monde qui nous entoure. Le choix que j'ai fait de la théorie du traitement de l'information m'amène à utiliser une image que l'on retrouvera tout au long de ce livre, à savoir que «l'enfant est comme un homme de science». Les enfants sont perçus comme des «constructeurs de théories», théories qui leur permettent de donner du sens au monde, et comme des «expérimentateurs» qui vérifient ces théories; c'est ainsi que les théories et les expériences des scientifiques sont faites pour imposer un ordre et une prévisibilité dans les champs d'étude qui leur sont propres.

La théorie psychologique du traitement de l'information ne suppose pas que la compréhension et l'apprentissage actifs et rationnels sont le propre de quelques individus ou que la connaissance humaine doit s'acquérir selon un processus appris. Cette théorie vise plutôt à expliquer la manière dont l'être humain pense et apprend. Je n'entends pas insister ici sur la différence, par exemple, entre la perception «rationnelle» — objective, logique ou intellectuelle — du monde et la réaction «émotive» ou subjective aux événements. L'idée sous-jacente est beaucoup plus vaste: les individus perçoivent le monde et réagissent aux événements de la façon la plus signifiante pour eux, à un certain moment et en fonction de leurs expériences passées et de leurs préoccupations présentes. Même quand nous avons une réaction émotive à un événement, cela est causé par la perception particulière (niveau intellectuel) de cet événement. Pour l'individu concerné, même ses perceptions ou son comportement «irrationnels» paraîtront rationnels. Cette théorie affirme que les enfants qui ne semblent pas avoir le goût ni même la capacité d'apprendre, du moins dans certaines circonstances, peuvent avoir pris une décision qui, pour eux, est rationnelle, à savoir que cet apprentissage ne convient pas, qu'il ne donne rien ou qu'il est, d'un certain côté, indésirable. L'un des buts de ce livre est d'identifier clairement le type de circonstances qui peuvent, dans la réalité, amener un enfant à prendre la décision de ne pas apprendre ou à conclure qu'il peut être astucieux de jouer à l'imbécile.

La psycholinguistique, comme son nom l'indique, est un champ d'étude interdisciplinaire, un point de rencontre entre la psychologie et la linguistique. Cette discipline traite de la façon dont les individus apprennent, utilisent et comprennent le langage. La psycholinguistique est une branche de la psychologie particulièrement vivante et productive depuis une douzaine d'années, en partie parce que quelques linguistes ont souligné que certaines descriptions du langage portent en réalité sur la connaissance que tout usager doit avoir dans son esprit. Des psycholinguistes ont même suggéré qu'une partie de cette connaissance du langage est innée: elle se trouve dans notre cerveau lorsque nous venons au monde. Notre capacité d'*apprendre* le langage est sans aucun doute innée.

Quoi qu'il en soit, le langage est vital. L'esprit de l'homme moderne — et de l'écolier contemporain — a un fonctionnement particulier largement conditionné par la connaissance et l'expérience du langage. Je suis souvent surpris de voir — et pourtant ce fait reflète une déformation personnelle — que, dans bon nombre de textes sur l'apprentissage ou la psychologie éducationnelle, le langage est traité en un seul chapitre et quelquefois en quelques paragraphes. On peut considérer que la nature du langage reflète la façon dont les humains développent et organisent leur pensée; la façon dont le langage s'acquiert nous éclaire beaucoup sur l'apprentissage en général. Cet ouvrage traite d'abord de la compréhension et de l'apprentissage en contexte scolaire, mais il m'apparaît impossible d'en ignorer l'aspect linguistique.

Bien que je recoure à la théorie du traitement de l'information, à la psycholinguistique et à d'autres disciplines, je n'entends aucunement exposer le point de vue d'un autre ou quelque théorie officielle. Ce livre représente ma tentative très personnelle pour donner du sens aux phénomènes de la compréhension et de l'apprentissage et aussi aux réflexions courantes que l'on trouve, sur ces sujets, en psychologie cognitive et en psychologie de l'éducation. Je propose ce livre aux enseignants actuels et futurs afin qu'ils fassent un cheminement semblable. Je ne considère pas ce livre comme «achevé», même en ce qui a trait à ma propre réflexion. Chaque fois que je commençais un nouveau chapitre, il me semblait nécessaire de modifier le précédent, et chacune des trois révisions du livre entier m'a amené à une réorganisation radicale et à la réécriture de ce que j'avais écrit précédemment. Je ne doute pas que cela pourrait continuer; plus on réfléchit à la complexité du cerveau humain, et plus le cerveau poursuit ses investigations et analyse ses propres mécanismes, plus notre nouvelle connaissance semble se présenter sous la forme de meilleures questions plutôt que sous celle de réponses définitives.

L'un des axiomes qui fondent mon point de vue est que tous les humains tentent de donner du sens au monde, de comprendre et d'apprendre, toujours de la même manière fondamentale, de la naissance jusque dans l'âge adulte. Mes réflexions s'appliquent aux individus de tous les âges. Il est certain que le «contenu» de l'esprit d'une personne varie en fonction de l'âge; personne n'a les mêmes pensées à cinq, quinze et vingt-cinq ans. Pourtant cette variation ne peut être attribuée à des différences de constitution: nous n'avons pas un cerveau différent à chaque âge. Toute notre connaissance, tous nos intérêts et toutes nos aspirations se développent à mesure que grandit notre expérience du monde. Il est évident qu'il y a des différences «de développement» chez les enfants, mais je m'intéresse d'abord aux processus de pensée fondamentaux qui produisent ces différences. Par conséquent, j'ai très peu à dire sur les changements qui se produisent au cours de la croissance; c'est un sujet qui demanderait un autre livre bien plus volumineux.

Je ne m'intéresse pas non plus aux différences entre deux individus du même âge, même si deux individus, voire des jumeaux identiques, ne peuvent pas être semblables dans la totalité de leurs croyances et de leurs connaissances. En fait, des individus différents peuvent adopter des stratégies non moins différentes pour donner du sens au monde; c'est là une possibilité dont je parlerai. Quoi qu'il en soit, il y a des processus communs à tous les cerveaux, même s'ils se manifestent de diverses façons, tout comme chacun a deux mains qui ont une utilité commune, mais qui peuvent agir différemment selon que l'individu s'en sert pour les travaux de la ferme, le football ou l'horlogerie. Ce livre traite des aspects du fonctionnement de l'esprit humain que tous les individus ont en commun, les vieux et les jeunes, les hommes et les femmes, les plus brillants et les moins doués, les riches et les défavorisés. C'est un livre qui traite autant de l'esprit d'un enseignant que de celui d'un écolier.

J'ai essayé cependant de l'écrire avec le point de vue d'un enseignant qui veut comprendre les processus mentaux d'un écolier: j'essaie de parler de la compréhension et de l'apprentissage chez les enfants et en relation avec les expériences qu'ils font dans la classe durant leurs années d'études. Les enseignants ne sont pas toujours conscients des limites naturelles du cerveau de l'enfant (qui sont aussi celles de l'adulte); une connaissance de ces limites peut les aider à mieux comprendre certaines difficultés des enfants. Les enseignants ont souvent une bonne compréhension «intuitive» des capacités et des limites naturelles des enfants, mais ils ne peuvent pas expliciter cette connaissance, ou encore ils peuvent n'être pas conscients qu'il y a un fondement «scientifique» aux connaissances qui leur viennent de l'expérience. La formation des maîtres semble ou bien négliger des champs importants de la psychologie et de la linguistique, ou bien ne pas faire le lien entre les abstractions de la littérature spécialisée traitant de ces questions et le comportement réel des enfants avec lesquels l'enseignant aura à travailler.

J'ai travaillé étroitement, pendant six ans, avec des enseignants et par conséquent beaucoup d'écoliers, et le point de vue que les enseignants et les enfants m'ont fourni a joué un rôle dans la façon dont j'ai essayé d'expliquer la compréhension et l'apprentissage en général. Il se pourrait que je puisse écrire un livre semblable sur l'esprit des enfants en bas âge, des adolescents ou des personnes âgées, mais l'école et les enfants constituent ma préoccupation présente; c'est pourquoi je m'adresse aux enseignants.

Délimitation

Mon but a été de produire un livre qui, de façon générale, pourra servir dans des cours de psychologie de l'éducation; j'espère aussi que mon approche intéressera les étudiants et les professeurs de psychologie cognitive, de psycholinguistique et de linguistique appliquée, domaines de connaissance dans lesquels j'ai puisé. J'ai aussi essayé d'adopter un style accessible à tous et ne nécessitant pas de connaissances précises dans une des disciplines mentionnées, accessible, par exemple, à des enseignants en fonction qui cherchent une perspective nouvelle pour analyser leur expérience et leurs problèmes quotidiens. J'ai voulu éviter le genre académique et viser à la compréhension plutôt qu'à la densité.

En dépit de mon intérêt particulier pour la psychologie de l'éducation, ce livre n'en traite pas et n'est pas un manuel de psychologie de l'éducation. Je ne me propose surtout pas de couvrir l'ensemble des sujets habituels. La «théorie de l'apprentissage» se voit accorder un traitement rapide; on trouvera peu de choses sur les «lois» psychologiques ou les «conditions» de l'apprentissage. Je me préoccupe plutôt de savoir *pourquoi* les gens apprennent et *comment* ils s'y prennent. Des sujets tels que l'intelligence ou les attitudes, souvent largement traités dans les manuels de psychologie de l'éducation, n'ont que peu de place ici, et des sujets comme la motivation, la personnalité et l'évaluation sont tout juste mentionnés, non parce que je les considère comme sans importance, mais parce qu'ils modifieraient la nature du présent ouvrage. D'un autre côté, j'espère que les sujets abordés ici apporteront un éclairage, au moins indirect, sur les questions que j'ai laissées de côté.

En outre, je n'ai pas tenté d'être exhaustif. Je me suis abstenu d'appuyer chacune de mes affirmations sur une quantité excessive de documents. Ce livre présente des idées, non des résultats de recherches. J'ai essayé d'intégrer discrètement de nombreuses études à mes conclusions; dans les notes à la fin du livre, je fais des références précises à des expériences classiques ou très importantes ou à des personnes qui, faisant autorité, ne peuvent pas être ignorées. Partout ailleurs, j'ai préféré citer des ouvrages généraux, des livres plutôt que des articles, des études d'ensemble plutôt que des monographies, qui permettront au lecteur de poursuivre sa réflexion sur les sujets qui l'intéressent et au degré d'approfondissement qui lui convient.

La plus grande différence entre ce livre et un manuel conventionnel de psychologie de l'éducation tient sans doute à l'absence presque totale d'applications détaillées. Ce livre ne donne pas de conseils utiles. Je suis persuadé que les enseignants ne doivent pas recevoir de prescriptions générales sur ce qu'ils ont à faire, mais plutôt recevoir l'information dont ils ont besoin sur les enfants et la nature des tâches propres à l'apprentissage, afin de pouvoir pendre leur propre décision quant à la bonne manière d'agir dans une situation particulière à l'égard d'un enfant en particulier. Je ne veux pas dire que les enseignants ne devraient pas apprendre tout ce qu'ils peuvent sur les diverses techniques d'enseignement et le matériel didacti-que, qui constituent leurs outils, mais je veux signaler que ces connaissan-ces sont inutiles, voire dangereuses, si l'enseignant ne parvient pas à se faire une idée juste des buts d'une méthodologie, des exigences qu'elle im-pose à un enfant, ainsi que des besoins, des capacités et des limites d'un en-fant à un moment précis. Si un expert dit qu'il faut utiliser la méthode A et si un autre préfère la méthode B, comment l'enseignant choisira-t-il?

J'ai soigneusement évité toute précision fallacieuse, c'est-à-dire d'ex-poser des cas réels ou fictifs qui ne seraient au mieux que des stéréotypes d'enfants qu'on retrouve dans toutes les classes, ou de proposer des solu-tions simplistes à des problèmes complexes. J'ai plutôt essayé de présenter des idées dont on peut déduire les implications naturellement, bien que je ne prétende pas que cela se fasse facilement. L'enseignement n'est pas un art facile, et les enseignants méritent de la considération pour leur intelli-gence de même que pour leurs responsabilités.

Les exemples que je donne sont des illustrations non des applications, des guides et non des règles. Si la majorité de mes exemples sont tirés du langage et de la lecture, c'est parce que je préfère parler de choses que je connais par expérience et que les conclusions qu'on peut en tirer sont géné-ralisables. En outre, la lecture est plus qu'une matière centrale; elle est la base de la plus grande part des apprentissages qui sont censés se produire à l'école. Plusieurs des problèmes «d'apprentissage» que rencontrent les en-seignants sont fondamentalement des problèmes de langage.

Mon intention est de fournir un cadre conceptuel qui permettra aux enseignants de prendre leurs propres décisions dans leur classe et aussi d'interpréter, d'évaluer, d'adopter ou rejeter toute conclusion proposée par la recherche ou tout élément de théorie de l'éducation qui pourra leur être présenté (à commencer par ce livre-ci). Mon but est d'encourager la forma-tion d'enseignants conscients et flexibles plutôt que d'enseignants pro-grammés. Autrement dit, je crois que la meilleure façon d'aider les ensei-gnants est précisément la même que celle qui est la plus appropriée pour les enfants: faciliter leur recherche de l'information relative aux efforts qu'ils font pour comprendre et apprendre.

Aperçu du contenu du livre

Les trois premiers chapitres sont consacrés à la «compréhension», que je considère comme une condition essentielle et première à l'apprentissage. Dans le premier chapitre, j'esquisse une définition de la compréhension, que je mets en rapport avec divers thèmes de la psychologie tels que la per-ception, l'attention, la «pensée», la connaissance et les habiletés. Mon in-tention est de montrer comment un enfant utilise un système organisé et cohérent de connaissances et de croyances en vue de comprendre, donner du sens à ses expériences. Le second chapitre traite des facteurs psychologi-ques qui imposent des limites à la compréhension du monde, limites auxquelles le cerveau lui-même est soumis dans son activité cognitive; il y a, entre autres, le temps qu'il faut au cerveau pour prendre une décision sur un événement extérieur et les limites de la mémoire. Le troisième chapitre traite de la compréhension en rapport avec le langage.

Les trois autres chapitres traitent particulièrement d'apprentissage. Le quatrième présente une analyse de la relation entre l'apprentissage et la compréhension; en pratique, l'apprentissage intervient quand l'enfant a de la difficulté à comprendre. Le cinquième chapitre traite des aspects plus particuliers de l'apprentissage souvent rattachés à l'école, comme l'apprentissage des notions et la mémorisation. Il sera à nouveau question du langage dans le sixième chapitre; on y traitera de la façon dont les enfants développent leur langage, puis de la nature de l'acte de lire et d'écrire. Le septième chapitre traite des différences, dans le langage et l'apprentissage, entre des individus fondamentalement semblables. Enfin, le huitième chapitre examine la nature de l'enseignement et propose quelques réflexions sur les enseignants.

Je voudrais conclure par quelques conseils au lecteur: lisez pour comprendre, non pour retenir; tant que vous comprendrez, poursuivez votre lecture et, quand vous rencontrerez une difficulté, essayez de poursuivre plutôt que de revenir en arrière. Si l'on me demandais de dire en une phrase l'essentiel de ce livre, je dirais que l'effort pour apprendre est un effort pour comprendre. La principale conclusion que les enseignants peuvent en tirer, c'est que travailler à enseigner signifie travailler à rendre les choses compréhensibles. Mon but a été de créer de l'intérêt plutôt que d'enseigner, et j'espère que ce livre saura à la fois vous intéresser et vous éclairer.

CHAPITRE 1

Donner du sens

Imaginez un élève qui répète un exercice d'épellation, qui récite une table de multiplication, qui entend dire que Paris est la capitale de la France, qui lit que le point d'ébullition de l'eau distillée, au niveau de la mer, est 100°C, ou qui regarde le plan d'un moteur à combustion interne. Il y a plusieurs conditions fondamentales qui doivent être respectées pour que cet élève apprenne quelque chose dans l'une ou l'autre de ces situations. Certaines de ces conditions vont de soi, telle une bonne acuité visuelle ou auditive, une certaine dose de motivation et d'attention et une habileté langagière minimale. Il y a cependant une autre exigence qui est tellement évidente qu'elle est souvent oubliée: il doit y avoir un point de contact entre ce qu'on espère que l'élève apprendra et ce qu'il sait déjà. Le besoin qu'a l'élève de comprendre ce qu'il fait n'est pas différent de celui d'un adulte qui essaie de suivre une leçon de ski ou de voile, ou les directives d'assemblage d'un jouet.

Les enseignants savent à quel point la compréhension est importante. Sans elle, l'enfant n'apprend pas et ne pourrait même pas saisir l'enseignement qu'il reçoit. À moins de comprendre ce qu'il fait, un élève ne peut pas retrouver son pupitre. L'école, tout comme le monde en général, sollicite constamment la capacité de compréhension de l'enfant.

Ainsi nous devons d'abord essayer de comprendre ce qu'est la «compréhension». Or nous nous rendons compte que le dictionnaire ne nous aide pas beaucoup. La lecture d'un dictionnaire illustre bien le fait que le mieux qu'on puisse trouver comme définition, pour un grand nombre de mots, est un synonyme. Par exemple, le mot «comprehension» (sic), dans mon dictionnaire *Webster*, est défini par le mot «understanding» et celui-ci par le mot «comprehension»: un cercle vicieux.* Il est évident que, si nous voulons saisir ce qu'est la compréhension, ce n'est pas une définition de dictionnaire, mais bien une théorie psychologique qu'il nous faut.

La compréhension et les théories

Commençons tout d'abord par une définition simple que j'essaierai de développer en une théorie psychologique: *comprendre signifie établir une relation entre une nouvelle expérience et l'ensemble de ce qu'on sait déjà.* Une telle définition constitue un point de départ intéressant parce qu'elle peut aussi s'appliquer à l'apprentissage. Apprendre est plus que comprendre: cela implique un changement ou une transformation de ce qui est déjà connu. Je traiterai particulièrement de cette question un peu plus loin. Il reste cependant que la compréhension et l'apprentissage sont fondamentalement inséparables; ils supposent tous deux une relation entre une nouvelle expérience et l'ensemble de ce qui est déjà acquis.

Avant d'expliciter davantage, on peut avancer une autre définition simple de la compréhension: *comprendre signifie donner du sens.* J'utiliserai souvent cette dernière formule plutôt que «comprendre» parce qu'elle a un sens plus large. Le terme «compréhension» renvoie au langage de façon trop spécifique. Tous les élèves doivent donner du sens à ce qu'ils font pour avoir la moindre chance d'apprendre, et ils ne peuvent le faire qu'en établissant un lien entre la situation dans laquelle ils se trouvent et leurs connaissances premières. Tout ce qu'ils ne pourraient pas relier à ce qu'ils savent déjà n'aurait pas de sens, serait même un non-sens. Les enseignants devraient d'abord se préoccuper de ce que les enfants savent déjà, ne serait-ce que pour éviter de leur demander des choses qui, parce qu'elles n'ont pas de sens pour eux, leur sont impossibles. Ce chapitre traite de la connaissance, qui est la base du sens que nous donnons au monde. Je ne parlerai pas particulièrement de ce que contient la tête des enfants, des éléments de connaissance particuliers qu'ils doivent avoir parce que, pour une large part, cela varie d'un enfant à l'autre. Pour savoir ce que tel enfant pense, vous devez connaître cet enfant. J'examinerai toutefois la façon dont tous les enfants acquièrent cette connaissance du monde qui se trouve dans leur cerveau[1], comment ils l'organisent et doivent s'efforcer de l'utiliser pour donner du sens à l'école, à l'enseignement et au monde en général.

---

* Cette constatation, sans doute vraie pour le dictionnaire utilisé par l'auteur, n'est pas nécessairement valable dans un autre contexte linguistique. Ainsi la définition que donne le *Petit Robert* du mot «comprendre» semble très satisfaisante: «être capable de faire correspondre à (qqch.) une idée claire [...] Donner à (qqch.) un sens clair [...] Se faire une idée claire des causes, des motifs.» (p. 353) Toutefois il est amusant de constater que le *Petit Larousse illustré* donne des définitions qui ont le même défaut que celles du *Webster*; au mot comprendre, on trouve: «concevoir, saisir par l'esprit», et au mot concevoir, on a: «se représenter par la pensée, comprendre». (N. du T.)

Nous avons tous, dans notre tête, une telle réserve où se trouve la connaissance, sinon tous nos rapports avec le monde seraient vides de sens. C'est ce que nous savons qui rend nos expériences signifiantes.

La psychologie nous propose plusieurs termes pour étiqueter cette réserve de connaissances qui se trouve dans notre tête. L'un des plus courants est *mémoire*. Une bonne définition opérationnelle de la mémoire serait la suivante: la totalité des connaissances sur le monde accumulées par une personne. Il y a aussi un autre terme plus particulier que j'utiliserai souvent: *structure cognitive*[2]; il est plus approprié parce qu'il suppose une connaissance structurée, organisée. Notre esprit n'est pas qu'une collection de faits et de données sans lien; un tel fouillis ne nous serait d'aucune aide pour comprendre le monde. Ce qui différencie un bon «apprenant» d'un mauvais est moins la somme de leurs connaissances que le degré d'intégration de ces connaissances et leur disponibilité.

Il y a une troisième expression, moins courante, qui peut être employée pour désigner cette réserve de connaissances, et je pense qu'elle est particulièrement approprié dans le cas des enfants. Cette expression, qui se réfère à la connaissance déjà acquise par les enfants ou les adultes, est en fait une métaphore: une *théorie du monde dans la tête*.

Trois raisons expliquent que je préfère l'expression «théorie du monde» pour désigner tout ce que nous savons. D'abord il n'est pas juste de parler de «connaissance» pour tout ce que nous avons dans la tête: il y a toujours une possibilité que cela ne soit pas vrai. D'ailleurs, une grande partie de ce qui se trouve dans notre esprit est plus couramment nommé opinion ou croyance, pour ne pas dire préférence, préjugé, goût, habitude, espoir, peur, amour, haine et attentes, toutes choses qui jouent un rôle dans notre façon de comprendre le monde et qui sont intimement reliées.

La seconde raison pour laquelle j'utilise un terme scientifique comme «théorie», c'est qu'il constitue une métaphore dont le sens peut être élargi. J'ai l'intention de montrer qu'un enfant, à l'école, peut être comparé à l'homme de science dans son laboratoire, non seulement parce que chacun d'eux a une théorie, mais aussi parce que l'un et l'autre apprennent en faisant des expériences. La «méthode scientifique de découverte» est celle que tout enfant doit utiliser pour connaître le monde.

Je voudrais enfin avancer l'idée que la théorie du monde que nous avons tous en nous est en fait en tout point semblable à une théorie scientifique; elle est de même constitution et a exactement les mêmes fonctions. Pour expliquer cette dernière assertion, je voudrais commencer par porter mon attention non pas sur l'enfant, mais sur l'homme de science.

Les fonctions d'une théorie scientifique

Une théorie scientifique a trois fonctions qui sont liées au passé, au présent et à l'avenir de l'homme de science. La première est de fournir un résumé utile de tout ce que l'homme de science a appris. Ce résumé remplace une longue liste de faits inorganisés et devient la mémoire de l'homme de science, l'essentiel de son expérience. L'homme de science n'essaie pas de mémoriser des données, il cherche des lois.

En retour, ces lois influencent la manière dont l'homme de science perçoit et interprète les nouvelles données; cela constitue la seconde fonction d'une théorie. Les astronomes qui soutenaient la théorie selon laquelle l'univers tournait autour de la Terre percevaient le mouvement de toutes les planètes d'une façon différente de Copernic dont la théorie a permis de concevoir ces mouvements en relation avec le Soleil plutôt qu'avec la Terre. Tous ces astronomes considéraient les mêmes données, les mêmes mouvements de planètes, mais ce qu'ils voyaient était déterminé par leur théorie de l'organisation de l'univers. Cette théorie conditionna l'interprétation qu'ils firent de leurs observations, la manière de comprendre les événements de leur monde.

La troisième fonction d'une théorie scientifique est de servir de source fructueuse à l'élaboration d'hypothèses utiles concernant l'avenir. Les hommes de science n'attendent pas passivement que les événements se produisent; ils ne pourraient jamais acquérir de connaissance profitable de cette façon. Ils se lancent plutôt à la recherche de l'information; en réalité, ils sélectionnent les expériences qu'ils tenteront, et cette sélection se fait sur la base de leurs attentes théoriques. Les hommes de science élaborent des hypothèses qui deviennent la base de l'expérimentation, et ils confirment ou modifient leur théorie à la lumière des résultats expérimentaux.

Les fonctions de la théorie dans la tête

Les enfants essaient de donner du sens au monde en faisant le lien entre leur expérience et la théorie du monde qu'ils ont dans la tête, théorie qu'ils élaborent et vérifient depuis leur naissance. Cette théorie devient l'éventail des croyances, attitudes et attentes que les enfants amènent avec eux à l'école; elle constitue la connaissance première dont dépend la possibilité qu'ils auront de donner du sens à l'enseignement et aux enseignants. Les interventions pédagogiques essaieront de construire à partir de cette théorie du monde, et c'est cette théorie qu'elles essaieront de modifier et d'élargir.

La théorie du monde que développe tous les enfants fonctionne, pour chacun d'eux, exactement de la même manière qu'une théorie scientifique pour l'homme de science. La théorie est un résumé de l'expérience; c'est la mémoire. C'est le connu à partir duquel les enfants essaieront d'interpréter de nouveaux faits; c'est l'unique base de toute signification qu'ils imposeront au monde. Cette théorie, c'est leurs attentes face à l'avenir; elle est le fondement de l'apprentissage.

La figure 1.1 n'est qu'une représentation schématique de la relation entre la structure cognitive — la théorie du monde dans la tête — et le monde qui nous entoure. Tout ce qui, dans notre environnement, peut être perçu ou interprété à la lumière de ce que contient la structure cognitive sera signifiant. La structure cognitive, en effet, impose une signifiance au

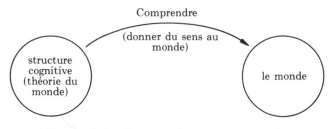

Figure 1.1   Donner du sens au monde.

monde, comme le montre la flèche du schéma. Tout ce qui ne peut pas être mis en relation avec la structure cognitive n'a pas de sens, même si cela peut avoir du sens pour quelqu'un d'autre. Y a-t-il du sens à dire que Paris est la capitale de la France? En dernière analyse, cela dépend si vous savez (ou pouvez déduire) que Paris est une ville, que la France est un pays et si vous connaissez ce qu'est une capitale. Un biologiste peut regarder au microscope et voir les structures d'une cellule que je ne pourrais même pas commencer à apercevoir, non pas parce que j'ai un problème de vision, mais parce que j'ai peu de connaissance des structures de la cellule.

L'organisation de la structure cognitive

Si nous essayons de regarder directement dans notre esprit (pour y examiner la façon dont nous organisons notre connaissance du monde) ou si nous jetons un regard sur nos perceptions du monde (perceptions déterminées par la façon dont notre esprit est organisé), nous voyons que trois aspects de cette organisation peuvent être définis. Tout d'abord, nous distinguons plusieurs catégories ou classes d'êtres, allant des objets fabriqués, tels les stylos à bille et les verres de plastique, jusqu'aux organismes vivants et complexes comme les poissons, les oiseaux et les humains. En dépit du fait qu'on peut difficilement dire que ces êtres sont identiques, surtout ceux qui ne sont pas fabriqués, nous négligeons plusieurs de leurs différences pour considérer comme semblables un grand nombre d'entre eux. Nous donnons des noms personnels aux individus ainsi qu'à quelques êtres choisis comme des animaux domestiques, des bateaux, des magasins et des produits commerciaux, mais il y a toujours des noms de catégories qui peuvent s'y rattacher. Mon ami Louis est un mâle, un père, un professeur, un joueur d'échecs et un intellectuel de gauche; son ami Rex est un dalmatien, un chien, un animal et un bon compagnon; le *Queen Elizabeth* était un paquebot. Rien ni personne n'est jamais vraiment considéré comme unique.

En plus de regrouper les êtres en catégories, notre connaissance du monde doit aussi comporter des règles qui permettent la reconnaissance des êtres et le classement de chacun d'eux dans une catégorie plutôt que dans une autre. Si nous regardons dans une classe qui ne nous est pas familière et que nous voyons un pupitre et une demi-douzaine de chaises, nous devons avoir dans notre esprit des règles ou des indications qui nous permettent de reconnaître des pupitres et des chaises. C'est là le second aspect de l'organisation de la structure cognitive: des règles pour répartir les êtres dans des catégories, un système de ce que j'appellerai les *traits distinctifs*.

Enfin, tous les êtres dont est meublé notre monde intérieur et extérieur sont interreliés soit directement, soit indirectement. Tous les êtres qui peuvent appartenir à une même catégorie ont quelque chose en commun, du moins dans notre esprit, et il y a plusieurs sortes de relations entre les catégories. Les tasses, par exemple, ont un rapport étroit avec les soucoupes, les boissons chaudes, les bouilloires et les théières. Les enseignants et les élèves présentent un genre de rapport, tandis que d'autres rapports existent entre les enseignants et les manuels, les enseignants et les directeurs d'école, les enseignants et le service de la paie. L'essence est à mettre en rapport avec le moteur à combustion interne, avec la politique internationale et avec les flammes. Essayez de penser à deux êtres qui ne seraient pas reliés d'une certaine manière, et vous pourrez apprécier la manière très complexe dont nous organisons notre connaissance du monde.

Voici donc les trois aspects, les trois caractéristiques de la structure cognitive: (1) un système de catégories; (2) des ensembles de règles — spécification de «traits distinctifs» — destinées à situer les objets et les événements dans des catégories déterminées; (3) un réseau de relations entre les catégories elles-mêmes. Ces trois aspects sont nécessaires à tout système pour qu'il y ait de l'ordre dans la complexité[3]. Je me propose de poursuivre mon analogie en examinant des systèmes d'organisation aussi banals qu'une collection de timbres ou un supermarché.

Les systèmes de catégories

Le besoin de catégories dans tous les systèmes d'organisation, y compris le cerveau humain, reflète la nécessité d'avoir une façon de regrouper les êtres selon qu'ils sont perçus comme semblables ou différents. Ce sur quoi s'appuie l'établissement de catégories peut être déterminé autant par l'individu qui organise que par les objets à classifier. Les timbres sont généralement d'abord regroupés en fonction de leur pays d'origine; mais ils pourraient aussi être regroupés selon leur forme, leur couleur, leur taille, leur valeur nominale ou selon le type d'illustration; c'est le collectionneur qui décide. Le gérant d'un magasin peut présenter ses produits en fonction du poids ou en fonction du fait qu'ils sont emballés dans du plastique, du papier ou du verre; mais il choisira ordinairement de les regrouper selon leur usage. Même les distinctions que fait le zoologiste entre les poissons, les insectes et les mammifères ne sont qu'un mode de classification parmi d'autres. Qu'une méthode particulière de catégorisation semble être signifiante, cela relève d'une décision prise par les individus.

Tout ce qu'un enfant peut percevoir, que ce soit un meuble, un chien, un chat ou une lettre de l'alphabet, doit trouver place dans une catégorie particulière de sa structure cognitive. Si, dans son esprit, il n'a pas de système pour distinguer les chiens des chats, il percevra les chiens et les chats comme une même espèce animale.

Une catégorie est une abstraction dans les deux sens du terme. Dans un premier sens, on «abstrait» une catégorie de notre expérience en prenant la décision de traiter un type d'êtres différemment d'un autre: un philatéliste traite différemment les timbres allemands et les timbres français; le gérant d'un supermarché traite différemment les détergents et les soupes. Un enfant doit apprendre à traiter différemment A et B. L'abstraction se produit lorsque nous décidons d'ignorer certaines différences telles que la couleur des timbres ou des emballages pour ne considérer que certains points communs comme le pays d'origine des timbres ou le contenu des emballages. Une catégorie est aussi une abstraction dans le sens où elle n'est pas quelque chose de concret ou de tangible. Nous ne pouvons pas toucher une catégorie, la prendre ou la peser, bien que nous puissions manipuler un «exemple» ou un «cas concret» faisant partie de cette catégorie. Une catégorie est une décision de distinguer certains êtres ou certains faits des autres.

Lorsqu'on parle du cerveau humain, on a une tendance naturelle à parler de catégories qui ont un nom. Les catégories qui n'ont qu'un seul nom correspondent souvent, en psychologie, à des «concepts». Il n'est cependant pas nécessaire qu'une catégorie cognitive ait un nom. Nous pouvons distinguer plusieurs sortes d'êtres pour lesquelles nous n'avons pas de nom, comme certains types de véhicules, de meubles ou d'arbres. Les très jeunes enfants distinguent entre elles des classes d'objets longtemps avant qu'ils aient des noms pour ces classes. En fait, il est généralement nécessaire d'avoir construit une catégorie cognitive avant de pouvoir en apprendre le nom. Des mots tels que «produit» ou «masse» sont sans signification pour un enfant tant qu'il n'a pas, dans sa structure cognitive, des catégories auxquelles les rattacher.

Il est évident qu'en vieillissant nous avons davantage tendance à morceler notre expérience; nous acquérons de plus en plus de catégories. Quelques-uns des papillons que nous avons l'habitude de voir nous semblent être des papillons de nuit, et nous les considérons différemment. Notre culture détermine, dans ses grandes lignes, notre système de catégories, mais les intérêts et les préférences individuelles déterminent la façon dont son différenciées certaines zones de la structure cognitive. Le philatéliste peut distinguer plus de catégories de timbres que moi; en revanche, je pourrais distinguer plus d'espèces d'arbres.

Les traits distinctifs

Un système de catégories est nécessaire mais insuffisant pour mettre de l'ordre dans une collection d'objets ou dans un enchaînement d'événements. Le philatéliste, qui possède un album dans lequel des pages différentes sont réservées aux timbres de différents pays, a la possibilité d'une organisation systématique, mais il a aussi besoin de quelque chose d'autre. Il en est de même pour un enfant à qui on a simplement dit qu'il y a dans le monde certains êtres appelés «chiens» et «chats» ou certaines lettres appelées « a » et «b» qu'il doit différencier les uns des autres.

Pour identifier n'importe quel objet, pour permettre son classement dans une catégorie particulière, cet objet doit présenter un caractère particulier qu'il est possible de distinguer. Les timbres allemands doivent être distinguables des timbres français, les détergents des soupes. Pour toute catégorie, que ce soit dans l'esprit, dans une collection de timbres ou dans un supermarché, il doit y avoir un ensemble de règles qui permette de préciser les objets qui peuvent être classés. Ces règles rendent l'identification possible. Elles doivent être basées sur une combinaison de propriétés qui est particulière aux êtres d'une catégorie donnée et qui servira à distinguer ces êtres de ceux qui ne peuvent pas être classés dans cette catégorie. Ces propriétés qui distinguent ou ces différences signifiantes entre les êtres peuvent être appelées *traits distinctifs*[4].

Le nombre de traits distinctifs qui doivent être sélectionnés pour classer un objet dans une catégorie dépend du nombre de catégories auxquelles cet objet peut appartenir. Si nous savons que tel animal est soit un chameau soit un dromadaire, nous avons besoin de ne chercher qu'une différence significative, le nombre de bosses. Si nous savons qu'une lettre est un O ou un C, nous avons besoin de ne chercher qu'un trait distinctif, de toute évidence quelque chose qui a rapport au fait que le cercle est ouvert ou fermé. Quoi qu'il en soit, plus il y a de choix possibles, plus il y a de traits distinctifs que nous devons être capables de discerner. Des traits distinctifs différents sont requis selon les possibilités envisagées: le trait distinctif qui distingue le O du C ne permettra pas de distinguer le O du D[5]. Tant que nous n'avons pas, pour chaque catégorie, un ensemble adéquat de traits distinctifs, nous ne sommes pas capables de faire fonctionner notre théorie du monde. Un enfant peut confondre deux lettres de l'alphabet parce qu'il ne sait pas ce qu'il devrait chercher.

Pour rendre fonctionnel un système de catégories cognitives, il est nécessaire d'avoir des spécifications, ou ensembles de règles, chaque catégorie ayant ses règles. Ces spécifications peuvent être considérées comme des listes cognitives de traits distinctifs que nous appellerons plus brièvement *listes de traits*. Quand nous disons à un enfant: «C'est un chien» ou «C'est la lettre K», nous lui donnons plus les éléments d'un problème que de l'information. En réalité, nous lui disons seulement: «Il y a une catégorie d'êtres que nous appelons «chien» ou «K»; dorénavant tu dois trouver une façon d'en identifier un; tu dois découvrir ses traits distinctifs.» L'enfant doit alors, pour progresser, essayer de construire une liste de traits qui, on l'espère, le rendra capable d'identifier ces êtres. Pour rendre les choses plus complexes, la nature des traits distinctifs pertinents peut rarement être dévoilée à l'apprenti parce qu'ils échappent généralement à notre conscience. Heureusement les enfants n'ont pas besoin qu'on leur donne la solution pour résoudre de tels problèmes.

Les traits distinctifs ne sont pas exclusivement visuels. Les objets ou les événements peuvent être rangés dans des catégories cognitives à partir de propriétés décelables par nos organes sensoriels. Par exemple, la couleur, la forme, la taille, la texture, la masse, l'odeur et le goût font tous partie de notre connaissance des oranges.

Les relations entre les catégories

Les listes de traits distinctifs permettent de rendre utilisable un système de catégories, mais elles n'assurent pas que ce système ait du sens. Le philatéliste ne se satisfait pas simplement de dire que deux timbres sont semblables ou différents, pas plus que le gérant de magasin ne se contente de placer les savons à un endroit différent des sardines. Les catégories doivent être reliées de quelque façon. Un enfant ne veut pas seulement savoir distinguer les tasses des soucoupes, ou les mères des pères, il veut aussi savoir ce que chacune de ces réalités a à voir avec l'autre ou avec lui-même. Nos catégories se différencient au cours de la croissance et contribuent ainsi à développer la richesse des relations entre les catégories. Un enfant vit bel et bien dans un monde moins complexe que les adultes.

C'est par les multiples façons dont nos catégories cognitives sont reliées les unes aux autres que nous rendons notre environnement signifiant. Ces interrelations constituent le coeur de tout le système cognitif de notre théorie du monde. Elles nous permettent de faire la somme des expériences passées, de donner du sens au présent et d'anticiper le futur. Rien, dans notre vie, ne serait compréhensible si ces interrelations étaient absentes. Le fait que nous puissions compartimenter divers aspects de notre expérience serait dénué d'intérêt et de sens sans ces interrelations; ce serait comme partager le monde en catégories aussi arbitraires que les hommes aux yeux verts, les chiens ayant moins de trente centimètres de haut ou les tasses à motifs fleuris, catégories qui, pour la plupart des gens, ne seraient reliées à rien et seraient par conséquent inutiles et sans signification.

Les relations cognitives

Tout relevé des divers types de relations entre les catégories cognitives doit être plutôt indicatif qu'exhaustif. La question fondamentale de savoir comment la connaissance est organisée dans le cerveau humain est discutée depuis des siècles par les philosophes et les psychologues, et pourrait très bien ne jamais avoir de réponse parce que les fondements de la pensée humaine résistent au langage. Nous pouvons cependant avoir une idée des types d'interrelations de la structure cognitive et de leur complexité en réfléchissant de nouveau à la manière dont notre esprit organise la compréhension des événements de notre monde.

L'inclusion des classes

J'ai fait une allusion indirecte à un point important, à savoir que les objets qui font partie de notre vie peuvent avoir plus d'un nom et être classés dans plus d'une catégorie. Généralement, lorsqu'on nous demande d'expliquer ce qu'est une chose, nous commençons par lui donner un autre nom. Si, par exemple, on nous demande de dire ce qu'est une truite, nous la décrivons comme un poisson. Un pinson serait défini comme un oiseau et le scoutisme comme une organisation pour la jeunesse. À chaque fois, nous situons l'objet dans une catégorie plus large: il y a plus de poissons que de truites, plus d'oiseaux que de pinsons, d'autres organisations de jeunesse que le scoutisme. De telles descriptions font ressortir les similitudes entre l'objet défini et les autres objets de cette catégorie supérieure. Ainsi, en disant que les truites sont des poissons, nous disons que les truites ont un point commun avec les saumons, les maquereaux et les morues.

Bref, lorsque nous identifions une catégorie supérieure, dans laquelle entre une certaine catégorie d'objets, nous signalons qu'il y a des aspects sous lesquels tous les éléments de cette dernière catégorie peuvent être considérés comme semblables (aux autres poissons ou aux autres oiseaux). D'autre part, si nous identifions une sous-catégorie plus petite à laquelle appartient un objet, quand nous disons par exemple qu'un canari est une espèce particulière de fringillidé, nous signalons qu'il y a certains aspects sous lesquels cet objet peut être considéré comme différent des autres objets de la même catégorie. (Vous remarquerez qu'il est heureux que les types d'objets ne portent pas un seul nom et que chaque nom ne renvoie pas à une seule espèce d'objets. On peut en dire plus sur les objets si on leur donne différents noms qu'on peut utiliser selon la situation.)[6]

On dit parfois que les catégories qui « s'emboîtent » les unes dans les autres — par exemple les canaris et d'autres espèces oiseaux sont tous des fringillidés, les fringillidés et d'autres familles d'oiseaux sont tous des « oiseaux » — sont en relation *hiérarchique*. C'est là le premier type d'interrelation que nous identifions. On appelle catégories supérieures les catégories plus vastes dans lesquelles sont groupés des objets malgré leurs différences. Toute catégorie qui peut appartenir à une catégorie plus générale est appelée subordonnée. On voit donc que l'identification d'une catégorie particulière comme supérieure ou subordonnée dépend de ce à quoi on la compare. Les fringillidés constituent une catégorie supérieure par rapport aux canaris, mais par rapport aux oiseaux ils constituent une catégorie subordonnée. On utilise de plus en plus les termes *ensemble* et *sous-ensemble* pour désigner respectivement une catégorie supérieure et une catégorie subor-

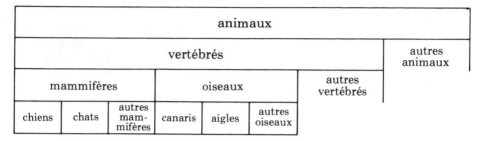

animaux							
vertébrés							autres animaux
mammifères			oiseaux			autres vertébrés	
chiens	chats	autres mam-mifères	canaris	aigles	autres oiseaux		

a) Ensembles emboîtés

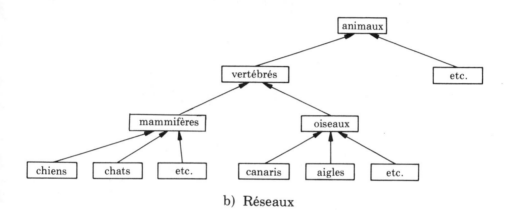

b) Réseaux

Figure 1.2 Représentations des relations hiérarchiques.

donnée. Les fringillidés sont un sous-ensemble de l'ensemble des oiseaux qui, à leur tour, constituent un sous-ensemble des animaux vertébrés.

La figure 1.2 (a) donne une représentation schématique de la façon dont différentes catégories ou ensembles d'objets s'emboîtent hiérarchiquement. La figure 1.2 (b) montre comment on peut représenter les mêmes relations sous la forme de ce qu'il est convenu d'appeler une «structure en arbre», un arbre curieux dont les racines seraient en haut et les branches pousseraient vers le bas. Ces deux formes de représentation, ensembles emboîtés et structure en arbre, sont équivalents sur le plan de la logique, mais les psychologues cognitivistes préfèrent la structure en arbre pour plusieurs raisons. Tout d'abord, elle a la forme d'un «réseau»; or c'est souvent sous la forme de réseaux neurologiques que l'on conçoit la connaissance dans le cerveau.[7] C'est aussi sous la forme de réseaux logiques que les théoriciens de l'informatique essaient de monter, dans les machines, les circuits d'organisation et de traitement de l'information.

En outre, le réseau permet de représenter les relations hiérarchiques qui se chevauchent ou qui vont dans diverses directions. Par exemple, mon ami Louis est un homme, un humain, un mammifère, un vertébré et ainsi de suite. De plus, il est un enseignant et par conséquent un employé; il est un joueur de baseball et par conséquent un athlète. Il n'y a que le réseau qui permette de représenter, en un seul schéma, toutes ces relations hiérarchiques, comme le montre la figure 1.3. Il peut être nécessaire que les lignes d'un réseau se croisent à l'occasion ou qu'une ligne traverse tout le schéma; ce qui compte, c'est que tous les liens soient correctement faits, même si le réseau a l'allure d'un amas de spaghetti. Si nous suivons les lignes du réseau de la figure 1.3, nous découvrons que Louis et Louise sont tous deux des athlètes, mais qu'il n'y a que Louis qui joue au tennis. (À partir de la figure 1.3, j'ai commencé à respecter la convention selon laquelle une catégorie comme «animal» et «vertébré» est identifiée par un mot au singulier.)

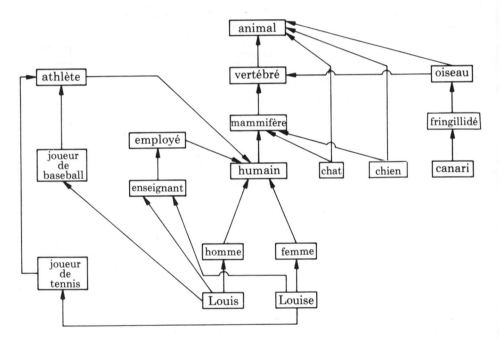

Figure 1.3   Interrelations hiérarchiques plus complexes.

Le réseau offre aussi l'avantage de représenter les connexions de rechange entre les catégories. Par exemple, dans la figure 1.3, les catégories humain, chien et chat peuvent être directement reliées à la catégorie animal sans que l'on ait à «traverser» les catégories mammifère et vertébré. Quoiqu'il en soit, ce modèle n'est qu'une façon de représenter comment un individu peut organiser sa connaissance du monde; ce n'est pas une taxonomie biologique. Nous pouvons nous rendre compte qu'un fringillidé doit être un animal parce que les fringillidés sont des oiseaux et que les oiseaux font en principe partie du monde animal; mais, dans le cerveau humain, la catégorie fringillidé n'apparaît généralement pas sous la catégorie animal.[8] D'un autre côté, tout individu reconnaît qu'un chien est un animal sans d'abord l'identifier comme un mammifère, puis identifier les mammifères comme des animaux. Les enfants apprennent ordinairement que les chiens et les chats sont des animaux avant même d'avoir entendu les mots mammifère et vertébré.[9] Encore une fois, les ensembles emboîtés de la figure 1.2 (a) n'offriraient pas une bonne représentation de la façon dont la connaissance est organisée dans notre esprit; un réseau comme celui de la figure 1.3 permet de représenter des «raccourcis» cognitifs quand des liens directs existent entre des catégories qui, logiquement, sont très éloignées.

La relation hiérarchique que je viens de décrire s'appelle techniquement *relation d'inclusion de classes*: les catégories ou classes subordonnées sont incluses dans des catégories ou classes supérieures. D'un autre point de vue, les catégories subordonnées pourraient être appelées «spécimens», «exemples» ou «cas» de la catégorie supérieure. Les fringillidés sont des «exemples» de la catégorie des oiseaux; Louis est un «spécimen» de la catégorie des enseignants. Une expression moins conventionnelle pour désigner la relation d'inclusion pourrait être relation *est-un(e)*. Louis *est-un* enseignant; un fringillidé *est-un* oiseau.[10]

Les relations de propriété

L'expression *est-un(e)* est utile en ce qu'elle permet de distinguer la relation d'inclusion d'un autre type de relation entre catégories cognitives, lequel s'exprime souvent dans le mot *est* sans article. Par exemple, on peut dire qu'un canari *est-un* fringillidé, mais on doit dire qu'un canari *est* jaune. Louis *est-un* enseignant, mais Louis *est* grand. On utilise ordinairement le mot *est* quand l'objet dont on parle a une propriété qui est une sorte de qualité telle la couleur, la taille ou la forme. Quelquefois, la propriété semble être inhérente à l'objet; dans ce cas, on exprime la relation par le mot *a* plutôt que par *est*. Un chien *a* quatre pattes et *a* une queue. Louis *a* les cheveux roux et *a* deux bras. Il arrive que des relations de propriété constituent une véritable chaîne; par exemple le corps humain *a* deux bras, chacun d'eux *a* une main qui *a* des doigts dont chacun *a* un ongle. Il n'est pas difficile de montrer que, dans un certain sens, les relations de propriété qui peuvent être exprimées ou par *est* ou par *a* sont les mêmes, puisque ces deux termes sont souvent interchangeables: nous pouvons dire que Louis *est* roux ou a les cheveux roux.

Une fois encore nous voyons l'avantage de concevoir l'organisation de la connaissance dans le cerveau humain sous la forme d'un réseau. Les relations de propriété (*est* ou *a*) peuvent être représentées dans le même schéma que la relation *est-un(e)* (voir figure 1.4). Mais ici surgit un intéressant problème psychologique: où et comment représenter les flèches pour des relations de propriété multiples. Comme le montre la figure 1.4, Louis a un bras qui a une main qui a un doigt. Mais si quelqu'un vous demandait si Louis a une main, vous ne devriez pas avoir à vous demander s'il a un bras. Bien que la figure 1.4 représente les relations anatomiques entre le bras, la main et le doigt, une représentation plus adéquate de la connaissance humaine devrait sans aucun doute établir des liens directs entre Louis et bras, entre Louis et main et entre Louis et doigt. Il semble que notre connaissance du fait que Louis a une main devrait être, dans une certaine mesure, indépendante de notre connaissance du fait que les mains sont attachées à des bras. De la même manière, la figure 1.4 pourrait indiquer que la catégorie «mâle» a la propriété d'avoir un bras, une main et un doigt; il est certain que cela fait partie de notre connaissance d'un mâle. La même représentation de ces liens directs devrait s'appliquer à la catégorie supérieure «humain». Si l'on vous demandait si les humains ont des bras, vous ne devriez pas avoir à faire un raisonnement comme celui-ci: les mâles sont une sorte d'humain; Louis (Georges, Henri, etc.) sont des mâles; Louis, Georges et Henri ont des bras; il s'ensuit qu'il est probablement correct de dire que les humains ont des bras. En réalité le fait d'avoir des bras semble être directement lié à notre connaissance des catégories supérieures «humain» et «mâle» autant qu'à des cas particuliers comme Louis.

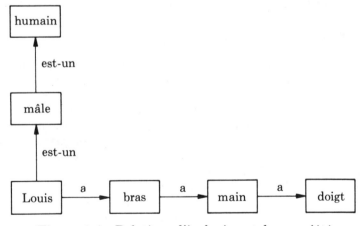

Figure 1.4   Relations d'inclusion et de propriété.

Il peut sembler que les flèches du réseau représentant la connaissance devraient aller dans toutes les directions, mais en fait il y a des trous dans notre connaissance qui nous empêchent de connaître une chose directement, bien que nous puissions quand même arriver à cette connaissance. Chaque élément de notre structure cognitive n'est pas relié indifféremment à tous les autres. Une large part de la connaissance que nous avons ne nous a jamais été enseignée spécifiquement, n'a même pas été déduite, ou encore nous n'y avons même pas pensé auparavant. Les canaris ont-ils du sang? Est-ce que les canaris respirent? Nous pouvons répondre à ces questions, mais en y mettant un peu plus de temps que si nous répondions à des questions telles que: «Les canaris chantent-ils? Les canaris sont-ils jaunes?» Notre connaissance de la «capacité de chanter» ou de la «couleur» des canaris semble être directement liée à cet oiseau, alors que notre connaissance de la possibilité que les canaris aient du sang et respirent est liée à des catégories d'un niveau supérieur.[11]

Logiquement, la façon la plus économique d'organiser, dans un système de connaissance, les informations quant aux propriétés serait de relier toutes les propriétés aux catégories les plus hautes auxquelles ces propriétés appartiennent. Si vous savez que tous les mammifères ont des poumons et que vous savez aussi que les chiens, les chats et les humains sont des mammifères, alors vous n'avez pas besoin logiquement de stocker l'information spécifique redondante selon laquelle les chiens, les chats et les humains ont des poumons. Quoi qu'il en soit, comme je l'ai dit, nous nous préoccupons de l'organisation de la connaissance humaine plutôt que de systèmes logiques. La façon dont les individus organisent leur connaissance du monde dans leur tête est fonction de ce qui leur convient plutôt que de ce qui est logiquement le plus économique ou le plus élégant. Nous ne représentons pas dans notre esprit toutes les interrelations cognitives possibles, mais nous en représentons un bon nombre dont une grande partie sont, d'un point de vue technique, redondantes, car nous semblons être dotés de plus d'*espace de mémoire* que d'*espace de traitement*, ce dernier permettant de générer des connaissances. Si une information nous semble utile, nous préférons l'avoir immédiatement à la portée de notre esprit.

Autres interrelations cognitives

J'ai essayé d'exposer simplement les choses, mais on ne peut pas éviter une certaine complexité même dans la plus sommaire des esquisses des complexités de l'esprit. Les inclusions de classes et les relations de propriété ne représentent qu'une fraction des modes selon lesquels les catégories, dans notre expérience, sont distinguées et interreliées. Par exemple, plusieurs catégories englobent des êtres qui ont une activité: les doigts saisissent, les bras se plient, les canaris chantent, les chiens jappent et les chats boivent du lait. En outre, plusieurs de ces êtres, et d'autres aussi, subissent certaines choses: les canaris sont enfermés dans des cages, les chiens sont poursuivis par les jeunes garçons, et les chats sont chassés par les chiens. Plusieurs êtres ont un rapport fonctionnel avec nous, particulièrement lorsqu'on est jeune: les chiens sont faits pour être choyés, les pierres sont faites pour être lancées. Certains êtres utilisent des objets pour en fabriquer d'autres: les oiseaux prennent des brindilles pour construire des nids, les artistes utilisent de la peinture pour faire des tableaux. D'autres objets peuvent passer d'une personne à une autre ou d'un endroit à un autre, quelques fois intentionnellement, d'autres fois involontairement: je peux donner un livre à Louis, il peut me le voler, ou je peux l'oublier dans un autobus.

À seule fin de donner une idée du dynamisme et de la complexité de l'esprit humain, j'ai tenté, dans la figure 1.5, de représenter un minuscule fragment de ce que peut être l'organisation de la structure cognitive. Cette figure représente un peu plus que quelques informations minimales relatives au fait que mon ami Louis a un chien de compagnie. Essayez de découvrir si le chien de Louis a des poumons et de placer le mot baleine dans ce réseau.

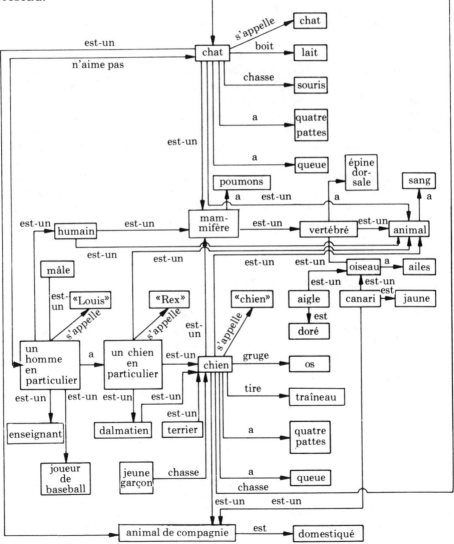

Figure 1.5   Quelques relations entre catégories dans un réseau cognitif.

Comme je l'ai dit, personne n'a encore avancé de chiffre sur le nombre total des différentes façons dont nos catégories cognitives sont interreliées. Le langage ne peut certainement pas rendre compte de toutes les possibilités d'organisation des aspects de notre pensée. Les mots ne sont que des aspects observables surgissant des profondeurs inexplorées de notre pensée.[12] Tant que la question est traitée à l'aide du langage, toutes les relations, comme toutes les catégories, doivent être étiquetées avec des mots, généralement des verbes pour les relations et des substantifs pour les catégories. On ne doit cependant pas penser que le réseau des interrelations de la structure cognitive présente le modèle d'un système linguistique. Un chat sait que les chiens pourchassent les chats, et un enfant fait le lien entre la soif et le lait, mais ni l'un ni l'autre n'a besoin de mots pour représenter ces relations dans son esprit. Les actions et les images font autant partie de la structure cognitive que les mots. Les noms par lesquels j'ai identifié les catégories des différentes figures ne doivent être considérés que comme un type particulier de relation; ce que je veux vraiment dire par «la catégorie chien», c'est qu'il y a une catégorie dans notre expérience, catégorie qui se distingue par certaines caractéristiques, que certains individus identifient par le mot «chien». Le langage n'est qu'une des nombreuses formes du comportement humain, et qui a été développée à partir de la théorie du monde qui se trouve dans notre structure cognitive. Il est évident que le langage y est pour beaucoup dans la façon dont nous développons et organisons notre structure cognitive, mais il est loin de constituer la totalité de ce développement.

Plusieurs des relations cognitives sont de type causal ou explicatif. Nous savons ou nous croyons que les corps tombent s'ils sont sans appui, que la pluie cause la croissance des semences. Les relations de ce type nous rendent capables d'utiliser notre théorie du monde pour faire des prévisions; elles constituent la base de nos attentes quant à l'avenir.

Le terme «événement» qu'il m'est arrivé d'utiliser dans un sens très large doit être compris comme une relation particulière qui suppose un changement entre les catégories. Un accident de la circulation est une combinaison particulière de véhicules, et une partie de football une organisation particulière de personnes. Les naissances, les mariages et les décès sont autant de relations parmi des êtres qu'on peut classifier. Les événements peuvent être considérés comme semblables ou différents, autant que les objets, à condition que nous ayons appris et parvenions à identifier les traits distinctifs propres aux êtres et les relations significatives qui, parmi ces êtres, constituent un événement particulier.

Un certain nombre d'interrelations cognitives jouissent d'une certaine stabilité. «Louis est un homme» et «Montréal est au Québec» sont des faits qui ont peu de chance d'être modifiés. Quelquefois cependant nous devons être prêts à modifier notre connaissance du monde: Louis est présentement célibataire, il enseigne à Montréal, et il a tous ses cheveux. Aucun de ces faits ne peut être considéré comme définitif. Certaines organisations de la structure cognitive sont particulièrement provisoires, par exemple le fait que mon dentiste est en vacances ou que Louis me doit un repas. D'autres peuvent être totalement hypothétiques: si j'accuse Louis d'avoir volé mon livre, il peut l'admettre ou me frapper ou encore me poursuivre en justice. Les événements qui peuvent être représentés dans notre esprit, pendant un long ou un court laps de temps, n'ont pas tous à être des événements qui ont déjà eu lieu dans notre environnement.

Nous devons maintenant examiner plus attentivement un type omniprésent de structure cognitive que l'on peut appeler «plan» ou «routine», c'est-à-dire une séquence particulière d'événements qui conduit à une situation spécifique. Certains plans précis, organisés et productifs, sont si importants qu'on peut les appeler habiletés. La nature des habiletés humaines est l'un des sujets que nous allons maintenant aborder, après notre analyse de la forme de la structure cognitive. Nous verrons comment tout cela doit fonctionner pour que nous puissions donner du sens à notre environnement et pour que nous dirigions nos intentions sur le monde qui nous entoure.

Une utilisation de la structure cognitive: la perception

Le sens commun nous dit que nos yeux voient, que nos oreilles entendent et ainsi de suite. C'est là une vue simpliste. C'est le cerveau qui voit, entend et ressent, prenant des décisions sur les perceptions en ne se basant que partiellement sur l'information reçue de notre système sensoriel. Le cerveau réside dans l'obscurité silencieuse de notre crâne, isolé du monde extérieur. Noble parasite de l'organisme humain, ne sentant rien par lui-même, le cerveau crée toute audition, vision, gustation, olfaction et sensation dans le corps entier. Comme le président d'une vaste et complexe organisation, il est le centre vers lequel toutes les informations convergent et la source de toute décision cognitive. Les plaisirs et les douleurs que nous ressentons en divers points du corps, même les spectacles et les sons extérieurs du corps, tout cela est créé par le cerveau. Nos yeux peuvent être fermés et notre cerveau peut encore produire des images; la douleur peut être ressentie là où se trouvait un membre qui a été amputé. Beethoven, même sourd, entendait ses symphonies.

Le monde tel que nous le percevons ne peut pas être le monde tel qu'il est en réalité. Nous percevons un monde rempli de maisons, d'arbres, d'automobiles, d'hommes, de femmes, d'enfants et d'animaux, précisément parce que c'est de cette matière que notre esprit a décidé d'organiser le monde. Mais pour voir une maison, un arbre, une automobile ou une personne, nous devons avoir une certaine idée de ce qui distingue chacune de ces catégories des autres catégories de notre expérience. Nous devons avoir, quelque part dans notre esprit, une base sur laquelle s'appuie notre perception de l'environnement, sans quoi ce ne serait qu'un amas d'êtres indéfinissables et isolés, une sorte de mosaïque, dans le temps et dans l'espace, d'événements sans aucune signification, de rencontres fortuites.[13]

Les yeux, les oreilles et les mains sont destinés à capter l'information pour le compte du cerveau, pour voir, entendre et toucher, non pas pour prendre des décisions. Les signaux qui vont au cerveau sont tous de même nature: présence ou absence d'impulsions le long des fibres nerveuses. L'oeil n'envoie pas de reproductions photographiques au cerveau, pas plus que l'oreille n'envoie de petits messages enregistrés. Les seuls messages que les organes sensoriels envoient au cerveau sont des explosions d'énergie nerveuse.[14] Ce qui différencie ces messages est la partie du cerveau où ils vont. Qu'on frappe la tête près du centre de la vue, et vous verrez des étoiles; frappez le côté de votre tête où passent les nerfs de l'audition, et vous entendrez des cloches.

Le cerveau prend ces signaux bruts, décide de la façon de les interpréter et les transforme en images, en sons et en toute autre perception de l'expérience consciente. On connaît certains aspects de ce miracle, d'autres échappent totalement à notre compréhension. On ne peut expliquer pourquoi la réponse nerveuse à une excitation de l'oeil, produite par une énergie radiante d'une certaine fréquence, constitue le stimulus d'une perception de couleur, ou pourquoi certaines vibrations des molécules de l'air, provoquant un mouvement ondulé parmi les minuscules brins de soie dans le canal de l'oreille interne, sont perçues comme de la musique. Il n'y a absolument rien qui explique pourquoi nous sommes conscients de ce que nous vivons. Les neuro-psychologues commencent à pouvoir identifier certains processus neurologiques qui sous-tendent la conscience ou l'attention, mais la question de savoir pourquoi ces processus devraient produire la *conscience* des événements qui frappent nos organes récepteurs, par opposition à une simple *réaction* mécanique, défie toute explication.

La perception: une affaire d'opinion

Il est important de bien saisir que les yeux ne font que regarder et que le cerveau voit, et que ce que le cerveau voit peut être déterminé autant par la structure cognitive que par l'information prise dans le monde extérieur. Nous percevons ce que le cerveau décide qu'il y a devant nos yeux. Regardez par exemple cette forme graphique:

Si je vous demandais quelle lettre j'ai écrite, vous me répondriez: B. Si je vous demandais quel nombre j'ai écrit, vous me répondriez: 13. Il serait inutile qu'on me demande ce que j'ai vraiment écrit. Ce que j'ai tracé en fait, ce sont des traits de crayon, et c'est ce que vous avez regardés. Ce que vous avez vu dépend de ce que vous saviez sur ce qui était là, une lettre ou un nombre. Si vous n'aviez pas du tout pu donner de sens à mes traits de crayon, si j'avais par exemple tracé⟨⟩,cela aurait été sans signification. Par ailleurs, si vous connaissez la sténographie Pitman, vous percevrez ce signe comme la représentation du nombre 13, et alors cela aura du sens pour vous.

Le cerveau est un mécanisme de prise de décisions, et nos perceptions sont parmi les décisions qu'il prend.[15] Nous devenons conscients du monde qui nous entoure parce que le cerveau est à la fois directeur et artiste; il décide de ce que nous regardons et peint l'expérience subjective de la scène que nous croyons avoir devant les yeux. Le cerveau prend une décision sur ce que nos yeux regardent (ou nos oreilles entendent ou nos doigts touchent) en rapprochant ou en confrontant les informations nerveuses avec les listes de traits du système de catégories pertinent dans la structure cognitive, par exemple avec les listes de traits des nombres 1, 2, 3, etc., si nous croyons que nous regardons un nombre, avec les listes de traits des lettres A, B, C, etc., si nous croyons que nous regardons une lettre, et avec les listes de ces deux catégories si nous sommes incertains. Ainsi la perception suppose une décision quant au choix d'une catégorie. Il est impossible d'identifier ou de classer un objet, s'il n'y a pas une catégorie dans laquelle le situer. D'un autre côté, le cerveau peut souvent produire des perceptions en l'absence de tout signal sensoriel comme c'est le cas des fantasmes, des rêves ou des hallucinations.

Étant donné que ce que le cerveau «voit» dépend de la décision qu'il a prise et seulement indirectement de ce qui stimule nos organes sensoriels, il s'ensuit que nos perceptions sont teintées de ce que nous savons, de ce que nous nous attendons à voir ou de ce que nous aimerions voir. Nous pouvons prendre un étranger pour un ami, un verre vide pour un verre plein. Un enfant ne voit pas nécessairement ce que l'enseignant lui présente; il voit ce qu'il s'attend à voir, et seulement dans la mesure où il comprend. S'il n'a pas de traits distinctifs différents pour les chats et pour les chiens, il ne sera pas capable de distinguer les chats des chiens, même si on lui redit souvent lesquels sont des chats et lesquels sont des chiens. Tant qu'il n'aura pas découvert pourquoi les formes A, *a* et *α* représentent la même chose et comment elles se distinguent des formes B, *b* et *ᖯ*, l'enfant ne pourra pas voir des A et des B comme nous les voyons. Les différences significatives et non significatives entre les lettres semblent arbitraires et dépourvues de sens tant que les lettres de l'alphabet ne révéleront pas leur rôle dans des mots. Ce que nous voyons est limité par ce que nous comprenons; le reste n'a pas de sens.

L'attention et l'incertitude

Nous ne percevons pas tout ce qui se présente devant nos yeux. Nos perceptions se concentrent sur les aspects de notre environnement auxquels nous prêtons attention ou sur ceux qui s'imposent à notre attention, et il y a une limite à la quantité de choses auxquelles nous pouvons être attentifs dans un temps donné. La meilleure façon de concevoir l'attention serait de la voir comme une série de questions posées par le cerveau; nos perceptions seraient alors les réponses que le cerveau décide de donner.

La perception a déjà été définie comme un processus de prise de décisions: le cerveau décide de ce qui est devant nous à partir des informations qu'il reçoit et des attentes qu'il a. Une prise de décision implique une sélection parmi un ensemble limité de possibles; cela nous permet de croire que les questions sont posées sur la base de la connaissance acquise. Si, par exemple, la décision qui doit être prise concerne l'identification de la lettre représentée par le dessin ambigu que j'ai tracé précédemment, la question que nous devons nous poser, partant de notre connaissance de l'alphabet, est de savoir laquelle des vingt-six lettres peut effectivement représenter ce dessin. Dans l'effort de perception que nous faisons devant cette figure, la question posée serait une tentative pour relier le nouveau au connu. L'information reçue est comparée aux traits distinctifs des possibilités envisagées; ce que nous percevons correspond à la décision du cerveau.

Nous pouvons utiliser le mot *incertitude* pour désigner la gamme des questions que le cerveau pourrait poser, l'ensemble des possibles parmi lesquels il choisit. Si notre connaissance ou notre attente nous dit que nous sommes en présence d'une lettre de l'alphabet, notre incertitude comportera vingt-six possibles. Si nous savons que nous sommes devant une voyelle, notre incertitude ne comportera que six possibles. Si nous ne sommes pas certains qu'il s'agisse d'une lettre ou d'un chiffre, le champ de notre incertitude s'accroît de beaucoup, et nous avons besoin d'une réponse à une question plus large. La question que nous nous posons constitue l'attention que nous portons à quelque chose. Nous aurions pu nous poser un tout autre type de question, par exemple: de quelle taille est la lettre, ou bien est-ce une majuscule ou une minuscule, ou bien de quel type de caractère s'agit-il, ou encore est-ce que je connais quelqu'un dont c'est l'initiale? J'appelerai ces questions des *questions cognitives* pour qu'il soit bien clair qu'elles jouent leur rôle au niveau de la structure cognitive et qu'elles ne sont pas des questions dont nous sommes conscients; nous ne pourrions même pas les formuler avec des mots.

La plupart du temps, lorsque nous portons attention à quelque chose, nous avons dans la tête une gamme limitée de possibles (une limite d'incertitude) qui constitue généralement une bonne estimation des probabilités réelles. Nous ne considérons pas les possibles dont la probabilité est très faible, et n'écartons pas ceux qui ont une très forte probabilité. Ces questions cognitives sont généralement des prévisions assez justes. Vous pouvez vérifier cette assertion de la façon suivante: regardez par la fenêtre la plus proche ou imaginez que vous regardez par une fenêtre et identifiez ce que vous voyez; si vous avez une vue sur une rue importante, vous verrez probablement des automobiles ou un autobus, des piétons, peut-être une bicyclette ou même un cheval; vous ne verrez sûrement rien de très étonnant, cela est tout à fait normal. La raison pour laquelle vous n'avez pas eu de surprise est que vous aviez fait une bonne prévision de ce que vous alliez voir, avant même de regarder; le degré d'incertitude était très faible. Cela démontre que, de toute évidence, votre théorie concernant les rues est adéquate.

Vos attentes ne sont pas sans limite; quelque chose comme la présence d'un sous-marin ou un défilé d'éléphants aurait pu vous surprendre. Ce n'est pas qu'il y ait quelque chose de fondamentalement surprenant dans les sous-marins ou les éléphants. Vous ne seriez pas surpris de voir les uns ou les autres, si votre fenêtre donnait sur un chantier naval ou un zoo. En d'autres termes, votre incertitude est limitée par ce que vous pouvez raisonnablement anticiper dans une situation particulière. La question cognitive implicite que vous posiez en allant regarder par la fenêtre était: verrai-je des automobiles, des autobus, des piétons, des chevaux ou des bicyclettes, et non pas: verrai-je des sous-marins ou des éléphants? Généralement nos prévisions ne sont pas de purs paris, mais sont plutôt basées sur l'élimination rigoureuse des cas à faible probabilité.

C'est que l'incertitude a généralement une limite inférieure et une limite supérieure. Le coup d'oeil jeté sur la rue peut permettre de dire qu'il y a des automobiles et des gens, mais normalement on ne peut pas dire combien il y a de passagers dans chacune des automobiles, ni donner la marque des pneus, ni affirmer que les piétons portent des lunettes; on peut avoir remarqué ou non le modèle de certaines voitures selon l'intérêt qu'on porte à cet aspect en particulier.

Entre la limite inférieure et la limite supérieure de l'incertitude, il reste un nombre restreint de possibles; c'est là que se situe l'essentiel de la question que pose le cerveau: lequel de ces possibles atteint les yeux, les oreilles, le nez ou les mains? Nous préférons retenir un nombre minimum de possibles, sans cependant courir le risque de nous tromper, puisqu'il y a une limite au pouvoir de décision du cerveau. Retenir un trop grand nombre de possibles peut exiger un grand effort. Paradoxalement cependant, nous pouvons aussi avoir tendance à remarquer ce que nous n'attendions pas; lorsque quelque chose est au-delà de ce que nous anticipons, un chameau dans la rue par exemple, cela force notre attention, et une question surgit: qu'est-ce que *ça* peut être? Le cerveau doit donc choisir dans un ensemble plus large de possibles, comme s'il faisait un nouvel essai. Dans de tels cas, l'identification est toujours accompagnée de surprise. Si la perception se situe dans les limites de notre première incertitude, nous sommes surpris de voir que nous n'avions pas raison de chercher ailleurs; mais si la perception est au-delà de ce que nous attendions, nous sommes surpris de voir que nous avions raison d'élargir le champ de nos investigations.

Qu'est-ce qui fait que nous portons attention à tel aspect de notre environnement, qu'est-ce qui détermine la question que nous posons? En d'autres termes, qu'est-ce qui, en premier lieu, établit notre incertitude? Il y a trois possibilités: la première peut être un événement qui nous force à prêter attention parce qu'il est très inattendu, tel un fort bruit, un mouvement soudain ou un éclat lumineux. En effet, de tels événements nous font poser une question qui réclame une réponse immédiate. Ordinairement nous éprouvons somme toute peu de difficulté à identifier un événement inattendu, tout simplement parce qu'il y a un ensemble de possibles auquel ces événements peuvent appartenir. Plus souvent, cependant, notre attention se porte d'elle-même sur un fait ou un objet. Le cerveau contrôle l'attention, non les événements extérieurs. Si nous marchons dans une rue ou écoutons une conférence, nous dirigeons notre attention sur les aspects particuliers de la situation que nous savons être utiles pour établir un lien entre ce qui se passe devant nous et ce que nous savons déjà. Ce sont là les cas où nous savons exactement ce que nous regardons. Nous ne regardons pas dans une rue pour classer tout ce qui peut être vu, mais pour voir s'il y a un taxi au coin de cette rue ou si nous pouvons traverser. Nous pouvons ne pas être capables de prévoir avec précision chaque incident, mais nous n'avons pas de difficulté quand cela fait partie de l'ensemble de nos attentes, et en fait rien ne se produit qui ne fasse partie de cet ensemble. Par conséquent, la perception est tellement aisée que nous n'avons pas conscience des jugements qu'elle exige.

Enfin, l'attention peut être dirigée de l'extérieur; c'est particulièrement le cas à l'école. Nous demandons aux enfants de regarder au tableau ou dans un livre, de porter leur attention sur un problème. Quelquefois, nous sommes très précis: nous leur demandons de regarder un chiffre ou une lettre en particulier. Mais le fait d'attirer l'attention sur un élément précis ne signifie pas que la tâche soit plus facile pour autant; les enfants doivent encore formuler eux-mêmes la question cognitive. S'ils ne comprennent pas ce qu'on leur demande de regarder ou pourquoi on le leur demande, diriger leur attention est alors inutile. Les tout jeunes enfants ont souvent de la difficulté à réorienter leur attention qui tend à être attirée par les aspects les plus marqués des objets, comme leur taille, leur couleur ou leur sonorité, même si ces propriétés frappantes ne sont pas significatives ou ne servent pas à distinguer les objets.[16]

En général, l'incapacité de diriger correctement son attention ne vient pas de ce que l'enfant ne sait pas regarder, mais de ce qu'il ne sait pas où regarder; les enfants ne savent pas quel aspect regarder parce qu'on ne leur pose pas les bonnes questions. Le regard d'un enfant peut errer sur une page ou sur une image tout comme celui d'un enseignant peut parcourir sans résultat le diagramme des circuits du système de climatisation de l'école. Il n'y a pas de différence marquée entre ces deux cas pour ce qui est de la volonté de diriger ou orienter les mouvements des yeux. L'enfant, bien entendu, peut ne pas être intéressé à prêter attention, ce qui pose à l'enseignant un tout autre genre de problème.

Information et bruit

J'ai utilisé le mot «information» pour désigner les signaux ou les messages qui parviennent, de l'extérieur, au cerveau sous la forme d'impulsions nerveuses diffusées par les organes récepteurs comme les yeux ou les oreilles; ces impulsions constituent les seuls points de contact du cerveau avec le monde extérieur. Le cerveau doit traiter ces impulsions pour répondre aux questions cognitives et réduire l'incertitude. Nous pouvons recourir à une définition technique de l'information, définition fort utile que nous empruntons à la « théorie de l'information » qui traite surtout de l'efficience des systèmes de communication. Techniquement parlant, l'information est définie comme la réduction de l'incertitude par l'élimination des possibles.

Selon la théorie de l'information, un message ou un signal fournit de l'information quand le récepteur sait plus de choses après avoir reçu le message qu'avant; cette proposition nous apparaît comme éminemment sensée. Un enfant reçoit de l'information quand il identifie correctement la lettre B que son professeur a écrite au tableau, et que, ce faisant, il élimine les vingt-cinq autres lettres possibles. Son incertitude au sujet de celle des vingt-six lettres qui est écrite au tableau a été totalement réduite. Mais le message nerveux que son cerveau a reçu, quand ses yeux ont regardé au tableau, n'a valeur d'information que dans la mesure où il y a possibilité d'une réduction de l'incertitude. La lettre B doit être l'un des cas que l'enfant peu envisager comme possible, et l'enfant doit avoir une liste de traits distinctifs adéquate pour réaliser cette identification.

L'idée selon laquelle l'information réduit l'incertitude est tout à fait en accord avec notre point de vue sur l'information parce qu'elle suppose que l'information tirée du monde a besoin d'être reliée à quelque chose de déjà connu. Tant qu'il ne réduit pas l'incertitude, un message est un non-sens. La théorie de l'information suggère un terme pour désigner le non-sens; ce terme, employé comme antonyme d'information, est *bruit*. Le bruit est défini comme un signal qui ne porte pas d'information, qui ne peut être interprété et peut avoir n'importe quelle forme de sens. Le bruit acoustique, au sens technique, correspond à ce que nous appelons généralement le bruit, c'est-à-dire un son qui n'a pas de sens. Mais le bruit, au sens technique, peut aussi être visuel, c'est le cas de la neige sur un écran de télévision: c'est un signal visuel ou un événement qui ne nous dit rien. La musique et la peinture modernes peuvent être perçues comme des bruits par les non-initiés.

Du point de vue de la structure cognitive, le bruit est toujours la conséquence d'une ignorance. Si un enfant a une bonne maîtrise de l'anglais, la lecture d'un poème en anglais est pour lui porteuse d'information; le « message » qu'il reçoit réduit l'incertitude quant au contenu du poème. D'un autre côté, pour un enfant qui ne connaît pas l'anglais, la lecture de ce poème ne sera que du bruit. De la même manière, l'équation $F(x) = f(x)\,dx$ peut être riche en information aux yeux d'élèves qui sont familiers avec le calcul différentiel, ou bien elle peut n'être que du bruit; cela dépend entièrement de ce qu'ils savent en ce domaine. J'ai fait cette distinction entre l'information et le bruit pour une raison simple: ce qui peut être riche en information pour un enfant ou un enseignant peut n'être que du bruit pour un autre. Le bruit est fonction de ce que vous ne savez pas.

Utilisation de la structure cognitive: la compréhension

Le terme «perception» est quelquefois défini comme un processus par lequel nous devenons conscients des objets et des événements de notre environnement. La perception suppose que nous mettions les aspects de notre expérience en relation avec le système de catégories de notre structure cognitive. Nous «voyons» une chaise lorsque l'objet que nous regardons a les traits caractéristiques correspondant à ceux de la liste que nous devons avoir pour la catégorie cognitive «chaise». La compréhension semblerait faire un pas de géant si toute identification d'objet se faisait à l'intérieur du réseau de ce que nous connaissons, à l'intérieur des interrelations cognitives qui rendent signifiante notre expérience du monde.

Mais il est sans doute rare que nous percevons les objets simplement comme des objets, en ce sens que nous en restons à des constatations mentales comme «il y a une chaise», «c'est un homme qui court» ou «c'est la lettre D». Nous percevons plutôt les objets ou les événements en fonction de l'état d'esprit du moment. Nous sommes conscients des relations, utilités ou possibilités qui nous touchent le plus à ce moment-là. Plutôt que de simplement «voir» une chaise, nous percevons une chose sur laquelle on s'assoit ou quelque chose dont la couleur se marie bien avec celle des rideaux ou qui a une forme agréable. Nous ne faisons pas que remarquer un homme qui court, nous le voyons essayer d'attraper un autobus ou nous nous demandons si nous ne devrions pas courir nous aussi. Je suis sûr que vous n'avez pas remarqué qu'il y avait un mot qui commençait par la lettre D dans l'avant-dernière phrase, et pourtant vous avez bien compris cette phrase. Nous réagissons, d'une manière ou d'une autre, à un aspect significatif d'un objet ou d'un événement en fonction de notre intention particulière, sans avoir à identifier cet objet ou cet événement. Si nous voulons nous reposer, nous voyons une chaise comme une chose sur laquelle on s'assoit (relation de fonction) et non comme un meuble (relation de type *est-un*) ni comme une «chaise» (relation de dénomination). En effet, nos perceptions semblent souvent être des réponses à des questions cognitives; c'est ainsi que j'ai essayé de décrire la compréhension.

La compréhension n'est pas en fait un processus qui naît de notre perception; c'est plutôt la perception qui dépend de la façon dont nous essayons de comprendre la situation où nous sommes. Cela pourrait vouloir dire que, dans une certaine mesure, la perception et la compréhension ne peuvent être distinguées, qu'elles ne sont pas des processus complètement indépendants. En effet, on ne peut pas séparer clairement, du point de vue psychologique, les processus de compréhension et de perception, à moins d'imposer arbitrairement des limites à l'usage de ces deux termes. C'est là une bonne occasion d'examiner ce qu'il est convenu d'appeler l'illusion de la dénomination des choses.

Mots et référents

Les mots «compréhension» et «perception» sont en fait des mots de tous les jours qu'on applique à des aspects variés de l'expérience et du comportement humains. Nous disons qu'une personne perçoit ou comprend quelque chose lorsqu'elle se comporte d'une certaine façon ou affirme avoir une certaine expérience d'une chose comme «voir» un bacille dans un microscope ou «comprendre» un problème de mathématiques. Ces deux mots peuvent souvent être employés l'un pour l'autre: «percevez-vous / comprenez-vous qu'il y a un muscle sur cette diapositive?» ou «vous percevez ou comprenez sûrement que ces termes doivent apparaître du même côté de l'équation.» Le dictionnaire Robert donne le mot «comprendre» comme un des synonymes de «percevoir» (et non *l'inverse*). Le fait que notre langue comporte des termes descriptifs ne signifie pas nécessairement que ces termes renvoient à des processus psychologiques ou physiologiques différents. C'est ce qu'on appelle l'illusion de la dénomination, c'est-à-dire croire qu'un mot, parce qu'il existe sous la forme d'un nom, doit avoir un référent. La philosophie et la psychologie ont été tourmentées par la multitude des mots qui ne causent pas de problème lorsqu'ils sont utilisés comme adjectifs ou comme adverbes (par exemple dire qu'une personne est *anxieuse*, ou qu'elle se comporte *agressivement*, ou *intelligemment*), mais qui deviennent des énigmes lorsqu'ils sont utilisés comme noms (si l'on essaie d'identifier une propriété de l' «anxiété», de l' «agressivité» ou de l' «intelligence» comme une chose que quelqu'un *aurait,* qui pourrait même être mesurée).[18]

Il n'y a pas de raison de rejeter les mots de tous les jours, qui sont justes, en faveur d'un jargon arbitraire et peu maniable, surtout parce que ce jargon doit être retraduit en mots simples pour être compris. Quoi qu'il en soit, on doit rejeter l'idée selon laquelle les noms mentalistes réfèrent chacun à un processus unique et indépendant.

Compréhension et non-compréhension

Je serais tenté de définir la compréhension comme un «état», sauf que ce terme pourrait faire penser à quelque chose d'inusité ou qui nécessiterait des circonstances spéciales pour se produire. Je préfère dire que notre état psychologique normal en est un de compréhension; il est à ce point courant que, la plupart du temps, nous n'y prêtons pas attention chez nous-mêmes ou chez les autres. Il n'y a que lorsque nous ne comprenons pas un aspect d'une situation que nous devenons conscients de la différence entre comprendre et ne pas comprendre. Comme nous portons attention à l'inspiration d'air uniquement lorsque nous suffoquons, notre attention se porte normalement sur la compréhension seulement lorsque quelque chose la perturbe.

Aussi le mot compréhension peut-il être utilisé pour toute situation dans laquelle nous nous trouvons. Il est, je pense, significatif que ce mot soit d'abord utilisé quand il s'agit de langage, ordinairement dans le contexte d'une incapacité de compréhension. Bien que le mot compréhension ne soit pas très employé dans des contextes autres que langagiers, nous pouvons parler d'absence de compréhension chaque fois qu'une personne ne sait pas quoi faire ou n'est pas capable de donner du sens à une situation. Nous pouvons dire, par exemple, qu'une personne ne comprend pas comment conduire une voiture, utiliser une règle à calcul ou tapisser un mur. Il n'y a pas compréhension chaque fois que, dans une situation, nous avons des questions auxquelles nous ne pouvons pas trouver de réponse.

Voici l'énoncé qui peut le mieux définir ou plutôt décrire ce qu'est la compréhension: *la compréhension est le fait d'avoir des questions cognitives qui trouvent des réponses, de ne pas avoir d'incertitude.* Une telle conception de la compréhension se rattache à notre conception de l'information qui est vue comme une réduction de l'incertitude. Aussi longtemps qu'il reste des solutions de rechange (un choix à faire parmi des interprétations possibles, une certaine incapacité à identifier) l'individu ne comprend pas. Mais lorsqu'il n'y a pas de «bruit» dans la situation, lorsque l'information annihile toute incertitude, alors il y a vraiment compréhension. En d'autres termes, la compréhension se produit quand il n'y a plus la moindre incertitude.

La précédente analyse semble présenter la compréhension comme quelque chose de relatif: cela, à mon avis, est particulièrement vrai lorsqu'il s'agit de langage. Si vous dites que vous avez compris un livre ou un film, je dois vous croire sur parole: en ce qui vous concerne, il n'y a rien du livre ou du film qui reste obscur, qui laisse sans réponse des questions cognitives. Si je voulais affirmer que vous n'avez pas compris le livre ou le film parce que vous n'avez pas su voir un certain aspect que je juge important, vous pourriez me répliquer que cet aspect n'a pas soulevé de question pour vous. Vous savez si vous avez compris le livre ou non, parce que vous êtes la personne qui serait consciente de la non-compréhension. Je pourrais vous persuader que vous n'avez pas compris le livre en vous montrant, à ma façon, que vous auriez dû vous poser un autre type de question, mais je ne peux le faire qu'en faisant naître de l'incertitude dans votre esprit.

Cette analyse nous conduit aussi à la conclusion suivante: la compréhension est fonction des questions particulières qui ont été posées, de la nature particulière de l'incertitude d'une personne. Il est vrai que nous comprenons toute situation, verbale ou non, en établissant un rapport avec ce que nous savons déjà, avec la structure cognitive, mais non pas en la branchant sur tout ce que contient la structure cognitive. Des théories psycholinguistiques simplistes semblent affirmer qu'un mot n'est compris que si toutes les connexions ou associations possibles sont faites, dans la structure cognitive, à partir de ce concept. Nous arrive-t-il bien souvent de vouloir être conscients de tout ce que nous savons d'un mot ou d'un objet que nous voyons? S'il se trouve que mon attention se porte sur la couleur, je dois me rappeler que le lait est blanc. Si mon attention se porte sur le coût de la vie, je dois me rappeler le prix du lait et la quantité que consomme ma famille.

De toute évidence, si je suis en train de boire du lait pour me rafraîchir, la dernière chose à laquelle je voudrais penser, c'est au pis de la vache. En bref, nous ne comprenons pas sans discrimination, mais bien en fonction de ce que nous cherchons, de ce que nous voulons savoir. Nous utilisons ce que nous savons du monde pour lui donner du sens, non aveuglément, mais en recherchant l'information qui répondra à une question déterminée. L'art véritable de donner du sens au monde consiste à savoir ce qui peut être ignoré sans risque.

Autres aspects de l'utilisation de la structure cognitive

  J'ai essayé de faire ressortir que des mots comme «compréhension» et «perception» ne désignent pas des processus cognitifs complètement indépendants. Ils désignent plutôt des aspects de l'expérience et du comportement humains qui sont la manifestation des mêmes processus fondamentaux. Il y a plusieurs autres termes employés pour désigner d'autres aspects du fonctionnement mental, ainsi «apprentissage» et «pensée» qui doivent aussi être examinés. Je voudrais, pour l'instant, me contenter de définir la relation entre le concept de structure cognitive et ces deux termes. Tout le livre doit être vu comme une analyse de plus en plus profonde de leur contenu.

L'apprentissage

  Les théories scientifiques ne sont pas toujours efficaces, pas plus que la théorie du monde que nous avons dans notre tête. Les théories peuvent se révéler de pauvres synthèses de l'expérience passée ou ne pas parvenir à fournir une interprétation adéquate des événements présents, (de telle sorte que notre environnement produit du «bruit»); ou encore elles peuvent nous amener à faire des prévisions peu fiables quant à l'avenir, (en nous faisant poser le mauvais type de questions cognitives). Lorsqu'une théorie dans la tête ne fonctionne pas, elle doit être révisée, et cette révision s'appelle *apprentissage*. Les humains sont naturellement prédisposés à apprendre* chaque fois qu'un effort de compréhension échoue, chaque fois que le monde n'a pas de sens. La nature des processus d'apprentissage — élaboration ou modification de la structure cognitive — constitue le sujet principal de la seconde partie de ce livre, à partir du chapitre 4. L'apprentissage implique notamment la réorganisation de cet aspect de la structure cognitive qui constitue le résumé de notre expérience passée, et qu'on appelle la *mémoire*.

---

* Voir p. 1, note.

La pensée

La pensée est un autre terme mentaliste qui a une multitude de significations, à tel point que j'évite ordinairement de l'utiliser. J'essaye d'être
plus explicite, de préciser l'aspect de la pensée dont je parle. En évitant le
mot «pensée», j'essaie de contourner des questions telles que: «la perception est-elle de la pensée?» ou «peut-il y avoir une pensée sans compréhension?» J'espère que vous pouvez vous rendre compte que ce sont des questions d'ordre sémantique sur la façon dont les mots devraient être utilisés;
or, en général, les mots sont utilisés avec beaucoup de négligence. Ce ne
sont pas là des questions théoriques sur les processus psychologiques fondamentaux.

Qu'on veuille ou non appeler pensée la perception et la compréhension, il y a un autre aspect important de la vie mentale dont il faudrait rendre compte et qui pourrait très souvent être défini par le mot pensée, lequel
en constituerait peut-être la meilleure définition. Je fais ici référence à la
vie cachée qui se déroule dans le secret du cerveau, souvent indépendamment des événements extérieurs, et qui est une forme d'activité qu'on ne
peut pas observer directement. Cette activité intérieure est très souvent le
substitut du comportement observable: vous pouvez ne pas me traiter de
menteur, mais le penser; vous pouvez imaginer ce qui se produirait si vous
joigniez deux fils électriques; on peut vous demander de résoudre un problème mentalement, sans utiliser votre crayon. Parce que ce type d'activité
mentale peut être le substitut d'un comportement réel, je l'appellerai *expérience substitut*.

L'expérience substitut

L'homme construit un monde dans sa tête, puis l'habite. Il y a un
grand nombre d'aspects cachés de la pensée qui vont du terre à terre au su-
blime. On peut réciter un poème, se rappeler des numéros de téléphone,
calculer ses impôts, tenir une conversation imaginaire, se représenter l'aspect qu'aurait la cuisine avec du papier peint de couleur orange, savourer
un bon coup aux échecs, planifier des vacances, concevoir le plan d'un ap-
partement, composer un poème, commencer une partie de golf; diriger une
symphonie ou même écrire un livre, et tout cela, le faire dans son esprit. Je
n'espère pas classer toutes les manifestations de l'expérience substitut; je
préfère plutôt faire un énoncé général qui les englobe toutes: *toute activité
mentale (ou fonction cognitive) se déroulant entièrement à l'intérieur de la
structure cognitive est un substitut de l'interaction entre la structure cognitive et le monde extérieur.* En termes plus simples, on peut dire que la
pensée est un substitut de l'action.[19]

Plusieurs théoriciens utilisent un langage plus complexe pour exprimer ce que je considère être la même idée. Par exemple, la pensée est souvent définie comme une «activité symbolique» ou une «représentation
symbolique». Le mot «symbolique» est à peine plus qu'un synonyme élé-

gant de «substitut»: un symbole «remplace» quelque chose d'autre. La pensée peut aussi être définie comme un «comportement caché», ce qui signifie la même chose pour moi: une activité invisible qui se substitue à une expérience réelle.

La mémoire et l'imagination sont deux aspects importants de l'expérience substitut et qui sont en relation étroite avec la perception. Notre mémoire des événements est principalement une reconstitution faite à partir d'éléments fragmentaires de l'expérience passée; c'est un exercice d'imagination basé en partie sur l'idée qu'on se fait d'un événement passé.[20] Nos fantasmes quant au présent et à l'avenir sont, de la même manière, élaborés à partir de ce que nous savons déjà. Nous pouvons imaginer un monstre à trois yeux, avec des tentacules vertes, naissant d'épis rotatifs; or nous sommes familiers avec des yeux, des épis, des objets verts et des objets qui pivotent. Le contenu des rêves fournit souvent des exemples frappants de la façon dont certains éléments de l'expérience vécue peuvent être rapprochés pour former de nouvelles combinaisons. En réalité, on pourrait se représenter les rêves comme l'expérimentation, faite par le cerveau, d'interprétation nouvelles du passé et de projections multiples sur le futur.

Plusieurs des relations entre les catégories cognitives de même que la façon dont ces interrelations peuvent être développées par l'apprentissage ne peuvent pas être analysées sans tenir compte de l'expérience substitut. Notre notion de causalité, nos notions de temps et d'espace, notre connaissance de la manière dont différentes opérations peuvent modifier différents objets et de la réversibilité de ces opérations, tout cela dépend probablement au départ d'une représentation interne que nous nous faisons de l'interaction physique réelle avec l'environnement. L'émergence des «questions cognitives» dépend, de toute évidence, d'une réorganisation mentale, comme si nous étions affectés par des événements du monde extérieur ou comme si nous savions déjà quelque chose.

La structure cognitive offre un espace mental, un monde intérieur à travers lequel un individu peut se déplacer librement, organisant, examinant, comparant et vérifiant des idées plutôt que des actes. Nous pouvons en fait vivre une vie plus riche dans notre monde intérieur en vivant des expériences qui ne se produiront jamais dans la réalité et en vivant même des expériences auxquelles nous ne voudrions pas prendre part. Les individus créateurs peuvent trouver leur inspiration dans l'activité débridée de leur esprit; en fait, la capacité de créer ou de se représenter de nouvelles possibilités d'expérience doit être considérée comme la moitié du talent d'un artiste. La seconde moitié serait son aptitude à sélectionner, c'est-à-dire sa capacité et sa volonté de reconnaître, rejeter ou modifier les créations de son esprit les moins désirables.

Le dynamisme de la structure cognitive

L'analyse que j'ai faite de la structure cognitive peut faire croire qu'il s'agit de quelque chose de statique. La description de la structure cognitive sous forme de réseau, de théorie et même de système suscite peu l'image d'un mécanisme dynamique toujours en activité.

Mais la structure cognitive est tout ce qu'il y a de plus dynamique. Non seulement elle est active, mais elle produit la plus grande partie de sa propre activité. Elle apprend et dirige une large part de son apprentissage. La structure cognitive n'est pas seulement la source de nos croyances, de nos attentes, de nos espoirs et de nos peurs, mais aussi celle de notre motivation et de nos capacités. L'esprit ne se complaît pas dans la passivité; l'absence de l'incertitude qui réclame son action est, pour lui, ennuyeuse et contrariante.

J'ai déjà fait allusion à la nature active de la structure cognitive lorsque j'ai décrit la perception comme l'aboutissement d'un processus de prise de décision, et aussi lorsque j'ai parlé de l'attention dirigée de l'intérieur. Il n'est pas juste de voir le cerveau humain comme quelque chose de passif, bien qu'à l'école on semble souvent s'attendre à le trouver dans cet état. Si nous considérons le cerveau humain et les humains eux-mêmes sous l'angle de l'activité, nous comprenons mieux combien sont peu différents le fait d'être vivant et celui d'avoir une structure cognitive qui fonctionne.

C'est dans la structure cognitive que les racines de tout comportement humain prennent leur origine, exception faite des réflexes les plus simples et les plus instinctifs. Que nous agissions selon une habitude ou à partir d'une décision consciente, pour un but qui nous est propre ou en réponse à un stimulus extérieur, toute intention est produite par la structure cognitive. Non seulement notre théorie du monde détermine les buts qui guident nos actes, mais elle contient aussi les significations. Une partie de la structure cognitive, chez chacun de nous, est constituée d'un répertoire complexe de séquences d'actions intégrées, chaque séquence offrant la possibilité d'atteindre un but déterminé. Ces séquences de comportements peuvent se réaliser directement dans notre environnement; elles peuvent aussi être mises à l'épreuve mentalement, dans la tranquillité de l'esprit, en vue de faire une sélection parmi les scénarios possibles. Le fait de pouvoir prévoir, avec assez de justesse, l'issue des actions envisagées est un bon indice de notre capacité d'agir sur l'environnement, comme nous le verrons dans l'exemple qui suit.

Plans et information

Imaginez que vous vous rendez à l'école en voiture. Depuis le moment où vous avez quitté la maison, vous savez ce que vous allez faire, vous avez une représentation générale de l'endroit où vous allez et vous avez aussi en tête le détail de la route à suivre pour vous y rendre. Vous savez où trouver la voiture, comment vous y installer, comment la faire démarrer et comment la conduire. Vous savez quelle route vous devez prendre. Aucune de ces connaissances ne peut être considérée comme une simple habitude; il se peut que vous ayez à modifier certaines choses, comme faire un détour pour prendre un ami. Même si vous ne connaissez pas la route à suivre, vous savez comment vous y prendre pour la trouver. Nous appellerons toutes ces connaissances des *plans*;[21] quelques-uns sont assez élaborés, comme celui qui vous permet de vous rendre à l'école, d'autres sont des séquences qui correspondent à des sections d'un plan plus large, comme tourner la clef de contact. Tous ces plans doivent être dans votre tête; ils font partie de la structure cognitive. Même si, pour vous rendre à l'école, vous devez vous guider sur une carte routière ou suivre une série d'indications, la route que vous devez suivre n'aura de sens que si elle vient à faire partie de votre connaissance (théorie) du monde. Vous n'arriverez jamais à vous rendre à l'école, tant que vous ne serez pas capables de faire face à toutes les éventualités et que vous ne saurez pas quels plans suivre et quand les suivre.

En d'autres termes, les plans indiquent des procédures, ou routines, à suivre pour atteindre certains buts, et ils peuvent comporter des buts intermédiaires. Par exemple, vous pouvez avoir un plan très élaboré pour vous rendre à l'école, plan que vous suivez chaque jour de la semaine, mais non la fin de semaine. Il y a, à l'intérieur de ce plan d'ensemble, plusieurs plans de différentes routes qu'il est possible de suivre pour vous rendre à l'école. Toutefois, aucun de ces plans n'indique, dans le détail, la façon dont vous conduirez votre voiture, car en chemin vous devrez peut-être suivre des plans encore plus petits pour tourner à un croisement, éviter d'autres voitures, changer de voie, démarrer et arrêter.

En plus des plans que vous avez dans la tête, vous avez besoin d'information sur le monde extérieur pour que ces plans se réalisent bien. Vous savez où vous voulez garer votre voiture, mais vous avez besoin d'une information qui vous dise si votre intention peut se réaliser. Avant de quitter votre voiture, vous devez vous assurer que vous avez tiré le frein à main et que vous avez coupé le contact. Chaque étape ou miniplan commence par un besoin d'information concernant l'exécution de l'étape ou du plan précédent.

Le fait d'avoir toujours besoin d'information pour dire qu'on fait bien ce qu'on veut faire signifie qu'on sait d'avance de quelle information on aura besoin. Vous devez connaître l'information dont vous avez besoin ou les questions cognitives à poser avant de pouvoir décider de doubler une autre voiture ou de rester derrière, d'accélérer ou de ralentir. Vous faites plus que prévoir l'événement à venir, vous anticipez des possibles. Lorsque vous faites le trajet familier de la maison à l'école, votre esprit fait au moins deux fois le parcours avant que la voiture le fasse elle-même. L'un des trajets que vous avez dans votre tête est cette route; tant que vous ne saurez pas quel trajet vous devriez suivre, vous ne pourrez pas savoir si vous roulez sur la bonne route. Vous savez que vous êtes sur la bonne route à cause des nombreux points de repère que vous voyez, mais votre esprit doit aller au-devant de ces points de repère pour qu'ils servent à vous guider. Mis à part votre connaissance de la route, la voiture, que vous vous représentez dans votre esprit, doit être quelques mètres en avant de la voiture réelle. Lorsque vous voyez des panneaux de signalisation ou encore d'autres véhicules autour de vous, le rapport que vous établissez entre leur position ainsi que d'autres informations et votre voiture ne se fait pas à partir du point où se trouve présentement cette dernière, mais à partir de la position que vous vous attendez à occuper par rapport aux autres véhicules. Vous pensez toujours plus loin que le présent, ce qui veut dire que vous conduisez en avance, cherchant toujours l'information qui vous dira si votre plan se réalise bien ou non. Ceci nous amène à introduire un autre terme important: l'information que vous recherchez est une sorte de réaction ou *feed-back* qui vous assurera si vous êtes là où vous aviez prévu être.

L'information que vous recherchez dans l'environnement est toujours prédéterminée. Vous porterez sûrement attention à la route devant vous à moins que vous ayez prévu tourner à droite, et vous prêterez peu d'attention aux voitures que vous croisez tant que vous ne prévoirez pas tourner à gauche. Vous passez d'une incertitude à l'autre et, chaque fois, vous devez choisir parmi des possibles: y a-t-il ou non un camion devant? est-ce que je peux ou ne peux pas doubler? suis-je à sa hauteur ou l'ai-je dépassé? est-ce que je peux ou ne peux pas revenir à droite? Une nouvelle information ne doit pas prendre par surprise; elle doit toujours être l'une des possibilités envisagées. Autrement dit, cette information doit être mise en relation avec ce que l'on sait et ce que l'on attend, et elle doit être la réponse à une question cognitive. Vous ne prêtez pas attention à tout ce qui n'est pas pertinent, mais c'est là tout ce que vous pouvez négliger. Bien entendu, les événements qui surviennent autour de vous, conséquence ou non de ce que vous faites, modifient sans cesse votre connaissance et votre besoin d'information. Si une balle roule sur la route devant vous, vous freinez; si la route est en réparation, vous faites un détour. Mais vous suivez toujours le plan de base qui vous mènera à l'école.

Toute cette recherche d'information et toutes ces prises de décisions se produisent à un niveau plus profond que celui de l'attention consciente. Vous pouvez n'avoir aucune souvenance des petits incidents rencontrés sur la route, alors que vous pouvez vous souvenir très bien des nouvelles que vous avez entendues à la radio pendant le trajet. Ordinairement, nous nous souvenons seulement des choses inattendues ou nouvelles. Si, le long du parcours vers votre école, les événements sont toujours prévisibles, si votre théorie sur la façon de vous rendre à l'école n'est jamais prise en défaut, alors tout ce qui arrive a déjà été anticipé, et la mémoire n'en retiendra rien. Ce n'est pas ce qui est attendu qui réclame votre attention et est retenu, mais ce qui n'est pas visible.

Il m'apparaît que les plans pourraient être considérés comme un type particulier d'interrelations entre les catégories cognitives, interrelations qui ne diffèrent de celles déjà mentionnées que sur un point majeur: elles comportent le changement. Les plans ne s'appliquent pas tellement aux situations courantes qu'à l'élaboration de nouvelles configurations de la structure cognitive, et par conséquent leur résultat n'est jamais définitif. Que nous attachions nos souliers ou conduisions une voiture, il y a de bonnes et de mauvaises façons de le faire. La capacité de faire des choses de la bonne manière est ordinairement appelée une habileté, ce qui nous amène à faire une autre distinction. Bien que la question soit aussi compliquée et difficile à aborder que la distinction entre perception et compréhension, il vaut la peine qu'on consacre quelque effort à examiner les différences entre la connaissance et les habiletés.

La connaissance et les habiletés

On ne voit pas clairement jusqu'à quel point l'usage différent des mots «connaissance» et «habileté» est attribuable à une simple alternance sémantique plutôt qu'à une distinction cognitive plus profonde. Nous pouvons quelquefois utiliser indifféremment l'un ou l'autre terme: nous pouvons dire que quelqu'un sait jouer du piano ou qu'il est habile à en jouer. Quoiqu'il en soit, il semble y avoir une différence profonde entre savoir quelque chose (au sens de savoir ou croire quelque chose au sujet du monde, comme savoir qu'il y a vingt-six lettres dans l'alphabet) et savoir faire quelque chose (au sens d'être capable d'identifier les vingt-six lettres ou de les regrouper pour former des mots). Ces deux aspects de la connaissance peuvent être distingués par les expressions la «connaissance du quoi» et la «connaissance du comment».[22] J'utiliserai le mot «connaître» pour les deux aspects quand il ne semblera pas important de faire la distinction (ou quand je ne serai pas capable de la faire); autrement j'utiliserai le mot «connaissance» pour le premier aspect et «habilité» pour le second.

Du point de vue de la psychologie (et de l'éducation), des distinctions importantes peuvent être faites entre la connaissance et les habiletés. La connaissance peut ordinairement être exprimée verbalement; elle se présente sous la forme d'«unités de connaissance».* Il y a, en réalité, une controverse théorique intéressante concernant la dépendance de la connaissance, au sens de «connaissance du quoi», par rapport au langage. En revanche, les habiletés échappent généralement à toute description verbale satisfaisante. Peu importe le nombre de cours magistraux ou de démonstrations qu'un enfant a pu avoir, il ne deviendra jamais un pianiste sans piano. Les habiletés impliquent l'action et exigent l'expérience pour être développées. À la différence des habiletés, la connaissance ne s'accroît pas par la pratique. Cela n'aurait pas de sens de demander à un écolier d'accroître la connaissance «Paris est la capitale de la France» ou «les objets en chute libre dans le vide accélèrent leur chute à raison de seize pieds à la seconde». De plus, la connaissance n'est pas généralisable. Le fait de connaître la capitale de la France ne vous aide pas à trouver celle de la Belgique. En contrepartie, les habiletés sont rarement spécifiques. Si vous savez lire la musique, vous savez quelque chose qui vous permet de lire des partitions

---

* Le texte anglais emploie le mot «facts». Vu l'ambiguïté qu'il y aurait eu, dans de nombreux contextes, à traduire par «faits», nous avons choisi de former l'expression «unités de connaissance» qui, à notre avis, rend compte plus objectivement du contenu du mot «facts» utilisé en ce sens par l'auteur. (N. du T.)

que vous n'avez jamais vues auparavant. La connaissance est ordinairement évaluée en fonction de la vérité, tandis que les habiletés sont évaluées en fonction de la qualité de l'exécution.

En dépit de ces différences, rarement aussi évidentes ou aussi claires que dans les exemples utilisés, la connaissance et les habiletés, les unités de connaissance et les actes, sont intimement liés. En effet, un très grand nombre d'habiletés peuvent être décrites selon la façon dont on acquiert, organise, utilise et transmet la connaissance.

Considérons d'abord, pour un moment, la façon dont la connaissance est acquise. Il n'y a que trois façons d'obtenir l'information dont nous avons besoin pour élaborer ou modifier la connaissance du monde qui est dans notre structure cognitive: par l'expérience (en agissant), par l'observation (en regardant quelqu'un agir) ou en se faisant donner verbalement cette information. On pourrait proposer une quatrième façon d'acquérir la connaissance: en pensant, en élaborant la connaissance dans notre tête. J'ai déjà essayé de décrire ce type d'activité mentale en parlant d' «expérience substitut», cela me permet de l'identifier à la première façon d'acquérir la connaissance, c'est-à-dire par l'expérience, laquelle peut être directe ou mentale.

Chacune de ces trois façons d'acquérir la connaissance exige des habiletés; jamais la connaissance ne peut être acquise directement et spontanément. L'exprérience, à elle seule, ne nous donne pas la connaissance; nous devons interpréter, analyser et comprendre cette expérience. Donner du sens au monde en rapprochant ce qui n'est pas connu de ce qui est connu est une habileté. L'acquisition de la connaissance par l'observation nécessite une habileté; simplement regarder faire un artiste ne suffit pas à rendre capable de faire comme lui. Il est aussi évident qu'il faut une habileté pour acquérir la connaissance par transmission verbale: il faut savoir utiliser sa connaissance de la langue.

Malgré toutes ces différences, je tiens à situer et les habiletés et la connaissance dans l'organisation de la structure cognitive; je veux les considérer comme jouant un rôle dans la manière dont nous donnons du sens au monde, et je veux le faire parce que, d'une certaine façon, il semble peu commode de rendre compte de la connaissance et des habiletés comme des mécanismes distincts. Les unités de connaissance et les actes sont à ce point intimement liés qu'il est impossible d'imaginer les uns sans les autres. Toutefois ce n'est pas bien rendre compte des habiletés que de dire qu'elles font partie de la structure cognitive. Il est encore nécessaire de trouver une façon d'expliquer ce qu'elles sont et comment elles fonctionnent.

J'ai déjà parlé de la nature dynamique de la structure cognitive et montré qu'elle est la source de tous nos plans, de toutes les procédures habituelles qui dirigent notre comportement. Les plans nécessitent et la connaissance et les habiletés; en réalité, les plans pourraient être considérés comme le point de rencontre, dans la structure cognitive, des deux types de connaissance, les unités de connaissance et les actes. Les plans sont, sans aucun doute, les aspects non statiques de la structure cognitive; ils peuvent évoluer d'instant en instant et aussi inclure un élément temporel dans leur structure. Il y a un bon et un mauvais moment pour les exécuter, et savoir faire la bonne chose au bon moment m'apparaît l'essence même d'une habileté.

Nous voyons peut-être ici la différence la plus importante entre la connaissance et les habiletés: la connaissance est entièrement indépendante du temps. Paris reste la capitale de la France et Bruxelles celle de la Belgique, même si vous inversez l'ordre de ces affirmations. Même si Paris cessait un jour d'être la capitale de la France, il sera encore sensé de dire que Paris a été la capitale de la France pendant une certaine période de l'histoire. Alors que le temps ou la manière dont on énonce un fait n'enlève rien à sa pertinence, les habiletés dépendent absolument du temps. Si l'ordre n'est pas respecté ou si une partie de l'habileté est exécutée à un mauvais moment, la pratique de l'habileté est perturbée. Vous savez qu'une chaise est une chaise, peu importe où elle se trouve; mais si vous voulez vous asseoir sur une chaise, le temps et le lieu de votre rapport avec elle prennent toute leur importance. La familiarité avec un certain mouvement complexe aux échecs, appelé «roque», constitue la *connaissance*, et celle-ci est indépendante du temps. Cependant, pour que le roque fasse partie de votre *habileté* à jouer aux échecs, vous devez savoir *comment* appliquer cette connaissance à des moments très particuliers.

Je ne veux pas laisser entendre que les habiletés ne sont que des unités de connaissance mises en action. Il est plus curieux de considérer l'idée que les unités de connaissance sont des coupes, figées dans le temps et prélevées sur le déroulement de l'existence. En ce sens, elles sont artificielles, construites en marge du changement constant de la vie par le langage qui a la propriété de figer le temps.

Toutes ces réflexions peuvent sembler bien savantes, mais elles sont au coeur même des problèmes de l'enseignement. Du point de vue pédagogique, la connaissance et les habiletés sont totalement différentes. Les habiletés sont très peu transmissibles par le langage; pourtant, sans elles, la connaissance n'est d'aucune utilité, est un obstacle plutôt qu'une aide à l'apprentissage. L'école est censée s'occuper d'abord du développement des «habiletés» de l'enfant, de sa compétence dans une série d'habiletés, mais lorsqu'il s'agit de le faire dans une classe, nous essayons de développer les habiletés en transmettant de la connaissance. Ce sont des points que je vais reprendre, mais seulement à la fin du livre. Avant de réfléchir à l'enseignement, il y a beaucoup à dire sur la compréhension et l'apprentissage.

Il est nécessaire de se préoccuper au plus tôt de la distinction entre la connaissance et les habiletés, et cela pour trois raisons. D'abord, aucune description de la structure cognitive ne sera complète, si on n'essaie pas d'y inclure les habiletés tout comme on l'a fait avec la connaissance; deuxièmement, cette distinction fournit une base nécessaire à une meilleure analyse du langage et de l'apprentissage; troisièmement, ces deux derniers termes soulignent la différence entre savoir une chose et pouvoir dire ce qu'on sait. Un paradoxe demeure: la structure cognitive est la source de tout ce que chacun sait, mais personne ne sait rien de sa structure cognitive. Nous ne pouvons pas observer directement notre propre structure cognitive.

La connaissance implicite

Tout ce que j'ai dit de la structure cognitive en général et tout ce que chacun peut dire de la sienne ou de celle d'un autre ne peut l'être que par inférence. La structure cognitive est fermée à l'observation; notre connaissance implicite ou notre théorie du monde n'est pas accessible à notre conscience. Ces théories qu'on a dans la tête constituent la «*connaissance implicite*».[23]

Pensez à un jeune enfant qui a le mot «chien» dans son vocabulaire. Apprendre à utiliser ce mot comme tout le monde est beaucoup plus compliqué que simplement apprendre ou se rappeler le nom. Les chiens présentent diverses allures, tailles et couleurs, et il est impossible de dire ce que tous les chiens ont en commun et que les chats, les vaches et les autres animaux n'ont pas. Ce n'est pas cette information que nous donnons à un enfant lorsque nous lui disons: «voici un chien». En réalité, nous lui posons là un problème: nous lui disons qu'il y a un être que nous appelons «chien» et que c'est à lui de trouver ce qui fait que c'est un chien. Il peut arriver que l'enfant croie que tout ce qui a quatre pattes ou même tout ce qui bouge soit un chien. Il est cependant peu probable que l'enfant soit un jour capable de dire pourquoi il donne le nom de «chien» à certains êtres à l'exclusion des autres. En d'autres termes, il ne connaîtra jamais consciemment sa théorie des chiens. L'enfant apprend quelque chose, mais ne peut pas dire ce qu'il a appris au juste. Sa connaissance est «implicite».

L'incapacité de verbaliser la connaissance profonde ne signifie pas que l'enfant souffre de quelque déficience mentale; les adultes souffrent du même handicap. Montrer un chien et dire «voilà ce que j'appelle un chien» est une façon de contourner le problème; la question première est de savoir comment vous pouvez dire que c'est un chien. Si nous avions tous une vue directe de la façon dont on sait qu'on sait, les psychologues seraient bientôt sans travail, et les linguistes tiendraient un discours redondant en disant que c'est ce qu'ils «savent» qui les rend aptes à comprendre le langage.

Aucun des processus de la pensée n'apparaît immédiatement accessible à la conscience, pas plus que ne le sont le système de catégories, les listes de traits et les interrelations. Nous pouvons facilement distinguer un chat d'un chien ou une phrase grammaticalement correcte d'une phrase qui ne l'est pas, mais nous demeurons incapables de dire quelle sorte de connaissances nous permet d'établir ces distinctions. De même en est-il de notre conscience des produits de l'activité cognitive (nous «entendons» des conversations imaginaires et «voyons» des mouvements aux échecs ou des monstres fictifs), mais nous ne pouvons pas avoir conscience des processus qui sont à l'origine de ces productions imaginaires. Une solution à un problème peut soudainement nous sauter aux yeux sans que nous ayons la moindre idée de son origine ou de la façon dont elle a été conçue.

Quoi qu'il en soit, le fait que la structure cognitive ne donne aucune prise à un examen direct ne signifie pas que nous ne puissions faire des énoncés théoriques à son sujet. Il y a une façon simple de conjecturer et même d'explorer le contenu de la structure cognitive: en la faisant fonctionner. C'est par ce qu'elle produit que nous pouvons arriver à connaître la structure cognitive. Vous voulez savoir si, chez un enfant, le concept de chien est suffisamment riche pour distinguer un poméranien d'un chat persan, alors montrez-lui les deux et voyez s'il peut faire la différence. Vous voulez savoir si, dans les interrelations du cerveau d'un enfant, on trouvera le principe selon lequel un nombre donné de bonbons s'accroît quand ces bonbons sont dans un plus gros contenant, alors offrez-lui le même nombre de bonbons dans des contenants différents et voyez lequel il préfère. Vous voulez savoir ce que vous pensez du contrôle des naissances ou du rationnement de l'essence, alors écrivez ou dites quelque chose sur ces sujets (ou parlez-vous à vous-mêmes de ces sujets). C'est uniquement en faisant sortir de l'information de votre cerveau que vous serez capable de voir ce qu'il contient.

Le phénomène de la conscience offre une énigme fascinante, mais presque sans solution, à qui voudrait traiter de cette question. Ma principale opinion sur le rôle de la conscience est qu'elle rend les humains capables d'analyser les produits de la pensée et que de là ils peuvent, par exemple, transférer des idées d'un domaine à un autre.[24] Nous ne serions pas capables de nous souvenir ou de parler du bruit que font les sabots des chevaux ou de l'allure des chevaux galopants, si nous n'étions pas conscients de ce que produit notre propre cerveau. La conscience nous permet enfin de transformer quelques-unes de nos connaissances en connaissances explicites et ainsi de les rendre communicables.

Cependant, comme nous le verrons dans le chapitre suivant, la majeure partie de ce que nous savons ne peut être analysée par la conscience ni communiquée, même quand il s'agit de la connaissance du langage lui-même. La question fondamentale qui demeure quant à l'apprentissage et partant quant à l'enseignement est de savoir comment il est possible qu'un enfant apprenne tant alors que nous pouvons expliquer si peu.

La compréhension dans la classe

Fondamentalement, un enfant n'est pas différent d'un adulte. La façon dont un enfant doit chercher l'information qui l'aidera à donner du sens à son environnement n'est pas différente de celle de l'enseignant. Partagent-ils ou non les mêmes perceptions et la même compréhension, une expérience particulière constitue-t-elle une information ou un bruit: cela sera déterminé par les questions cognitives que chacun pourra poser.

Quand un enseignant écrit une phrase au tableau, il sait ce qu'il écrit; cette phrase est signifiante pour lui, mais ne l'est pas nécessairement pour l'enfant. L'enseignant peut voir que telle lettre est évidemment un *A* parce que c'est ce qu'il a écrit. Mais, si l'enfant ne se pose pas les questions cognitives que l'enseignant présume qu'il se pose, il ne percevra pas ce qui est écrit au tableau de la même manière que l'enseignant. Si l'enfant se pose les mauvaises questions (les mauvaises questions cognitives implicites), il ne comprendra pas, rien n'aura du sens.

. En outre, si l'enseignant dirige l'attention de l'enfant, cela n'amènera pas ce dernier à voir ce qui doit être vu. L'attention n'est pas regarder ou écouter d'une façon plutôt que d'une autre, mais poser des questions cognitives particulières. L'attention de l'enfant est constamment dirigée à l'école, mais l'enfant n'a pas nécessairement les indices voulus pour trouver les questions cognitives qu'il devrait poser. Si l'incertitude de l'enfant demeure, il est vain de diriger son attention puisqu'on ne réussira pas à lui donner l'information recherchée et que, de plus, on risque de créer un «bruit» qui envahira son esprit.

Voici un exemple: l'enseignant écrit *K* au tableau, et un enfant dit que c'est «H»; l'enseignant dit que c'est faux et trace une série de *K* au tableau en demandant à l'enfant de comprendre que chacun d'eux est une représentation de la lettre «K». Mais l'enfant peut ne pas savoir ce qu'il serait censé observer: «K» n'est-il qu'une marque de craie au tableau? indique-t-il un endroit particulier sur le tableau? *H* n'est pas si différent de *K*, pas aussi différent que la lettre minuscule *k*; qu'est-ce qui fait que le tracé *K* est un «K»? Pour être plus précis, quels sont les traits distinctifs de *K*?

Laissons continuer l'enseignant: il trace *H* au tableau et dit à l'enfant que c'est un «H»; il lui demande s'il peut voir la différence entre *K* et *H*. La possibilité qu'il y a maintenant d'observer les différences entre *K* et *H* et entre *K* et toutes les autres lettres de l'alphabet pourra éventuellement rendre l'enfant capable de distinguer *K* des autres lettres. Lui demander de *voir* la différence entre *K* et *H* avant qu'il ait pu identifier les différences significatives, avant qu'il ait acquis la connaissance des traits distinctifs de l'un et de l'autre, c'est supposer qu'il a déjà résolu le problème. L'attention de l'enfant a été dirigée, mais il ne sait pas quelle question cognitive poser. L'enfant peut ne pas voir la différence parce qu'il ne connaît pas la différence que voit l'enseignant. Tant qu'ils ne regarderont pas les deux lettres de la même manière, l'enseignant et l'enfant percevront *K* et *H* de façon différente. Ce qui sera évident pour l'enseignant pourra n'être que du bruit pour l'enfant tant que ce dernier ne fera pas les mêmes distinctions que l'enseignant et pour les mêmes raisons que lui. La différence entre deux lettres n'est pas plus évidente pour un enfant que ne l'est nécessairement, pour un enseignant, celle entre un porto et un bordeaux, différence très évidente pour un expert.

Je vous propose un autre exemple: un enfant éprouve de la difficulté à comprendre la propriété de commutativité de la multiplication, c'est-à-dire que 3 x 5 = 5 x 3; l'enseignant présente alors l'analogie suivante: trois rangées de cinq fèves égalent cinq rangées de trois fèves:

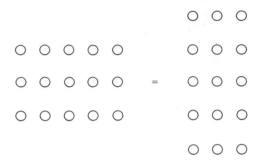

L'enseignant peut «voir» que cela illustre bien ce que signifie la propriété de commutativité, mais l'enfant peut ne pas le voir. L'enfant peut avoir une difficulté à saisir, par exemple, la relation mystérieuse entre le signe x et les rangées d'objets: en quoi 3 x 5 est-il la même chose que

$$\begin{matrix} \bigcirc & \bigcirc & \bigcirc & \bigcirc & \bigcirc \\ \bigcirc & \bigcirc & \bigcirc & \bigcirc & \bigcirc \\ \bigcirc & \bigcirc & \bigcirc & \bigcirc & \bigcirc \end{matrix}$$

Peut-être y a-t-il un problème cognitif plus profond: l'enfant ne voit pas qu'il y a autant de fèves dans l'ensemble de gauche que dans l'ensemble de droite. Celui-ci, parce qu'il est plus haut, peut lui sembler avoir plus de fèves que celui de gauche qui n'a que trois rangées: du point de vue de l'enfant, plus haut signifie plus considérable; à ses yeux, 3 x 5 n'est pas égal à 5 x 3, et la démonstration de l'enseignant n'a fait que l'aider à en faire la preuve.[25] La compréhension qu'a l'enfant du problème est encore une fois passablement différente de celle de l'enseignant.

Je dois maintenant répéter que la compréhension est relative, qu'elle dépend de ce que nous savons et des questions cognitives que nous posons. L'individu qui lit un roman pour la logique qu'il y trouve ou pour le dynamisme de la narration comprendra cette nouvelle d'une façon assez différente de celui qui porte surtout attention aux qualités littéraires de l'oeuvre. Lequel lit le livre de la «bonne façon»? La réponse à cette question relève des jugements de valeur, non des faits. Comment peut-on alors mesurer la compréhension à l'école? Cette question est embêtante dans la mesure où il est très probable qu'il n'y a pas de réponse. Comment pourrait-il y avoir une réponse si ce qui constitue la compréhension varie d'un individu à l'autre? Les enseignants qui tiennent à mesurer la compréhension ne voient souvent pas clairement ce qu'ils veulent mesurer ou ce qu'ils s'attendent à tirer du résultat d'un test de compréhension (si ce n'est que Jean

comprend ou ne comprend pas beaucoup). Il serait préférable de reconnaître que les tests, que nous appelons tests de compréhension, mesurent toujours autre chose que la compréhension et qu'il vaudrait mieux être explicite sur ce qui est mesuré. Les tests de compréhension semblent souvent
évaluer l'habileté à acquérir certaines unités de connaissance, à obtenir
certains types de réponses, en partant de questions implicites que l'enseignant (ou le docimologue) a décidé à l'avance que l'élève devrait se poser.
Si ce qui est évalué est l'habileté à trouver des réponses à des questions, il
semblerait plus approprié de donner les questions à l'avance.

Les tests de compréhension en lecture sont ordinairement des tests de
mémoire; ces tests sont administrés à livre fermé et mesurent la quantité
d'informations que l'écolier a pu retenir. Si vous voulez faire passer un test
de mémoire, vous devriez, au préalable, vous assurer que l'information que
l'écolier est censé retenir a d'abord été acquise. Il est vrai que l'habileté à se
rappeler quelque chose dépend, entre autres facteurs, de la compréhension
initiale, mais l'effort de mémorisation peut en réalité nuire à la compréhension. Avez-vous déjà essayé de comprendre un roman russe en même temps
que vous tentiez de retenir le nom de famille, les relations et la position sociale des personnages? C'est ce que nous savons à l'avance qui nous permet
de comprendre un livre au premier abord, et, jusqu'à maintenant, les questions auxquelles le lecteur peut avoir trouvé réponse sans avoir lu le livre
sont d'ordinaire soigneusement exclues des tests de compréhension.

Qu'il soit pertinent ou non de mesurer la compréhension, il reste que
beaucoup d'enfants ne comprennent pas toujours ce qui se passe à l'école et
que certains semblent presque ne jamais rien comprendre. Il semblerait
donc raisonnable de se demander comment la compréhension pourrait être
améliorée.

J'espère que j'ai dit suffisamment de choses pour montrer qu'il n'y a
pas de réponse simple à cette question apparemment simple. Deux questions au moins surgissent: comment les enfants devraient-ils être formés
pour comprendre davantage? comment l'école devrait-elle être modifiée
pour être plus compréhensible? Ce sont d'abord les enseignants et les autres responsables de l'éducation qui ont besoin de comprendre comment les
enfants pensent et apprennent, quelles sont leurs capacités et leurs limites.
Les problèmes en éducation sont rarement résolus par la découverte d'une
technique magique qui fait que tout rentre soudainement dans l'ordre. Le
plus souvent, c'est l'individu qui a besoin qu'on l'aide à faire des analyses
qui lui permettront de comprendre ce qui fait qu'une chose ne va pas; ici,
pour comprendre ce qui rend ardus la compréhension et l'apprentissage.
D'un point de vue plus positif, nous pouvons dire que les enseignants sont
très souvent efficaces dans leur travail (beaucoup d'enfants réussissant
leur apprentissage à l'école) sans être capables de dire ce qui produit exactement cet effet. Le présent ouvrage est entièrement consacré à faire la lumière sur ces questions majeures, non pas pour dicter aux enseignants ce
qu'ils devraient faire, mais pour élargir leur compréhension et par là leur
compétence.

CHAPITRE 2

Les limites
de la compréhension

On peut présenter un manuel à un enfant, mais on ne peut pas faire qu'il le voie. Personne n'est capable de voir tout ce qu'il y a devant ses yeux et, la plupart du temps, on ne peut voir que très peu de choses. Il y a de sérieuses limites à ce qu'on peut voir, entendre ou sentir d'une manière ou d'une autre. Le cerveau, cet instrument merveilleux, n'a pas une capacité infinie d'appréhender le monde. Un enfant donne du sens au monde en reliant ce qui n'est pas familier à ce qui est connu, mais s'il y a peu de «connu» qui peut servir dans une situation donnée, peu de choses seront comprises ou perçues. Il y a des limites à la compréhension; voir et entendre ne sont pas simplement affaire d'«acuité».

J'analyserai particulièrement l'acte de lire ou, du moins, l'identification des lettres et des mots en langage écrit. Il y a beaucoup de données expérimentales sur les aspects visuels de la perception; cela est partiellement dû au fait qu'il est plus facile d'observer ce que fait l'oeil que l'oreille ou le nez ou la langue. Le problème ne se limite pas à la vision: un enfant peut, dans une classe, avoir été rendu temporairement sourd aussi bien qu'aveugle; nous commencerons par constater que les yeux ont relativement peu à faire avec l'acte de lire.

Entre l'oeil et le cerveau

Il est certain que la lecture est une activité visuelle. Pour lire, il est nécessaire d'avoir un texte devant les yeux, de tenir les yeux ouverts et d'avoir un certain éclairage. La lecture est cependant plus qu'un exercice pour les globes oculaires. L'art de devenir bon lecteur tient à ce qu'on apprend à s'appuyer de moins en moins sur l'information visuelle. Tout lecteur qui s'efforce d'emmagasiner plus d'information visuelle que peut en contenir son cerveau devient un lecteur lent et maladroit, non un lecteur rapide.

Information visuelle et information non visuelle

La lecture s'appuie sur deux sources d'information assez différentes. L'une est fournie par l'auteur (ou l'imprimeur), il s'agit des marques graphiques sur la page; c'est ce qu'on peut appeler l'*information visuelle*. Cette sorte d'information est perdue s'il n'y a plus de lumière. L'autre source d'information se trouve chez le lecteur lui-même qui fournit l'information non visuelle, disponible même quand ses yeux sont fermés. En d'autres termes, la lecture s'appuie sur l'information que le lecteur reçoit par son système de vision et sur l'information déjà disponible dans sa tête, dans sa structure cognitive.

Supposons, par exemple, un lecteur habile qui feuillette un livre écrit dans une langue qu'il ne connaît pas; il n'y aura pratiquement pas de lecture, non par insuffisance d'information visuelle, mais parce que la connaissance de la langue constitue une information non visuelle essentielle; c'est le lecteur lui-même qui doit fournir ce type d'information. Il y aura aussi très peu de lecture si le sujet du texte est complètement hors du champ d'expérience du lecteur; ce serait le cas, par exemple, pour la majorité des enseignants qui essaieraient de lire un article traitant de physique nucléaire. Il faut un bon bagage de connaissances préalables pour lire un texte. Tout ce que l'auteur considère comme allant de soi doit être fourni par le lecteur sous forme d'information non visuelle. Ce que le lecteur sait déjà constitue la seule source d'information non visuelle.

La distinction entre l'information visuelle et l'information non visuelle en lecture est importante parce que ces deux types d'information ont des rapports réciproques. Le lecteur peut remplacer l'une par l'autre: plus il peut utiliser l'information non visuelle, moins il a besoin d'information visuelle; moins un lecteur peut fournir d'information non visuelle, plus il doit tirer d'information visuelle de la page qu'il a sous les yeux. Des exemples font clairement saisir cette relation de réciprocité: nous lisons plus rapidement ce qui est familier ou «facile», nous pouvons alors lire des caractères plus petits et même sous un faible éclairage; les noms et les mots familiers peuvent être perçus à une plus grande distance que ceux qui ne sont pas ou peu connus; par ailleurs, nous avons tendance à nous tenir plus près du texte et à lire plus lentement lorsque c'est difficile, lorsque nous contribuons faiblement à la compréhension de ce que nous lisons.

En lecture, le rapport entre l'information visuelle et l'information non visuelle est d'une grande importance à cause de la capacité limitée du cerveau à «traiter» l'information visuelle qu'il reçoit; cette limite passe souvent inaperçue parce que nous avons tendance à penser que nous voyons tout ce qui se présente devant nos yeux. Nous ne sommes généralement pas conscients du fait que la seule fonction des yeux est de prendre l'information dans le monde visible et de la transmettre au cerveau. Le cerveau a la tâche de décider ce que nous voyons.

LE CERVEAU VOIT QUAND LES YEUX SONT INACTIFS L'oeil capte l'information visuelle uniquement lorsqu'il est immobile, à moins qu'il ne suive un objet qui se déplace; l'oeil ne peut se déplacer d'un point à un autre plus de quatre ou cinq fois par seconde pour saisir une nouvelle information. Toute l'information visuelle, saisie d'un seul coup d'oeil, est prise dans les cinq premiers centièmes d'une seconde ou en moins de temps. Pendant le reste du temps, les yeux n'ont aucun rôle pendant que le cerveau traite les informations qu'il a reçues. S'il y a un nouvel apport d'information visuelle avant que le cerveau en ait fini avec la première information, alors la première ou la seconde information peut être complètement ignorée. Si on projette sur un écran pendant un court laps de temps deux images ou deux suites de lettres différentes à moins d'un dixième de seconde l'une de l'autre, celui qui regarde pourra dire quelque chose de la première ou de la seconde image, mais non des deux[1].

Le fait que l'oeil soit limité à quelque cinq fixations par seconde ne signifie pas que la quantité d'information que le cerveau prend dans le monde visible pourrait être doublée en portant à dix le nombre de fixations par seconde. Aucune activité visuelle ne peut être améliorée en accélérant simplement le travail des globes oculaires. Il faut une seconde entière au cerveau pour traiter une information prise dans une fixation. L'oeil n'a besoin de faire qu'une fixation par seconde pour fournir au cerveau toute l'information qu'il peut recevoir pendant cette période; autrement, le cerveau n'utilise qu'une fraction de l'information visuelle que lui fournissent les quatre ou cinq fixations par seconde.

Ces limites au traitement de l'information se retrouvent chez tous les individus, les adultes comme les enfants, les bons comme les moins bons lecteurs. La différence entre un lecteur rapide et un lecteur lent ne vient pas de ce que font les yeux du premier lecteur, mais de la façon dont le cerveau utilise l'information qu'il reçoit des yeux. Il est certain qu'on ne peut pas observer directement ce traitement de l'information. Nous sommes généralement peu conscients des interruptions d'information visuelle qui se produisent constamment lorsque, par exemple, nous clignons des yeux ou lorsque nos yeux sautent soudainement d'un point à l'autre d'une page ou d'un lieu; nous ne voyons pas alors ce qui arrive à la rétine de l'oeil. Nos perceptions sont construites par le cerveau.

LA RAPIDITÉ DU TRAITEMENT DE L'INFORMATION VISUELLE Il n'est pas difficile d'évaluer la vitesse à laquelle le cerveau traite l'information visuelle. Je vais décrire une expérience classique qui montre les limites du cerveau dans l'identification des lettres[2]. Imaginez que vous êtes assis devant un écran sur lequel l'expérimentateur va projeter une suite de lettres en se servant d'un projecteur à diapositives. Le temps que les lettres demeureront sur l'écran a relativement peu d'importance, dans la mesure où ce temps n'est pas inférieur à un dixième de seconde, ce qui est le temps dont l'oeil a besoin pour capter l'information, et dans la mesure où ce temps n'est pas supérieur à un cinquième de seconde, ce qui empêcherait l'oeil de passer à une seconde fixation. En d'autres termes, l'expérimentateur ne soumettra à votre cerveau qu'un seul apport d'information visuelle.

Imaginez que l'expérimentateur projette sur l'écran une suite de vingt-cinq lettres comme:

K Y B V O D U W G P J M S Q T X N O G M C T R S O

Vous devez écrire les lettres que vous avez vues dès qu'elles disparaissent. Vous centrez votre regard sur un point marqué faiblement au milieu de l'écran; il y a projection, puis plus rien. Qu'avez-vous vu? Vous devriez être capables d'écrire quatre ou cinq lettres qui se trouvaient au milieu de la chaîne des vingt-cinq lettres; plus probablement, vous pourrez transcrire immédiatement quelque chose comme *J M S Q T.*

Nous avons ainsi une indication sur le nombre de lettres isolées qui peuvent être identifiées en une fixation, soit quatre ou cinq. Nous avons aussi une bonne idée du nombre de lettres isolées qui peuvent être identifiées pendant une seconde parce qu'il faut au cerveau toute une seconde pour traiter l'information dont il a besoin afin d'en arriver à une décision quant aux lettres perçues. Si on vous avait présenté une seconde suite de lettres à moins d'une seconde de la première projection, ou si quelque chose d'autre vous avait distrait pendant cette seconde, vous n'auriez certainement pas pu retranscrire autant de lettres.

Vous pourriez faire cette expérience chez vous en utilisant des lettres imprimées sur une feuille cachée par un carré de carton que quelqu'un enlèverait juste le temps que vous y jetiez un coup d'oeil rapide.

UTILISATION DE L'INFORMATION NON VISUELLE Imaginons une seconde expérience; cette fois-ci les vingt-cinq lettres ne seront pas présentées en vrac mais organisées de telle sorte qu'elles forment cinq mots qui n'ont pas de lien entre eux, comme

PAYS   WAGON   MAIS   TRAVAIL   PLUME

On vous demande encore de centrer votre regard sur le milieu de l'écran, et on projette cette suite de mots pendant un bref instant. Cette fois, vous ne verrez pas quatre ou cinq lettres mais probablement deux mots, par exemple:

MAIS   TRAVAIL

La question est maintenant de savoir comment il se fait que vous ne voyiez que quatre ou cinq lettres qui se suivent au hasard et que vous puissiez en voir dix ou onze lorsque les lettres forment des mots. Dans l'un et l'autre cas, il y avait la même quantité d'information devant vos yeux et, vraisemblablement, il y a eu autant de traitement de l'information visuelle dans un cas que dans l'autre; cependant, il y a eu deux fois plus de lettres qui ont été vues. Pourquoi?

On ne répondrait pas à la question en disant que ce sont les mots plutôt que les lettres qui ont été identifiés; c'est justement ce qu'on essaie d'expliquer. Lorsque vous êtes devant des mots, vous êtes capables de traiter deux fois plus d'information visuelle que quand vous êtes devant des lettres qui n'ont aucun lien entre elles, même s'il y a autant d'information visuelle dans un cas que dans l'autre.

Personne n'obtient quoi que ce soit pour rien dans l'univers cognitif, et vous avez été capables d'identifier les lettres dans la seconde expérience avec la moité moins de travail visuel; cela est dû au fait que vous avez trouvé le reste de l'information quelque part ailleurs. Puisque l'information additionnelle ne vient pas des yeux, elle doit être non visuelle, être constituée d'une partie de ce que vous saviez déjà sur la façon dont les lettres sont regroupées pour former certains mots. Je peux être plus précis: puisque quatre ou cinq lettres constituent le maximum de ce que le cerveau peut recevoir à partir d'une seule fixation, il doit y avoir eu un apport équivalent d'information non visuelle pour voir onze lettres formant deux mots.

Il peut sembler surprenant que les lettres, dans des occasions différentes, requièrent des quantités différentes d'information visuelle pour être identifiées; nous croyons ordinairement que nous voyons quelque chose ou que nous ne le voyons pas. Peut-être trouvez-vous aussi surprenant que le cerveau puisse faire une économie en utilisant la connaissance acquise de la façon dont les lettres forment des mots, connaissance dont nous n'avons pas encore parlé. J'ai encore des choses à dire sur ces deux phénomènes avant d'expliquer comment le cerveau peut faire beaucoup avec peu d'information visuelle, dans la mesure où il a une information non visuelle suffisante.

UTILISATION D'UNE INFORMATION VISUELLE MINIMALE Il est rare assurément que nous ayons besoin de toute l'information visuelle disponible pour reconnaître un objet. Nous pouvons ordinairement identifier quelque chose comme étant une voiture ou une maison ou un cheval, même si nous n'en apercevons qu'une partie ou n'en voyons pas les détails à cause de la distance. La plupart des lignes d'un imprimé sont lisibles, que nous en regardions la moitié supérieure ou la moitié inférieure.*

On peut facilement démontrer que les lettres de l'alphabet peuvent aussi être identifiées à partir d'une information partielle[3]: on projette des lettres sur un écran, une à la fois, de telle façon que le sujet doive essayer de les identifier avec un minimum d'information visuelle, soit en les projetant

---

* En français, à cause surtout des accents, il n'y a pratiquement que la partie *supérieure* qui soit déchiffrable. Voir François Richaudot, *La lisibilité,* p. 41. (N. du T.)

pendant très peu de temps (quelques millièmes de seconde chacune), soit en faisant en sorte que chacune des lettres se confonde presque avec le fond. On peut faire une expérience semblable en recouvrant les lettres de plusieurs épaisseurs de papier de soie ou en effaçant quelques détails.

Le principal est de forcer le sujet à faire des erreurs. On verra que celles-ci sont rarement dues à une décision prise au hasard; elles sont plutôt hautement prévisibles, ce qui fait voir que, si un sujet ne peut pas identifier une lettre avec précision, il a cependant une bonne idée de ce qu'elle n'est pas. Si, par exemple, il ne peut pas identifier la lettre *A*, il se pourrait qu'il dise (ou voie) qu'il s'agit de *H*, *K* ou *R*, mais il est improbable qu'il nomme *L*, *O* ou *T*. La lettre minuscule *a* peut être confondue avec *e*, *o* ou *s*, non pas avec *h* ou *r*. En d'autres termes, certaines se ressemblent plus que d'autres, ce qui n'a rien de surprenant. Cela montre que différentes lettres ont des traits en commun. Si un individu n'est pas capable de distinguer tous les éléments d'une lettre, il peut cependant l'identifier à partir de ceux qu'il peut discerner. L'identification (de même que la perception, puisque l'individu est ordinairement très convaincu de ce qu'il a vu, même s'il s'est trompé) s'appuie sur une information partielle.

J'ai parlé des «éléments» des lettres et des autres objets ou formes et aussi d'«information partielle», mais je préfère utiliser les mots *traits distinctifs* que j'ai déjà employés. Dans le chapitre précédent, j'ai dit que chaque catégorie de la structure cognitive doit avoir au moins un ensemble ou une «liste» de traits distinctifs qui permettent d'identifier les êtres faisant partie de cette catégorie. Je suggère maintenant l'idée qu'il n'est souvent pas nécessaire d'identifier tous les traits distinctifs d'une liste particulière; nous pouvons fréquemment identifier une lettre de l'alphabet, ou toute autre forme visible, à partir de quelques traits seulement, tout comme nous pouvons identifier des voitures, des maisons ou des chevaux à partir d'un seul coup d'oeil. La quantité d'information requise pour identifier quelque chose, c'est-à-dire le nombre de traits qui doivent être discriminés, dépend du nombre de possibilités que nous pensons que peut représenter l'objet à identifier. En d'autres termes, la quantité requise d'information visuelle à traiter constitue notre incertitude. Le cerveau n'a besoin d'examiner qu'un seul trait distinctif pour choisir entre deux possibles. Par exemple, nous n'aurons besoin que d'un trait si nous savons qu'une lettre est un *A* ou un *B*, comme il nous faudra un trait différent pour distinguer un *A* d'un *C*.[4]

S'il y a plus de deux possibles, il est alors nécessaire de tenir compte de plus d'un trait distinctif. Quoi qu'il en soit, le nombre de traits qui doivent être pris en considération croît à un rythme plus lent que le nombre de possibles qui peuvent être envisagés. Deux traits distinctifs permettent de distinguer quatre possibles: l'un a les deux traits (+ +); un autre n'a ni l'un ni l'autre (− −); les deux autres n'en ont qu'un (+ −) (− +). (Pour des raisons de clarté plus que pour la connaissance, il est admis par convention qu'une lettre a le trait distinctif et que l'autre ne l'a pas.) Tout trait distinctif additionnel permet de doubler le nombre de possibles qui peuvent être distingués. Trois traits, par exemple, suffiront à distinguer huit possibles, il

faut quatre traits pour distinguer seize possibles, et cinq traits sont plus
que suffisants pour distinguer toutes les lettres de l'alphabet. Même si nous
tenons compte des différentes formes que peuvent prendre les lettres de
l'alphabet (*A, a* et *a; B* et *b*), six traits distinctifs (soixante-quatre possibles) sembleraient suffire amplement. Tout comme des milliers de mots
peuvent être mis ensemble bien qu'ils ne soient construits qu'à partir des
vingt-six lettres de l'alphabet, de même ces vingt-six lettres peuvent être
construites à partir d'à peine six traits distinctifs.[5]

Une autre façon de voir les choses serait de considérer qu'un enfant qui
apprend l'alphabet doit, dans sa structure cognitive, dresser une liste d'au
moins six traits distinctifs pour chacune des lettres. Il est probable que
chacune comporte plus de six traits distinctifs puisque la plupart des lettres peuvent être identifiées même si on en efface ou cache une bonne partie, et puisque les lettres doivent être distinguées des chiffres et des autres
symboles graphiques. Dans tous les cas, cependant, où il s'agit de savoir
quelle lettre de l'alphabet on a devant les yeux, six traits constituent le
maximum de ce dont on a besoin. Par exemple, dans la première expérience
que nous avons imaginée, nous avions vraisemblablement besoin de cinq
ou six traits distinctifs pour chacune des lettres, ce qui faisait un total de
vingt-cinq ou trente traits pour les cinq ou six lettres que vous avez pu distinguer en une fixation et pendant une seconde de traitement d'information.

Si je pouvais maintenant montrer que vous n'avez traité également
que vingt-cinq ou trente traits pour identifier deux mots dans la seconde
expérience, j'aurais une illustration de l'astuce utilisée pour lire deux fois
plus de lettres à partir d'une même quantité d'information visuelle. La
même quantité d'information visuelle vous a permis d'aller deux fois plus
loin. Votre connaissance de l'organisation des lettres dans la formation des
mots est-elle assez élaborée pour réduire votre incertitude de moitié? C'est
l'étendue de cette connaissance que nous devons maintenant essayer d'évaluer.

L'UTILISATION DE LA CONNAISSANCE ACQUISE   Comme chacun le sait —
même les plus jeunes enfants qui parlent — certains mots apparaissent
plus souvent dans le langage que d'autres. Les lettres ont aussi des fréquen-
ces différentes. Si on vous demandait de nommer la lettre la plus fréquente
en français, vous répondriez probablement que c'est *E* ou peut-être *A, R, L,
I, T* ou *C* qui sont, dans l'ordre, les sept lettres les plus fréquentes. Vous
présumeriez aussi sans doute que les moins fréquentes sont *Z* et *W*. Notre
connaissance des différences de probabilité d'apparition des lettres en
français est un exemple d'information non visuelle qui peut grandement
simplifier le travail du cerveau dans l'acte de lire.

Si, par exemple, on vous demandait de dire, sans regarder, qu'elle est
la première lettre de la vingt-cinquième ligne de la page suivante, vous seriez téméraire de dire que c'est *Z* ou *W*. En français, la lettre *E* a plus de
cent fois la fréquence de *Z*; vous auriez centuplé vos chances de donner la

bonne réponse en nommant la lettre *E* plutôt que *Z*. Vous ne pourriez pas deviner chacune des lettres qui commence les lignes de la page suivante, mais, sur l'ensemble ou sur un très grand nombre de lignes, vous augmenteriez votre taux de réussite en nommant chaque fois l'une des six lettres les plus fréquentes en français écrit. Vous pourriez tirer profit de cette connaissance en lecture parce que l'élimination, à l'avance, des lettres les moins probables, réduira votre incertitude et vous permettra de réduire la quantité d'information visuelle qu'il vous faudra traiter pour prendre une décision.

Nous savons cependant plus de choses sur la langue française dans son ensemble que sur la fréquence des lettres. J'ai parlé de votre connaissance des lettres pour les cas où vous n'avez pas d'autre indice sur leur probabilité d'apparition. Cependant, les lettres n'apparaissent pas indépendemment les unes des autres dans les mots. Si vous pouvez identifier une lettre, alors vous avez une bonne idée de la lettre qui la suit.

J'ai tenté de montrer que vous essayeriez de deviner la première lettre de chacune des lignes imprimées en nommant l'une des lettres qui sont parmi les six plus fréquentes et que, la plupart du temps, vous réussiriez à nommer la bonne. Si je vous dis maintenant que la première lettre d'un mot est *C*, vous supposerez sûrement que la seconde est *H* ou *R* ou *L* ou une voyelle. Vous ne considérerez pas plus de la moitié des lettres de l'alphabet. Quand vous avez regardé la moitié d'un mot, il ne reste presque plus d'incertitude. Pour chacune des lettres, vous ne considérez pas comme possible l'apparition de n'importe quelle des vingt-six lettres; dans certains cas, il n'y aura aucun doute; dans d'autres, l'incertitude sera très grande, et le nombre de possibles à considérer sera à peu près de six.[6] Vous vous rappellerez qu'il ne faut que trois traits distinctifs pour choisir parmi huit cas possibles; ainsi, tout se passe comme si nous devions être capables de doubler la rentabilité de l'information visuelle prise dans les mots. Avec seulement trois traits distinctifs par lettre, nous pourrions identifier deux mots de cinq lettres en utilisant la même quantité d'information visuelle requise pour l'identification de cinq lettres qui n'ont aucun rapport entre elles.

CONNAISSANCE ACQUISE ET SIGNIFICATION Je vous demanderais de participer en pensée à une dernière expérience. Encore une fois, on va projeter sur un écran, pendant un court laps de temps, quelque vingt-cinq lettres, avec la différence qu'il s'agira de mots formant une phrase signifiante comme:

LES OISEAUX CHANTENT LE MATIN

Combien de mots pensez-vous être capables de lire si on vous présente cette phrase pendant un centième de seconde, et si on vous laisse une seconde pour vous faire une idée de ce que vous avez vu? Il ne sera par surprenant de vous entendre répondre que vous pourriez probablement identifier tous les mots. Si les lettres projetées forment une suite de mots signifiante, vous n'identifierez pas que quatre ou cinq lettres, mais quatre ou cinq mots formant une suite de vingt-cinq lettres. Vous avez plus que quadruplé le nombre le lettres identifiées à partir de la même quantité d'information visuelle.

Nous avons déjà dit que les lettres dans des mots sont plus faciles à identifier à cause de la connaissance acquise qui réduit l'incertitude à l'avance. Nous devons maintenant montrer qu'il y a d'autres connaissances que nous pouvons utiliser pour réduire davantage l'incertitude quand les mots forment une suite signifiante, quand il y a une structure syntaxique et du sens. Est-il possible de franchir la limite des vingt-cinq ou trente traits qui jouent un rôle dans le traitement d'une information prise dans une fixation ou pendant une seconde de lecture des vingt ou vingt-cinq lettres?

Il est d'abord évident que la probabilité d'apparition des mots est très forte en français. Un auteur ne peut pas sélectionner les mots au hasard lorsqu'il écrit. Si vous lisez un passage et que vous comprenez ce que vous lisez, alors vous avez une bonne idée de la fonction grammaticale et du sens des mots qui suivent ce que vous venez de lire. En fait, on peut enlever un mot sur cinq dans un texte (ou un discours) sans que cela nuise beaucoup à la compréhension.[7] Tentez l'expérience avec un article de journal. Si je vous demandais de deviner le mot qui suit la fin de chacune des pages de ce livre, vous ne réussiriez sûrement pas souvent à donner le mot exact, mais, la plupart du temps, vous auriez une assez bonne idée du mot qui pourrait apparaître au début de chaque page. Il est certain que vous ne feriez pas un choix aléatoire parmi les cinquante mille mots ou plus de votre vocabulaire. Votre incertitude serait plutôt de l'ordre de deux ou trois cents mots[8], ce qui constitue une différence très appréciable, entièrement attribuable à votre connaissance de la langue et à votre connaissance du sujet traité.

La quantité de connaissance acquise que nous pouvons mettre à profit pour le français écrit est plus impressionnante lorsqu'on la considère du point de vue des lettres. Un grand nombre de lettres peuvent être enlevées de plusieurs passages d'un texte sans qu'il y ait une réduction sensible de la compréhension. Si je vous demandais de deviner chacune des lettres d'un passage de livre, en vous disant chaque fois si vous avez bien deviné ou non, vous devriez avoir besoin de quelques essais pour identifier certaines lettres, particulièrement celles du début des mots, et il ne vous faudrait que très peu d'essais pour identifier les autres. Sur un long passage, vous ne devriez pas faire plus d'un ou deux essais par lettre. Votre incertitude serait tellement faible que vous utiliseriez à peine plus d'un trait distinctif pour chacune des lettres.[9]

Bref, la capacité limitée du cerveau à donner du sens à de l'information visuelle reçue, capacité qui réduit à cinq le nombre des lettres pouvant être perçues en l'espace d'une seconde quand elles ne peuvent pas être reliées à quelque chose de connu, peut être accrue jusqu'à pouvoir percevoir vingt lettres ou plus si de l'information non visuelle peut être mise à profit. Un simple calcul montrera que, quand nous lisons à une vitesse normale, soit deux cent cinquante mots à la minute (quatre ou cinq mots à la seconde), le cerveau doit suppléer à la quantité limitée d'information visuelle recevable par une quantité d'information non visuelle à peu près égale à quatre fois la quantité d'information visuelle reçue. Quand vous lisez plus vite, ce qui est souvent le cas bien que vous ne vous en rendiez pas compte, une plus grande quantité d'information non visuelle est utilisée pour pallier la faible capacité de vos yeux. Certains lecteurs sont rapides non pas parce qu'ils ne lisent qu'un mot sur dix ou même un mot sur cinq, mais accroissent leur vitesse de lecture en n'utilisant que le dixième de l'information visuelle offerte dans chaque mot et, pour le reste, ils compensent par de l'information non visuelle.[10]

VISION EN TUNNEL   Les expériences que vous venez de vivre par la pensée montrent qu'il y a une limite à la quantité d'information que nous pouvons recevoir à travers notre système de vision; cela montre aussi que l'ampleur et le degré d'acuité de notre perception ne dépendent pas surtout de l'oeil, mais de la mesure dans laquelle le cerveau peut jouer un rôle derrière les globes oculaires.

Considérons maintenant ces expériences d'un point de vue opposé. Quand les lettres projetées sur l'écran forment une courte phrase, nous sommes capables de voir, d'un bout à l'autre, une suite de quelque vingt-cinq lettres. Lorsque les mots présentés n'ont pas de rapport syntaxique ou sémantique, la perception est réduite de moitié et, si les lettres ne forment pas de mots, nous ne pouvons en voir que quelques-unes qui se trouvent au milieu de la chaîne. Ces différences d'angle de vision sont illustrées dans la figure 2-1.

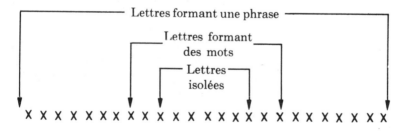

Figure 2-1   Angle de vision selon que les lettres sont isolées, forment des mots ou des phrases.

L'angle de vision le plus fermé est celui du sujet qui ne peut pas voir plus de deux ou trois lettres de chaque côté de son point de fixation; ce cas est une illustration de ce qu'on appelle la *vision en tunnel*.[11] Une personne affligée d'une vision en tunnel perçoit le monde comme si elle regardait à travers un petit cylindre de papier. La vision en tunnel est chose courante dans la vie de tous les jours de chacun de nous puisqu'elle apparaît chaque fois que le cerveau reçoit plus d'information visuelle qu'il ne peut en traiter. Nous pouvons bien ne pas être conscients de ces limites puisque le cerveau nous encourage à croire que nous voyons tout alors que nous ne pouvons remarquer que très peu de choses. Quand vous entrez dans une salle bondée, un simple coup d'oeil suffit ordinairement à faire une approximation du nombre de personnes présentes; mais si vous êtes curieux de savoir s'il y a plus de femmes que d'hommes, vous devrez jeter deux ou trois coups d'oeil sur la salle; votre angle de vision rétrécit chaque fois que vous essayez d'utiliser plus d'information visuelle. Si vous voulez savoir quelque chose de très précis, par exemple si la majorité des personnes porte des lunettes, vous vous placez ainsi dans les conditions d'une vision en tunnel et vous devrez faire un grand nombre de fixations sur différents points de la salle. Faire atterrir un avion moderne est une situation tout à fait différente; cette tâche est, quant à la vision, tellement complexe qu'elle ne peut être accomplie par un homme seul: il faut un membre d'équipage pour regarder les instruments (avec vision en tunnel), un autre pour voir si l'avion touche la piste et un troisième pour surveiller les autres avions.

La vision en tunnel est aussi le lot du lecteur, ou de l'enfant apprenant à lire, qui a relativement peu d'information non visuelle pour l'aider à interpréter ce qui est écrit.

Tout lecteur, qui n'est pas capable ou à qui on ne permet pas d'utiliser l'information non visuelle pour aider son cerveau à traiter l'information visuelle transmise par les yeux, peut considérer qu'il est temporairement devenu aveugle face à l'usage qu'il pourrait faire de sa vision. Même des adultes peuvent se plaindre de ce qu'une page d'un livre soit vide de sens, s'ils ont besoin de trop d'information visuelle pour comprendre.

L'information non visuelle dans l'apprentissage de la lecture

On présume généralement qu'un enfant qui commence tout juste son apprentissage de la lecture peut voir aussi bien qu'un lecteur accompli, si seulement il regarde avec suffisamment d'effort. Mais un enfant à qui il manque d'information non visuelle est fatalement et physiologiquement empêché de lire, à moins qu'on l'aide à lire avec un minimum de dépendance vis-à-vis de l'information visuelle. Les adultes ne seraient pas capables de lire si on ne leur montrait que deux ou trois lettres à la fois, et ne pourraient pas anticiper la suite du texte présenté. Pourtant c'est précisément le genre de situation dans laquelle se trouvent souvent les jeunes lecteurs.

Les lecteurs débutants sont les premières victimes de la vision en tunnel à cause de la quantité limitée d'information non visuelle qu'ils peuvent fournir, particulièrement lorsque le texte à lire est relativement peu signifiant, c'est-à-dire que le contenu du texte n'a que peu de lien avec ce qu'ils connaissent ou lorsqu'on insiste pour qu'ils lisent mot à mot, c'est-à-dire lorsqu'ils doivent se concentrer sur l'information visuelle. Même les lecteurs accomplis sont réduits à la vision en tunnel quand le texte est trop difficile pour eux. Un livre de mathématiques peut être difficile à lire simplement parce que le lecteur a une connaissance insuffisante des mathématiques. L'anxiété est l'une des premières causes d'une trop grande dépendance vis-à-vis de l'information visuelle et ainsi la cause d'une vision en tunnel.

Il n'y a que peu de lecteurs qui peuvent réussir une lecture mot à mot. Les annonceurs de la radio ou de la télévision et les autres lecteurs professionnels dévient tous de temps en temps du texte original parce qu'ils se guident sur le sens; les ajouts et les omissions de mots modifient rarement le sens de ce qu'ils lisent. Insister pour que les écoliers de tous âges lisent mot à mot peut les amener à croire que tout ce qui est écrit est d'égale importance et que, s'ils lisent bien chacun des mots, le sens naîtra tout seul; ils pourraient même en venir jusqu'à croire que le sens est d'une importance secondaire. Une trop grande attention portée aux mots et aux lettres ne fera qu'encombrer le système visuel d'un bruit produit par une information visuelle qui ne peut être utilisée.

(3) Pour être capable de lire, un enfant doit être poussé à prévoir, à utiliser ses connaissances et même à faire cela sans information visuelle. Il n'est pas nécessaire de dire à un enfant qu'il doit utiliser ses connaissances puisqu'il fait cela depuis toujours. Il connaît, implicitement bien sûr, les limites de son système visuel. L'une des façons simples de fournir de l'information non visuelle à un jeune enfant est de le familiariser avec une histoire avant qu'il la lise, peut-être même en la lui lisant d'abord. Nous devons nous rappeler que la façon dont il apprendra à lire, s'il doit devenir un bon lecteur, c'est en faisant un usage optimum de tout ce qu'il sait déjà, et non pas en étant réduit à la faible quantité d'information visuelle que son cerveau peut recevoir.

Les enseignants pourraient objecter que la précision est importante et qu'il faut décourager les enfants d'essayer de deviner. Mais un lecteur n'atteindra pas une certaine précision de lecture s'il ne tient pas compte de tout ce qu'il sait déjà. Ne dépendre que du visuel conduit à la non-compréhension, non pas à la précision. Il est bien évident qu'on ne recommande pas la devinette faite au hasard, mais c'est ce à quoi en est réduit l'enfant qui croit qu'il doit identifier chacune des lettres, chacun des mots, jusqu'à exclure même la nécessité de donner du sens à ce qu'il lit. L'enfant qui prévoit, dans le sens où j'ai utilisé ce mot, en éliminant à l'avance les possibles les moins probables, en mettant à profit la signification et tout ce qu'il sait déjà de sa langue, est seul capable de se rendre compte des erreurs insensées qu'il pourrait faire.[12]

Si on prend un autre point de vue, on peut dire que le lecteur devrait avoir trois sous-habiletés, une pour lire les lettres isolées, une pour lire les mots et une autre pour donner du sens aux mots. La troisième sous-habileté est la meilleure, même si on ne demandait que d'identifier des mots, puisqu'elle fait un usage optimum de l'information non visuelle.

Certaines idées éprouvées de l'enseignement doivent être inversées. Bien qu'il soit vrai que la connaissance des lettres puisse aider un enfant à identifier des mots et que la connaissance des mots facilite la lecture des phrases, il reste cependant que les lettres sont plus facilement apprises et reconnues si elles sont dans des mots que si elles sont présentées isolément, et que les mots sont plus facilement reconnus s'ils sont dans des phrases si-gnifiantes que s'ils sont isolés. Lorsqu'on demande aux enfants d'identifier des lettres ou des mots isolés, on leur demande le type d'identification le plus difficile parce que le nombre de possibles (l'incertitude) est à son maximum. Ce n'est *pas* ainsi que les enfants auront à identifier les mots lorsqu'ils les verront dans des textes.

Un enfant qui ne peut pas donner une bonne réponse, surtout en lec-ture, peut ne pas être complètement ignorant, et il se peut qu'on ne doive pas nécessairement lui mâcher la bonne réponse. Un enfant qui dit ne pas reconnaître la lettre H ou qui confond H avec K n'est pas nécessairement tout à fait dépourvu de connaissance quant à la lettre H. Il connaît peut-être suffisamment de traits distinctifs pour distinguer H d'une douzaine d'autres lettres, mais peut n'être pas l'une d'elles. Lui dire qu'il se trompe peut le forcer à rejeter ce qu'il sait vraiment et à essayer de nouveau malgré tout, ou bien cela peut le décourager. Un enseignant averti essaiera de dé-couvrir ce que l'enfant sait en réalité et tentera de construire à partir de cela. Un enfant peut ne pas être capable de lire un mot isolé et n'avoir au-cune difficulté à le reconnaître s'il se trouve dans une phrase ou si on lui donne un indice. Une intervention judicieuse ne consisterait pas à donner le mot à l'enfant ni même à le pousser à deviner au hasard; il serait préférable de lui donner l'occasion d'éliminer les possibles les moins probables et de li-bérer son système visuel du trop plein d'information. Aucun mot n'est lisi-ble et aucun texte compréhensible, s'ils sont regardés avec la vision en tun-nel.

Les limites de l'audition

Je ne veux pas refaire un long exposé, mais on doit savoir que tout ce qui a été dit de la perception visuelle s'applique aussi à l'audition. Le cer-veau est tout aussi limité dans sa capacité de traitement de l'information acoustique qu'il reçoit des oreilles que pour l'information visuelle. Le cer-veau ne peut pas donner de sens à ce qui est dit, en vertu de la seule audi-tion. L'information acoustique doit être interprétée avec l'aide de ce que j'appellerais l'information non acoustique, qui est de même nature que la non visuelle, c'est-à-dire notre connaissance du monde, du langage et du contexte dans lequel se produit la communication à laquelle nous prenons part.

Les sons du langage parlé sont constitués de traits acoustiques distinc-tifs de la même manière que les lettres de la langue écrite ont des traits dis-tinctifs visuels.[13] Le nombre de traits acoustiques distinctifs que le cerveau doit traiter pour comprendre la parole est proportionnel à la grandeur de l'incertitude.[14] Plus on sait de choses au départ, moins on doit être attentif, et plus long et plus rapide sera le discours qu'on écoutera. Il existe des ex-périences d'audition comparables à celles que j'ai décrites pour la vision. On peut enregistrer des syllabes, des mots isolés et des mots formant des phrases signifiantes sur un fond sonore fait de sons mélangés produisant du bruit.[15] Comme vous vous en doutez maintenant, un plus grand nombre de sons peuvent être entendus quand ils forment un message signifiant, même s'ils sont entendus à travers la cacophonie d'une douzaine d'autres voix.

Nous pouvons, pour l'audition, établir une analogie avec la vision en tunnel. Si nous avons de la difficulté à nous faire comprendre, alors un auditeur éprouvera des difficultés à entendre ce que nous disons puisqu'il aura besoin de beaucoup d'information acoustique. On pourrait expliquer ainsi la tendance que nous avons à hausser la voix lorsque nous parlons à un étranger ou à un enfant qui ne comprend pas bien notre langue. Il se peut que ce ne soit pas un manque de bonne volonté qui cause le phénomène bien connu de l'enfant qui est sourd dans la classe, mais entend parfaitement à l'extérieur.

Prendre des risques en perception

Toute décision prise par le cerveau de percevoir ou de comprendre quelque chose demande un traitement d'information, et il y a une limite à la quantité d'information qui peut être traitée en un temps donné. Je veux maintenant montrer que la quantité d'information que traite un individu avant de prendre de telles décisions cognitives est partiellement déterminée par l'individu lui-même. La perception et l'effort pour comprendre sont des tâches qui comportent des risques; il y a toujours une possibilité d'erreur. Mais parce que l'individu décide de la quantité d'information à saisir avant de prendre une décision, il peut, jusqu'à un certain point, déterminer la grandeur du risque d'erreur qu'il est prêt à accepter.

Le terme *critérium* servira à désigner le degré d'assurance dont un individu a besoin avant de décider. Quand la quantité d'information relative à une lettre, un mot ou un sens atteint le critérium d'un lecteur, ce lecteur prendra une décision à ce moment-là, que la décision soit juste ou non. Les individus n'ont pas toujours le même critérium; cela va d'une demande de certitude presque absolue à un empressement téméraire à décider sur de simples bribes d'évidence. Afin de comprendre pourquoi un certain niveau de critérium est établi, nous devons considérer la conséquence d'un critérium élevé ou bas.

La théorie du signal de détection

La notion de critérium dans la prise de décision nous vient d'un domaine relativement nouveau: la *théorie du signal de détection* [16] qui a renversé un grand nombre d'idées vénérables sur la perception humaine. Il n'est pas nouveau de penser, par exemple, qu'un individu voit un objet tandis qu'un autre ne le voit pas, et que l'individu n'a pas le choix de décider si tel objet est présent ou non. La théorie du signal de détention, cependant, montre qu'en plusieurs circonstances la perception d'un objet dépend moins du fait qu'il est visible que de l'attitude de celui qui regarde. On a toujours pensé qu'il y a une relation simple entre les bonnes réponses et les erreurs, que plus vous voulez ne pas vous tromper, moins vous faites d'erreurs. Mais en fait, plus vous voulez ne pas vous tromper, plus vous devez tolérer de vous tromper. Ce paradoxe peut être expliqué par une meilleure connaissance de la théorie en question.

La théorie du signal de détection ne traitait, originellement, que de la détection de signaux au sens propre du mot; elle se préoccupait de l'habileté des opérateurs de radar à distinguer, sur leur écran les «signaux» du «bruit», afin de détecter la présence d'avions éventuellement hostiles. Dans l'état actuel de cette technique, il n'y a que deux possibilités: un «bip» sur l'écran est ou un signal ou un bruit, un avion ennemi est présent ou non. L'opérateur doit décider; s'il décide que ce bip est un signal et qu'il y a en fait un avion ennemi à proximité, alors il a bien jugé; s'il décide que ce bip n'est qu'un bruit et qu'en réalité il n'y a pas d'avion dans le champ du radar, il a aussi pris une bonne décision. Cependant, il y a deux autres possibilités qui doivent être considérées comme des erreurs. La première erreur se produit lorsqu'il n'y a pas d'avion et que l'opérateur décide qu'il y en a un; c'est ce qu'on appelle une *fausse alarme*. La seconde erreur se produit lorsque l'opérateur décide qu'il n'y a pas d'avion bien qu'il y en ait un dans le champ du radar; c'est ce qu'on peut appeler un *manque*.

Le problème, pour l'opérateur, c'est que le nombre de bonnes décisions, le nombre de manques et le nombre de fausses alarmes ne sont pas indépendants; il ne peut pas changer la probabilité de l'un sans changer la probabilité d'un autre. Par exemple, si l'opérateur tient à éviter les fausses alarmes et que, pour cela, il attend d'avoir le maximum d'information avant de décider de signaler la présence d'un avion, il fera plus de manques et un plus grand nombre d'avions ennemis pourront passer. Si, d'un autre côté, l'opérateur désire atteindre le nombre maximum de bonnes décisions, il déclenchera un plus grand nombre de fausses alarmes.

Bien sûr, en augmentant ses capacités de discrimination, l'opérateur de radar pourra atteindre une plus grande efficacité et ainsi accroître le rapport bonnes décisions/fausses alarmes, de même que tout accroissement de la clarté de la situation rendra la tâche plus facile. Dans toute situation, le choix est toujours le même: ou accroître le nombre de bonnes décisions, ou diminuer le nombre de fausses alarmes. Celui qui regarde doit toujours choisir, toujours décider du niveau de critérium à partir duquel il distinguera un signal d'un bruit, un ami d'un ennemi, un *A* d'un *B*. Plus le critérium est élevé, c'est-à-dire plus il faut d'information avant de prendre une décision, moins il y aura de fausses alarmes, mais aussi moins il y aura de bonnes décisions et plus il y aura de manques. Il y aura plus de bonnes décisions si le critérium est moins élevé, si les décisions sont prises à partir de moins d'information, mais il y aura aussi un plus grand nombre de fausses alarmes.

Qu'est-ce qui détermine à quel niveau l'individu placera son critérium? La réponse tient à l'évaluation relative que fait l'individu des conséquences négatives et positives qu'entraînent les bonnes décisions, les manques et les fausses alarmes. Si l'opérateur de radar pense qu'il sera sévèrement puni en lançant de fausses alarmes, il situera son critérium à un niveau assez élevé, risquant ainsi de laisser passer un avion. S'il est désireux de prendre le plus grand nombre possible de bonnes décisions, il situera son critérium à un niveau plus bas et ne se préoccupera pas des fausses alarmes.

LE DILEMME DES ÉCOLIERS   Ce problème est universel. Un bon lecteur ne se permettra pas de trop élever son critérium parce que, s'il exige trop d'information visuelle, il risque de ne pas être capable de capter l'information assez vite pour dépasser les limites du traitement d'information et lire avec sens. Il est important que les lecteurs débutants apprennent très tôt à prendre des risques en éliminant à l'avance les possibles les moins probables, sans quoi ils pourraient considérer qu'ils paient trop cher leurs «erreurs» et pourraient ne plus faire confiance à l'utilisation de l'information non visuelle. L'enfant qui, en classe, reste silencieux, qui laisse passer plutôt que de risquer une «fausse alarme» en donnant une mauvaise réponse, peut faire plaisir à l'enseignant, mais aussi développer l'habitude de situer son critérium trop haut pour comprendre et apprendre. Une trop grande volonté d'éviter les erreurs peut réduire les chances de prendre de bonnes décisions.

Ce n'est qu'à la condition qu'il fasse l'expérience de donner du sens à partir d'un minimum d'information que l'enfant pourra établir des critériums réalistes pour la lecture ou pour toute autre occasion qu'il a de donner du sens aux événements de sa vie. L'enseignant ne peut pas établir de critérium pour un enfant, mais il peut le pousser à situer très haut ou très bas son critérium par la façon dont il distribue les récompenses ou les reproches pour les erreurs de l'enfant. Il peut le forcer à une vision en tunnel et ainsi le restreindre à un minimum de compréhension. Personne ne peut donner du sens à tout ce qui l'entoure ou à tout ce qu'il y a sur une page si, à l'avance, il ne réduit pas le plus possible son incertitude. Le cerveau est limité dans la quantité d'information nouvelle à laquelle il peut donner du sens, mais il a la possibilité de dépasser ces limites en faisant un usage optimum de ce qui est déjà connu.

Les engorgements de la mémoire

L'un des principaux inconvénients de la vision en tunnel (ou, pour l'audition, l'incapacité d'entendre plus que des fragments de ce qui est dit) vient de ce qu'il est difficile de donner du sens à quoi que ce soit si on ne peut pas saisir le tout. Un lecteur utilisant la vision en tunnel doit essayer de garder dans son esprit un certain nombre de lettres, peut-être quelques parties de mots, pendant que son cerveau est occupé à interpréter ce que lui apporte la fixation suivante. Le rythme limité auquel l'information peut être traitée n'est qu'un des handicaps qui nuisent au cerveau dans ses efforts pour donner du sens au monde. Il y a aussi de sérieuses limites à la quantité d'informations nouvelles et isolées que nous pouvons retenir dans notre esprit pendant que nous décidons de ce que nous allons en faire. Il y a de plus une limite à ce que nous pouvons stocker pour l'utiliser plus tard. La mémoire peut souffrir d'engorgement.

Définition de la mémoire

Comme tous les mots très souvent utilisés en psychologie et en éducation, le mot mémoire peut être employé de diverses façons, certaines plus métaphoriques que d'autres. Quelques fois, le mot semble désigner un *lieu* où l'information est stockée, comme quand nous disons que notre mémoire est en désordre. D'autres fois, ce mot tend à identifier le *contenu* de cette réserve quand, par exemple, nous disons que nous avons un bon souvenir d'un événement. Enfin, quand nous déclarons avoir une bonne ou une mauvaise mémoire, nous paraissons utiliser ce mot en référence à un *processus*.

La mémoire n'est certainement pas un lieu au sens d'un endroit localisé dans le cerveau; nos souvenirs semblent plutôt être distribués à travers de larges espaces cérébraux et semblent toujours faire appel à plus d'une partie du cerveau à la fois.[17] Il serait plus approprié de considérer les souvenirs qui se présentent à notre esprit conscient comme le produit des processus de notre mémoire plutôt que comme des objets tirés d'un contenant; nos souvenirs semblent souvent être des reconstructions faites par le cerveau à partir des connaissances et des attentes présentes, plutôt que de purs et simples rappels ou reprises d'événements.[18] Cette fonction semble, à la base, un peu différente de la perception: le cerveau prend des décisions à partir d'une information limitée, mais produit une expérience subjective formant un tout complet et signifiant. Définir la mémoire comme un processus va dans le sens de son dynamisme caractéristique; pourtant cette définition ne rend pas justice aux multiples facettes de la richesse et de la complexité de ce phénomène.

Je pense que nous sommes contraints de considérer la mémoire comme un *système* complexe et chargé de rien de moins que la sélection, l'acquisition, la rétention, l'organisation, la récupération, la reconstruction et l'utilisation de toutes nos connaissances et croyances concernant le monde, y compris notre expérience passée. Tous ces processus ou toutes ces opérations ne constituent qu'un seul système cohérent et dynamique; ce système, c'est la mémoire. Il n'y a rien de plus. La mémoire n'est pas une chose qui fait toutes ces opérations; elle n'est pas, non plus, un lieu où ces dernières sont faites, pas plus qu'elle n'est l'ensemble des éléments sur lesquels sont faites ces opérations. Quand, dans la vie quotidienne, le mot «mémoire» est employé, il peut faire référence à n'importe quel des aspects de ce système complexe de sélection, d'acquisition, de rétention, etc.

Le «contenu» de la mémoire, ce sur quoi sont faites toutes ces opérations, n'est pas distinct de la structure cognitive, puisque les opérations elles-mêmes se réalisent sur la structure cognitive; elles sont des habiletés cognitives. Il n'est pas possible de distinguer les «souvenirs» de la connaissance du monde, pas plus qu'on ne peut distinguer la «mémorisation» de l'apprentissage.

La possibilité de poser des questions assez sensées comme: «Apprendre quelque chose n'est-il pas plus que mémoriser?» ou: «Pourquoi ne peut-on se rappeler tout ce qu'on a appris?» montre que des mots comme mémoire, mémorisation, souvenance et même apprentissage peuvent être utilisés pour désigner différents aspects du système, mais ne démontre pas que le système peut être décomposé en parties séparées. Parce que la mémoire, en tant que système, peut être considérée de plusieurs points de vue, à différents moments et dans diverses circonstances, elle peut sembler avoir des caractéristiques très différentes. Par exemple, certains souvenirs semblent nous suivre pendant la majeure partie de notre vie, alors que d'autres ne peuvent pas être retenus plus de quelques secondes. Certains aspects de la mémoire semblent sensibles à des perturbations soudaines de l'activité du cerveau causées par des événements comme une blessure à la tête, un traitement psychiatrique aux chocs électriques ou même un relâchement de l'attention. D'autres aspects de la mémoire semblent cependant être plus stables: je peux avoir oublié l'endroit où j'ai laissé mes souliers hier soir, mais je n'ai pas oublié la façon de les lacer.

Trois aspects de la mémoire[19]

Ces différences sont plus faciles à comprendre si on établit une distinction théorique entre la *mémoire à court terme* et la *mémoire à long terme*. La mémoire à court terme sert de mémoire de travail pour l'information transitoire que nous ne voulons retenir que pendant quelques instants, et la mémoire à long terme consiste en l'accumulation plus ou moins permanente de toutes les connaissances et croyances sur nous-mêmes et monde. Le troisième aspect de la mémoire a déjà été présenté au cours de ce chapitre, il s'agit du maintien, durant à peu près une seconde, de l'information que le cerveau traite pour prendre une décision perceptive; on appelle parfois cet aspect *réserve sensorielle*.

Malgré leur appellation, ces trois aspects de la mémoire ne doivent pas être considérés comme des lieux ou des «réserves» séparés que l'on trouverait dans le cerveau. Il est quelquefois très difficile de distinguer les mémoires à court et à long terme; les trois aspects sont intimement liés. Je ferais aussi une erreur en considérant ces trois aspects comme différentes étapes du processus de mémorisation, bien que certaines représentations schématiques, qu'on trouve dans des manuels de psychologie, suggèrent l'idée que l'information entre dans le cerveau par la réserve sensorielle, passe par la mémoire à court terme pour aboutir dans la mémoire à long terme. Comme nous le verrons, le contenu de la mémoire à court terme semble plus souvent venir de la mémoire à long terme que du monde extérieur, et c'est la mémoire à long terme qui, en réalité, détermine ce que nous extrayons de la réserve sensorielle.

En d'autres termes, il est sans doute préférable de considérer ces trois aspects de la mémoire comme des «caractéristiques opérationnelles» d'un même système mnémonique, comme cela apparaît quand le fonctionnement de la mémoire est analysé à différents intervalles après un événement: après quelques secondes, quelques minutes ou quelques heures, après quelques jours ou quelques années. Une analyse de chacun de ces aspects rendra tout cela plus clair.

RÉSERVE SENSORIELLE   Il est évident que, d'un point de vue théorique, il est nécessaire qu'il y ait un espace ou un stade de rétention pour la nouvelle information tirée de la réalité. Dans les expériences d'identification de lettres et de mots, décrites dans ce chapitre, il n'était pas nécessaire de projeter les lettres et les mots sur l'écran pendant plus de quelques millièmes de seconde, bien que le cerveau de l'individu fût obligé de travailler pendant près d'une seconde pour traiter cette information et qu'il lui eût fallu beaucoup plus de temps pour donner du sens à tout ce qui était sur l'écran. Puisque l'information visuelle ne restait pas sur l'écran pendant un temps plus long que le temps de traitement, cette information a dû aller quelque part derrière les globes oculaires jusqu'à ce qu'elle disparaisse ou s'affaiblisse à un certain moment. L'expression «réserve sensorielle» est l'une des nombreuses expressions trompeuses que les psychologues ont inventées pour désigner ce qui, de toute évidence, engendre l'activité cérébrale. On peut faire des expériences pour voir combien de temps dure cette activité, et on verra qu'elle ne dure qu'une ou, au plus, deux secondes. Après ce laps de temps, le sujet de l'expérience a besoin qu'on lui représente ce qu'il doit identifier; il a besoin d'un autre coup d'oeil, d'une autre fixation pour recharger sa réserve sensorielle.[20] Une personne qui regarde fixement n'est pas tant en train de regarder que de réfléchir à ce qu'elle a vu.

Tous nos systèmes de perception semblent avoir une façon de maintenir la représentation d'une nouvelle expérience pendant un bref instant après que se soit produit l'événement. Quand le système visuel est en cause, la réserve sensorielle est parfois appelée image visuelle, expression que je considère comme trompeuse, car elle suggère la présence d'un autre oeil, dans la tête, qui regarderait des images intériorisées. (En général, il est préférable de considérer *toutes* les images que nous pensons pouvoir faire apparaître dans notre tête comme le *résultat* de l'activité cognitive, non comme son point de départ.) En plus de ce que contient la réserve sensorielle, il n'y a rien sur quoi nous gardions notre attention pendant que nous traitons ce qu'il y a dans cette réserve; en réalité nous pouvons sélectionner l'information à traiter avant qu'elle ne disparaisse. Dans les expériences de perception que nous avons imaginées, j'aurais pu vous demander de dire, immédiatement *après* la projection, les lettres que vous avez vues à gauche, au centre ou à droite de l'écran, et les quatre ou cinq lettres que vous auriez vues auraient été situées à l'un des points désignés; quant au reste, vous n'auriez rien vu, sinon une configuration des plus générales. Votre perception n'aurait pas été telle parce que vous auriez *regardé* à différents points d'une image intérieure, mais parce que vous auriez *construit* différentes parties d'une image réelle en fonction de la consigne que je vous aurais donnée.

L'aspect acoustique de la réserve sensorielle est parfois désigné par l'expression la *boîte à écho*. L'emmagasinage acoustique nous aide à rendre compte du cas courant où nous ne réalisons ce qu'on nous a dit que plusieurs instants après l'émission du message, quand nous pouvons l'entendre par une sorte de retour auditif. L'information acoustique première doit être demeurée quelques instants dans notre tête, bien que nous ne l'ayons pas interprétée immédiatement, que nous ne l'ayons donc pas perçue comme quelque chose de signifiant.

La notion de réserve sensorielle est particulièrement importante en psychologie expérimentale et conduit à quelques conclusions pratiques pour l'enseignement. Ordinairement, nous ne présentons pas l'information aux enfants pendant seulement quelques millièmes de seconde, et les enfants, ordinairement, changent de point de fixation quatre ou cinq fois par seconde, à moins qu'ils ne s'ennuyent ou soient en train de réfléchir ou encore qu'ils aient sommeil. Il n'y a rien que nous puissions ou devions faire pour allonger la période de persistance de l'image visuelle, de même que nous ne pouvons pas entraîner quelqu'un à traiter plus rapidement l'information visuelle ou acoustique, bien que nous puissions faciliter la tâche des enfants en rendant cette information plus signifiante et ainsi leur permettre d'aller plus loin. Maintenant que j'ai parlé de la réserve sensorielle, je peux traiter de choses qui devraient modifier considérablement l'idée que l'on se fait de la façon dont les enfants prennent conscience des capacités et des limites relatives des mémoires à court et à long terme.

MÉMOIRE À COURT TERME Nous pouvons, pratiquement sur demande, recevoir et retenir une certaine information pendant un court laps de temps. Par exemple, lorsque, dans un magasin, nous comptons notre monnaie, nous n'avons ordinairement pas besoin d'écrire le montant que nous voulons donner. Nous pouvons normalement nous rappeler où nous allons pendant que nous nous y rendons. La plus grande part de l'information nécessaire aux tâches quotidiennes peut ordinairement être retenue dans une «mémoire de service» que nous ne voulons pas conserver. Il y a cependant des limites à la quantité d'information que nous pouvons faire entrer dans cette mémoire de service ou à court terme, qui est très rapidement surchargée.

La capacité de la mémoire à court terme est en effet très limitée. Six ou sept chiffres, par exemple, semblerait tout ce que nous pouvons garder dans notre tête à un moment donné.[21] Tout se passe comme si une bienveillante providence nous avait doté d'une mémoire à court terme capable de retenir un numéro de téléphone, mais n'avait pas prévu les indicatifs régionaux. La plupart d'entre nous pouvons retenir un nouveau numéro de téléphone de sept chiffres le temps qu'il faut pour aller au téléphone et le composer, à condition que personne ne nous demande l'heure au moment où nous nous rendons à l'appareil.

Si nous essayons de faire entrer dans la mémoire à court terme plus d'information qu'elle ne peut en prendre, quelque chose doit en sortir. Cela ressemble à verser encore du liquide dans un verre déjà plein: la quantité de liquide excédant la capacité du verre coulera tout autour. Dans le cas de la mémoire à court terme, il n'y a que deux voies pour l'information en surcharge: ou bien elle va dans la mémoire à long terme ou bien elle disparaît entièrement.

En fait, l'information disparaît de la mémoire à court terme presque au fur et à mesure qu'elle y entre, à moins que nous ne fassions un effort pour «répéter», comme ce peut être le cas d'un numéro de téléphone que nous nous redisons sans cesse. En fait, la mémoire à court terme persiste aussi longtemps que nous portons attention à celle qu'elle contient. Aussitôt que notre attention est détournée, son contenu est effacé. Tout nous porte à croire que ce que nous appelons souvent «attention» et la mémoire à court terme ne constituent qu'une seule et même chose.

Les deux autres caractéristiques de la mémoire à court terme sont tout à fait à son avantage. Tout d'abord l'information retenue par cette mémoire est immédiatement disponible. Si le numéro de téléphone que nous désirons s'y trouve, nous pouvons le composer tout de suite. Nous n'avons pas besoin d'attendre que cette information nous vienne à l'esprit; en fait, si nous ne pouvons pas la rappeler à l'instant, nous l'avons probablement oubliée pour de bon. Le second avantage de la mémoire à court terme est que l'information y entre presque instantanément. Un nom ou un numéro doit être répété pour y être gardé, mais non pas pour le faire entrer.

De toutes ces caractéristiques découle une conséquence pratique: la mémoire à court terme ne peut pas être surchargée et ainsi produire de la confusion. Elle peut être remplie et vidée rapidement et facilement, mais peut aussi atteindre vite son seuil de rétention. Tout ce qui fait que l'information est amenée au cerveau sous la forme de fragments isolés, comme le fait la vision en tunnel par exemple, est propre à surcharger la mémoire à court terme; quand cela se produit, il est peu probable qu'on aboutisse à un apprentissage permanent.

Puisque nous sommes à étudier les limites de la mémoire à court terme, il semblerait opportun de faire un bon résumé. La figure 2.2 présente les quatre points dont j'ai parlé et permet la comparaison avec la mémoire à long terme.

MÉMOIRE À LONG TERME   À première vue, notre mémoire permanente ou mémoire à long terme paraît tout à fait supérieure à la mémoire à court terme: sa capacité semble illimitée et sa durée pratiquement indéfinie. La mémoire à long terme nous surprend souvent quand surgit soudainement un fragment de son contenu. Par exemple, les sondes des chirurgiens peuvent faire naître des souvenirs remontant à la petite enfance chez des patients subissant une opération au cerveau. Les neuro-chirurgiens préfèrent que le patient soit conscient et, puisque le cerveau est insensible, sa chirur-

	Mémoire à court terme (mémoire de service)	Mémoire à long terme (mémoire permanente)
Capacité	limitée	pratiquement illimitée
Persitance	très brève	pratiquement illimitée
Accès	immédiat	dépend de l'organisation
Entrée de l'information	très rapide	relativement lente

Figure 2.2.   Les caractéristiques des mémoires à court et à long terme.

gie ne nécessite qu'une anesthésie locale. De même en est-il des sondes verbales des psychanalystes qui savent poser les bonnes questions quand le client se trouve dans un état qui le porte à répondre. Il y a d'autres exemples plus simples de stimulation: de petits éléments de rappel comme «Vous vous souvenez d'elle, elle porte des lunettes carrées» ou «Je pense que son nom commence par *K*» peuvent produire l'étincelle qui amène à la redécouverte d'une chose que nous pensions avoir irrémédiablement oubliée.

Ordinairement nous ne sommes pas conscients de l'immense capacité et de la durabilité de la mémoire à long terme à cause de notre difficulté à y puiser de l'information. Contrairement à ce qui se produit avec la mémoire à court terme, l'«accès» à la mémoire à long terme n'est en rien automatique. La facilité avec laquelle nous pouvons recouvrer la mémoire à long terme semble dépendre du degré auquel l'information que nous recherchons est intégrée à tout ce que nous savons. Contrairement à la mémoire à court terme, la mémoire à long terme ne demeure pas constamment ouverte à notre introspection. Pour retrouver une chose dans la mémoire à long terme, nous devons trouver une voie pour atteindre cette chose.

Les limites de la rapidité avec laquelle nous pouvons trouver une information dans la mémoire à long terme constituent une autre raison pour laquelle nous ne sommes ordinairement pas conscients de son immense capacité.Alors que la limite de la quantité d'information que peut retenir la mémoire à court terme est atteinte presque instantanément, l'information ne peut pas entrer dans la mémoire à long terme à un rythme plus rapide qu'une information toutes les quatre ou cinq secondes.[22] Les sept chiffres d'un numéro de téléphone, qui dépassent presque la capacité de la mémoire à court terme, mettent à peu près une demi-minute à s'installer dans la mémoire à long terme.

Cette dernière limite de l'efficacité de la mémoire à long terme est tellement importante que je dois en reparler encore une fois en établissant un rapport étroit avec la limite de la mémoire à court terme. La capacité de la mémoire à court terme est restreinte à quelque six items et, si cette limite est dépassée, l'information doit ou bien s'en aller dans la mémoire à long terme, ou bien disparaître complètement. *Il n'y a cependant qu'un seul item qui peut passer de la mémoire à court terme à la mémoire à long terme toutes les cinq secondes.*

Considérons encore une fois ces limites du point de vue du lecteur débutant, handicapé par une vision en tunnel. Qu'y a-t-il de bon à ne voir que des fragments de mots et des lettres individuelles s'il n'y a qu'une lettre qui peut être retenue toutes les cinq secondes? Si tout ce qu'un enfant peut percevoir n'est que quatre ou cinq lettres à la fois ou même deux mots sans lien entre eux, quelle chance a-t-il de leur donner du sens quand ils ne forment qu'un son-sens inassimilé dans la mémoire à court terme et qu'ils ne servent qu'à obstruer l'entrée de la mémoire à long terme?

Les limites des mémoires à court et à long terme, combinées avec une vision en tunnel, peuvent être néfastes pour la lecture. Par exemple, il est probablement impossible de comprendre si on lit moins de deux cents mots à la minute: les unités que nous essayons de faire entrer dans les mémoires à court et à long terme sont trop petites pour être d'une quelconque utilité.[23] De même, il est impossible de lire en donnant du sens si nous nous arrêtons à chacun des mots; la mémoire à court terme sera vite débordée par un fouillis non signifiant de mots isolés et de parcelles de mots, et il sera plus qu'impossible d'essayer d'enfourner une telle information dans la mémoire à long terme. Pour lire avec compréhension, nous devons utiliser l'information visuelle de façon sélective et mémoriser de façon économique; nous ne pouvons pas lire les phrases comme si elles n'étaient que des suites de mots isolés. En lecture courante, les mots individuels viennent en dernier plutôt qu'en premier.

Surmonter les limites de la mémoire

Vous avez pu remarquer que j'ai surtout utilisé des termes familiers et imprécis pour parler de la mémoire. J'ai dit, par exemple, que la mémoire à court terme peut retenir cinq ou six «items» et qu'il faut à peu près cinq sesondes pour faire entrer «quelque chose» dans la mémoire à long terme. Quelles sont ces «choses»?

La réponse dépend de l'aptitude du cerveau à organiser l'information reçue en unités plus larges; plus précisément, cela dépend des questions implicites que pose le cerveau, du niveau auquel il traite l'information. Si un lecteur cherche des lettres isolées, ce sont des lettres individuelles qui entrent dans la mémoire à court terme, et ce lecteur peut essayer de ne faire entrer, dans la mémoire à long terme, qu'une lettre toutes les cinq secondes. Un lecteur, se centrant sur les mots, peut retenir six mots à la fois dans sa mémoire à court terme et faire entrer, toutes les cinq secondes, dans sa mémoire à long terme, tout un mot plutôt qu'une seule lettre. Ce processus de construction d'unités plus larges à partir d'unités plus petites est quelquefois désigné par le terme *élargissement*.[24] Il serait évidemment difficile de se rappeler une suite de chiffre comme 7 1 4 2 1 2 8 3 5 4 2 4 9 5 6 6 3 7 0 7 7 8 4,que ce soit pour une courte ou une longue période, à moins de remarquer qu'ils sont les multiples de sept jusqu'à 84: 7, 14, 21, 28...

Enfin, un lecteur qui cherche du sens est capable de faire entrer dans ses mémoires à court et à long terme des unités d'information qui ne sont pas aussi faciles à identifier que les lettres et les mots, mais qui atteignent évidemment un plus haut niveau d'élargissement ou d'intégration. Le sens se trouve au-delà des mots, et il n'est pas possible d'illustrer par des exemples comment une seule unité de sens peut être la synthèse de plusieurs mots. Il est cependant évident que le sens d'une phrase de vingt ou trente mots peut être contenu dans la mémoire à court terme, même si les mots de la phrase sont oubliés, puisque nous pouvons généralement en répéter l'«essentiel» ou dire si elle paraphrase ou contredit une autre phrase.

En d'autres termes, la «taille» des unités qui peuvent être acceptées par les mémoires à court et à long terme dépend de la connaissance initiale du lecteur ou de l'auditeur, du type de question cognitive qu'il pose. Si ses questions concernent des fragments, des particularités, de petits détails, la mémoire sera extrêmement chargée. Plus un individu est capable de donner du sens, à l'avance, à une situation, moins les processus de perception et d'apprentissage provoqueront une surcharge de la mémoire.

La question du niveau auquel la nouvelle information peut être organisée à l'avance est aussi la clé pour aller la chercher ensuite dans la mémoire à long terme. Mieux nous pouvons intégrer la nouvelle information à ce que nous connaissons déjà, plus facilement nous pourrons la retrouver. La nouvelle information essentiellement non signifiante ou contraire à nos croyances les plus chères est la plus difficile à faire entrer ou sortir de la mémoire à long terme.

Il est évident que l'organisation et la mémorisation sont en fait un seul et même processus. Tout ce que nous tentons d'organiser, en mettant à profit la connaissance acquise, devient partie intégrante de cette connaissance. Dans une étude expérimentale,[25] on a demandé à trois groupes de personnes de regarder un ensemble de cinquante-deux cartes sur lesquelles se trouvaient cinquante-deux mots. On a dit à un groupe qu'après cela on demanderait de redonner le plus grand nombre possible de mots; on demanda aux individus du second groupe d'organiser les cartes en autant de piles (ou «catégories») qu'ils le désiraient; on demanda au troisième groupe d'organiser les cartes en piles et de se rappeler le plus de mots possible. Après que chacun des groupes eut examiné les cartes pendant un même laps de temps, on leur demanda la même chose: redonner le plus de mots possible. Les deuxième et troisième groupes eurent le même résultat; la catégorisation fut suffisante pour assurer la mémorisation et le fait d'avoir demandé au troisième groupe de mémoriser en plus de regrouper ne produisit aucune différence. Par ailleurs, le groupe à qui on n'avait demandé que de mémoriser eut une moins bonne performance que les deux autres. La clé pour assurer un meilleur rappel des choses ne tient pas au fait qu'on dise aux gens de se souvenir, mais au fait qu'on leur dise d'organiser, d'essayer, d'une manière ou d'une autre, de relier ce qu'ils font à ce qu'ils savent déjà.

Les implications pratiques pour l'enseignement sont si importantes, quoique bien évidentes, que je pense ne rien pouvoir faire de mieux que paraphraser la phrase précédente: la clé pour assurer un meilleur rappel ne consiste pas à insister sur la mémorisation, mais à s'assurer que celui qui apprend peut donner un certain sens à ce qu'il fait.

LA RELATION ENTRE LA MÉMOIRE À COURT TERME ET LA MÉMOIRE À LONG TERME   Vous voyez peut-être maintenant plus clairement pourquoi, au début de cette section, j'ai dit que la mémoire à court terme et la mémoire à long terme ne doivent pas être considérées comme deux mémoires distinctes et séparées et que les trois aspects de la mémoire ne sont pas des « stades» dans le développement de la mémoire. Faire entrer des lettres, des mots ou des significations dans la mémoire à court terme en lisant dépend de notre incertitude, des questions cognitives que nous posons; de plus, notre incertitude est déterminée par notre connaissance et par les attentes qui doivent venir de la mémoire à long terme. La mémoire à court terme doit, dans une certaine mesure, être vue comme une sorte de projecteur ou une batterie d'une demi-douzaine de projecteurs concentrés sur des catégories particulières qui se trouvent à l'intérieur de la mémoire à long terme. Quand nous essayons d'identifier des mots, nous nous efforçons de relier l'information reçue aux catégories de mots de la mémoire à long terme. Quand nous essayons d'identifier des lettres, c'est plutôt sur l'aspect «lettres» de la structure cognitive que nous nous concentrons. C'est dans cette mesure que la mémoire à court terme est difficilement distinguable de ce qui est souvent appelé l'attention. Si nous portons attention aux mots, ce sont des mots que nous voyons et que nous conservons dans notre esprit; si nous portons attention aux lettres, nos perceptions et nos souvenirs immédiats sont des perceptions et des souvenirs de lettres.

Quelquefois, la mémoire à court terme, ou notre espace d'attention, peut être entièrement occupée par de l'information venant directement de la mémoire à long terme sans qu'il y ait la moindre information venant d'une source extérieure. Par exemple, nous occupons la mémoire à court terme d'items qui font partie de notre connaissance acquise, lorsque nous nous répétons une liste d'achats ou le plan d'une suite inhabituelle d'activités qui pourrait être oublié dès que nous relâcherions notre attention (poster une lettre, porter un paquet ou acheter un exemplaire d'un nouveau magazine en se rendant à l'école).

Mais, même quand nous sommes occupés à faire entrer dans la mémoire à court terme une information venant de l'extérieur, de la réserve sensorielle, ce ne sont pas des traits distinctifs qui entrent dans la mémoire à court terme, mais des décisions cognitives quant aux lettres, aux mots ou aux significations que nous sommes en train de regarder. Le cerveau ne traite pas sans discernement l'information qui se trouve dans la réserve sensorielle, sans quoi notre perception de la langue écrite en serait toujours réduite à la vision en tunnel (quatre ou cinq lettres au plus) ou encore pire.

Le cerveau prélève plutôt un échantillon ou *sélectionne* l'information dont il a besoin pour choisir parmi les possibles qu'il envisage. Si nous identifions des lettres plutôt que des mots, ou des mots plutôt que des significations, ce n'est pas parce que les lettres ou les mots sont tout ce que nous pouvons voir ou faire entrer dans la mémoire à court terme, mais parce qu'ils représentent le niveau des questions cognitives pour lesquelles nous cherchons des réponses. La forme la plus efficace d'élargissement en vue de dépasser les limites de la mémoire existe avant même que nous essayions de percevoir le monde ou d'interpréter une expérience, non après.

La structure de la mémoire

Comment la mémoire à long terme est-elle organisée? Sous quelle forme l'information nouvelle sur le monde est-elle représentée? Mémoire à long terme et structure cognitive sont des étiquettes identifiant la totalité de notre connaissance du monde ou encore l'accumulation des décisions que nous avons prises sur la nature du monde, y compris notre propre place dans ce monde. Dans le chapitre précédent, j'ai présenté la structure cognitive comme un système de catégories interreliées qui est la base de notre perception du monde extérieur et des idées, et la base des images et des fantasmes que nous pouvons créer dans notre esprit. Ce système doit aussi comporter des spécifications de traits distinctifs qui permettent de relier le monde extérieur au monde cognitif qui est dans notre tête.

L'analyse de la mémoire fait cependant surgir des questions plus particulières quant à la façon dont les catégories de l'expérience et leurs interrelations sont représentées dans la structutre cognitive. Par exemple, les psychologues du développement sont généralement d'accord pour dire que les premiers items de connaissance chez un enfant sont déposés dans son esprit sous la forme de ses propres actions et de leurs conséquences. Ce qu'un enfant sait de l'action de boire avec une tasse ou de l'effet produit par le choc de deux blocs est gravé sous la forme d'un souvenir de son action de boire avec une tasse ou de frapper des blocs. Un jeune enfant commence à donner du sens au monde en agissant sur le monde, et il peut se rappeler ces actions en les répétant dans la réalité ou dans son esprit. Piaget parle de ce type de connaissance en l'appelant «sensorimoteur»; c'est une combinaison d'actions et de sensations entourant les actes, et il a appelé *schèmes* les suites d'actions «intériorisées». Il soutient que ce sont d'abord ces «schèmes» d'activité intériorisée ou mentale qui forment la base première de la pensée.[76] Il y a une idée semblable derrière le point de vue déjà exposé, à savoir que les aspects de la «pensée» qui paraissent se produire entièrement dans la tête, indépendamment de tout événement extérieur, pourraient être considérés comme des «expériences substituts».

Se souvenir d'événements en fonction de ce qu'on a à faire pour produire ces faits ou éviter leurs conséquences est peut-être le premier type de mémoire à se manifester de lui-même, ce qui ne veut absolument pas dire que cette activité mentale est «infantile» puisqu'elle se produit tout au long de la vie. Il y a un grand nombre de cisconstances où se souvenir d'actes particuliers peut être de loin ce qu'il y a de plus efficace. La maîtrise de toute une série d'habiletés — attacher ses souliers, faire une opération à coeur ouvert, etc. — dépend d'une connaissance qui semble inscrite davantage dans les muscles que dans l'esprit (ou dans les «routines» mentales qui guident l'activité musculaire). Il est difficile de décrire ces «routines», et aucune description n'assurera une performance adéquate. Quand nous avons quelque chose à *faire,* rien ne peut remplacer la connaissance du *comment,* c'est-à-dire le souvenir sous la forme d'une action.

Quoi qu'il en soit, d'autres modes de représentation de la connaissance se développent rapidement. Il semble que nos souvenirs les plus vivants soient souvent des souvenirs de perception, dans le sens que nous pouvons recréer le vécu d'un événement ou d'un objet exactement comme nous l'avons perçu originellement. Les souvenirs de perception visuelle semblent souvent être particulièrement puissants et utiles. Ainsi vous vous référerez probablement à une représentation visuelle si je vous demande comment sont disposés les cadrans et les jauges sur le tableau de bord de votre voiture. Afin de répondre à cette question, vous devez faire apparaître une image quelconque de l'intérieur de votre voiture.

L'apparente facilité qu'ont certains individus à se donner des images mentales visuelles particulièrement détaillées d'événements passés est parfois appelée «mémoire photographique». Cette aptitude à faire apparaître une scène, du moins peu de temps après l'événement, n'est pas aussi rare qu'on pourrait l'imaginer, surtout chez les jeunes enfants. Il semble en fait qu'un très grand nombre d'entre eux, voire tous, sont capables de le faire tôt dans leur vie.[27] Tout comme leur innocence, cette capacité disparaît à mesure qu'ils grandissent et, comme leur innocence, le rappel photographique peut vraisemblablement disparaître parce qu'il n'est pas très adapté au monde dans lequel ils vivent. Un «rappel complet», sous quelque forme que ce soit, d'événements passés n'est en rien avantageux.[28] Ordinairement, nous ne voulons pas nous rappeler tout ce qui a pu nous arriver dans le passé, pas plus que tous les détails d'événements particuliers; nous ne tenons à nous rappeler que les aspects importants qui seront sans doute en rapport avec nos motifs de vouloir nous souvenir de cet événement. Rappelez-vous que la première fonction de la théorie cognitive du monde que nous avons dans la tête est de faire la synthèse de l'expérience passée. Un rappel total n'est pas une synthèse; très peu d'éléments de ce rappel peuvent être riches en information, les autres ne sont que du bruit. Le rappel total ou la mémoire photographique incite à croire que l'information n'a pas été bien traitée au moment de l'expérience originelle et que le cerveau doit maintenant commencer à y travailler. L'avantage de réduire l'expérience sous une forme condensée ne tient pas simplement au fait qu'il est plus facile de la faire entrer dans la mémoire, mais aussi à ce qu'il est plus aisé d'aller la chercher et qu'elle est ainsi immédiatement utilisable lors du rappel.

Je n'aime pas particulièrement le mot «image» pour parler de ce type de souvenir perceptif que je viens de décrire, bien que ce terme soit courant en psychologie cognitive.[29] Il est trompeur de dire que les rappels peuvent se présenter sous la forme de «photographies» qui seraient regardées par un oeil interne; de même l'expression «image visuelle», que nous avons donnée comme synonyme de «réserve sensorielle», ne doit pas être prise dans son sens littéral. Il n'y a pas d'endroit dans le cerveau où des photographies seraient exposées, et pas d'oeil interne pour les regarder. Les images d'événements passés que nous semblons être capables de faire apparaître sont des produits de la mémoire et non pas sa matière première. Que nous soyons en train de percevoir un événement, de nous le rappeler ou de nous l'imaginer, il semble que c'est le même processus fondamental de construction qui agit. Si nous pouvons voir le déjeuner de ce matin dans notre esprit, c'est probablement parce que nous reprenons dans notre cerveau une part du processus grâce auquel nous avons perçu le déjeuner ce matin.

Le mot «image» est inadapté aussi parce qu'il nous force à oublier que les souvenirs perceptifs ne sont pas nécessairement visuels: nous pouvons évidemment nous rappeler ce que notre déjeuner goûtait, sentait, nous rappeler les sons qui l'accompagnaient et les sensations que nous avons éprouvées aussi bien que le déroulement des événements. Nous pouvons nous rappeler ou imaginer au moyen des mêmes processus qui agissent dans la perception. Les réactions émotives à un événement semblent aussi prendre part à sa représentation dans la mémoire. Nous ne nous souvenons pas seulement de l'odeur perçue lors d'une chirurgie dentaire, nous nous rappelons et même revivons les sensations éprouvées dans l'estomac. Quelquefois, il semble que la réaction émotive soit tout ce dont nous nous souvenions d'un événement particulièrement marquant; la raison pour laquelle nous avons réagi ainsi est oubliée. Les thérapeutes de toute une série d'obédiences sont très recherchés par les individus qui ne peuvent oublier leur crainte (ou leur amour) des serpents, des hauteurs, des examens, des appels téléphoniques, de leurs parents, de certains coins de rue ou de certains vêtements pour des raisons qui échappent à leur conscience.

Il y a un troisième et dernier type de représentation par la mémoire auquel l'école attache une grande importance. Je veux parler de la connaissance *symbolique* qui désigne ordinairement celle qui, dans notre esprit, est représentée par une forme de langage. Les unités de connaissance suivantes en sont des exemples: Paris est la capitale de la France; le carré de l'hypoténuse est égal à la somme des carrés des deux autres côtés. La connaissance peut être représentée symboliquement autrement que par la langue: ce peut être un diagramme, une formule ou même un rituel. Cependant la connaissance qu'un enfant a acquise et qu'il peut transmettre sous forme verbale est, de toute évidence, prévilégiée par l'école où tant de nos tests mettent en cause l'habileté de l'enfant à retrouver des unités de connaissance.

L'INDÉPENDANCE DES SOUVENIRS   La manière dont la connaissance est représentée dans la mémoire ne reflète pas nécessairement la forme sous laquelle cette connaissance se présenta à nous pour la première fois ou la forme de l'événement originel. Notre souvenir d'une expérience visuelle n'est pas nécessairement visuel, pas plus qu'il n'est nécessaire que la souvenance de ce qui nous a été dit soit sous forme verbale. Les gens, y compris les enfants, traduisent fréquemment une information picturale en une information verbale; lorsqu'ils examinent une image ou une scène, ils font entrer une description verbale dans leur mémoire. Si, plus tard, je leur demande ce qu'ils ont vu, ils pourront se rappeler des détails particuliers comme la présence d'un phare, de jetées et peut-être de quatre ou cinq bateaux de pêche, mais ils seront incapables de dire sur quelle jetée se trouvait le phare ni si les bateaux naviguaient.

Par ailleurs, plusieurs expériences de psychologie ont démontré que, pour un grand nombre d'individus, le processus de compréhension de phrases implique une transformation des phrases en forme visuelle. Demandez à quelqu'un d'écouter une suite de phrases comme: «Le rocher était au sommet de la colline. — Il y avait une maison dans la vallée. — Le rocher roula et démolit la maison.» Il arrivera alors souvent que la personne sera prête à dire qu'elle a *entendu* des phrases comme: «La maison fut détruite» ou même: «Un immense rocher dévala la colline et frappa un édifice qui se trouvait en bas». Ces dernières phrases sont passablement différentes de celles que vous avez dites, mais sont en accord avec l' «image» mentale que la personne s'est créée. D'autre part, elle niera sûrement avoir entendu quelque chose comme : «La maison était au sommet de la colline», phrase très semblable à l'une de celles qu'elle a entendues, mais contraire à l'image qu'elle a construite. Les phrases qui ne conduisent pas elles-mêmes à de telles représentations visuelles sont ordinairement plus difficiles à retenir.[30]

Il est, en outre, à peu près impossible de donner une règle générale pour préciser la meilleure forme de représentation de la connaissance. Tout dépend, en dernière analyse, de la raison pour laquelle la connaissance sera rappelée, de la façon dont le souvenir sera utilisé. Si vous voulez une grande quantité d'information très générale (par exemple pour peindre un tableau, construire un objet ou réparer une pièce de machine), une représentation visuelle est tout aussi avantageuse qu'une description verbale. La représentation visuelle pourra vous donner la description précise dont vous avez besoin. D'un autre côté, si vous voulez vous rappeler un item d'information en particulier, comme le chemin le plus court pour aller d'un point de la ville à un autre ou les dimensions d'un objet, une description verbale sera vraisemblablement plus utile.

Une description verbale peut contenir beaucoup plus d'information qu'une photographie (ou une image visuelle). Si je vous demande d'aller chercher une tasse brune et sans anse que j'ai laissée dans la salle des professeurs, je ne vous dis pas seulement quelque chose sur ma tasse à café, je vous dis aussi beaucoup de choses sur la salle des professeurs. Vous savez, par exemple, qu'il y aura d'autres tasses, sinon je ne vous aurais pas décrit la mienne; vous savez qu'il y aura probablement d'autres tasses brunes, sinon je ne vous aurais pas mentionné l'absence d'anse; mais vous savez qu'il n'y a pas d'autre tasse brune sans anse, sinon je vous aurais mentionné une autre caractéristique propre à ma tasse. Si je vous avais uniquement montré une photographie de ma tasse, vous n'auriez rien su des autres tasses qui se trouvent dans la salle des professeurs, et vous auriez eu à retenir plus d'informations, la plupart non pertinentes. D'un autre côté, il n'est pas entièrement faux de dire qu'une image peut valoir mille mots, surtout si elle représente quelque chose de difficile à décrire, une figure humaine par exemple.

Très souvent, ces trois formes de représentation de la connaissance dans le cerveau se complètent l'une l'autre, tout comme l'enseignement peut être incomplet sans ces trois formes. Si vous voulez devenir adroit à manoeuvrer un bateau, il vous sera utile d'avoir une «mémoire musculaire» des sensations produites par la navigation dans diverses conditions, d'avoir des images de la façon de se déplacer sur le pont pour ajuster divers cordages et d'avoir des «règles» ou des descriptions verbales de différentes manoeuvres. Comme je l'ai déjà fait remarquer, le rappel de connaissance de la mémoire à long terme ne se fait pas aussi facilement et aussi rapidement que quand il s'agit de la mémoire à court terme. Nous retrouvons nos souvenirs dans la mémoire à long terme grâce à l'*organisation*. Plus est complexe et intégré le réseau d'interrelations dans lequel est enchâssé un souvenir, plus nous sommes assurés de retrouver ce souvenir lorsque nous en aurons besoin. On pourra se rappeler la localisation du phare, même s'il manque à notre représentation visuelle, en se donnant une représentation mentale d'une promenade le long des jetées ou grâce au souvenir verbal de sa localisation au sud du port. Nous pouvons nous rappeler le nom de celui qui a peint *Guernica* par les souvenirs que nous avons de l'apparence générale de ce tableau.

Enfin, les individus ont des préférences sur la façon de représenter leur connaissance du monde ou leurs souvenirs des événements. Une personne se rappellera les lieux des dernières vacances, une autre la nourriture, une troisième la musique et une quatrième les parfums. Ces différences ne sont pas nécessairement une simple question d'intérêt; certaines personnes trouvent plus facile de se rappeler les événements par une imagerie, d'autres préfèrent une représentation verbale de la connaissance. De telles préférences peuvent sans doute être attribuées à l'expérience passée, mais il serait difficile de nier que certaines préférences sont innées; d'un point de vue pratique, nous ne pouvons pas en dire davantage. D'un autre point de vue, nos préférences, quant à la représentation de la connaissance, pourraient être déterminées par ce que l'on croit être le plus utile pour nous et ce qui est le plus utile dépend des circonstances. Afin d'illustrer certains de ces aspects, portons notre attention sur les enfants.

Les enfants et la mémoire

Tous savent que les jeunes enfants ont des souvenirs plus pauvres que les aînés; il y a même des items dans les tests d'intelligence qui le prouvent. Alors que les adultes peuvent retenir une série d'environ sept chiffres qui leur sont lus, chacun d'eux occupant l'une des sept «cases» de la mémoire à court terme, un enfant de neuf ou dix ans ne peut en retenir que six, et un enfant de quatre ou cinq ans n'en retiendrait que quatre.[31] Tout se passe comme si la capacité de la mémoire à court terme d'un enfant qui arrive à l'école n'était à peine qu'à la moitié de la capacité de la mémoire à court terme d'un enfant de douze ans. Il y a cependant un autre point de vue selon lequel la capacité de la mémoire des jeunes enfants n'aurait pas été bien évaluée. On pourrait supposer que l'enfant a été évalué sur la base d'un test incompatible avec ses préférences ou ses expériences, et que sa mémoire à court terme est en réalité aussi bonne que celle des adultes.

Il peut sembler surprenant qu'une telle question n'ait été posée que récemment.[32] Après tout, les enfants ne naissent généralement pas avec moins de pièces d'équipement vital que les adultes; ils ont le même nombre de bras, de jambes, d'oreilles et d'yeux, même s'il faut une certaine somme d'expérience pour que se développent la force et l'habileté. Pourquoi devraient-ils n'avoir que la moitié de la capacité de la mémoire à court terme? D'autre part, les enfants semblent très capables de se rappeler les choses qu'ils veulent, bien qu'il soit évident que les jeunes enfants sont plus faciles à distraire. Au rythme où la capacité de la mémoire à court terme semble décroître, on pourrait s'attendre à ce qu'un enfant de deux ans n'en ait pas du tout. Un enfant de cet âge fait d'immenses progrès dans l'apprentissage de la compréhension du monde, dont celui de donner du sens au langage. Il est certain que cela ne pourrait pas se produire sans l'aide d'une mémoire efficace.

Pensons encore au test qu'on utilise pour mesurer la mémoire d'un jeune enfant. Il s'agit d'un test de type *symbolique* dans lequel on demande à l'enfant de retenir une suite de chiffres. Même si l'enfant de cinq ou six ans est familier avec l'usage du téléphone, verra-t-il plus de sens dans ce qu'on lui demande? Vous pourriez répondre que des chiffres sont des chiffres et que, si sa mémoire à court terme avait la même capacité que celle d'un adulte, l'enfant devrait être capable d'y faire entrer le même nombre d'items. S'il a sept «cases» dans sa mémoire à court terme, sept chiffres ne pourraient-ils pas y entrer? Il y a cependant plusieurs raisons pour lesquelles un chiffre peut occuper plus d'une case dans la mémoire. Peut-être qu'un jeune enfant essaiera de retenir les chiffres comme des sons qui n'auraient pas de sens (ils n'ont certainement pas plus de sens que cela pour lui), de telle sorte que «deux», «six» et «neuf» seraient des suites de deux et trois sons chacun et "quatre", une suite de quatre sons. Même si chaque chiffre n'occupait qu'une case, un enfant anxieux pourrait faire entrer chacun des chiffres deux fois dans la mémoire ou atteindre rapidement la limite de sa capacité en retenant une information non pertinente, telle que retenir «quatre *et* six *et* neuf» plutôt que «quatre, six, neuf».

Il y a d'autres tests de mémoire que celui des chiffres. Un test qui utiliserait des représentations visuelles serait plus adapté à un enfant parce que plus proche de ses préférences et de son expérience. Par exemple, présentez des photos de magazine à un enfant de cinq ans; puis montrez-les lui à nouveau en accompagnant chacune d'elles d'une photo qui ne lui a pas été présentée la première fois et demandez-lui d'identifier celle qui lui a été présentée initialement. Les adultes réussissent très bien ce genre de test, ils désignent les bonnes photos dans plus de quatre-vingt-quinze pour cent des cas; un enfant de cinq ans réussit tout aussi bien.[33] En fait, les enfants de trois ans réussissent ce genre de test presque aussi bien que les adultes. Les enfants ne manquent pas de capacité mnémonique; ils manquent plutôt de familiarité avec l'habileté à manipuler des symboles, habileté très spécialisée qui n'est pas particulièrement développée chez le jeune enfant.

Tout cela ne signifie pas que les jeunes enfants ne sont pas capables de représenter symboliquement des idées. Les très jeunes enfants peuvent jouer avec un bloc en prétendant que c'est une automobile; c'est une pensée symbolique. Les enfants sont conscients aussi de la valeur symbolique des gestes des adultes: ils connaissent la signification d'une caresse amicale faite sur la tête ou d'une gâterie refusée. On ne doit absolument pas en conclure qu'il est mieux de montrer des images aux enfants de cinq ans que de leur dire des histoires ou de les encourager à lire par eux-mêmes.

Rappelons-nous qu'il est question de la façon dont les représentations de la connaissance sont stockées, non de la façon dont l'information est présentée en premier lieu. Il n'y a pas de raison pour laquelle un enfant ne pourrait pas écouter ou lire une histoire et se la représenter visuellement tout comme un adulte; en réalité, les petits enfants aiment les histoires «graphiques». Un enfant n'aura pas de difficulté à construire des images s'il en a la possibilié. D'autre part, plusieurs images ou dessins peuvent être assez difficiles à interpréter pour un enfant puisqu'il y a une habileté à lire des images comme il y en a une pour la lecture des textes. Dans la plupart des images, il y a une large part qui peut être ignorée, et presque tout ce qui est important demande une interprétation. Tant qu'un enfant ne sait pas clairement ce qu'il doit regarder dans une image — lui dire seulement «C'est une mine de charbon» ne l'éclairera pas davantage — l'image peut être aussi déroutante que la langue écrite pour un enfant qui ne sait pas lire.

J'ai été tenté d'abréger en disant que les jeunes enfants n'ont pas une capacité mnémonique inférieure à celle des ainés; ils sont simplement moins adroits dans les opérations de mémoire que supposent l'acquisition, la représentation, l'organisation et le rappel de certains types de connaissances. Ils ne peuvent pas, par exemple, «avaler» d'aussi gros morceaux que les adultes[34], et il leur arrive de charger leur mémoire à court terme d'éléments non nécessaires. Même ces jugements peuvent être biaisés par ce que les adultes croient important dans le monde; ces derniers accordent beaucoup d'importance à la représentation verbale de la connaissance, représentation avec laquelle les enfants sont rarement en contact hors de l'école, et la façon conventionnelle de rappeler cette connaissance verbale leur est aussi peu familière. On doit admettre que les stratégies préférées des enfants pour acquérir, représenter et retrouver la connaissance sont celles qui les ont rendus le plus capables de donner du sens au monde, et les enfants n'essaient pas ordinairement de retenir une chose qui n'a pas de sens pour eux, jusqu'à ce qu'ils découvrent peut-être que c'est ce qui leur est demandé à l'école.

Il y a évidemment des différences, mais elles doivent être considérées à la lumière de l'expérience passée de chacun des enfants. Les plus jeunes sont plus près de l'âge où la majeure partie de leur apprentissage s'est faite à travers l'expérience directe; ils ne sont donc pas familiers avec les situations dans lesquelles on leur demande d'apprendre passivement une connaissance et de la rendre verbalement. La plupart des jeunes enfants collectionnent des objets de toute sorte, mais la collection des unités de connaissance ne peut pas se présenter de la même manière. Bien qu'ils aient appris à comprendre et à parler assez couramment, les enfants des premières classes du primaire n'ont pas développé de sensibilité vis-à-vis des nuances subtiles de la langue, dont peu d'adultes sont conscients; c'est le cas, par exemple, de «la tasse brune» où la description d'un objet fournit de l'information qui guide les choix de celui qui écoute. Les enfants ont tendance à décrire les objets comme ils les perçoivent, dans des termes qui leur sont plus signifiants, et non pas comme ils doivent être vus par les autres. Enfin, le rappel quasi entier de souvenirs perceptifs qu'ont certains jeunes enfants peut constituer un handicap, leur esprit étant inondé par une énorme quantité inorganisée d'expérience visuelle et émotionnelle qu'ils peuvent revivre.

LA MÉMOIRE À L'ÉCOLE   Ce thème peut faire surgir plusieurs questions pratiques. Comment peut-on entraîner les enfants à utiliser efficacement leur mémoire à court terme, à ne faire entrer dans leur mémoire à long terme que la connaissance qui en vaut la peine et cela sous une forme qui en assure le rappel et l'utilisation efficaces? Comment peut-on enseigner aux enfants à chercher les traits distinctifs des objets, à prévoir intelligemment et à faire un usage optimum de tout ce qu'ils savent déjà? Comment peut-on allonger la durée de la réserve sensorielle et supprimer les autres limites du traitement de l'information? En somme quelles sont les implications de ce chapitre pour la pratique pédagogique? En quoi mon point de vue est-il favorable ou opposé à certaines méthodes ou certains instruments en usage dans l'enseignement?

La plupart des choses que j'ai dites dans ce chapitre ne peuvent pas être changées. Les enfants essaient de comprendre le monde de la manière décrite, et leurs efforts sont gênés par les limites de la mémoire et du traitement de l'information que j'ai identifiées. Je ne parlais pas de choses que les enseignants peuvent essayer directement d'améliorer; je parlais plutôt de ce qu'ils devraient tenter de comprendre et de garder à l'esprit. Je n'ai pas fait mon exposé avec l'intention de donner des indications utiles sur ce qu'ils devraient faire en classe, mais avec l'intention de les aider à donner du sens à ce qui se passe en classe, quel que soit le sujet qu'ils enseignent et les méthodes et les instruments qu'ils employent. Cela devrait les conduire à des attentes plus raisonnables et plus sûres face aux enfants, du fait qu'ils comprendront mieux pourquoi une certaine activité ou un instrument peut, à certains moments, faciliter l'apprentissage et la compréhension, et pourquoi la même activité ou le même instrument peut, à d'autres moments, rendre tout cela plus difficile.

Je pourrais me situer à un niveau général et énoncer des évidences quant à l'avantage de s'assurer que tout ce qui se passe dans une classe soit signifiant pour chaque enfant, soit mis en rapport avec ce qu'il sait déjà. Cela ne tient pas simplement au fait que le sens est intéressant et que le non-sens répugne, non plus au fait que le sens respecte les enfants et que le non-sens les rabaisse. Il y a des avantages très pratiques: la compréhension permet d'éviter la vision en tunnel, allège la charge de la mémoire à court terme, facilite le processus de représentation de la connaissance dans la mémoire à long terme et son rappel ultérieur.

Quelques points spécifiques sont aussi à souligner. Par exemple, l'effort conscient pour toujours mémoriser gêne la compréhension; plus nous essayons de nous souvenir, moins nous sommes aptes à comprendre. C'est l'une des raisons qui explique pourquoi un manuel peut être si difficile à comprendre la nuit avant l'examen et si transparent le matin suivant, raison qui, je l'espère, est évidente: l'effort fait pour entasser des détails dans la mémoire à long terme aboutit à l'engorgement de la mémoire à court terme et gêne aussitôt la compréhension. Même si une nouvelle information était retenue dans de telles conditions, il y aurait une chance qu'elle ne fût qu'un non-sens, qu'elle fût impropre à être retrouvée et inutile si elle l'était. Plus vous essayez de mémoriser tout ce que vous lisez, à moins que vous ne parcouriez d'abord le texte pour la compréhension, moins vous avez de chance de comprendre. D'autre part, la compréhension ne facilite pas seulement la mémorisation par une organisation, en ensembles signifiants, de ce qui doit être retenu, mais améliore aussi les chances de rappel.

L'effort de mémorisation n'est pas la seule chose qui pourra gêner la compréhension. L'état d'anxiété, trop courant dans les situations scolaires où existe un désir particulier de mémoriser, produit un effet de blocage dans la compréhension et la mémorisation même. Si vous êtes anxieux, vous n'acceptez pas de faire des erreurs; alors vous réclamez plus d'information avant de prendre une décision de type perceptif ou autre, et vous pouvez ainsi dépasser votre capacité de traitement de l'information. Demander plus d'information du monde visuel, par exemple, entraîne une vision en tunnel et un usage inefficace de la mémoire à court terme.

Est-ce que tout cela signifie qu'on ne demandera jamais aux enfants de mémoriser et qu'ils devront être préservés de l'anxiété et du stress? Certainement pas. Dans des circonstances raisonnables, le cerveau d'un enfant peut très bien s'accommoder de l'un et de l'autre. Il faut savoir que l'anxiété et l'effort de mémorisation exigent leur prix, tout comme un écart trop large entre ce qu'un enfant sait déjà et ce qu'on s'attend qu'il comprenne; les enseignants doivent comprendre la nature du prix exigé. Demander simplement à un enfant de faire un effort ne fera pas de lui un meilleur écolier, pas plus que cela n'assure qu'il comprendra davantage et apprendra plus rapidement. Faire un plus grand effort supposerait que les activités cognitives limitées du traitement de l'information puissent produire quelque chose qui va bien au-delà de leur capacité. Le signal de danger se déclenche toujours lorsqu'une activité ne réussit pas à être signifiante pour un enfant.

On pourrait aussi objecter que les enfants ne feront jamais de progrès si on ne leur lance pas de défi, ce qui signifie ordinairement: s'ils ne sont pas engagés dans une activité difficile et, dans une certaine mesure, déplaisante.   À en croire ce point de vue, personne ne dépasserait les contes de fées et les bandes dessinées sans y être poussé. Cette objection prend sa source dans deux conceptions erronées. La première considère que rien ne peut être appris si la tâche est facile: un enfant qui relit plusieurs fois un livre qu'il aime, même s'il le connaît par coeur, perd son temps. En réalité, c'est par une telle lecture «facile» qu'un enfant devient un bon lecteur: il apprend comment reconnaître les mots et les significations à partir d'un minimum d'information visuelle et comment utiliser efficacement sa mémoire à court et à long terme; il développe toutes les habiletés essentielles à la lecture qui n'ont jamais été enseignées. Une fois qu'un enfant a réellement appris tout ce qu'il y a à apprendre d'une activité, il changera sans l'aide d'aucune pression extérieure. À partir du moment où il n'y a plus rien à apprendre, l'activité perd tout intérêt, et l'ennui n'encourage pas. C'est là la seconde conception erronée selon laquelle le non-apprentissage est préférable à l'apprentissage. Aucun enfant n'hésitera à s'engager dans une situation où il apprendra, à condition de ne pas être démotivé à l'égard de cette situation d'apprentissage et qu'il ait une raison de croire qu'il *apprendra*. L'apprentissage ne repousse pas les enfants, même quand il nécessite un effort. Ce qui les repousse, c'est la crainte d'échouer ou l'appréhension devant la non-signifiance de l'activité d'apprentissage.

Les enfants savent comment faire pour donner du sens au monde en dépit de leurs limites. Comme toute autre personne, ils ont vécu, depuis leur naissance, avec leur capacité limitée de traitement de l'information et avec les engorgements de la mémoire, et ils ont appris, dans ces conditions, à se débrouiller avec le monde. On n'a pas à leur enseigner à utiliser la mémoire à court terme avec économie, à ne faire entrer dans la mémoire à long terme que la connaissance qui en vaut la peine, à chercher les traits distinctifs; l'enseignant doit plutôt s'assurer qu'il leur est possible d'utiliser ces habiletés. Un enfant qui n'apprend pas ou ne comprend même pas n'est pas nécessairement une mauvaise tête ou un enfant stupide; il peut tout simplement être débordé; l'écart entre ce qu'il essaie de faire et ce qu'on s'attend qu'il fasse peut être trop grand.

Le cerveau que j'ai tenté de décrire est celui avec lequel fonctionne un enfant, quel que soit ce qu'il essaie de comprendre et la façon dont vous essayez de lui enseigner. Vous ne pouvez modifier la nature de son cerveau, mais vous pouvez améliorer ses performances et rendre la compréhension plus facile en respectant ses limites et en connaissant le prix à payer si vous réclamez trop de ses capacités.

CHAPITRE 3

Les deux faces
du langage*

Dans le chapitre précédent, j'ai essayé de montrer que la perception du monde dépasse le simple contact visuel; ce que nous voyons est largement déterminé par ce que nous cherchons. Je veux maintenant montrer qu'en matière de langue, il y a plus qu'un contact auditif; la compréhension n'est pas une simple question d'audition. Je commencerai par quelques commentaires généraux sur le langage, puis je parlerai plus particulièrement de la parole pour démontrer que la compréhension est beaucoup plus complexe qu'on le croit généralement. Exception faite de quelques différences spécifiques de modalité entre entendre et voir, tout ce que je dirai du langage parlé s'appliquera aussi au langage écrit. Je devrai cependant attendre le chapitre sur l'apprentissage de la lecture pour traiter des rapports entre la langue parlée et la langue écrite.

Structure de surface et structure profonde

Il y a deux façons d'envisager tout fait de langue, toute suite de mots oraux ou écrits. D'une part, on peut parler des *caractéristiques physiques* des sons dans le cas de la parole, des marques graphiques dans le cas de l'écrit; ces caractéristiques peuvent toujours être mesurées. D'autre part, on peut parler de la *signification*.

---

* La majorité des exemples qu'on trouvera dans ce chapitre ne sont pas ceux de la version originale anglaise, mais des équivalents français; cette adaptation a été faite afin d'alléger la lecture et de faciliter la compréhension. (N. du T.)

Ces deux façons d'envisager la langue sont complètement indépendantes l'une de l'autre. Par exemple, on peut parler de la durée ou de l'intensité sonore d'un mot parlé, de la longueur ou de la lisibilité d'une phrase écrite, sans faire aucune référence à ce que signifie l'échantillon de langage étudié. Nous n'avons même pas besoin de connaître la langue; nous pourrions faire les mêmes observations sur des phrases qui n'auraient pas de sens. Mais si nous voulons parler de la signification, il est essentiel de connaître la langue et presque pas nécessaire de s'occuper des caractéristiques physiques de l'item étudié. Nous devons, par exemple, pouvoir dire que *célibataire* et *homme qui n'est pas marié* ont un sens commun et que *un homme mange le poisson* et *le poisson mange un homme* sont différents sans avoir à discuter du fait que le message est oral ou écrit, fort ou faible, émis lentement ou rapidement.

Je me permets d'introduire deux nouvelles expressions que j'utiliserai souvent: *structure de surface* et *structure profonde*; la première remplacera l'expression vague de «caractéristiques physiques de la langue», et la seconde renverra à la signification. La structure de surface est la partie visible de la langue écrite et la partie audible de la langue parlée; elle est accessible à quiconque peut voir et entendre, qu'il comprenne ou non la langue. La structure profonde porte bien son nom puisque le sens se situe à un niveau plus profond que les sons et les symboles écrits qui sont au sens littéral superficiels. En réalité, et cela est la cause de confusions et de difficultés énormes, le sens n'appartient pas du tout au domaine linguistique, mais à celui des processus de pensée sous-jacents.

Les expressions «structure de surface» et «structure profonde» présentent certaines commodités en plus de leur valeur métaphorique. L'une d'elles est que «structure de surface» peut être employé autant pour la langue écrite que parlée, ce qui nous évite de toujours faire mention des «sons de la parole» ou des «marques graphiques de la langue écrite». L'expression «structure profonde», ou sens, est évidemment utilisée pour la langue parlée comme pour la langue écrite. Ces deux expressions se retrouvent de plus en plus dans les publications pédagogiques et sont largement utilisées, de façons particulières, dans certains types d'écrits de la linguistique et de la psycholinguistique.[1] J'ai quelque peu simplifié la définition de ces termes afin d'éviter les considérations théoriques.[2] Parallèlement à la distinction que j'ai faite entre le monde qui nous entoure et la théorie du monde dans la tête, la structure de surface de la langue fait toujours partie du monde extérieur, tandis que la structure profonde se trouve dans la tête de celui qui parle et de celui qui écoute.

Il y a, quant à la langue, un fait simple, mais rarement compris, qui a d'énormes conséquences en psychologie et en éducation et qui fait bien comprendre la nature du cerveau humain. Ce fait est aussi vrai en langue écrite que parlée et peut être rapidement énoncé comme suit: *il n'y a pas de correspondance univoque entre la structure de surface de la langue et sa structure profonde.* Autrement dit, les sons de la parole n'ont pas de sens par eux-mêmes; il en est ainsi des caractères écrits. La question fondamentale que soulève ce chapitre est de savoir comment il se fait que la langue serve à communiquer si le sens n'est pas directement représenté dans la structure de surface, si le sens est absent du signal physique qui va de celui qui parle à celui qui écoute, et du scripteur au lecteur. Je dois d'abord expliquer et défendre l'assertion selon laquelle le sens et la structure de surface ne sont pas une seule et même chose.

Les désaccords entre les structures profonde et de surface

Une façon d'illustrer l'absence de correspondance rigoureuse entre la structure de surface et la structure profonde de la langue serait de montrer qu'une même structure de surface peut avoir plus d'un sens et qu'un même sens peut avoir plus d'une représentation de surface. Par exemple, *j'ai fait faire une robe à ma fille* peut vouloir dire: a) j'ai fait faire une robe *par* ma fille,   b) j'ai fait faire une robe *pour* ma fille. Pouvez-vous découvrir les ambiguïtés dans des phrases comme *je le vois malade, Pierre aime mieux Paul que Jean, j'ai reçu le livre de Pierre, Pierre propose à Jean de peindre le mur*? Les deux sens ne sont pas toujous immédiatement apparents, ce qui constitue un indice de la façon dont la langue est comprise. Pour illustrer le fait qu'une même signification peut être représentée par différentes structures de surface, voici des paraphrases: *le garçon lance la balle* a le même sens que *la balle est lancée par le garçon, le jeune mâle humain lance l'objet sphérique qui sert à jouer,* et ainsi de suite.

Un aspect intéressant de cette non-identité du sens et de la structure de surface est que nous entendons rarement les différences sonores de la langue parlée qui ne changent rien au sens. En d'autres termes, nous écoutons pour trouver un sens, non des sonorités. Par exemple, le /d/ de *doux* n'est pas identique au /d/ de *médecin* qui se prononce /métcin/. Il y a une différence semblable pour le /b/ suivi d'une consonne sourde: comparez *abject* /abjekt/ et *absoudre* qui se prononce /apsoudr/. Ces variations ne se produisent pas parce que nous sommes incapables de prononcer ces mots autrement. Les mots *abject* et *absoudre* pourraient tous deux être prononcés avec le même /b/; cette variation est une règle de surface que presque tout le monde respecte, bien qu'elle n'ait jamais été enseignée et n'entraîne aucune différence de signification.

Il y a un terme général pour désigner l'ensemble des modulations d'un son qui n'affectent pas le sens et qui, de plus, sont ordinairement perçues comme un même son. Ces ensembles sont appelés *phonèmes*. Une langue pourrait avoir des milliers de phonèmes si toutes les variations sonores étaient employées pour représenter des différences de sens. Toutes les langues du monde semblent s'en tenir à des ensembles de phonèmes dont le nombre varie de trente à cinquante. On considère que l'anglais a entre quarante et quarante-cinq phonèmes, selon la méthode de comptage ou le dialecte considéré. Demandez à un ami d'écrire les mots *faite* et *fête* que vous lui direz à haute voix, et vous pourrez vous rendre compte que votre langue n'a pas autant de sons distincts que vous le pensiez.

Les langues n'organisent pas toutes leurs phonèmes de la même façon. La différence qui existe, en anglais, entre le /p/ de *pin* et le /p/ se *spin* n'en fait pas deux phonèmes distincts, alors que c'est le cas en arabe. Un locuteur arabe entendra une différence entre ces deux /p/ parce que les mots ayant le premier type de /p/ n'ont pas le même sens que ceux qui ont le deuxième. D'un autre côté la différence entre /l/ et /r/ est phonématique en anglais, mais pas en japonais. Non seulement un Japonais a de la difficulté à articuler les mots *link* et *rink*, il a aussi tendance à ne pas les percevoir comme différents. Cette difficulté n'a rien à voir avec l'acuité auditive des Japonais; les anglophones éprouvent la même difficulté avec les deux formes du /p/ arabe.

Les auditeurs n'entendent pas la variété infinie des *sons* que les locuteurs produisent; ils organisent plutôt tous ces sons en quelques catégories (phonèmes) déterminées par les différences de sens. Nous n'entendons pas les sons que le locuteur produit; nous entendons les sons en fonction de la manière dont nous les regroupons en catégories. Nous entendons ce que nous pensons que le locuteur dit. Nous ne sommes pas conscients de la structure de surface, mais percevons la structure profonde, ce qui est notre façon de donner du sens au bruit de l'environnement.[3]

À la recherche du sens

Nous devons maintenant nous intéresser à la question suivante: comment est-il possible de comprendre la langue si le sens n'est pas représenté dans la parole ou l'écriture? Afin de faire un premier déblayage pour trouver une solution à ce problème, il pourrait être intéressant d'examiner quelques explications traditionnelles sur la façon dont la langue est comprise.

Le caractère fuyant des mots

La conception sans doute la plus commune du processus par lequel nous comprenons le sens des phrases veut que nous comprenions le sens du tout en combinant les sens des parties, des mots individuels. Une telle affirmation impliquerait des tâches multiples pour enseigner à lire aux enfants. Je veux essayer de montrer que c'est le contraire qui se produit: nous devons connaître le sens d'une phrase avant de pouvoir décider quoi que ce soit quant à la signification des mots. Il y a plusieurs façons de montrer cela; peut-être que la plus simple est d'abord de discuter de l'existence d'une chose telle qu'un mot.

Les linguistes préfèrent généralement ne pas parler des mots. Le problème vient de ce qu'ils ne peuvent pas définir ce qu'est un mot. Un mot n'est certainement pas le plus petit élément signifiant d'une langue (définition que l'on retrouve à l'école), parce que certains mots semblent ne pas avoir de sens par eux-mêmes: que signifient *le, cet, très* ou *de*? D'autre part, certains mots peuvent être décomposés en mots plus petits ou en parties de mots comme s'ils avaient plus d'une signification. Par exemple, le mot *insatisfait* combine le sens de *non* et de *satisfait*, et *garçons* contient *garçon* plus un *s* qui signifie «plus d'un». Les linguistes ont un terme différent pour désigner le plus petit élément de sens, ils l'appellent *morphème*, unité avec laquelle ils préfèrent travailler. Un mot tel que *garçons* est considéré comme ayant deux morphèmes, une «forme libre», *garçon*, qui peut exister seule, et une «forme liée», *s*, qui doit être attachée à une forme libre. On présume parfois qu'un morphème est présent dans un mot bien qu'il n'y soit pas représenté: *gaz* ne constitue qu'un seul morphème au singulier, mais deux au pluriel. Parfois le morphème lié se trouve encastré dans la forme libre: en anglais, *man* représente un seul morphème, *men* en représente deux.

Vous devez vous demander pourquoi on a tant de difficulté à définir les mots quand leur nature est si évidente lorsqu'on les écrit. De fait, la seule règle qu'on ait trouvée pour identifier les mots vient de la langue écrite: un mot est une suite de lettres précédée et suivie d'un blanc. Cependant personne ne peut donner la règle qui expliquerait *pourquoi* on laisse un blanc de chaque côté de certaines suites de lettres. C'est comme si cet espace entre les mots était un artifice arbitraire de notre langue écrite que d'autres langues n'ont pas. Il est certain que les mots ne font pas partie de la structure de surface de la parole. Vous pouvez penser qu'un locuteur que vous écoutez produit de toute évidence des mots nettement distinguables; vous pensez cela parce que vous, l'auditeur, vous faites la distinction entre ces mots. Vous entendez des mots dans une phrase parlée parce que vous connaissez le sens de cette phrase.

Imaginez que vous dites «grand homme» à quelqu'un et que vous lui demandez ensuite de vous dire combien de mots vous avez prononcés; vous vous attendriez à ce qu'il vous réponde «deux». Si vous lui demandiez aussi de vous dire quels sont ces deux mots, vous vous attendriez à: «*grand* et *homme*». Mais si vous vous écoutez attentivement dire «grand homme», vous découvrirez que ces deux mots ne se séparent pas comme vous imaginez que votre auditeur les entend: vous ne dites pas /grant-homme/ mais /gran-thomme/. L'auditeur n'entend pas la coupure de la structure de surface, il perçoit plutôt une coupe que vous n'avez pas produite. En réalité, il y a rarement coupure dans la parole courante normale. Nous-ne-produisons-pas-un-mot-à-la-fois. Lorsqu'il y a des coupures dans les énoncés, elles se produisent à l'intérieur des mots plutôt qu'entre les mots.*

Le fait que les frontières entre les mots n'apparaissent pas dans la structure de surface de la parole crée l'une des plus grandes difficultés qu'on rencontre lorsqu'on essaie de comprendre un locuteur parlant une langue étrangère avec laquelle on est peu familier. Avant même de pouvoir

---

* Cela semble valable surtout pour l'anglais dont l'accent tonique effectivement peut avoir parfois cet effet. (N. du T.)

traduire les mots dits par ce locuteur, on doit identifier ces mots, et le locuteur ne fournit aucune aide. Si on ne comprend pas la langue, il est impossible d'écouter un énoncé normalement articulé, même de quatre ou cinq mots, et de dire combien de mots ont été prononcés. Le sens nous permet d'identifier les mots; ce ne sont pas les mots qui nous donnent le sens.

Pour rendre les choses encore plus compliquées, ce que nous appelons des mots en langue écrite n'a jamais une seule signification ou n'est jamais dans une seule combinaison de significations. Presque tous les mots ont plus d'un sens, et la plupart des mots courants ont un grand nombre de sens. Pensez à des mots comme *table, siège, chasse, compte* qui, isolément, peuvent être des verbes à l'impératif ou des noms. Un mot isolé n'a absolument pas de sens. Si vous demandez à un enfant d'identifier un mot imprimé sur un carton ou isolé d'une phrase, vous ne faites que lui demander le «nom» du mot. Il ne peut vous donner une réponse signifiante, à moins de pouvoir deviner ce que vous avez dans la tête. Dites le mot *fils*, et je parierai que votre prononciation est incorrecte: si vous avez dit /fis/, je dirai que j'ai écrit /fil/ (à coudre), et si vous avez dit /fil/, je dirai que j'ai écrit /fis/ (garçon). Est-ce moi qui vous ai tendu un piège ou notre langue?

Des gens bien intentionnés ont pensé qu'ils pourraient nous rendre la vie plus facile et ainsi éviter bien des malentendus s'ils pouvaient refaire la langue de manière que chaque mot n'ait qu'un sens et que chaque sens, ou du moins chaque objet, ne soit représenté que par un seul mot. Une bonne objection serait de montrer que l'usage de la langue serait rendu impossible si celle-ci était refaite de cette façon: je désigne parfois mon chien en disant *Tito*, d'autres fois *dalmatien*, d'autres fois *chien*, quelquefois *animal* ou *la chose qui est là*. Il serait malcommode que toutes les relations de type «est-un» soient abolies: une fois que nous aurions décidé de nommer une certaine classe d'êtres «chiens», il ne nous serait jamais permis de désigner certains d'entre eux par le mot *dalmatien* et de les désigner tous par le mot *animaux*.

En outre, nous n'aimerions sûrement pas limiter chacun des mots à un seul sens, procédé des moins économiques. Il se produit tout le contraire: plus un mot est fréquent, plus nous l'utilisons dans un grand nombre de sens.[4] Cherchez n'importe quel mot fréquent dans le dictionnaire, comme *aller, prendre, avoir, temps, place, homme, maison*, et voyez combien d'espace leur est consacré pour en expliquer les sens. Certains mots très fréquents de notre langue ont tellement de significations qu'il est peut-être préférable de dire qu'ils n'en ont pas du tout; je pense aux prépositions. Par exemple, *pour* a dix-neuf sens dans *Le petit Robert*, *à* en présente quinze, *de* quatorze et *avec* onze. Le sens des prépositions est si imprécis qu'il est impossible de les traduire. Pour traduire en français une préposition anglaise ou inversement, on a besoin de connaître les mots qui l'entourent. Le sens vient en premier.

Il y a entre trois et quatre mille «langues naturelles» dans le monde; des gens les utilisent dans leurs communications quotidiennes et les transmettent à leurs enfants. Toutes ces langues ont en commun deux caractéristiques: leur structure profonde est différente de leur structure de surface, et les sens de leurs mots ont tendance à se multiplier avec la fréquence. D'autre part, les «langages artificiels» dans lesquels aucune ambiguïté ne peut être tolérée, comme le langage de l'algèbre, de la logique formelle ou les langages informatiques, sont généralement assez difficiles à apprendre pour les humains, particulièrement à l'âge auquel ces derniers apprennent facilement à parler. Tout se passe comme si notre langue devait en quelque sorte refléter la façon dont notre cerveau est construit; aussi ferions-nous mieux de ne pas trop la tripoter.

Ordre et syntaxe

Puisque le statut des mots reste indéfinissable, on est amené à constater que les phrases (ou énoncés) sont rarement faites de mots pris isolément et que la façon dont les mots se combinent dans une phrase doit déterminer à la fois leur sens et celui de toute la phrase. Les phrases ne peuvent cependant pas être de simples combinaisons de significations de mots individuels, autrement une tête de mule serait une mule de tête, un bleu marin serait un marin bleu et un chien de fusil japperait et aurait quatre pattes. Il reste cependant que l'ordre des mots n'élimine pas nécessairement toute ambiguïté puisque bien des phrases (comme *j'ai reçu le livre de Pierre)* ont plus d'une signification.[6]

La seconde explication devrait être que vous devez tenir compte de la nature du mot: *marin* est un adjectif dans *bleu marin* et un nom dans *marin bleu*. Comment saviez-vous que c'était un nom ou un adjectif? Vous deviez d'abord connaître le sens de toute l'expression.

Si je vous demande d'analyser une phrase comme *place ton arme dans une cache*, vous me direz certainement que *place* est un verbe et que *arme* et *cache* sont des noms, ce qui est le cas dans cette phrase. Cependant, chacun de ces trois mots peut jouer le rôle de verbe ou de nom, ce qui fait que, encore une fois, vous devez connaître le sens de toute la phrase avant de pouvoir dire quoi que ce soit de chacun des mots. L'ordre des mots n'est pas toujours très indicatif comme on peut le voir dans les expressions «place du marché» et «place de l'argent», la seconde étant ambiguë car le mot *place* peut être un nom ou un verbe.

On affirme souvent, et je suis d'accord, que le pont entre la structure de surface et la structure profonde pourrait être la *syntaxe* ou les règles de la grammaire. C'est notre connaissance implicite des règles syntaxiques de la langue qui nous permet d'interpréter et de produire des phrases grammaticales. Toutefois cela ne suffit pas à permettre l'équation: structure de surface + syntaxe = structure profonde, parce que la syntaxe elle-même ne s'établit pas sans la connaissance de la signification. Autrement dit, la syntaxe non plus n'est pas directement représentée dans la structure de surface. Une phrase doit donc être comprise avant que nous puissions en établir la structure syntaxique. J'ai déjà illustré ce phénomène avec des phrases simples comme *place ton arme dans une cache*. Analysons un exemple plus complexe.

Les professeurs de langue ont ordinairement peu de difficulté à identifier comme passive la phrase *Sarah fut arrosée par le gicleur*; si vous leur demandez comment ils font pour le savoir, ils vous parleront de *fut, ée* et *par*, ils feront peut-être même référence à une «transformation de passivation» réversible qui permettrait de tourner cette phrase à l'actif, *le gicleur arrosa Sarah*. Cependant cet ensemble de règles nous conduirait à une mésinterprétation si nous essayions d'appliquer le même raisonnement à une phrase qui, sauf une petite modification, présenterait une structure de surface semblable: *Sarah fut arrosée par ta faute*; notez qu'il y a encore *fut, ée* et *par*. Mais cette phrase n'est pas du même type que la première, et on ne peut pas la transformer en *ta faute arrosa Sarah*. Comment pouvons-nous dire qu'une phrase est passive et qu'une autre ne l'est pas? Parce que nous connaissons le sens de chacune d'elles.

Voici un autre exemple qui montre qu'on doit passer par le sens avant de savoir si certaines règles grammaticales sont applicables. Tout le monde sera d'accord pour dire que les quatre phrases qui suivent sont grammaticales, ont du sens et présentent une même structure, du moins en surface. Chacune d'elles a un sujet qui est un nom, un verbe et un syntagme adverbial:

a) *La petite fille joue dans le grenier.*
b) *Le chat joue dans le grenier.*
c) *Une poutre joue dans le grenier.*
d) *Une planche joue dans le grenier.*

Selon les règles de la grammaire française, des noms sujets qui ont un même verbe peuvent être liés par la conjonction *et*. Nous pouvons ainsi dire *la petite fille et le chat jouent dans le grenier* ou *une poutre et une planche jouent dans le grenier*. Cependant nous ne pouvons pas dire *la petite fille et une poutre jouent dans le grenier*, bien qu'il ne semble pas que nous violions une règle grammaticale. *La petite fille et une poutre jouent dans le grenier* n'est apparemment pas acceptable parce que cette phrase n'a pas de sens ou, du moins, parce que nous mélangeons une phrase où il est question de s'amuser avec une autre où il est question de quelque chose qui est mal fixé. (Pour qu'une telle phrase ait du sens, il faudrait imaginer un conte de fées dans lequel une poutre serait un personnage.) En d'autres termes, ce n'est pas la grammaire, mais le sens qui fait qu'une phrase est acceptable ou non.

Donner du sens à la langue

Il n'est pas nécessaire d'insister davantage. Vous pouvez comprendre une phrase quand vous la voyez, mais vous n'en dégagez pas le sens en rassemblant celui de chacun des mots pris isolément. Il n'y a pas que le sens qui ne soit pas représenté dans la structure de surface; les indices syntaxiques aussi manquent. Quoi qu'il en soit, nous ne pouvons pas nier que la langue, généralement parlant, est comprise. Comment l'auditeur (ou le lecteur) dégage-t-il donc le sens à partir de la structure de surface? Il ne dégage pas le sens. L'auditeur n'extrait pas le sens de la structure de surface, car le sens n'est pas là; il doit fournir lui-même le sens. Nous ne tirons pas le sens de ce que nous entendons ou regardons; nous l'y apportons.

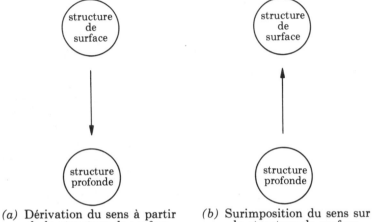

(a) Dérivation du sens à partir   (b) Surimposition du sens sur
    de la structure de surface.   la structure de surface.

Figure 3.1 Deux représentations de la compréhension linguistique.

La figure 3.1 représente ce problème de façon schématique. La langue n'est pas comprise en extrayant la structure profonde de la structure de surface (figure 3.1 (a)), mais en surimposant la structure profonde sur la structure de surface (figure 3.1 (b)). J'ai dit précédemment que la structure de surface fait partie du «monde» et que la structure profonde repose sur la «théorie du monde dans la tête». Couchez la figure 3.1 (b) sur le côté et vous verrez qu'elle est identique à la figure 1.1: la flèche pointe dans la bonne direction. Le monde, qu'il soit ou non de nature linguistique, prend un sens quand une structure cognitive lui est appliquée. Le sens ne voyage pas du message à l'auditeur ou au lecteur; le récepteur doit apporter le sens au message.

La compréhension linguistique, en d'autres termes, dépend de la *prévision* de ce que l'émetteur va dire ou écrire. Cela peut sembler une solution invraisemblable et contre nature, mais tout enfant de deux ans démontrera que cela peut se faire. Nous avons déjà parlé du mécanisme qui produit cette compréhension. Le processus par lequel nous donnons du sens au monde en général, en reliant le non familier au déjà connu, constitue tout ce dont nous avons besoin pour donner du sens à la langue. Il n'est donc pas nécessaire de postuler une habileté nouvelle ou spéciale pour la compréhension linguistique.

Compréhension et prévision

Tel quel, ce principe peut sembler absurde. Si, par exemple, vous pouvez prévoir tout ce que vous allez lire dans ce livre, pourquoi vous donner la peine de le lire? Si un enfant doit, pour comprendre, prévoir tout ce que l'enseignant va dire, cela ne signifie-t-il pas qu'il doit en savoir autant que l'enseignant?

Vous vous rappellerez qu'au chapitre 2 prévoir — du moins pour donner du sens au monde — ne signifiait pas faire de purs paris ou tout jouer sur la possibilité la plus probable. Du point de vue cognitif, prévision signifie élimination préalable des possibles les moins probables. Quand nous regardons par la fenêtre, si vous vous rappelez, pratiquement rien de ce que nous verrons probablement — autos, autobus, piétons — ne nous surprendra parce que nos attentes quant à ce que nous voyons étaient réalistes. D'autre part, des possibles moins probables, comme des sous-marins ou des éléphants, nous surprendraient parce qu'ils ne font pas partie de nos attentes; nous ne les avons pas prévus. Nos prévisions cognitives ne sont ni trop étroites ni trop larges. Nous nous efforçons toujours de réduire le nombre des possibles afin de faciliter le travail de notre processus de traitement de l'information dont la capacité est limitée; nous ne réduisons cependant pas le nombre des possibles jusqu'à faire une erreur ou jusqu'à devenir désorientés. Quand nous anticipons ce que quelqu'un va dire ou ce que nous allons lire, nous ne faisons qu'exclure ce qui est improbable.

En outre, en matière de langue, nous prévoyons bien. Comme je l'ai aussi montré au chapitre 2, nous avons une bonne idée de ce que nous pourrons lire dans un mot, une phrase ou un livre avant que nos yeux entrent en action. J'ai appelé cette connaissance préalable l'*information non visuelle*, et j'ai donné quelques exemples. Nous avons une bonne connaissance de la fréquence relative des lettres dans les mots et des mots dans la langue; nous avons aussi une bonne connaissance des limites que la grammaire française et le sujet traité imposent à la sélection des mots du scripteur. De fait, bien qu'il y ait plus de cinquante mille mots en français parmi lesquels on peut choisir pour écrire un livre, un scripteur, quand il doit trouver un mot, ne choisit pas parmi les cinquante mille, mais plutôt parmi deux cent cinquante mots possibles. Cette limite pour le scripteur constitue un important appui à la réduction de l'incertitude chez le lecteur. Celui-ci peut prévoir que des milliers et des milliers de mots ne se présenteront pas, et il peut ainsi concentrer son attention sur les deux ou trois cents mots possibles; cela permet une économie considérable en lecture.[7]

Je ne sous-entends pas que nous anticipons des paragraphes entiers ou même des phrases; certainement pas dans le cas d'une lecture mot par mot, et cela ne serait ni possible, ni nécessaire. Nous pouvons ordinairement assez bien anticiper quelques mots probables qui pourraient suivre un passage, particulièrement quand nous avons une bonne idée de ce à quoi le scripteur (ou le locuteur) veut en venir; lorsque nos attentes, quant à ces mots, sont confirmées ou infirmées, nous avons la possibilité de modifier nos attentes quant aux quelques mots qui suivent. Plus un lecteur se rapproche d'un point du texte, moins il est incertain quant à ce point et, par conséquent, quant aux autres points qui suivent.

De plus, il est rarement nécessaire de prévoir *avec exactitude*. Point n'est besoin que les ensembles de possibles que nous anticipons concordent exactement avec une phrase qu'un locuteur ou un scripteur va produire. Plus nous savons de choses ou croyons en savoir, moins nous avons tendance à rechercher une correspondance totale. Si nous savons qu'un locuteur est en train de nous dire qu'il est sur le chemin de l'école, ou de la maison ou du théâtre, alors *école, maison* et *théâtre* sont les trois seuls mots auxquels nous devons prêter attention, et nous aurons besoin de très peu d'information pour choisir parmi les trois. Si nous avons besoin de peu d'information parce que nous ne retenons que peu de possibles, alors nous n'avons pas à trouver une concordance très complexe entre notre prévision et ce que le locuteur ou le scripteur dit réellement. Parce qu'il est rarement nécessaire de prévoir *avec exactitude,* les jeunes enfants peuvent comprendre des messages et des phrases présentant des constructions grammaticales qu'ils ne pourraient jamais produire eux-mêmes; ils ne prêtent attention qu'à certains éléments. Si un enfant s'attend qu'on lui dise qu'il doit rester ou partir, ouvrir un livre ou débarrasser le dessus de son pupitre, il n'a pas besoin de comprendre ou même d'entendre toute la phrase; quelques sons lui donneront l'information dont il a besoin. De même des différences dialectales ne font pas nécessairement difficulté pour la compréhension. Un enfant qui dit «ch'us pas grand» dans son parler à lui peut quand même comprendre «ch'uis pas grand» ou "je n'suis pas grand" que vous dites à votre façon. Il y a pour lui assez de similitude pour donner du sens à votre phrase; cependant, si vous lui demandez de répéter ce que vous avez dit, il vous en restituera le sens à sa façon à lui.

Parfois cette habileté à comprendre à partir d'une combinaison partielle joue contre l'enfant. Par exemple, les enfants des premières classes du primaire peuvent ne pas avoir maîtrisé la structure des phrases passives et ainsi ne pas être capables de les anticiper. Ils interpréteront souvent une phrase comme *Claude a été frappé par sa soeur* dans le sens de *Claude a frappé sa soeur*; ce n'est pas parce qu'ils ont mal analysé la phrase, mais parce qu'ils considèrent sa structure de surface comme suffisamment proche du type de phrase qu'ils auraient tendance à produire.

En résumé, nous sommes ordinairement capables d'anticiper ce qu'un locuteur ou un scripteur est sur le point de dire parce que nous avons cette habileté générale à faire de telles prévisions (nous réduisons l'incertitude à l'avance dans tous les aspects de notre perception du monde) et parce que nous avons la connaissance linguistique préalable concernant la façon dont les locuteurs et les scripteurs ont tendance à exprimer leurs intentions en structure de surface. Nous sommes ainsi capables de choisir parmi les possibles que nous avons retenus en faisant des *prélèvements* dans la structure de surface, en cherchant un nombre limité de correspondances entre ce qui apparaît et ce que nous attendions. Plutôt que de décoder la structure de surface de façon exhaustive, nous y apportons le sens ou un ensemble limité de sens possibles.

Il est évident que nous ne sommes généralement pas conscients du fait que nous anticipons constamment, que nous éliminons à l'avance des possibles, autant dans notre perception du monde que dans notre compréhension de la langue. Comme la majeure partie de notre connaissance des règles de notre langue, les prévisions que nous faisons à partir de cette connaissance ne font pas l'objet d'une introspection consciente. Nous sommes conscients de ce que nous comprenons, mais non du processus qui nous mène à la compréhension.

Il reste deux questions. La première concerne le mécanisme au moyen duquel est vérifiée l'anticipation des significations qu'un scripteur ou un locuteur produit en réalité. J'ai dit que le lecteur ou l'auditeur voit des *sens* possibles et vérifie si le scripteur ou le locuteur dit effectivement ce que le lecteur ou l'auditeur a prévu qu'il dirait. Ces prévisions ne peuvent cependant pas être vérifiées au niveau de la signification (en comparant, par exemple, le sens chez le scripteur et les attentes du lecteur) parce que la signification ne se trouve pas dans la structure de surface que le scripteur produit. Si la signification produite par le scripteur était immédiatement disponible pour une comparaison, celle-ci ne serait plus nécessaire.

La seconde question concerne le rôle de la grammaire dans la compréhension. J'ai déjà dit que la grammaire, du moins la syntaxe, peut être considérée comme un pont entre la structure de surface et la structure profonde, bien que la syntaxe ne soit pas directement représentée dans la structure de surface. Je n'ai encore rien dit sur le rôle de la grammaire dans le processus de compréhension, à part une remarque au sujet de notre aptitude à comprendre des phrases dont la structure ne nous est pas familière, phrases que nous ne pourrions pas produire nous-mêmes.

Il est maintenant nécessaire de montrer que la grammaire peut être considérée comme le noeud de la compréhension. Tout comme le locuteur ou le scripteur utilise la grammaire pour produire des structures de surface qui rendent le sens désiré, l'auditeur ou le lecteur doit aussi utiliser la grammaire pour comprendre. Bien que l'auditeur ou le lecteur doive prévoir en s'appuyant sur le sens, il ne peut pas comparer directement les sens; il doit donc utiliser la grammaire pour construire les structures de surface qu'il anticipe. En d'autres termes, l'auditeur ou le lecteur utilise la grammaire exactement de la même façon que le locuteur ou le scripteur: pour *produire* une structure de surface. Il est maintenant nécessaire de regarder la grammaire de plus près; bien que nous nous préoccupions surtout de compréhension, il sera plus commode de prendre d'abord le point de vue du locuteur ou du scripteur et de considérer la grammaire comme un mécanisme servant à traduire une signification en une structure de surface.

Les règles de la langue

Selon un point de vue vieux de deux mille ans, la grammaire est la description d'une certaine langue parfaite vers laquelle tous doivent tendre, mais que peu atteignent. L'idée, selon laquelle la langue des gens n'est que le pâle reflet, la reproduction inférieure d'un idéal qui sera toujours au-dessus de leurs forces, prend sa source dans la philosophie grecque classique. Comme le grec et le latin classiques devinrent plus un souvenir qu'un instrument vivant de communication, ils furent eux-mêmes consacrés comme des modèles de ce qu'il y a de mieux comme langues. Les langues modernes furent analysées et considérées comme si elles avaient la même grammaire que le grec et le latin. Il n'y a pas si longtemps, on pouvait encore trouver des grammaires qui affirmaient que le français avait un vocatif («ô table!»).

La conception selon laquelle la langue des gens n'atteint jamais l'idéal mythique eut pour conséquence de faire croire que certaines langues ou certains dialectes devaient être plus près de la perfection que les autres. Naturellement, dans toute culture ou société, la langue la plus proche de la perfection est à coup sûr celle que parlent les gens qui, sur tous les autres plans, sont le plus près de Dieu, c'est-à-dire les membres du groupe dominant. La «grammaire», en d'autres termes, devint la codification du bon français, langue parlée par la classe dirigeante et imposée à l'enseignement. Les gens du peuple et les enfants n'utilisaient pas la grammaire ou n'utilisaient qu'une «mauvaise grammaire».

La linguistique moderne a démocratisé la grammaire en la considérant comme un *système* qui nous permet de produire et de comprendre des phrases. N'étant plus la marque d'une caste particulière, la grammaire est devenue un *ensemble* de règles utilisées par tout le monde pour établir un pont entre la structure de surface et la structure profonde. Les règles de votre langage n'ont pas besoin d'être une copie exacte des miennes. Même les tout jeunes enfants ont une grammaire; ils ne juxtaposent pas les mots au hasard, mais suivent leurs propres règles. Il n'y a plus de bonne ou de mauvaise grammaire, il n'y a que des grammaires différentes. En principe, toutes les langues et tous les dialectes sont aussi bons les uns que les autres; alors toutes les grammaires se valent. Il faut reconnaître que, dans une culture donnée, le dialecte parlé par certaines personnes a plus de prestige que celui des autres; cette inégalité est de nature économique ou sociale, elle n'est pas de nature linguistique ou intellectuelle.

La grammaire générative

Je vais maintenant vous présenter une grammaire très simple du français dans le but de montrer qu'on peut concevoir la grammaire comme un ensemble de règles, comme un «mécanisme» de production de phrases. Je veux montrer que ma grammaire, bien qu'elle soit petite, est très efficace puisque, avec seulement trois règles et un vocabulaire de quinze mots, je peux produire plus de mille phrases grammaticales. Pour les besoins de l'exposé, il n'est pas nécessaire que vous sachiez où j'ai pris cette grammaire; elle pourrait m'être apparue comme une inspiration durant mon sommeil, ou je pourrais l'avoir trouvée sous une pierre.[8] Ce qui compte, c'est que cette grammaire fonctionne. Si elle produit des phrases françaises grammaticales et aucune phrase agrammaticale, elle peut être considérée comme une partie de la grammaire française qui se trouve dans la tête de toute personne qui considère comme grammaticales les phrases qu'elle produit.

Voici ma grammaire miniature qui représente une partie de ce que vous et moi savons de la langue française:

Grammaire miniature du français

Syntaxe	Vocabulaire
$P \rightarrow X + Y$	A = *un, le*
$X \rightarrow A + B$	B = *ballon, camion, renard, chat,*
$Y \rightarrow C + X$	*chien, garçon, piéton, professeur*
	C = *inquiète, importune, contourne,*
	voile, poursuit

Vous remarquerez que la partie syntaxique de ma grammaire a l'allure d'un ensemble de formules algébriques sauf que le signe d'égalité est remplacé par une flèche. Celle-ci constitue un *signe de réécriture* et indique que le symbole de gauche doit être remplacé par les deux symboles de droite. Le point de départ est le P qui signifie *phrase*.

Si j'avais essayé d'écrire une grammaire plus élaborée, il y aurait eu plusieurs possibilités de réécriture du P; ma petite grammaire n'offre aucun choix. $P \rightarrow X + Y$ me dit que, pour commencer à écrire ma phrase, je dois écrire $X + Y$. La seconde règle me dit que X ne peut pas être gardé, mais doit être remplacé (réécrit) par $A + B$; ma phrase est donc, à ce stade, représentée par $A + B + Y$. La troisième règle me dit aussi de réécrire Y en $C + X$; ainsi ma phrase se transforme en $A + B + C + X$. Nous avons déjà vu que X doit être réécrit en $A + B$; nous arrivons ainsi à la suite de symboles suivants $A + B + C + A + B$. Maintenant que j'ai épuisé toutes les possibilités de la syntaxe, je suis prêt à aller au lexique. Pour les besoins de mon exposé, j'ai écrit des mots sous «vocabulaire», mais il aurait été plus juste d'y mettre des morphèmes, vu la nature insaisissable des mots dont il a été question. Cherchant à remplacer le premier symbole de ma phrase $A + B + C + A + B$, je vois que j'ai le choix entre *un* et *le*, et je choisis *le*. Ma phrase se lit comme suit: *le + B + C + A + B*. J'ai le choix entre huit mots pour remplacer le premier B; de façon arbitraire, je choisis le dernier mot, *professeur*. Ma phrase se lit maintenant: *le professeur + C + A + B*; je continue en choisissant, dans l'ordre, les mots *poursuit, un* et *ballon* pour remplacer C, le dernier A et le dernier B. Ma phrase complète se lit maintenant comme suit: *le professeur poursuit un ballon*; j'espère que vous considérez cette phrase comme un modèle de grammaticalité.

En choisissant d'autres mots du vocabulaire, j'aurais pu produire plusieurs autres phrases comme *un chien importune le chat, le chat inquiète le renard* et *le garçon contourne une bicyclette.* Parce que j'ai deux mots pour remplacer A, huit pour B et cinq pour C, le nombre de phrases possibles représenté par $A + B + C + A + B$ est égal à 2 x 8 x 5 x 2 x 8, soit 1280, chacune d'elle étant parfaitement grammaticale. Il est impossible que cette petite grammaire produise une phrase qu'un francophone considérerait comme agrammaticale.

Il faudrait ajouter d'autres règles à cette grammaire pour produire et comprendre des phrases comme celle que je suis en train d'écrire, et qui sont loin des possibilités de ma grammaire à trois règles. Il ne faudrait cependant pas un si grand nombre de règles. Personne n'est encore parvenu à écrire la grammaire complète d'une langue; on a cependant avancé que cent règles seraient plus que suffisantes pour produire tous les types de phrases de l'anglais. Certaines règles offriraient différentes façons de réécrire P; d'autres règles concerneraient X, Y et d'autres symboles «intermédiaires»; il est bien évident qu'il y aurait beaucoup plus de mots dans le vocabulaire. Bien que la grammaire qui se trouve dans la tête d'un individu (excepté, peut-être, chez un enfant qui commence tout juste à parler) soit plus élaborée que ma grammaire miniature, le principe est le même. Cette grammaire devrait être *générative,* ce qui signifie qu'elle devrait générer des phrases systématiquement. Les mots ne devraient pas être agencés arbitrairement, mais en accord avec les règles. L'idée selon laquelle les paroles de tout individu sont générées par un ensemble de règles sous-jacentes (règles qui peuvent être différentes d'un individu à l'autre et certainement d'une culture ou d'un groupe social à l'autre) explique pourquoi un enfant qui dit «Je n'ai pas d'argent» dira aussi «Tu n'as pas d'argent» et «Ils n'ont pas d'argent». Il produit des énoncés qui sont systématiquement en accord avec sa grammaire. Un jeune enfant qui peut produire les phrases *parti gros camion* et *pu lait* ne produira pas de phrases comme *parti camion gros* ou *lait pu,* parce que les règles qu'il a acquises ou inventées permettent la production des deux premières phrases, mais non celle des deux dernières.

La réorganisation, l'addition ou le retrait des éléments d'une phrase, qui ne sont pas possibles dans les limites d'une grammaire générative, peuvent être effectués grâce à un type de règles différentes et particulièrement puissantes. Ces règles, appelées règles de *transformation*[9], permettent de combiner des phrases comme *le chien poursuit un chat, le chien est fâché* et *le chat est affolé* pour en faire une seule: *le chien qui est fâché poursuit un chat affolé.* Les règles transformationnelles permettent aussi à une grammaire générative de rendre compte des cas de «discontinuité» dans les phrases. Par exemple, il y a en anglais des verbes faits de deux mots, comme *look up*, qui peuvent être séparés par un troisième. Une règle de transformation permet d'insérer le mot *him* au bon endroit dans la phrase *I looked him up in the library* (je l'ai cherché dans la bibliothèque) qui n'a pas le même sens que *I looked up him in the library* (je l'ai consulté à la bibliothèque).

Grammaire et sens

Revenons aux 1280 phrases grammaticales que ma grammaire de trois règles et quinze mots peut générer . Vous avez pu vous rendre compte que, bien que toutes ces phrases fussent indubitablement grammaticales, plusieurs d'entre elles n'auraient pas de sens ou d'utilité. Des phrases comme *le ballon poursuit un renard* ou *un piéton inquiète le camion* ne sembleraient pas avoir beaucoup de sens pour aucun de nous. Lorsque j'ai présenté ma grammaire, je n'ai pas garanti le sens, j'ai plutôt garanti la grammaticalité. Nous savons tous que la grammaticalité ne garantit pas que tout ce qui est dit ait du sens. La grammaire ne s'occupe pas de donner du sens.

Qui donc est responsable du sens d'une phrase? C'est sans doute le locuteur. Quand un locuteur met sa grammaire en action pour produire un *P*, il ne se satisferait pas d'une ancienne phrase; il veut une phrase qui représente le sens qu'il a déjà dans la tête. Il utilisera les éléments lexicaux qu'il a choisis à l'avance. Il commence par la structure profonde, et la grammaire lui permet de générer une structure de surface en accord avec le sens. Étant donné que le locuteur sait ce qu'il veut dire, il doit être satisfait si la phrase qu'il produit rend le sens désiré. S'il décide qu'elle ne rend pas bien ce sens, il essaiera encore. Le locuteur ne se demandera probablement pas si ce qu'il dit pourrait signifier autre chose, à moins de faire un effort particulier pour imaginer comment sa phrase pourrait être interprétée par quelqu'un qui ne partagerait pas la même structure profonde; c'est là une habileté d'autocritique peu facile à acquérir. Tant que la structure de surface qu'il produit est compatible avec le sens qu'il veut exprimer, le locuteur ne se préoccupe ordinairement pas de la possibilité que d'autres structures de surface puissent représenter le même sens ou que la structure de surface qu'il produit puisse représenter d'autres sens.

Grammaire et compréhension

Nous pouvons maintenant revenir à notre question de départ concernant la façon dont l'auditeur ou le lecteur utilise la grammaire. Le locuteur ou le scripteur, comme j'ai essayé de le montrer, commence par un sens qu'il a déjà dans la tête et utilise la grammaire pour générer une structure de surface appropriée. La grammaire générative n'est pas un mécanisme qui pourrait être inversé. La fonction grammaticale d'un grand nombre de mots n'apparaît pas dans la structure de surface, pas plus que celle-ci n'indique lequel des sens possibles tel ou tel mot possède. Même dans ma grammaire miniature, le mot *voile* pourrait servir à *B* comme à *C*: *le voile importune le professeur.*

Le fait que la grammaire générative ne peut être utilisée pour tirer le sens de la structure de surface n'a pas d'importance aussi longtemps que l'auditeur ou le lecteur l'utilise de la façon que j'ai déjà décrite, c'est-à-dire pour prévoir ce que le locuteur ou le scripteur va dire. Si l'auditeur ou le lecteur est capable de prévoir le sens de *ce qui* va être dit et s'il a une grammaire similaire à celle du locuteur ou du scripteur, il sera capable de prévoir *comment* cela sera dit.

Si les auditeurs et les lecteurs utilisent la grammaire dans la même direction «génératrice» que les locuteurs et les scripteurs, il n'est pas surprenant que les premiers ne soient pas plus préoccupés des ambiguïtés de la structure de surface que ceux qui l'ont produite. Il ne nous arrive que très rarement de ne pas être certains de ce que veut dire une phrase, en ce sens que nous pensons que cette phrase peut signifier une chose ou une autre. Ordinairement, ou bien nous comprenons une phrase, ou bien nous ne la comprenons pas; cela ne peut que signifier que nous cherchons un sens en particulier. Si nous comprenons une phrase, nous pensons que son sens est évident, et nous sommes surpris de découvrir qu'elle a un autre sens. Nous nous attendons à ce que les phrases n'aient qu'un seul sens; c'est pourquoi nous pouvons être choqués par les jeux de mots. Notre insensibilité à la multiplicité des sens possibles ne peut exister que parce que le sens se trouve dans la tête, non pas dans la structure de surface. En d'autres termes, la compréhension a lieu quand nos attentes sont confirmées; le sens, chez l'auditeur ou le lecteur, est l'attente confirmée, tout comme le sens, chez le locuteur ou le scripteur, est la pensée qu'il croit avoir représentée.

Affirmer que, dans certaines circonstances, la parole est hautement prévisible, c'est affirmer qu'elle peut être redondante, que le sens peut être saisi à partir d'à peine un mot. C'est souvent le cas en langue orale, spécialement dans les expériences vécues par les enfants avant qu'ils aillent à l'école. Un grand nombre de remarques faites à la maison sont étroitement liées à des événements qui se produisent en même temps dans l'environnement immédiat. Les jeunes enfants ne seraient pas capables d'apprendre la langue s'ils ne pouvaient intuitionner le sens des paroles avant de pouvoir comprendre la langue elle-même.[10] La langue écrite est rarement aussi étroitement liée à des événements de l'environnement immédiat; c'est une des raisons pour lesquelles l'écrit peut parfois être plus difficile à comprendre que la parole. Le langage utilisé à l'école peut être le langage le plus difficile qu'un enfant ait jamais eu à comprendre s'il n'a rien d'autre pour comprendre, s'il ne peut pas le relier à quelque chose qui se passe autour de lui. Aucun enfant ne comprendra un enseignant s'il ne peut pas prévoir ce dont l'enseignant va probablement parler ou si l'enseignant utilise une grammaire radicalement différente de celle de l'enfant.

QUELQUES CONSÉQUENCES DES PRÉVISIONS   Le point de vue selon lequel l'auditeur peut employer sa connaissance de la langue exactement de la même façon que le locuteur ne se limite pas à ce qui relève de la grammaire. Plusieurs théories, la «théorie motrice de la perception de la parole» et l'«analyse par synthèse», avancent que tout aspect de notre perception de la parole implique un processus «génératif» plutôt qu'un processus de «décodage».[11] Dans cette perspective, plusieurs difficultés théoriques concernant la compréhension de la langue, entre autres le fait qu'on ne se préoccupe pas des ambiguïtés inhérentes au langage, se trouvent résolues. Par exemple, j'ai fait remarquer, dans ce chapitre, que les frontières entre les mots ne sont pas données dans la structure de surface; nous entendons /sud-est/ quand c'est /su-dest/ qui est dit. Parce que /su-dest/ n'est pas ce qu'un auditeur prévoit, ce n'est pas ce qu'il va entendre. Pour entendre /su-dest/, il est nécessaire de chercher volontairement à entendre des sons qui n'ont pas de sens.

Notre habileté à chercher du sens dans le bruit explique aussi comment nous pouvons distinguer ce qu'une personne dit quand il y a vingt ou trente personnes qui parlent ensemble, ce que les psychologues appellent le «problème du cocktail».[12] Des expériences ont montré que des sujets peuvent suivre une conversation ou comprendre un message même si les mots sont successivement produits par différentes voix. C'est notre anticipation de ce qui va être dit qui nous permet de neutraliser tout bruit qui ne joue pas de rôle dans la signification.

Enfin, en prévoyant ce qu'un locuteur ou un scripteur va dire, nous sommes capables de ne prélever qu'un *échantillon* pour suivre le sens à partir d'un minimum d'information à traiter. Comme je l'ai souligné dans le chapitre précédent, la lecture et l'écoute seraient impossibles sans une grande quantité d'information préalable, étant donné que le cerveau ne peut traiter, à la fois, qu'un nombre restreint de nouvelles informations. Je n'ai pas spécifié la quantité minimum d'information visuelle qu'il faudrait pour aller le plus vite possible; cependant, il ne pourrait évidemment pas y avoir d'économie dans le traitement de l'information si la langue devait être traitée «de l'extérieur vers l'intérieur». Les lecteurs utilisent la connaissance acquise, l'information non visuelle, de telle façon qu'ils prévoient ce que le scripteur va dire et «prélèvent», dans la structure de surface, la quantité d'indices requise pour éliminer toute incertitude qui demeure.

Dire que l'auditeur prévoit ce qu'un locuteur va dire, même jusqu'à générer à l'avance une structure de surface possible, ne doit pas signifier que l'auditeur produit des sons. L'auditeur peut s'arrêter au point qui précède tout juste la production de mots, tout comme il y a, pour le locuteur, un point qu'il doit atteindre dans la génération des phrases et qui se trouve juste avant la production des sons. En réalité, l'expression «structure de surface» a un sens plus précis que celui que je lui ai donné, et selon lequel cette structure de surface est un niveau abstrait du langage à partir duquel sont dérivées les représentations phonétiques.[13] En d'autres termes, il y a un niveau linguistique qui précède l'expression concrète tant chez le locuteur que chez l'auditeur, et c'est à ce niveau, avant que ne se produise l'articulation des sons, que l'auditeur peut vérifier ses prévisions. Il est vrai que nous pouvons occasionnellement voir bouger les lèvres d'un enfant à qui nous sommes en train de parler, mais cette activité semblerait plus un indice de sa difficulté à comprendre qu'une partie intégrante de sa compréhension. Reprendre ce que dit un autre est probablement une béquille qui facilite l'entrée de l'information dans la mémoire à court terme quand l'auditeur doit faire de grands efforts pour comprendre. Je pense que cette explication s'applique aussi à la sous-sonorisation(«subvocalizatior») en lecture.

Un autre point de vue

Maintenant que j'ai partiellement décrit et illustré le travail d'une grammaire générative miniature, je dois ajouter que plusieurs linguistes et psychologues ne croient pas que ce type de grammaire soit la façon la plus appropriée de concevoir la connaissance des usagers de la langue. Une autre théorie est apparue ces dernières années qui donne plus d'importance à la sémantique qu'à la syntaxe, bien qu'elle conçoive encore notre maîtrise de la langue comme l'effet d'un ensemble de règles implicites que chacun de nous a dans la tête. Cette autre théorie est connue sous le nom de *sémantique générative.*[14]

Je ne m'excuse pas de présenter une polémique théorique qui n'a pas encore trouvé d'aboutissement; après tout, très peu de choses pourraient être écrites en psychologie ou en éducation si nous devions attendre des certitudes. D'un autre côté, la polémique jette de la lumière sur la nature du problème que ces théories opposées essaient de résoudre. Ce problème touche la relation entre le sens et la grammaire, et c'est précisément le sujet qui nous intéresse.

L'un des aspects de la controverse est assez technique: y a-t-il un seul «niveau profond» comme le soutiennent les grammairiens générativistes ou bien y en a-t-il plusieurs où opèrent différentes règles transformationnelles? Certains linguistes pensent que certains niveaux sont si profonds, qu'ils ont choisi le mot «abyssal» pour désigner le niveau de sens le plus profond, niveau qui se trouve loin sous celui auquel les mots peuvent être directement reliés.

Une seconde discussion, plus importante pour ce qui nous préoccupe, concerne la question de savoir si une grammaire fonctionnerait indépendamment du sens. La question fondamentale consiste à se demander si la langue peut être considérée comme un système clos qui n'aurait de lien avec aucun autre aspect de la pensée, ou si elle dépend des processus de pensée sous-jacents lesquels ne sont pas de nature linguistique. Une phrase grammaticale peut-elle être comprise sans qu'on connaisse les circonstances dans lesquelles elle a été produite? L'une des choses dont s'enorgueillirent les premiers grammairiens générativistes fut que le sens était presque sans importance dans leur théorie, que leur grammaire n'avait pas besoin de faire référence à un contexte possible ou à une situation réelle. Ils voyaient la grammaire comme une sorte d'algèbre, comme un système logique autosuffisant. Quoi qu'il en soit, j'ai déjà soutenu et montré par des exemples comme *la petite fille* et *une poutre jouent dans le grenier* que le sens doit souvent être pris en considération dans la construction d'une phrase.

Plus encore, comme je l'ai aussi fait ressortir, le sens prend souvent le pas sur la grammaire; nous nous servons du sens pour dire si une phrase est grammaticale ou non. Pour prendre un autre exemple, demandez à des gens de vous dire ce qu'ils feraient de cette phrase *un pianiste aveugle le chanteur*[15]; plusieurs vous diront qu'il manque un verbe entre «aveugle» et «le» pour donner une phrase comme *un pianiste aveugle accompagne le chanteur*. La phrase *un pianiste aveugle le chanteur* n'est pas plus agrammaticale que *un pianiste écoute le chanteur*. C'est le sens que nous donnons à la première phrase qui nous permet de dire s'il faut y ajouter un verbe et si cette phrase est grammaticale.

Je voudrais donner un dernier exemple pour montrer que des phrases peuvent sembler assez étranges et inacceptables dans leur construction bien qu'elles n'aillent apparemment à l'encontre d'aucune règle grammaticale. Je veux répéter encore une fois que la façon dont nous organisons les mots dans les phrases a un étroit rapport avec leur sens. Cet exemple concerne les adjectifs plutôt que les noms et plus spécifiquement le fait qu'on peut dire *petits pinsons* ou *jeunes pinsons* ou *pinsons chanteurs* et *jeunes petits pinsons chanteurs*, et qu'on ne peut pas dire *jeunes petits chanteurs pinsons* ou *chanteurs petits jeunes pinsons*.[16] Il est évident qu'il existe une règle qu'utilisent même les jeunes enfants sans qu'on la leur ait enseignée explicitement et qui spécifie la façon d'ordonner les adjectifs. Cette règle semble dire que les adjectifs qui ont un lien étroit avec un nom, par rapport à la façon dont le monde est organisé, doivent dans une phrase se placer le plus près possible (à la suite) de ce nom. La caractéristique «chanteurs» semblent être plus spécifique aux pinsons que la caratéristique «petits», plusieurs objets pouvant être petits, ainsi nous disons *petits pinsons chanteurs* et non *chanteurs pinsons petits*. Diriez-vous que la couleur «bleu» est plus propre aux pinsons que leur taille ou leur âge? La couleur semble toujours arriver en dernier: tout le monde sera d'accord pour dire que *jeunes petits pinsons chanteurs bleus* est la seule façon grammaticale d'ordonner ces adjectifs.*

La syntaxe s'occupe de l'ordre des mots et la sémantique du sens. Les sémanticiens générativistes n'affirment pas que notre facilité en matière de langue n'est pas gouvernée par des règles ou que ces règles ne sont pas «génératives» dans le sens illustré par ma grammaire générative miniature. Ils soutiennent cependant que les règles de la langue doivent prendre leur source dans la signification et que toutes leurs opérations doivent y être reliées. La syntaxe, qui détermine la forme du langage, n'est pas basée sur la façon dont les mots peuvent être ordonnés selon les règles grammaticales dans la structure de surface; elle est basée sur la façon dont les concepts sont reliés au niveau le plus profond de la pensée.

---

* Ce passage se comprend mieux en anglais où les adjectifs se placent toujours avant le nom; une telle règle est alors effectivement utile pour les «ordonner». (N. du T.)

La sémantique générative

Il n'y a pas qu'une théorie en sémantique générative, mais plusieurs approches relativement indépendantes et qui partagent quelques idées de base. Le premier principe général dit que toutes les phrases viennent d'une ou plusieurs propositions reflétant l'intention initiale du locuteur ou du scripteur dans l'élaboration de sa phrase. (L'un des problèmes d'une grammaire générative vient de ce qu'elle est trop productive. Même les règles les plus simples engendreront des centaines de phrases, presque toutes impropres à rendre l'intention de l'émetteur qui se trouve dans une situation particulière.) Le coeur d'un énoncé peut être une action, un événement ou simplement un état comme *le chien est noir*. Les phrases complexes viennent de la combinaison de plusieurs propositions, et ces propositions sont ordinairement dans un contexte temporel et spatial, comme dans l'exemple suivant: *le chien noir courait dans le parc hier*.

Le second principe général de la sémantique générative dit que le coeur ou le pivot d'une phrase est le verbe puisque c'est le mot auquel tous les autres sont reliés. Les relations entre les différents noms et le verbe sont souvent désignées par le mot *cas*. Il y a à peu près douze types différents de relations de cas; plusieurs d'entre eux peuvent être illustrés dans la phrase: *vendredi, le cuisinier taillait la viande avec un couteau, dans la cuisine*, où «cuisinier» est l'*agent*, «couteau» l'*instrument*, «cuisine» le *lieu* et «vendredi» le *temps*. *Papa travaille le fer* et *papa travaille la nuit* ne peuvent pas être combinées pour donner *papa travaille le fer et la nuit* parce que *fer* et *nuit* n'ont pas, par rapport au verbe, le même cas: *fer* est un objet tandis que *nuit* est un temporel.

Les relations de cas peuvent être représentées par un réseau semblable à celui de la figure 3.2. La ressemblance avec les réseaux de la structure cognitive (figure 1.5) n'est pas une coïncidence due au hasard. Les propositions qui se trouvent aux niveaux sémantiques profonds doivent être considérées comme des organisations particulières de la pensée.

Les cas peuvent être représentés de différentes façons; c'est ce qui explique que la structure de surface n'a pas de relations univoques avec les structures profondes sous-jacentes. Dans certaines langues, comme le français, l'ordre des mots est important, l'agent étant placé avant le verbe et l'objet après; c'est ce qui fait que *l'homme a vu la femme* n'a pas le même sens que *la femme a vu l'homme*. Dans plusieurs langues, les relations d'agent et d'objet sont indiquées par des flexions ou des changements dans la forme des mots. Le français a des formes différentes pour certains pronoms: nous disons *il dit, il le dit, il le lui dit*. Enfin, comme c'est le cas pour le français, les relations de cas peuvent être représentées par des prépositions comme *à, de, pour, avec*. Cependant la même préposition peut représenter plus d'une relation: nous pouvons dire qu'une lettre a été écrite *à* la main (instrument), a été envoyée *à* cinq heures (temps) et a été reçue *à* la maison (lieu).

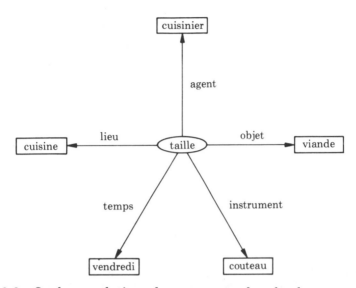

Figure 3.2   Quelques relations de cas sous-tendant la phrase *vendredi, le cuisinier taillait la viande avec un couteau, dans la cuisine.*

La sémantique générative tend à traiter de telles incohérences entre la structure de surface et la structure profonde en les ignorant ou en leur accordant peu d'importance. Par exemple, le fait qu'un même sens puisse avoir plus d'une représentation de surface peut être considéré comme une simple invention venant de la mauvaise habitude des linguistes d'analyser les mots et les phrases en les prenant isolément. Les sémanticiens générativistes affirment qu'en pratique un locuteur ou un scripteur ne peut produire qu'une structure de surface pour chaque proposition du niveau profond, et cette seule possibilité est entièrement déterminée par ce qu'il veut dire, par la situation dans laquelle il le dit (y compris sa perception de l'auditeur ou de la connaissance du lecteur) et par les règles de sa langue. Ils affirment que le locuteur ne peut pas choisir entre plusieurs structures de surface. Isolées sur une feuille de papier, les phrases *le garçon poursuit le chien* et *le chien est poursuivi par le garçon* peuvent sembler avoir le même sens; mais, en pratique, elles ne peuvent jamais se remplacer l'une l'autre. *Le garçon poursuit le chien* est une affirmation à propos d'un garçon et constitue la réponse à la question: «que fait le garçon?»; elle peut aussi être la suite d'une affirmation semblable à «je vais vous dire quelque chose à propos du garçon». *Le chien est poursuivi par le garçon* ne peut être produite que si le sujet dont on parlait auparavant était le chien.

En d'autres termes, le locuteur ou le scripteur n'a pas de choix dans la langue, au sens qu'il pourrait exister plus d'une phrase avec le même sens. Parce qu'il y a toujours des nuances, il doit avoir une raison d'utiliser une phrase passive plûtot qu'une phrase à la forme active.[17] Par exemple, dire «prenez un siège» plutôt que «assoyez-vous» reflète la perception qu'a le locuteur de la solennité de la situation. Même les expressions *oculiste* et *spécialiste des yeux* ne sont pas synonymes dans leurs nuances puisque utiliser la dernière expression laisse croire que l'auditeur n'aurait pas compris la première. Le sens des paroles suppose plus que la simple production de mots; il dépend de toute la situation verbale et non verbale dans laquelle ces paroles sont dites.

En sémantique générative, le fait qu'un mot ou une phrase peut représenter plus d'un sens est considéré comme une simple coïncidence n'ayant que peu d'importance dans l'usage réel de la langue. Différents processus sémantiques peuvent, par hasard, à partir de différentes structures profondes, conduire à une même structure de surface comme dans *j'ai reçu le livre de Pierre*. Pour les sémanticiens générativistes, cette possibilité n'est pas plus une cause de consternation ou d'émerveillement que le fait que le premier citoyen d'une ville, une étendue d'eau salée et le parent féminin sont représentés par le même groupe de sons différemment écrit: maire, mer, mère. Parce que la langue est intimement liée au sens et que celui-ci est toujours fonction des intentions et de la compréhension du locuteur et de l'auditeur, du scripteur et du lecteur, l'ambiguïtés est en pratique un événement très rare (et cause d'amusement chaque fois qu'elle est détectée).

La sématique, la grammaire et la compréhension

La polémique entourant la grammaire et la sémantique génératives n'affecte pas la description de la compréhension de la langue que j'ai présentée: l'auditeur ou le lecteur utilise sa propre connaissance de la langue et ses attentes de ce qui va être dit pour prévoir un nombre limité de possibles, comme le fait le locateur ou le scripteur pour produire la structure de surface. En réalité, il est plus facile d'expliquer la «compréhension par production» ou l'«analyse par synthèse» dans le cadre d'une théorie de la langue où tout est centré sur le sens. S'il est vrai que le locuteur a peu de choix quant à la structure de surface, qu'il produira, étant donné ses intentions et la situation dans laquelle il produit ses paroles, et si l'auditeur a aussi une bonne idée des intentions du locuteur et une bonne perception de la situation, alors l'auditeur devrait être capable de faire une prévision suffisamment juste de la structure de surface que produira sans doute le locuteur. («Suffisamment juste» signifie assez juste pour que l'auditeur comprenne et trouve des réponses à ses questions cognitives implicites.)

Pourquoi ai-je donc pris la peine de décrire une grammaire générative transformationnelle? La première raison vient de l'écart de dix ou quinze ans qu'accuse la diffusion, dans le monde de l'enseignement, du développement des théories de disciplines telles que la linguistique et la psychologie dont les concepts peuvent s'appliquer à l'éducation. Des notions très simplifiées d'une linguistique générative et transformationnelle déjà vieille — rajeunie, à l'occasion, par l'étiquette *nouvelle grammaire* — commencent tout juste à faire partie des réflexions de la pédagogie générale. Je pense qu'il n'a jamais été dans l'intention des linguistes de convaincre les gens qu'il faudrait *enseigner* mécaniquement les transformations aux enfants. Malheureusement une telle interprétation «pratique» a souvent eu cours en éducation où les développements théoriques ne sont pas toujours utilisés comme autant de voies pour éclairer les enseignants, mais où ils servent de justification à l'introduction d'une méthodologie ou d'un matériel nouveaux (ou prétendus tels). J'ai plutôt essayé de situer la grammaire générative dans son propre cadre théorique.

Quoi qu'il en soit, on doit tenir compte du fait que la grammaire semble bien influer sur le sens et que les auditeurs et les lecteurs sont souvent très sensibles à l'agrammaticalité. *Le garçon poursuit le chien* semble avoir le même sens que *le chien est poursuivi par le garçon* et un sens différent de *le chien poursuit le garçon* qu'il y ait ou non, dans la réalité, un garçon qui poursuit un chien, que nous sachions ou non quelque chose sur les garçons ou les chiens. (Pour prouver cette indépendance, la discussion est souvent présentée sous une forme abstraite ou non signifiante: on peut dire que *les wugs zakkent les vims* a le même sens que *les vims sont zakkés par les wugs* sans savoir ce que sont les wugs, les vims et le zakkage.) Cependant la capacité d'une grammaire à soutenir de tels sens «intrinsèques» est grandement limitée par ce que la phrase comporte de logique (par exemple, si des garçons poursuivent les chiens, alors les chiens peuvent être poursuivis par des garçons) ou par la négation des contraires (si les garçons poursuivent les chiens, il n'est pas vrai que les garçons ne puissent pas poursuivre les chiens). La plupart des grammairiens générativistes répondront que, dans chacun de ces cas, vous avez en réalité compris quelque chose que vous saviez déjà.

Comparez la façon «logique» mais limitée qu'a la grammaire de soustendre le sens intrinsèque avec la richesse de votre compréhension normale. Par exemple, je viens d'apprendre qu'un professeur invité demeurera dans l'hôtel le moins cher des alentours. J'ai tout de suite compris que cette personne doit défrayer ses dépenses. Du point de vue grammatical, rien dans la phrase *le professeur Durand logera à l'hôtel Château* ne m'informe des arrangements financiers qu'il a pris, mais c'est une information que j'ai déduite de cette phrase.

Pourquoi donc une langue a-t-elle une grammaire si celle-ci est presque entièrement asservie au sens tant pour la production que pour la compréhension? Si je devais justifier la grammaire, je suggérerais l'idée qu'elle est probablement une aide pour le locuteur, rendant plus facile la production et l'enchaînement des phrases. Le cerveau humain est tel que nous préférons ordinairement n'avoir qu'une seule bonne façon de faire une chose; la prise de décision est ainsi plus facile. Pourquoi alors l'auditeur devrait-il se préoccuper de la grammaire, s'il l'utilise à peine pour comprendre? Il le fait parce que l'auditeur ou le lecteur utilise la grammaire exactement de la même façon que le locuteur ou le scripteur: il vérifie sa compréhension d'une phrase en voyant si la structure de surface qu'il entend ou qu'il lit est du type de celle qu'il aurait produite pour représenter le même sens. En d'autres termes, ce n'est que lorsqu'une phrase a été expérimentalement comprise que l'auditeur se demande si elle est contraire à l'idée qu'il a de ce qui est grammatical.

Le sens et la compréhension

L'idée que le sens d'un discours, ou du moins certains aspects importants, se trouve à l'extérieur de ce discours, dans l'esprit du locuteur ou de l'auditeur, soulève certains problèmes. Cela signifie-t-il qu'une phrase peut vouloir dire n'importe quoi?

Regardons d'abord le sens du point de vue de l'auditeur (ou du lecteur). Pour lui, le sens d'une phrase doit être l'information qu'il en extrait, les réponses qu'il obtient à ses questions cognitives. Cette information devrait être en partie ce que le locuteur voulait transmettre, par exemple que le professeur Durand est effectivement descendu à l'hôtel Château. Cependant, l'auditeur peut extraire ou inférer beaucoup d'autres informations au sujet du professeur Durand et peut-être aussi au sujet de celui qui a produit la phrase. Tout cela peut, du côté de l'auditeur, être considéré comme le sens de la phrase. Le sens, c'est ce qu'il *comprend*, et ce sens peut aller au-delà (et aussi en deçà) de l'intention du locuteur. Il n'y a pas de symétrie ici. Mais il n'est pas vrai qu'une phrase pourrait avoir n'importe quel sens. Aucun auditeur n'aura tendance à déduire, de la phrase concernant le professeur Durand, qu'il est descendu ailleurs qu'à l'hôtel Château (à moins qu'il sache que le locuteur est un menteur invétéré). L'étendue du champ sémantique d'une phrase peut être limitée et déterminée par la connaissance et les préoccupations de l'auditeur autant que par les intentions du locuteur.

La compréhension n'est pas une simple affaire de lien établi entre tout ce qu'il y a dans une phrase, une discussion ou un livre et tout ce que vous savez déjà. Une telle façon de faire vous emmêlerait entièrement dans votre propre information. Je peux connaître les noms des personnages célèbres qui apparaissent sur toutes nos pièces de monnaie et tous nos billets de banque et même savoir quand ces personnages ont été ministres, mais je ne veux pas que cette connaissance me vienne à l'esprit chaque fois que je me fais donner de la monnaie. Nous tirons d'un discours l'information qui nous sera utile, non pas en reliant les phrases à tout ce que nous savons, mais en y cherchant ce que nous voulons savoir. Si nous découvrons ce que nous voulons savoir, nous «comprenons».

Pour un locuteur ou un scripteur, le sens d'une phrase est indissociable de l'intention première qu'il avait en produisant la phrase: c'est l'information qu'il veut que l'auditeur ou le lecteur y trouve, c'est la connaissance qu'il a essayé de codifier, le changement qu'il espère produire. Pour l'auditeur ou le lecteur, le sens c'est l'information qu'il réussit à tirer. Pour une tierce personne — un enseignant qui «explique» un passage de roman ou un linguiste qui analyse une phrase — le sens c'est *son* intuition de l'intention du scripteur ou locuteur, sens très influencé par le point de vue particulier que l'enseignant ou le linguiste veut faire valoir. Quand un enseignant dit à un enfant: «Ne vois-tu pas ce que l'auteur essaie d'exprimer?», cet enseignant veut dire en fait: «Pourquoi ne peux-tu pas chercher le même type d'information que moi?».

Le langage et la pensée

Le relation intime et complexe entre le langage et la pensée est, pour plusieurs raisons, un sujet d'importance en éducation. D'abord, le langage et l'apprentissage sont très évidemment interdépendants; la plupart des apprentissages que les enfants doivent faire à l'école sont submergés ou entourés par le langage. Deuxièmement, la capacité d'un enfant à apprendre est souvent évaluée selon ses performances langagières. La relation entre le langage et la pensée constitue aussi un sujet de discussion central en psychologie et en linguistique, et certains points de vue sont diamétralement opposés. Par exemple, une opinion extrême dit que non seulement la pensée ne peut pas exister indépendamment du langage, mais qu'elle n'existe pas du tout. Selon le point de vue béhavioriste,[18] la pensée n'est qu'un processus fictif inventé pour couvrir notre ignorance et notre confusion sur les causes du comportement humain. Personne n'a jamais vu ou mesuré, selon cette théorie, et quand nous «pensons», nous ne ferions qu'écouter un discours «intérieur» chuchoté. La parole elle-même ne serait qu'une habitude acquise et, comme pour toutes les autres formes de comportement complexe, nous n'avons pas besoin de la pensée pour l'expliquer. Un autre point de vue, aussi extrême que le béhaviorisme, soutient que la pensée est une intériorisation de la parole. La pensée, en d'autres termes, est socialement déterminée. Au départ, les adultes parlent aux enfants pour contrôler leur comportement. À la longue, les enfants apprennent à se parler à eux-mêmes pour contrôler leur propre comportement; puis il arrive que les enfants suppriment le son de leur voix lorsqu'ils se parlent à eux-mêmes, c'est la pensée. Ce point de vue, qui n'est pas loin d'être la position officielle de la psychologie soviétique, origine directement des théories du grand physiologiste et psychologue russe Pavlov.[19] Tout à fait à l'opposé de la perspective béhavioriste, certains considèrent que le langage et la pensée sont complètement séparés et indépendants. Cette idée paraît totalement fausse. Nous pouvons, à certains moments, être tentés d'affirmer que le discours d'une personne semble n'être appuyé sur aucune pensée, mais nous ne dirions pas qu'une personne qui n'aurait jamais pensé pourrait parler de façon intelligible. Malgré cela, une théorie linguistique fort respectable, aujourd'hui objet de critiques de plus en plus nombreuses, dit que le langage, considéré comme un processus, peut être étudié et décrit sans qu'il soit nécessaire de faire aucune référence à la pensée. D'après cette théorie on pourrait écrire la grammaire d'une langue sans se référer au sens.[20] La logique de cette théorie justifie beaucoup d'efforts vains pour écrire des «grammaires» qui permettraient à des ordinateurs de traduire ou de convertir un texte écrit en paroles.

La position prise dans ce livre est plus complexe; elle reflète généralement ce qui pourrait être appelé l'approche cognitiviste et psycholinguistique de la langue et de la pensée. Selon cette position, la façon dont nous apprenons, utilisons et comprenons la langue reflète la pensée humaine, et elle n'est fondamentalement pas différente des autres activités cognitives. Néanmoins, plusieurs aspects de la pensée ne sont pas verbaux; il n'est donc pas juste d'affirmer que la pensée dépend de la langue. D'un autre côté, comme nous l'avons vu, la structure de surface ne peut être comprise que dans la mesure où elle suscite du sens dans le champ de la pensée. En d'autres termes le langage se fonde sur la pensée. Malgré cette relation fondamentale et inégale entre le langage et la pensée, cette dernière est presque toujours influencée par le langage puisque c'est à travers lui que se produisent un très grand nombre d'apprentissages. Comme d'autres activités mentales, un apprentissage peut se produire sans le langage; mais trop souvent l'étincelle qui déclenche un apprentissage et dirige son développement est linguistique. Le plus grand handicap qui afflige un enfant sourd dans ses efforts pour apprendre n'a rien à voir avec l'intelligence, la motivation ou le désir; c'est si simple qu'on ne le voit souvent pas. Le principal problème de l'enfant sourd vient de ce qu'il ne peut pas *entendre* et qu'ainsi il n'a pas accès à la majeure partie de l'information organisée disponible dans le monde du langage.

Le langage: production, processus et utilisation

On pourrait éclairer un peu la relation entre le langage et la pensée en se rappelant que le mot *langage* peut être employé de diverses façons, et que ce qu'on dit d'un aspect du langage n'est pas nécessairement vrai des autres aspects. Quelquefois, une généralisation peut être tout à fait trompeuse. Par exemple, le langage est fréquemment décrit ou «défini» comme un «système de communication», comme si le fait de répéter ce qu'on sait déjà avec des mots un peu plus impressionnants clarifiait la question. Chacun sait que le langage est *utilisé* pour la communication; mais il en est de même des clins d'oeil, des haussements d'épaules, des coups de coude, des sifflements, des drapeaux, des signaux routiers et du rayon laser. L'usage auquel un objet est destiné peut ne pas nous dire beaucoup de choses sur cet objet. Les seaux et les éponges peuvent transporter de l'eau, mais ils n'ont pas grand-chose d'autre en commun. Les pieds et un avion à réaction peuvent être décrits comme des systèmes de transport, mais telle information ne jette que peu de lumière sur l'anatomie ou l'aéronautique. Affirmer que le langage est utilisé pour la communication ne constitue pas une réponse à une question, mais plutôt un énoncé qui demande à être expliqué. Comment le langage est-il employé pour la communication?

La croyance populaire qui veut que les enfants apprennent à parler « pour communiquer » ou même parce qu'ils « ont besoin » de communiquer — bien qu'ils ne soient jamais si bien entourés d'attentions que quand ils sont trop jeunes pour comprendre qu'on leur dit d'attendre ou de prendre eux-mêmes quelque chose — a créé beaucoup de confusion quand il s'est agi de saisir comment et pourquoi les enfants développent leurs habiletés langagières. Une telle croyance confond l'usage avec la motivation. Cela présuppose que les enfants sont conscients des usages auxquels le langage peut servir avant même d'apprendre quoi que ce soit de la langue. Une autre explication des premiers pas de l'enfant vers la compréhension du langage est simplement le fait que *le langage est là* dans son environnement; il fait partie du monde auquel il essaie continuellement de donner du sens. En d'autres termes, l'enfant commence à apprendre le langage non pas tant pour l'exploiter que pour le comprendre.

La première étape de toute analyse du comportement humain doit consister à distinguer le *produit* de ce comportement ou le comportement observable, par exemple les sons de la parole, des *usages* auxquels ce produit est destiné. Il est cependant nécessaire aussi de distinguer le produit des habiletés mises en oeuvre pour sa production. Ces habiletés sont les *processus* du langage auxquels les psychologues (et certains psycholinguistes) font ordinairement référence lorsqu'ils parlent du développement du langage d'un enfant. D'autre part, le discours produit, c'est-à-dire la façon dont certaines classes de mots ont tendance à être mises ensemble dans des phrases et le fait que certaines combinaisons de mots ont tendance à apparaître dans certaines circonstances, tout cela peut être étudié sans vraiment tenir compte de l'individu qui a produit les mots ni de l'usage pour lequel ces derniers ont été produits. Le discours considéré comme un produit (la structuré de surface ou la manifestation physique du langage) se trouve entièrement dans le monde extérieur, tandis que le processus par lequel le discours est produit ou compris se trouve toujours dans la tête de quelqu'un et fait partie de sa théorie du monde.

On affirme souvent aussi que le langage est unique. Vu l'ambiguïté du mot *langage*, on serait encore une fois avisé d'examiner attentivement à quoi cette affirmation fait référence. Comme nous venons de le voir, il n'y a pas que le langage qui serve à la communication. D'autres formes de communication chez les humains ou chez d'autres êtres sont peut-être moins flexibles ou efficaces que le langage, mais on doit redescendre longuement l'échelle des espèces avant de trouver un organisme qui ne communique pas avec les autres individus de son espèce. L'utilisation humaine du *langage* pour communiquer est unique comme le sont les autres usages, comme la sélection, l'acquisition, l'organisation, le stockage, la manipulation et le recouvrement de l'information en mémoire. Cependant aucun de ces usages n'est unique. Nous pouvons sélectionner, acquérir, organiser, stocker, manipuler et retrouver de l'information en mémoire sans le langage, et d'autres organismes vivants peuvent le faire aussi.

Il apparaît aussi qu'il n'y a rien d'unique dans les habiletés que les humains utilisent pour produire un discours. Comme j'ai essayé de le montrer, le *processus* de la compréhension du langage semble avoir beaucoup en commun avec les habiletés cognitives que nous utilisons pour donner du sens à tous les aspects du monde. Notre connaissance de la langue suppose un système de catégories, de traits distinctifs et des relations entre ces catégories. Il semble que ce soit exactement les mêmes processus de base qui fonctionnent dans l'apprentissage du langage et dans les autres apprentissages. Il serait tout aussi vain de chercher l'«essence» du langage que d'essayer de découvrir ce qui fait que les vaches sont uniques.[21] Vous verrez que la vache n'a rien qu'on ne retrouve chez d'autres animaux. Ce qui est différent chez une vache, c'est la façon dont tous ses aspects sont combinés. Ce qui est différent dans le langage, c'est la façon particulière dont il choisit et utilise certaines habiletés qui servent à d'autres aspects de la connaissance. Le résultat est différent, mais les éléments sont les mêmes. L'une des hypothèses fondamentales de ce livre, hypothèse qui doit évidemment être examinée avec soin, est qu'il n'y a pas de processus de pensée qui soient propres au langage. C'est la langue, considérée comme un produit, qui est unique. Il n'y a pas d'autres espèces d'êtres qui utilisent une langue; la langue distingue les hommes des autres créatures beaucoup plus que la figure, les doigts ou le physique en général. Il y a aussi d'autres aspects de la culture humaine qui sont aussi uniques, par exemple la majeure partie de notre technologie. La langue fait partie du monde unique que l'homme s'est construit.

LE LANGAGE COMME PROCESSUS   Alors que le langage comme produit se trouve entièrement dans le monde extérieur, le langage comme processus, avec ses règles de production et de compréhension, se situe entièrement dans la structure cognitive de l'individu. Le processus du langage fait partie de la théorie du monde d'un individu et lui permet de donner du sens au langage produit dans le monde et de reproduire lui-même le langage. Comment cette connaissance du langage est-elle reliée à la connaissance générale de son environnement et comment les habiletés langagières sont-elles reliées aux autres habiletés cognitives?

La langue, comme nous l'avons vu, est constituée d'un nombre limité d'éléments qu'on peut appeler *mots* (bien qu'il serait plus juste de les appeler *morphèmes* comme il a été dit au début de ce chapitre); elle a aussi une *syntaxe* ou ensemble de règles qui déterminent les relations que ces unités entretiennent entre elles dans les phrases. Les diverses façons dont les mots sont combinés les uns avec les autres permet au locuteur ou à l'auditeur de donner du sens à différentes combinaisons de mots.

Cette structure fondamentale de la langue considérée comme un processus, c'est-à-dire un ensemble d'unités interreliées de façon signifiante selon un certain nombre de règles, paraît tout à fait analogue à la structure cognitive qui pourrait être définie comme un système de catégories ou d'unités d'expérience interreliées de façon signifiante. Dans un premier temps, on pourrait dire que les mots de la langue sont la contrepartie des catégories de la structure cognitive et que les règles de grammaire sont, dans la langue, les équivalents des relations dynamiques (ou « routines ») qu'il y a entre les catégories de la structure cognitive. Il est certain que les mots de notre langue, qui semblent renvoyer à des objets ou des événements du monde qui nous entoure, sont reliés aux catégories de la structure cognitive. Qu'un enfant appelle ou non un objet par le « bon nom » dépend de la façon dont sa propre théorie du monde est organisée. Un enfant qui appelle « chien » tout animal à quatre pattes, ou « papa » tous les hommes, a correctement associé un nom à une catégorie qu'il a dans son esprit, mais n'a pas encore complètement articulé cette catégorie.[22]

Cependant ce ne sont pas tous les mots de la langue qui peuvent être associés à des catégories cognitives. Les verbes semblent souvent renvoyer à des interrelations entre les catégories plutôt qu'à des catégories elles-mêmes. De ce point de vue, les verbes *est* et *a* sont particulièrement intéressants. Comme nous l'avons vu, le verbe *être* trouve souvent sa place dans un système hiérarchisé, typique de la façon dont la structure cognitive semble être organisée. Si, par exemple, on vous dit qu'un wallaby *est-un* kangourou, vous savez immédiatement beaucoup de choses sur les wallabys. Tout ce que vous savez des kangourous s'applique aux wallabys: ils ont de petites pattes avant, de puissantes pattes arrière et une longue queue robuste. En d'autres termes, *est-un* marque des relations inhérentes au système catégoriel lui-même. D'autre part, la relation *a* se trouve à l'extérieur des catégories ou entre elles. Un énoncé qui dit qu'un wallaby *a* une longue queue robuste ne vous apprend rien d'autre que cela sur le wallaby.

De plus, plusieurs mots n'ont qu'une fonction linguistique. Ils ne semblent être reliés ni aux catégories ni aux interrelations de la structure cognitive. Par exemple, le mot *par* dans la phrase *l'homme fut mordu par le chien* disparaît dans la phrase *le chien a mordu l'homme*, bien que le sens ne soit pas vraiment changé. Il est très difficile de trouver une explication linguistique satisfaisante à ce phénomène. Si le mot *par* a un sens dans la première phrase, où ce sens est-il passé dans la seconde? Ou bien le mot *par* n'est-il qu'une marque signifiant qu'une certaine règle a été appliquée? En d'autres termes, nous pouvons voir que certains mots, particulièrement les noms et les pronoms, semblent intimement liés aux catégories cognitives. D'autres mots — verbes, adjectifs et adverbes — semblent intimement liés plutôt aux interrelations cognitives, tandis que ceux qui restent semblent n'avoir qu'une pure fonction grammaticale.

Les utilisations du langage

La communication, terme complexe qu'on peut utiliser pour désigner la production d'une structure de surface à laquelle quelqu'un d'autre peut donner le sens que vous désirez, est souvent considérée comme la principale ou même la seule fonction du langage. Cette utilisation exige une habileté particulière qui peut faire défaut chez beaucoup de jeunes écoliers, et qui suppose la prévision de l'incertitude de l'auditeur (ou du lecteur) et une organisation de la structure de surface propre à ne réduire que cette incertitude. Par exemple, si quelqu'un me demande de prendre un livre dans une voiture garée près de ma maison, il suffit qu'il m'indique l'endroit où se trouve sa voiture s'il est peu probable qu'il y ait une autre voiture à cet endroit. Mais s'il est possible qu'il y en ait deux, il devra me dire la marque ou la couleur de sa voiture. S'il est possible qu'il y ait plus d'une voiture de la même marque ou de la même couleur, il devra me donner d'autres informations. Les informations qu'il doit me donner sont toujours fonction des possibilités.[23] L'opportunité d'identifier une chose simplement comme étant une voiture, un magasin, un livre ou un chien ne dépend pas de la nature de la chose dont on parle, mais de ce avec quoi elle pourrait être confondue. La capacité d'estimer la quantité de connaissances qui, chez un auditeur ou un lecteur, peut être considérée comme acquise constitue une partie importante de l'habileté du locuteur ou du scripteur. Parce que les enfants ne sont généralement pas habitués à appréhender les situations du point de vue d'un autre, leur discours est rarement aussi riche en information qu'il devrait; c'est là une constatation qui a dû faire naître la tendance à demander aux enfants de lire des textes écrits par d'autres enfants. Il est vrai que des enfants qui sont très près les uns des autres, comme des frères ou des soeurs, peuvent se comprendre entre eux, alors que les adultes n'arrivent pas à se faire comprendre d'eux; mais cela se produit à cause de la connaissance que ces enfants ont sûrement en commun. En général, les enfants trouvent plus facile de comprendre les paroles d'un adulte que celles d'autres enfants, simplement parce que les adultes sont souvent des communicateurs expérimentés et efficaces. Si, à l'occasion, des enfants peuvent être, pour d'autres enfants, des informateurs plus efficaces que les adultes, cela ne vient pas de ce que ces enfants en savent davantage ou communiquent mieux, mais du fait qu'ils éveillent moins l'hostilité ou sont moins intimidants pour les enfants.

Cependant, la communication n'est pas le seul but pour lequel le langage est utilisé; et on pourrait discuter beaucoup sur la primauté de la communication. La modification ou le contrôle du comportement constitue une motivation importante pour produire un discours. Nous parlons ou écrivons pour atteindre un but dans le monde qui nous entoure. Cela peut sembler revenir à dire que le langage est utilisé pour communiquer ou transmettre un message; cependant transmettre un message et modifier le comportement peuvent n'avoir rien à faire l'un avec l'autre. Quelqu'un peut vous comprendre sans être d'accord avec vous ou sans faire ce que vous demandez. Je peux vous aider à atteindre vos buts si votre message est transmis, mais cela n'est souvent pas nécessaire et quelques fois peu souhaitable. Une large part de l'art des propagandistes ou des concepteurs de publicité réside dans leur habileté à modifier le comportement sans que les récepteurs aient à comprendre leur intention.

Une des fonctions du langage, à laquelle on a déjà brièvement fait allusion, consiste à contrôler son propre comportement en se parlant à soi-même. Le contrôle de plusieurs de nos habiletés semble être de nature linguistique, du moins jusqu'à ce que ces habiletés deviennent habituelles; c'est le cas, par exemple, du rappel de certaines positions dans la pratique du ski ou de la vérification de la position du levier d'embrayage que nous faisons avant de mettre le contact. On peut entendre fréquemment les enfants se parler à eux-mêmes pendant qu'ils font quelque chose ou se dire à eux-mêmes d'arrêter de faire une chose.[24] Il est peut-être un peu moins facile de considérer le langage comme un fait de communication quand une personne s'adresse ses propres paroles ou écrit dans un calepin de notes ou un agenda des choses auxquelles elle se référera plus tard.

Une autre fonction importante du langage, du moins dans l'approche théorique de ce livre, est la possibilité qu'il donne à une personne de se mettre en contact avec sa pensée ou sa propre connaissance. J'ai souvent fait remarquer que nous n'avons pas directement accès à la structure cognitive ou aux processus de pensée qui agissent à l'intérieur. Nous avons vu qu'il est difficile, même pour un expert, de dire exactement ce qu'on doit savoir pour réaliser certaines choses telles que distinguer les chats des chiens ou produire des phrases. Il est même difficile de préciser ce dont nous parlons lorsque nous faisons référence à la représentation de règles ou de connaissances qui se trouvent dans le cerveau. Ni un anatomiste, ni un physiologiste, ni un neurologue ne peut réellement dire où et comment un élément d'information est stocké dans le cerveau. Comment la connaissance d'un modèle de l'activité cérébrale ou la connaissance d'une organisation particulière des molécules d'une cellule peut-elle être la même que la connaissance de la figure d'un ami ou d'une pièce musicale? S'il est impossible d'observer directement ce que nous savons, nous pouvons cependant toujours savoir si nous connaissons une chose en vérifiant si cette connaissance peut être traduite dans un comportement.

L'une des formes les plus évidentes du comportement est l'action. Nous disons qu'une personne a une connaissance des moteurs de voiture si elle peut en réparer ou en démonter un, puis le remonter. Le langage est une autre forme de comportement. Nous disons qu'une personne connaît quelque chose aux moteurs si elle peut en parler ou décrire la façon d'en démonter un. Le langage est un comportement qui peut aussi être utilisé pour actualiser la connaissance. C'est un truisme de dire que nous ne savons pas ce que nous pensons ou ressentons à propos d'une chose tant que nous ne nous parlons pas à nous-mêmes ou à quelqu'un d'autre. Plusieurs locuteurs sont véritablement intéressés et même enthousiasmés par ce qu'ils s'entendent dire durant un cours improvisé. Leurs propos sont grammaticaux et riches de sens; ils ne sont pas encore conscients de ce qu'ils vont dire jusqu'à ce qu'ils le disent. Si le locuteur se guide sur des notes ou même sur un canevas de cours, ces notes ou ce canevas peuvent avoir été produits à partir de structures de connaissance qui se trouvent sous le niveau de la conscience. À certains moments de la production d'un discours, vous exprimez des pensées que vous ne croyiez pas avoir (à moins que vous récitiez un texte écrit par un autre). L'une des tragédies de notre système d'éducation est qu'il produit une peur de faire surgir des idées et de les exposer à la critique. Nous préférons que nos idées restent en veilleuse plutôt que de les exposer et de risquer qu'elles soient mal reçues. En outre, il semble qu'il se soit produit une chose dans nos premières expériences qui inhibe la spontanéité de l'écriture. Ironiquement, plusieurs enseignants, qui montrent beaucoup de répugnance ou d'anxiété quand on leur demande de produire un rapport ou de rédiger un texte, n'hésitent pas à exiger ces choses de leurs élèves dans des circonstances qui déclenchent une grande anxiété.

LANGAGE ET PERCEPTION   Parce que l'information acquise par le langage (qu'elle soit ou non représentée sous forme verbale) constitue une large part de la structure cognitive de chacun et parce que cette structure est à la base des prévisions que nous devons faire pour donner du sens aux événements qui se passent autour de nous, il y a un lien étroit entre notre langue et notre façon de percevoir le monde. Le sens commun pourrait nous faire nier que la façon dont nous parlons puisse influencer ce que nous voyons, entendons ou ressentons. Est-il si certain que notre expérience du monde soit déterminée par ce qui se produit dans le monde, et non pas par notre langue? Le fait que nous semblions vivre dans un monde structuré d'objets bien identifiés est cependant plus attribuable à nos attentes et à notre connaissance acquise qu'au bruit qui touche nos organes sensoriels. Il y a une théorie très controversée selon laquelle notre langue, tant par son lexique que par sa grammaire, a une très grande influence sur notre façon de percevoir le monde. Cette *hypothèse de la relativité linguistique* [25] affirme que nous ne vivons pas tous dans le même monde, mais dans des mondes distincts largement structurés par nos habitudes linguistiques.

Voici des exemples typiques de la façon dont les langues classifient différemment les expériences: la langue esquimaude offre plusieurs mots pour parler de la neige tandis que le français n'en a qu'un; la langue arabe distingue beaucoup plus de types de chevaux que le français. L'esquimau n'a pas de mot qui corresponde exactement à *neige*, tout comme il n'y a pas de mot arabe pour *cheval*. Si vous voulez parler de neige ou de chevaux dans ces langues, vous êtes forcés d'être plus précis qu'en français. Il n'est évidemment pas difficile de découvrir les raisons pour lesquelles les Esquimaux et les Arabes ont besoin d'être plus précis sur certains sujets que les Français. C'est une règle générale de *toutes* les langues que plus un concept (catégorie cognitive) est important pour la culture ou l'individu, plus ce concept aura de noms. Toute personne intéressée par les chiens aura sûrement plus de noms pour les désigner qu'une personne qui ne désire pas distinguer un chien d'un autre. Les dégustateurs de vins, les acheteurs professionnels et les autres spécialistes ont, dans leur vocabulaire, des mots que la majorité des gens n'ont jamais entendus. Naturellement, ceux qui ont un vocabulaire spécialisé perçoivent le monde différemment. Les Esquimaux ne peuvent pas voir la neige de façon globale comme nous la voyons et un Arabe ne verra jamais simplement un cheval. Des expériences ont montré que les couleurs qui ont un nom familier (comme *rouge* ou *bleu* en français) sont plus facilement reconnues et retenues que les couleurs qui ont un nom moins courant (comme *ocre* ou *indigo*).[26]

Il serait faux cependant de dire que notre perception particulière du monde est due uniquement à la langue. Si cette perception dépendait entièrement de notre façon de parler, les jeunes enfants et les sourds-muets seraient aveugles. Nous percevons le monde en fonction de la structure cognitive que nous construisons dans notre tête, et la langue que nous entendons autour de nous n'est pas la seule chose qui influence la façon dont nos théories cognitives se développent. La perception du monde dépend de la manière dont on a organisé ses expériences passées, et la langue tend à faire en sorte que tous les membres d'une même communauté organisent leurs expériences de façon semblable. Puisque la langue reflète la structure cognitive, elle devient en quelque sorte le moule dans lequel est coulée l'expérience d'une culture ou d'une communauté, et elle fournit les formes de signification dans lesquelles cette expérience est transmise d'une génération à l'autre. Cette transmission culturelle verbale, dans la mesure où les individus diffèrent dans leur utilisation de la langue, a pour conséquence la tendance des individus à organiser différemment leur expérience et à percevoir le monde de façon différente, même s'ils font partie du même groupe linguistique.

La théorie de la relativité linguistique n'affirme pas que les gens ne sont pas capables de voir des différences non exprimées dans les mots de leur langue; elle affirme plutôt qu'ils n'ont pas tendance à y porter attention. Un francophone peut n'avoir qu'un mot pour parler de la neige, à moins qu'il ne soit skieur, mais il peut être très capable de voir certaines différences si on lui montre des exemples des sortes de neige que distinguent les Esquimaux. L'une des raisons pour lesquelles il n'a pas différentes catégories pour les différents types de neige est que la langue qu'il a apprise ne fait pas ces distinctions; l'une des raisons pour lesquelles sa langue ne les distingue pas est que personne, dans le groupe où il vit, n'a trouvé nécessaire ou utile de faire ces distinctions. Ce paradoxe apparent du type «l'oeuf ou la poule» trouve sa solution dans le fait que la structure cognitive et la langue reflètent toutes deux la façon dont les individus ont appris ou ont choisi d'organiser leur expérience. En général, les langues conviennent à leurs usagers.

Le langage et l'école[27]

Il y a un lien entre le langage et la perception qui a une certaine importance à l'école. Nous percevons ce à quoi nous nous attendons, et le langage est fréquemment utilisé pour attirer ou diriger l'attention. S'en servir pour diriger la perception des autres est un exemple de la façon dont il peut servir à controler le comportement. À l'école, on demande constamment aux enfants de regarder ceci ou d'écouter cela. Cependant dire à un enfant de regarder une chose ne signifie pas qu'il la verra même s'il regarde dans la bonne direction et y met beaucoup de soin. La perception ne dépend pas directement du langage, mais de la structure cognitive. Si la structure cognitive d'un enfant ne peut pas donner du sens à ce que vous pensez qu'il regarde, le simple fait de regarder dans la bonne direction sera inutile. Même si un enfant dit «oui, je vois» lorsqu'on lui demande de regarder une image ou un mot, il peut encore être dans la même situation où nous serions si un chimiste nous invitait à regarder du chlorhydrate de tétracaïne dans son microscope.

J'ai essayé de montrer que, bien que le langage et la pensée soient, en dernière analyse, reliés, ils ne doivent pas être considérés comme identiques. Le langage joue un rôle important dans la construction de notre pensée, et il facilite grandement l'apprentissage; cependant la pensée et l'apprentissage sous-tendent le langage et peuvent fonctionner indépendamment de lui. Toute cette théorie a d'importantes conséquences pour l'enseignement.

Ainsi un enfant ne devrait pas être évalué sur le seule base du discours qu'il produit, sûrement pas en fonction de son parler ou même de sa grammaire. Tout d'abord, le discours que produit un enfant peut n'avoir que peu de rapport avec le langage qu'il peut comprendre. Nous comprenons tous des phrases que nous ne pourrions sans doute pas produire, et nous comprenons des dialectes que nous aurions peine à imiter. Les enfants sont particulièrement capables de comprendre le langage des adultes, c'est ce qui explique pourquoi les parents essaient de tenir des conversations privées loin de leurs enfants et pourquoi les enfants de tous les âges et de toutes les cultures semblent capables de comprendre assez bien les émissions de télévision qui s'adressent aux adultes. L'angoisse, l'inexpérience, l'embarrassement, la cohésion du groupe et même l'entêtement catégorique de l'enfant sont autant de facteurs qui font que le discours d'un enfant peut n'être qu'un pâle reflet de son habileté à comprendre et à retenir. Ce dont un enfant peut parler n'est souvent pas un bon indice de ce qu'il sait.

De plus, le fait que les enfants, à l'occasion, utilisent différemment le langage ne signifie pas que leur langage ou leur pensée soit déficient. Rappelez-vous que la plupart des «mots catégoriels» de notre langue reposent sur la structure cognitive. Un enfant qui appelle «chien» tous les animaux à quatre pattes n'a pas mal appris le mot; il a associé ce mot avec la catégorie cognitive dans laquelle il fait entrer les chiens (et tous les autres animaux à quatre pattes). Du point de vue de sa structure cognitive, il utilise correctement le mot. Il n'a tout simplement pas suffisamment articulé sa catégorie. D'un autre côté, il pourra désigner un chat par le mot *chien* parce que c'est le mot le plus adéquat qu'il possède, tout comme les adultes peuvent désigner un phalène du nom de *papillon*; mais si vous demandez à l'enfant si un chat est vraiment un chien ou si un chat et un chien sont une même chose, il vous répondra «non». Il sait qu'il y a une différence, et l'usage qu'il fait d'un mot approximatif représente son meilleur effort pour donner du sens à cette différence.

Les enfants semblent souvent mal utiliser les antonymes comme *demander* et *répondre, plus* et *moins*. Une telle confusion ne signifie pas qu'un enfant a tout à fait mal appris de tels mots; cela montre qu'il a une bonne idée de ce à quoi ces mots font référence (transmission d'information pour *demander* et *répondre*, quantité relative pour *plus* et *moins*) et qu'il n'a besoin que d'un autre «trait» de signification pour les utiliser correctement.[28] Le développement du langage d'un enfant est assez complet vers l'âge de cinq ans.[29] Cependant les structures logiques sous-jacentes ou la façon dont l'enfant organise son monde sont loin d'être complètement développées à cet âge.

L'habileté d'un enfant à maîtriser le langage est vitale pour son développement intellectuel, mais c'est aussi l'un des aspects les plus fragiles et les plus personnels de son évolution. Un enfant dont le langage est discrédité restera muet et se privera de l'aide puissante que fournit le langage pour l'apprentissage et la pensée. Un enfant dont le langage est rejeté se sentira lui-même rejeté. Le peu d'enthousiasme à parler peut être moins un signe de stupidité que de manque de confiance.

CHAPITRE 4

L'apprentissage

Après trois chapitres traitant surtout de la façon dont les individus réussissent à comprendre le monde qui les entoure, on pourrait objecter que ce n'est pas principalement parce qu'ils peuvent donner du sens à tout ce qui les entoure que les enfants vont à l'école, mais parce qu'ils veulent apprendre ce qu'ils ne savent pas déjà. On pourrait aussi objecter qu'on n'a pas encore expliqué l'origine et le développement de la structure cognitive qui nous permet de donner du sens au monde. Si la structure cognitive était présente dans le cerveau au moment de la naissance ou se développait automatiquement durant la croissance, on n'aurait aucun besoin d'écoles et d'enseignants. Comment naît notre théorie du monde?

Il est maintenant temps de centrer notre attention sur l'apprentissage, bien que, nous le verrons, apprentissage et compréhension soient fondamentalement inséparables. La structure cognitive est apprise. Ce que nous apprenons sur le monde nous permet de lui donner du sens; les efforts que nous faisons pour donner du sens au monde mettent l'apprentissage en branle. *Donner du sens** a été défini comme une opération qui relie les événements du monde extérieur à la structure cognitive, et l'apprentissage est le processus d'élaboration et de modification de la structure cognitive quand celle-ci ne nous permet pas de donner du sens au monde. En d'autres termes, l'apprentissage n'est pas simplement ce sur quoi nous nous appuyons lorsque nous nous efforçons de donner du sens au monde; il est lui-

---

*Voir p. 2, note.

même une conséquence de notre désir de réduire l'incertitude. Nous n'apprenons* pas par hasard, et nous n'assimilons pas non plus passivement ce que les autres nous enseignent. L'apprentissage est un produit de l'expérience et, comme nous le verrons, il est plus facile quand cette expérience est délibérément et systématiquement recherchée par celui qui apprend.

Comme la compréhension, l'apprentissage consiste en une interaction entre le monde qui nous entoure et la théorie du monde que nous avons dans la tête. La symétrie de notre schéma de base, figure 1.1, peut maintenant être complétée par la figure 4.1.

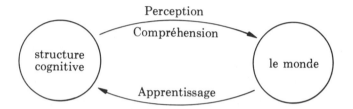

Figure 4.1   L'interaction entre la structure cognitive et le monde.

La flèche du haut représente l'usage que nous faisons de la structure cognitive pour donner du sens au monde; nous percevons le monde à travers le filtre mental fait de ce que nous croyons qu'est le monde. La flèche du bas, en direction opposée, montre que la structure cognitive est elle-même modifiée à la suite de l'expérience. Une situation d'apprentissage existe chaque fois que notre structure cognitive montre son incapacité à donner du sens au monde, chaque fois qu'un aspect de notre expérience n'est pas familier ou prévisible, chaque fois que nous rencontrons du «bruit». Alors nous apprenons, c'est-à-dire que nous modifions notre structure cognitive de telle façon que notre expérience devient plus prévisible et qu'à l'avenir il y aura une plus grande coïncidence entre notre théorie du monde et notre expérience.

La représentation schématique de l'interaction entre la structure cognitive et l'expérience (figure 4.1) ne doit pas être vue comme quelque chose de statique; ce schéma n'est pas comme une carte géographique ou un plan de maison. L'interaction représentée par la figure 4.1 est de nature dynamique; elle doit être considérée comme un processus cyclique sans fin au cours duquel la structure cognitive s'efforce constamment de donner du sens au monde et par lequel l'apprentissage conduit à une réorganisation et un développement de la structure cognitive.[1] Chaque fois que nous ne comprenons pas, nous sommes motivés à apprendre.

---

*Voir p. 1, note.

Autrement dit, l'apprentissage est un processus de solution de problème. Nous apprenons parce que nous ne comprenons pas, que nous ne pouvons établir de lien, que nous ne pouvons pas prévoir. Tout ce que nous savons, c'est-à-dire l'état de notre structure cognitive, est la conséquence des efforts que nous avons faits pour donner du sens au monde. Notre connaissance actuelle est le résultat d'une longue histoire de solutions de problèmes[2] ou de prévision des conséquences d'actions envisagées.[3]

Le présent chapitre traite surtout de la nature de l'apprentissage et de la façon dont il s'effectue. Nous verrons de quoi chaque enfant est muni pour apprendre et à quel point l'apprentissage est un processus aussi naturel et continuel que la suite de nos efforts pour comprendre. Nous verrons aussi que l'apprentissage exige son prix de la part de celui qui apprend et qu'il suppose un risque. Dans le chapitre suivant, nous examinerons certains aspects de l'apprentissage particulièrement importants à l'école, ainsi que l'oubli, sujet qui a un lien étroit avec ces aspects et qui est aussi très important en éducation. Le sixième chapitre sera consacré à l'apprentissage des habiletés langagières, aspect de l'apprentissage qui, chez les humains, est peut-être le plus central et le plus important.

L'apprentissage et la mémoire

Pour montrer qu'un grand nombre de mots français courants ont de multiples sens et même des sens qui se chevauchent, il n'est pas nécessaire de chercher ailleurs que dans le langage courant de l'éducation et de la psychologie. Je ne veux pas insinuer que toutes les discussions théoriques sont de nature sémantique, mais il reste que notre langue crée de la confusion si on y cherche des relations univoques entre les mots et les référents. Prenez par exemple les deux sujets (y en a-t-il vraiment deux?) dont nous traitons, l'apprentissage et la mémoire.

La plupart des manuels d'introduction à la psychologie traitent de l'apprentissage et de la mémoire comme deux entités distinctes: on y retrouve souvent des chapitres ou des sections séparées qui ont, comme titre, l'un ou l'autre de ces mots. Mais il est vain de chercher à expliquer comment l'*apprentissage* et la *mémoire* peuvent être distingués, pour la simple raison que ces deux termes ne désignent pas des processus psychologiques distincts, sauf quand ils sont utilisés de façon très arbitraire et très étroite. Un théoricien[4] a observé que le fait qu'une étude fasse référence à une expérience d'apprentissage ou à une expérience relative à la mémoire ne dépend pas de la tâche demandée au sujet de l'expérience, mais du type de mesure de l'expérimentateur. Si celui-ci compte le nombre d'«essais pratiques» qu'il y a eu avant de vérifier chez le sujet l'acquisition d'un élément ou d'une habileté particulière, alors c'est l'apprentissage qui est mesuré. Si l'expérimentateur mesure le temps qui s'est écoulé entre le dernier essai pratique et le test, c'est la mémoire qui est examinée. Pour des raisons qui tiennent largement de l'accident historique, les mots *mémoire* et *appren-*

tissage servent plus souvent, dans de larges secteurs de la psychologie expérimentale, comme compléments déterminatifs* que comme sujets et distinguent deux catégories d'étude très vastes et mal définies.

Bien sûr, le mot *mémoire* est aussi utilisé comme sujet, surtout par les théoriciens du «traitement de l'information» dont l'approche est généralement représentée dans ce livre. Dans leur usage, la mémoire est souvent considérée comme une réserve où la connaissance et les habiletés sont rassemblées et intégrées. En ce sens métaphorique, je ne fais pas de distinction entre mémoire et structure cognitive. Utilisé comme sujet, le mot mémoire sert aussi à désigner un processus ou des aspects d'un processus plus large. Dans ce dernier sens, la mémoire renvoie généralement à ce que produit un système (output), au recouvrement de l'information stockée, alors que l'apprentissage renvoie davantage à l'entrée d'une nouvelle information dans le système (input). Quoi qu'il en soit, le mot *mémorisation* est souvent utilisé comme synonyme d'*apprentissage*, du moins en rapport avec l'entrée de noms isolés, de numéros de téléphone, de formules et autres «unités» qui ne peuvent pas être prévues à partir du déjà connu.

De toute évidence, un examen de la façon dont les mots sont utilisés ne jettera pas beaucoup de lumière sur le processus sous-jacent qui nous occupe: la modification de la structure cognitive. Il sera néanmoins nécessaire de traiter séparément deux aspects du changement cognitif, ce qui semblera être une distinction camouflée entre l'apprentissage et la mémorisation. Nous devons distinguer l'apprentissage «signifiant» de l'apprentissage «machinal».

L'aspect de l'apprentissage que je considère de loin comme le plus important est qu'il peut et doit souvent être enclenché par celui-là même qui apprend. Je considérerai un tel apprentissage comme «signifiant» parce qu'il suppose un changement cognitif qui a du sens, parce que cet apprentissage est intimement intégré à tout ce que celui qui apprend sait du monde. Je ne m'occuperai pas beaucoup, dans ce chapitre, de l'apprentissage ou de la mémorisation machinale, en partie parce que c'est l'aspect le moins important de l'apprentissage, amis aussi parce qu'il devrait être le plus facile. L'apprentissage machinal est, du point de vue cognitif, celui qui est de moins important parce que ce qui importe, c'est le degré d'intégration d'une nouvelle information dans la connaissance déjà acquise. En d'autres termes, ce qui importe c'est la signifiance. De plus, la majeure partie de notre connaissance du monde et toutes nos habiletés ne peuvent êti e décrites avec suffisamment de précision pour permettre un enseignement direct et ne peuvent donc pas relever d'un apprentissage machinal.

L'apprentissage machinal ne peut être considéré que comme la partie la moins difficile de l'apprentissage parce qu'il semble se produire spontanément à condition que celui qui apprend puisse donner du sens à un nou-

---

*Test de mémoire, processus d'apprentissage, etc. (N. du T.)

vel élément d'information. Par exemple, les enfants apprennent environ mille mots nouveaux chaque année de leur cours. Quand de nouveaux mots sont oubliés, c'est moins parce qu'ils n'ont pas été appris que parce qu'ils n'ont pas été compris. Le problème courant de l'apprentissage machinal n'est pas la mémorisation mais l'oubli, et l'oubli est déterminé par le sens et la pertinence de ce qui devait être mémorisé. J'expliquerai au cinquième chapitre que l'apprentissage machinal n'est difficile que dans la mesure où il n'est pas signifiant et, quand c'est le cas, il doit être évité. La difficulté d'un apprentissage machinal signale clairement que l'entreprise est vaine et qu'une approche plus signifiante doit être employé.

La modification de la structure cognitive

J'ai défini l'apprentissage comme la modification de la structure cognitive; je dois maintenant être plus explicite. Dans le premier chapitre, j'ai distingué trois composantes de la structure cognitive ou de tout système d'organisation de l'information: a) un ensemble de catégories, b) des listes de traits distinctifs qui permettent d'identifier les membres de chaque catégorie et c) un réseau d'interrelations entre les catégories. L'apprentissage peut entraîner l'élaboration de nouveaux éléments pour chacun de ces aspects ou la modification des trois. Je me propose d'examiner ces derniers un à la fois.

L'établissement de catégories cognitives

Le développement de nouvelles catégories entraîne presque invariablement le bris ou la *division* d'une catégorie existante en deux ou plusieurs parties[5]. Par exemple, un enfant qui n'a jamais fait de distinction à l'intérieur de la catégorie des contenants qui servent à boire pourrait finir par distinguer les tasses des verres ou les verres des bouteilles. Il ne traitera plus tous les contenants qui servent à boire comme si c'était la même chose, et certaines différences ou traits auxquels il ne prêtait pas attention seront maintenant significatifs. Un enfant qui appelait «chien» tous les animaux quadrupèdes et qui appelle maintenant «chat» certains de ces animaux a établi une nouvelle catégorie en subdivisant une catégorie plus large. Il se trouve exactement dans la même situation qu'un philatéliste qui découvre qu'il doit maintenant séparer ses timbres allemands en deux classes, ceux de l'Allemagne de l'Est et ceux de l'Allemagne de l'Ouest, ou dans la même situation qu'un gérant de supermarché qui doit séparer le café ordinaire et le décaféiné.

C'est souvent par le langage que nous apprenons qu'une catégorie devrait être modifiée ou créée; c'est le cas, par exemple, quand nous entendons dire qu'on doit appeler phalène un certain papillon. Cependant le langage n'est pas essentiel. Plusieurs de nos catégories de base ont été formées avant que nous apprenions à parler, et les nouveaux mots demeurent sans signification tant que nous n'avons pas une catégorie à laquelle les relier. Il nous arrive rarement d'expérimenter une chose que nous ne pouvons pas placer dans une catégorie cognitive. Même si nous ne pouvons pas dire que l'animal que nous regardons est un iguane, nous pouvons quand même voir que c'est un reptile, à tout le moins un animal. Par ailleurs, nous constatons souvent que notre catégorisation est trop grossière. Lorsque nous devons considérer différemment certains objets d'une catégorie, par exemple en leur donnant un nom différent, nous subdivisons cette catégorie. Un type particulier de table doit être appelé pupitre; certains chameaux sont des dromadaires. Nos propres intérêts déterminent aussi jusqu'à quel point nous voulons subdiviser nos catégories.

Bien que leur système de catégories soit moins bien articulé que celui des adultes, les petits enfants se comportent rarement comme s'ils étaient dans un état de confusion ou d'ahurissement qu'on croit pargois caractéristique de leur nature. Un enfant peut ne pas distinguer les uns des autres les animaux que nous appelons chiens, chats, vaches et chevaux, mais il a sans aucun doute une catégorie qui lui est personnelle pour les y mettre tous, catégorie qu'il appelle peut-être d'un nom inventé ou qui n'a pas de nom du tout. Il n'est pas nécessaire de postuler que les enfants, ou toute autre créature, naissent avec des catégories cognitives déjà formées. C'est plutôt qu'ils doivent uniquement avoir la capacité d'établir des catégories à un niveau très primaire, en divisant par exemple le monde en objets qu'ils peuvent approcher et en objets qu'ils doivent éviter.

L'apprentissage des traits distinctifs

Toute catégorie cognitive doit être caractérisée par au moins un trait distinctif, sans quoi il n'y aurait pas moyen de distinguer les objets ou les événements qui en font partie de ceux qui font partie d'une autre catégorie. Un second aspect important de l'apprentissage devrait consister en la découverte de nouveaux traits distinctifs qui permettent de situer des objets dans de nouvelles catégories ou dans des catégories modifiées, et devrait aussi consister à établir des listes de traits propres à chaque catégorie.

Quelques fois l'apprentissage des traits distinctifs implique qu'on fasse une nouvelle liste pour caractériser une nouvelle catégorie. Par exemple, l'enfant qui découvre qu'un objet, qu'il a toujours appelé une tasse, doit être appelé un verre doit apprendre à le distinguer de l'autre en décidant quels sont les traits de chacun de ces objets qui constituent des différences significatives. Parfois, l'apprentissage des traits distinctifs amène la modification de listes de traits existantes; c'est le cas, par exemple, quand un enfant découvre que certains animaux qu'il appellerait des chiens plutôt que des chats sont en réalité appelés des chats par les autres personnes. L'enfant doit alors modifier ses listes de traits pour les chiens et pour les chats de telle sorte que la manière dont il classifiera certains animaux dans l'une ou l'autre de ces deux catégories soit plus proche de la façon dont les autres personnes organisent leur monde[6].

L'apprentissage peut aussi conduire à l'élaboration de listes de traits différentes pour caractériser une même catégorie. Nous apprenons tous très jeunes qu'il peut y avoir plus d'une façon d'identifier un objet. Nous pouvons reconnaître une orange à partir de son goût, de son odeur ou d'une sensation aussi bien qu'à partir de son apparence. Il est aussi nécessaire d'avoir plusieurs listes quand des objets qui semblent assez différents doivent être classés dans la même catégorie: des maisons de briques et des maisons de bois ou les lettres A et a. Les listes de traits différentes qui caractérisent la même catégorie peuvent être appelées listes *fonctionnellement équivalentes*. L'établissement de telles listes pour des formes visuelles diverses comme CHAPEAU, *chapeau* et chapeau constitue une partie importante de l'apprentissage de la lecture.

Il y a un facteur encore plus important dans l'apprentissage des traits distinctifs: la quantité limitée d'information visuelle ou autre que le cerveau peut traiter; celui-ci dois donc utiliser les traits distinctifs de la façon la plus économique possible. Les enfants apprennent rapidement à construire de tout petits *ensembles de traits-critères* à l'intérieur de leurs listes de traits, de manière que les décisions relatives à l'identification des objets puissent être prises à partir d'un minimum d'information et que les objets soient reconnus à partir d'un coup d'oeil rapide.

L'apprentissage des relations entre les catégories cognitives

Enfin, l'apprentissage peut se produire par le développement ou la modification du réseau des relations qu'il y a entre les catégories cognitives. En augmentant simplement la complexité de l'organisation de ce que nous savons déjà, nous pouvons enrichir indéfiniment notre théorie du monde. Nous pouvons distinguer l'eau et le feu, mais l'effet que l'un peut avoir sur l'autre constitue un ajout à notre théorie du monde seulement quand nous construisons une nouvelle relation entre ces deux catégories. Il ne semble pas y avoir de limite au nombre de nouvelles relations que l'enfant peut établir, surtout pendant les premières années de sa vie au cours desquelles il doit encore apprendre qu'il est parfois préférable de ne pas essayer d'apprendre du tout. Il ne doit pas simplement apprendre que certains individus s'appellent des oncles, mais aussi qu'un oncle est le frère d'un de ses parents; il ne doit pas simplement apprendre que $2 + 3 = 5$ et que $2 \times 3 = 6$, mais il doit aussi apprendre la différence entre l'addition et la multiplication. Il doit apprendre que Paris est la capitale de la France, que la traduction anglaise du mot *chien* est *dog*, que le préfixe in- marque la négation, que l'eau bout à 100^0C (dans certaines conditions) et que chaque degré Fahrenheit équivaut à peu près aux cinq neuvièmes d'un degré Celsius. Notre connaissance du monde comporte un très grand nombre de relations causales, chacune d'elles devant être apprise. Si l'on aperçoit certains types de nuages, c'est que la pluie est imminente; un certain ton de voix provoquera une réaction particulière chez un auditeur; un coup d'oeil jeté sur la rue fera probablement voir des voitures et des camions, non pas des sous-marins et des chameaux.

Toutes nos habiletés, de la conduite d'une bicyclette à la production et la compréhension de la parole, exigent l'apprentissage de relations cognitives dynamiques. Sont particulièrement importantes les habiletés que nous utilisons pour faciliter l'apprentissage, les stratégies que nous employons pour acquérir et vérifier une nouvelle connaissance. Nous apprenons à reconnaître les occasions où l'apprentissage rapportera probablement et les occasions où il peut être une aventure trop coûteuse pour être entreprise. Nous apprenons à prévoir si un effort pour apprendre a des chances d'être couronné de succès ou s'il est vraisemblablement voué à l'échec. Nous apprenons à limiter nos aspirations d'apprentissage et à avoir des attentes raisonnables quant à ce que nous accomplirons.

Une liste exhaustive des interrelations cognitives, s'il était possible de la faire, constituerait une sorte de catalogue de la connaissance humaine, une représentation de cette connaissance telle qu'elle est dans le cerveau d'un individu, représentation qui irait bien au-delà de ce livre. Quoiqu'il en soit, je prétends qu'il y a, au coeur de tous ces aspects, de toutes ces manifestations de l'apprentissage, un seul processus que je me propose de décrire et d'expliquer dans ce chapitre. Que l'apprentissage soit explicite (comme quand on dit à un enfant que Paris est la capitale de la France), qu'il soit «guidé» ou soit un acte de pure découverte, j'essaierai de montrer que ce seul processus d'apprentissage, qui n'est pas très différent de celui de la compréhension que j'ai déjà décrit, constitue tout ce qu'a un enfant ou tout ce dont il a besoin pour acquérir et organiser sa connaissance du monde.

Apprendre: l'enfant comme expérimentateur

Dans le premier chapitre, j'ai comparé la structure cognitive aux théories scientifiques à partir de trois fonctions fondamentales: la synthèse du passé, l'interprétation du présent et l'anticipation du futur. Quand un homme de science découvre que sa théorie est, par certains côtés, inadéquate ou quand il désire en élargir le champ, il fait des expériences. Il fait des hypothèses sur les conséquences des modifications ou des élargissements possibles de sa théorie; par exemple, l'ajout du liquide A à une substance B devrait produire C. Il vérifie alors chacune de ses hypothèses en faisant des expériences dans lesquelles le liquide A est effectivement ajouté à la substance B. Les expériences fournissent à l'homme de science un «feed-back» sur la justesse des essais de modification de sa théorie. Si le résultat prévu se produit, ses hypothèses sont confirmées, et il est encouragé à maintenir les modifications apportées à sa théorie; mais si le feed-back est négatif, si le résultat attendu ne se produit pas, ses hypothèses sont infirmées, et il doit chercher d'autres modifications à apporter à sa théorie.

Comme l'homme de science, un enfant utilise sa propre théorie, ou structure cognitive, pour donner du sens au monde qui l'entoure. Un enfant fait aussi des expériences afin de développer et de modifier sa théorie en suivant des procédures semblables à celles du scientifique. Le processus d'apprentissage fondamental chez tous les êtres humains suppose la vérification expérimentale des hypothèses cognitives.

Le processus fondamental de l'apprentissage

Tous les enfants et tous les adultes sont normalement dotés du processus de base qui permet la modification et l'élargissement de la structure cognitive; ils ont ainsi une capacité innée d'apprendre. Ce processus peut être vu comme une procédure en quatre étapes:

a) élaboration d'une hypothèse basée sur un essai de modification de la structure cognitive;
b) vérification de l'hypothèse;
c) évaluation du feed-back;
d) confirmation ou rejet de la modification de la structure cognitive.

La première étape de l'apprentissage, essai de modification de la structure cognitive et élaboration d'une hypothèse, est précipitée quand la structure cognitive actuelle d'un individu se montre inadéquate. Par exemple, un enfant peut se trouver dans une situation où un animal qu'il identifie comme un chien, parce que cet animal répond à la «description» (à la définition) des chiens que l'enfant a intériorisée, devrait être désigné par un autre nom. Le problème de l'enfant est de modifier la liste des traits distinctifs qui caractérisent la catégorie des chiens de sa structure cognitive, de telle façon que cet animal, qui répondait aux caractéristiques de la liste existante, soit dorénavant exclu de cette catégorie. Il doit trouver des traits supplémentaires pour distinguer des chiens cet animal non chien. À cette fin, l'enfant construit une hypothèse comme «cet animal qui n'est pas un chien a une fourrure douce et soyeuse plutôt qu'une fourrure rugueuse et drue; donc, tout animal à quatre pattes qui n'a pas une fourrure rugueuse et drue n'est pas un chien». En d'autres termes, la nature de la fourrure de l'animal devient provisoirement un nouveau trait qui permet de distinguer les chiens des non chiens.

De telles hypothèses sont normalement implicites; nous ne sommes pas conscients de les avoir élaborées. Ordinairement, les enfants ne vont pas vers l'adulte avec des questions sur la différence de fourrure des chats et des chiens; en dernière analyse, il n'est pas nécessaire qu'ils le fassent. Ils vérifient plutôt leurs hypothèses en les mettant à l'épreuve, ce qui constitue la seconde étape du processus d'apprentissage: ils font des expériences. Il y a une série de façons, pour l'enfant de l'exemple précédent, de vérifier son hypothèse, mais elles impliquent toutes qu'il fasse quelque chose. Il peut, par exemple, identifier comme «chien» le premier animal à fourrure drue et rugueuse qu'il verra ou affirmer que le prochain animal à fourrure douce et soyeuse qu'il verra ne sera pas un chien. Dans l'un et l'autre cas, il se place en situation de recevoir un *feed-back* sur la justesse de son hypothèse. S'il appelle «chien» un animal à fourrure drue et rugueuse et que personne ne le corrige, son hypothèse est confirmée; il se produit la même chose si quelqu'un le corrige quand il dit qu'un animal à fourrure drue est autre chose qu'un chien. Mais si son hypothèse est infirmée, si on lui dit qu'un animal à fourrure drue ne doit pas être appelé «chien» ou qu'un animal à poil doux doit être appelé «chien», alors il sait qu'il ne doit pas maintenir la modification qu'il a tenté d'apporter à sa théorie cognitive. Le feed-back (ou réaction), conséquence de son «expérience», lui dit s'il est justifié de modifier, comme il l'a fait, la liste des traits distinctifs qui caractérisent la catégorie «chien».

Il y a un point important qu'on doit noter et sur lequel nous reviendrons: qu'un enfant voie son hypothèse confirmée ou non — qu'il appelle chien un animal à poil dru et que cela soit confirmé ou qu'il appelle chien un animal à fourrure douce et que cela soit infirmé — le feed-back qu'il reçoit lui permet d'apprendre quelque chose. Le feed-back négatif peut être tout aussi utile que le positif — à condition qu'un enfant ne soit pas puni de s'être trompé et qu'il ne soit pas à ce point dépendant de la réussite qu'il ne sache pas tirer profit de ses propres erreurs.[7]

La situation que je viens de décrire pourrait aussi fournir les conditions à l'apprentissage d'une nouvelle catégorie. Nous pourrions supposer qu'un enfant entend quelqu'un appeler «chat» un animal qu'il a toujours considéré comme un chien ou qu'il a toujours considéré comme différent des chiens et, par là, exclu de cette catégorie. Ou encore, on lui dit que certains objets qu'il a toujours considérés comme des tasses sont en réalité des verres. L'enfant se trouve alors dans une situation où il doit élargir son système de catégories. Il doit générer et vérifier une hypothèse selon laquelle certains objets qu'il mettait sur un même pied, parce qu'il ne les distinguait pas à l'intérieur d'une même catégorie, doivent maintenant être considérés différemment. Une catégorie cognitive existante doit donc être subdivisée. Qu'on subdivise une catégorie existante ou qu'on en établisse une nouvelle, cela entraîne nécessairement la modification d'un ensemble existant de traits distinctifs. C'est une chose d'établir une nouvelle catégorie, c'en est une autre de déterminer comment distinguer les chats des chiens, les verres des tasses, de déterminer quels sont les objets qui doivent dorénavant entrer dans la nouvelle catégorie.

La langue est peut-être le principal média par lequel les enfants apprennent l'existence de nouvelles catégories. Quand, pour la première fois, on leur dit «voici un cuirassé» ou «ce n'est pas un chameau mais un éléphant», ou quand on leur enseigne à réciter l'alphabet, on leur dit en réalité qu'ils devraient établir de nouvelles catégories cognitives sans leur dire comment définir ou distinguer ces catégories. En d'autres termes, les enfants ne reçoivent aucune information spécifique sur les traits distinctifs de ces catégories. Ils ne sont pas tant placés devant une information que devant un problème qu'ils doivent résoudre en élaborant des hypothèses et en cherchant, par des tests, les traits distinctifs appropriés. On n'enseigne pas grand-chose à un enfant en lui disant un nom. Quand un enseignant écrit la lettre A au tableau et qu'il dit: «C'est un A», l'enfant est placé devant un problème qu'il doit résoudre de façon active par l'apprentissage, ce qui est loin d'être une simple question de mémorisation. L'enfant doit découvrir ce qui distingue A de tout ce que peut être une marque de craie faite au tableau. L'enseignant sait que ce tracé est un A parce qu'il sait tout du A et aussi du B, du C et du D; mais, quand l'enfant entend pour la première fois que la lettre qui est au tableau est A, il n'a aucun moyen de dire si l'enseignant affirme quelque chose qui a trait à la taille du tracé ou au fait qu'il est écrit à la craie ou qu'il y a deux lignes qui se rencontrent au haut du tracé ou à toute autre chose. En fait, l'enfant n'aura pas appris à reconnaître la lettre A tant qu'il ne pourra pas distinguer cette lettre de toutes les autres de l'alphabet. Il pourra rapidement en arriver à distinguer à tout coup la lettre A, si les seules lettres qu'il a vues sont A et B, mais la première fois qu'il rencontrera un C, il ne saura pas si c'est un A.

Les noms d'objets ou d'événements sont les interrelations cognitives les plus simples: l'association d'une suite de sons particulière et d'une catégorie cognitive. Il y a cependant une différence entre apprendre une suite de sons, processus qui serait mieux identifié par le terme mémorisation, et utiliser correctement cette suite de sons ou ce nom. Pour utiliser correctement le mot, l'enfant doit apprendre une catégorie et un ensemble de traits distinctifs, et cette construction de la structure cognitive exige la vérification d'hypothèses.

INFORMATION GÉNÉRALE ET INFORMATION SPÉCIFIQUE J'ai dit que le processus d'apprentissage de base est inné. Le processus d'élaboration et de vérification des hypothèses concernant le monde constitue tout ce qu'a ou ce dont a besoin un enfant pour donner peu à peu du sens au monde qui l'entoure. Cependant, pour apprendre de cette façon, l'enfant doit entrer en contact avec le monde. Un tel apprentissage est actif; il implique une recherche volontaire d'information qui facilite le processus de construction d'une théorie du monde. Autrement dit, pour apprendre, un enfant a besoin d'information.

Cela cependant ne veut pas dire que l'enfant a besoin qu'on lui dise spécifiquement ce qu'il doit savoir sur le monde. Les enfants apprendraient peu s'ils devaient attendre tant d'informations de la part des adultes, car presque tout ce que nous savons du monde, depuis la connaissance des chiens et des chats jusqu'à celle des règles de notre langue, constitue une connaissance implicite. Les enfants ont plutôt besoin d'informations pour supporter le processus d'apprentissage, informations que je veux identifier comme générales ou spécifiques.

Fondamentalement, l'*information générale* place l'enfant devant un problème. Un enfant commence à apprendre la langue en entendant celle parlée autour de lui, des paroles qui ne sont nullement organisées d'une façon particulière, qui ne sont pas organisées pour enseigner, qui ne sont que des événements de son environnement. Cette information générale sur la langue indique en réalité à l'enfant la nature du problème qu'il a à résou-

dre et lui fournit aussi la source des hypothèses qu'il aura à élaborer et à vérifier. Par exemple, tant qu'un enfant ne peut avoir une idée du sens ou de
la connotation possible d'un mot, il n'aura aucun indice pour élaborer une
hypothèse sur la façon dont sa structure cognitive devrait être modifiée
pour intégrer ce mot. Pour commencer à apprendre la différence entre les
chats et les chiens ou entre les lettres de l'alphabet, un enfant a besoin d'information générale, il a besoin de rencontrer un grand nombre de chats
et de chiens ou de lettres de l'alphabet pour avoir ainsi la possibilité d'analyser les cas individuels dans le but d'identifier des traits distinctifs possibles. Une information qui serait trop particulière à cette étape de l'apprentissage, par exemple ne rencontrer qu'un seul type de chien ou que quelques lettres de l'alphabet, serait impropre à donner à l'enfant même une
idée du problème d'apprentissage qu'il doit résoudre.

Un enfant a besoin d'*information spécifique* à l'étape de la vérification
de son hypothèse, quand il veut savoir si ses hypothèses de règles, qui doivent servir à distinguer les chiens des chats ou la lettre A de la lettre B, s'a-
vèrent vraiment justes, si ces règles fonctionnent réellement. L'enfant ne
peut avoir d'information spécifique que s'il fait quelque chose, que s'il s'engage dans une vérification. Une telle information est dite spécifique parce
qu'elle est directement reliée à l'hypothèse que l'enfant est en train de vérifier, et non pas parce qu'elle peut être d'une quelconque importance pour
un point que l'enseignant essaie de faire comprendre. Si un enfant est en
train d'essayer d'analyser par quel côté les lettres A et B diffèrent, une information sur leur nom ou leur prononciation n'apportera aucune lumière à
l'enfant. Le feed-back qui fournit une information spécifique doit toujous
être en rapport avec l'hypothèse que l'enfant essaie de vérifier. Il pourra
sembler difficile de fournir cette information spécifique jusqu'à ce qu'on se
rappelle qu'elle est automatiquement fournie quand l'enfant reçoit un
feed-back en rapport avec ce qu'il fait. Aussi longtemps que l'activité de
l'enfant détermine le feed-back, celui-ci est nécessairement pertinent. Il
n'est pas toujours nécessaire que l'enseignant donne lui-même et de façon
individuelle ce feed-back; par exemple, un enfant sait rapidement si ce
qu'il lit n'a pas de sens, dans la mesure où le texte a des possibilités d'être
signifiant pour lui et dans la mesure où il lui est demandé de lire pour construire un sens. D'un autre côté, le très haut degré de structuration de l'enseignement, caractéristique de bien des efforts en éducation, pourrait entraîner une privation systématique d'information, puisque l'enseignant
prive l'enfant d'information générale en ne lui offrant que de l'information
spécifique qui peut être sans aucun rapport avec les hypothèses que l'enfant essaie de vérifier.

LES RISQUES DE L'APPRENTISSAGE Le fait que l'apprentissage doive
comporter des vérifications et qu'il ne puisse se produire que quand il y a
une possibilité d'erreur chez celui qui apprend fait ressortir les risques
inhérents au processus d'apprentissage, particulièrement dans une société
orientée vers le «succès» et la précision. Le succès peut engendrer la fierté

chez les parents et les enseignants, et une certaine satisfaction instinctive chez les enfants, mais le chemin de la connaissance peut être parsemé de frustrations et de désagréments pour toute personne qui s'y engage. Un enfant acquiert la majeure partie de sa connaissance en posant des questions implicites et explicites et en vérifiant ses hypothèses. Dans une large mesure, il apprend en se trompant parce que, s'il était certain de ne pas se tromper, il pourrait ne plus rien avoir à apprendre. Poser des questions et faire des observations peut sembler insignifiant aux yeux d'un adulte, mais cela peut être aussi important pour un enfant que l'écholalie et le langage enfantin. Des phrases telles que «ne pose pas de question idiote», «ne parle pas tant que tu n'as pas quelque chose de sensé à dire» ou «ne me dérange pas avec ton bavardage» ne sont pas caractéristiques d'un environnement où l'apprentissage se fera facilement.

Le fait que l'apprentissage soit risqué, exigeant et souvent parsemé de frustrations et de désagréments, ne semble pas être un handicap pour la plupart des enfants au cours de leurs premières années. La plupart des parents acceptent que les très jeunes enfants se conduisent comme des bébés. Les problèmes surgissent généralement quand ces bébés entrent à l'école et que leurs propres stratégies d'apprentissage deviennent plus risquées, plus exigeantes, plus frustrantes et comportent plus de désagréments dans un monde moins flexible où les adultes peuvent ne pas être aussi tolérants face aux activités «infantiles». Les enseignants devraient toujours évaluer dans quelle mesure une situation scolaire inhibe l'apprentissage plus qu'elle ne le facilite.

Peu importe jusqu'à quel point la structure cognitive d'un enfant lui dit qu'il y a nécessité ou occasion d'apprendre, deux conditions essentielles doivent être remplies pour qu'un enfant exerce sa capacité d'apprendre. La première est que l'enfant doit sentir qu'il y a quelque chose à apprendre, que l'incertitude face à laquelle il se trouve peut déboucher sur un sens. Cette attente initiale trouve généralement réponse durant les premières années de la vie d'un enfant. Il finit par être capable de donner du sens au bruit sonore que sont les paroles et au bruit visuel que constituent tous les changements qui se produisent sous ses yeux. Pour plusieurs enfants, la première occasion de rencontrer de purs non-sens ou un bruit qui ne permet pas un lien avec une chose qui lui donnerait du sens peut ne se produire que quand ils entrent à l'école. La seconde condition essentielle à l'apprentissage est que celui qui apprend puisse avoir une attente raisonnable d'un résultat positif. Apprendre entraîne un coût et un risque. Essayer d'apprendre peut être si peu gratifiant pour un enfant qu'il préfère tolérer le bruit.

LA BASE COMMUNE DE LA COMPRÉHENSION ET DE L'APPRENTISSAGE Le processus fondamental de l'apprentissage, que j'ai défini, n'est pas essentiellement différent du processus par lequel les enfants et les adultes essaient de donner du sens au monde. Dans le cas particulier du langage et dans les autres cas généraux de bruit venant de l'environnement, celui qui perçoit essaie de donner du sens à ce qui se produit en établissant un lien avec sa structure cognitive. Pour un individu, le sens d'une phrase est la façon dont il interprète cette phrase en la reliant à ce qu'il sait déjà. Généralement, quand nous parlons du sens d'une phrase, nous faisons référence à la façon dont nous attendons qu'elle soit interprétée.

La base de la compréhension, c'est-à-dire la construction et la vérification de prévisions, est aussi la base de l'apprentissage. La compréhension se produit quand l'une ou l'autre des hypothèses élaborées par l'auditeur ou par celui qui perçoit est confirmée à la suite d'un prélèvement d'indices fait dans la structure de surface. L'auditeur a donné du sens au bruit acoustique de son environnement. Quand un auditeur ne peut pas générer d'hypothèse qu'il puisse confirmer à cause de l'inadéquation de sa structure cognitive, il n'a que deux possiblités. Il peut ou bien ignorer l'environnement en laissant ce bruit sans signification, ou bien s'efforcer de lui donner du sens en modifiant sa structure cognitive, c'est-à-dire qu'il peut apprendre. Dans le cas de la compréhension, les hypothèses s'appuient sur la structure cognitive existante, alors que, dans le cas de l'apprentissage, les hypothèses doivent supposer un changement de la structure cognitive. Dans l'un et l'autre cas, la confirmation ou l'infirmation d'une hypothèse est acquise par un prélèvement sélectif d'indices fait dans le bruit de l'environnement. L'initiative doit être prise par l'auditeur ou par celui qui perçoit, que ce soit pour comprendre ou pour apprendre.

L'apprentissage est fondamental

La dernière partie de ce chapitre est une sorte de digression, mais une digression qui, je l'espère, sera très éclairante. Nous nous demanderons en particulier dans quelle mesure un enfant doit apprendre à voir et de quelle façon il emploie sa capacité innée d'apprendre pour développer une compréhension du monde visuel. Nous suivrons rapidement le développement de la structure cognitive de l'enfant à travers les premières années de sa vie et jusqu'au moment où il commence à donner des signes qu'il a acquis une certaine compréhension du langage. En d'autres termes, nous nous occuperons uniquement de la période qui précède le langage et examinerons la façon dont la connaissance du monde progresse chez l'enfant en l'absence du langage.

On pourrait bien se demander pourquoi un livre destiné à des éducateurs devrait s'intéresser à la façon dont un enfant apprend et perçoit le monde durant les années qui précèdent son entrée à l'école. La majorité des enfants ont acquis une profonde maîtrise du langage avant d'entrer à l'école, et tous peuvent évidemment voir, sauf ceux qui ont des problèmes visuels manifestes. Pourquoi donc ne commencerions-nous pas au moment où les enfants entrent à l'école ou à la maternelle? C'est que je veux insister sur le fait que les enfants n'ont pas besoin d'être dirigés ou motivés pour apprendre; l'orientation et la motivation de leur apprentissage se trouvent en eux. C'est dans la nature de l'enfant de s'efforcer de donner du sens au monde, dans la mesure où rien n'a été appris qui lui indiquerait que l'apprentissage n'est pas souhaitable ou qu'il sera trop coûteux. Les enfants sont nés prêts à apprendre et capables d'apprendre, et je me propose de donner quelques exemples qui montreront non seulement tout ce que les enfants ont à apprendre sous leur propre direction, mais aussi comment ils réussissent brillament ces premiers apprentissages. Pour comprendre le potentiel d'apprentissage d'un enfant et les conditions dans lesquelles ce potentiel peut être réalisé, nous devons regarder les fantastiques réalisations intellectuelles qui se produisent durant les quelques années du début de la vie.

Dans un sens, un nouveau-né est un peu comme un explorateur qui serait dans un pays étranger et n'aurait pas la moindre idée de sa géographie, sa végétation et ses habitants. Le jeune enfant est comme un linguiste placé devant le problème de trouver la structure et la signification d'une nouvelle langue qui lui est totalement incompréhensible. Cependant la tâche du jeune enfant est, en dernière analyse, infiniment plus grande. L'explorateur et le linguiste ont tous deux une connaissance préalable du monde et de leur propre langue qui leur permet d'avoir certaines attentes quant à ce que peuvent être de nouveaux pays, de nouveaux peuples et de nouvelles langues. Un jeune enfant ne jouit pas de ces avantages. Il ne connaît rien de son nouveau domaine, et n'a pas d'attente quant à la nature possible des événements qui se produiront autour de lui. Avant même de pouvoir faire la première carte sommaire de son nouveau monde, il doit apprendre à voir.

Apprendre à voir

Personne n'enseigne à voir à un enfant. Cet énoncé est si évident que vous pouvez vous demander pourquoi il est nécessaire de le dire. On peut prétendre qu'un enfant regarde le monde à travers les yeux d'un adulte. Mais voir ne se réalise pas sans apprentissage. Contrairement à la respiration et au sommeil, voir ne se fait pas hors de tout effort intellectuel. Un enfant apprend à voir sans enseignement. Pour comprendre l'ampleur de cette réalisation, nous devons examiner ce qu'il y a à apprendre dans l'activité visuelle.

Considérons d'abord que nous vivons dans un monde visuel à trois dimensions, que les objets ont une hauteur, une largeur et une profondeur, et qu'ils peuvent être situés les uns devant ou derrière les autres aussi bien que côte à côte. En d'autres termes, nous percevons la *distance*, cela est évident; il faut cependant savoir que cette distance n'est pas directement reproduite sur la rétine de l'oeil. Celle-ci est faite de couches de cellules sensibles à la lumière; elle transforme l'information optique en influx nerveux transmis au cerveau et n'est pas plus épaisse qu'une feuille de papier. L'image du monde que la lentille de l'oeil met au point sur la rétine a perdu une dimension; c'est ainsi qu'un photographe ou un dessinateur représente la hauteur et la largeur des objets sans pouvoir représenter leur distance relative. Il est évident que d'autres types d'indices aident celui qui regarde à déterminer le degré de solidité et la distance d'un objet; tous ces indices requièrent une compréhension fondamentale que nous admettons tous, c'est-à-dire comprendre que le monde est d'abord tridimensionnel. Mais comment un enfant le sait-il? Personne ne lui dit que le monde est tridimensionnel, et cette information ne se trouve pas non plus dans la configuration lumineuse qui touche la rétine. En outre, un enfant n'apprend pas à connaître l'espace en s'y déplaçant; il montre une conscience de l'aspect tridimensionnel du monde longtemps avant de pouvoir ramper.[8]

Il y a une question encore plus fondamentale: comment un enfant apprend-il qu'il y a des objets solides et permanents? Le «sens commun» de l'adulte le devine, bien que le monde ne fournisse pas à notre système visuel l'information selon laquelle le monde serait meublé d'objets qui, pour la plupart, occupent un espace, durent dans le temps (du moins un certain temps) et gardent une certaine taille et une certaine forme. Le fait que les objets aient tendance à demeurer là où ils sont constitue un indice évident pour les adultes; les objets ne disparaissent pas si nous ne les regardons plus. C'est encore une fois une information que les yeux ne nous donnent pas. Comment savons-nous que nous voyons le *même* objet à deux occasions différentes? Il est certain qu'un enfant ne sait pas cela; si une couverture est jetée sur un jouet au moment où un jeune enfant est sur le point de l'atteindre, il s'arrêtera probablement. Du point de vue du jeune enfant, un objet qu'il ne peut pas voir a complètement quitté le monde. Il semble commencer sa vie en prenant pour acquis que, s'il ne peut pas garder ses mains ou sa bouche ou ses yeux sur quelque chose, cette chose va disparaître.[9]

Enfin, comme c'est souvent le cas, la découverte du fait que le monde n'est pas exactement ce qu'il avait pensé qu'il était peut le conduire à l'autre extrême. Un enfant plus vieux, qui commence tout juste à marcher, a tendance à penser, pendant une certaine période, que tous les objets qui paraissent semblables doivent être le même objet. S'il voit chez vous une chaise qui ressemble à une chaise qu'il y a chez lui, il est convaincu que c'est la même chaise. S'il voit deux vaches brunes à un kilomètre de distance lors d'une promenade, sa première conclusion sera que c'est la même vache.

Je simplifie encore beaucoup lorsque je laisse entendre que le même objet ou des objets similaires peuvent paraître identiques en différentes occasions; ce n'est justement pas le cas. En réalité, nous voyons rarement un objet deux fois de la même façon. Selon la distance, l'angle ou l'éclairage sous lequel la plupart des objets se présentent à la vue, la taille, la forme et la couleur de ces objets changent, du moins dans ce qui touche la rétine. Si nous «voyons» le même objet à deux occasions, c'est d'abord parce que nous pouvons ne pas tenir compte de ce qui frappe immédiatement nos yeux. Nous ne croyons pas qu'une assiette a changé de forme seulement parce que nous la regardons d'un autre angle; nous ne croyons pas non plus qu'une personne n'a que la moitié de sa taille habituelle seulement parce qu'elle est allée au fond de la pièce. Nous ne croyons pas qu'un objet, que nous voyons d'un seul angle, n'est pas solide ou qu'il pourrait y avoir un trou dans la table sous le livre que nous y avons déposé ou encore que le mur change de couleur parce qu'il paraît blanc le jour et gris le soir. En fait, nous sommes tellement habitués à voir les objets dans un monde construit à partir de notre connaissance acquise et de nos attentes que nous trouvons presque impossible d'imaginer comment ces objets sont représentés sur la rétine de l'oeil

Comment un enfant apprend-il tout cela? Comment peut-il un jour découvrir les objets et leur permanence quand ses yeux (et sa bouche et ses mains) lui montrent qu'il n'y a rien dans la taille ou la forme ou la structure de ces objets dont on soit certain qu'il demeurera constant. Un bébé est capable, sans être dirigé par les adultes, de prouesses perceptuelles et intellectuelles beaucoup plus complexes que celles dont nous lui donnons le crédit. Je vais analyser quelques faits qui montrent ce qu'un enfant peut faire quand il commence à donner du sens au bruit visuel.

La maîtrise de l'univers visuel

Un enfant fait montre d'habiletés visuelles dès la naissance ou quelques heures après la naissance. À condition que la mère n'ait pas été anesthésiée, un nouveau-né réagit immédiatement à l'environnement visuel. Ses yeux ne se déplacent pas au hasard mais convergent, se fixent sur les objets et suivent leurs contours ou leur mouvement. Le nouveau-né est capable de *regarder* longtemps avant que ses bras et ses jambes soient capables de toute activité ordonnée et que sa tête puisse se déplacer pour aider les mouvements des yeux. Le nouveau-né préfère les surfaces à motif aux surfaces planes, et il est surtout attiré par d'assez petites différences de forme et de texture (des aspects du monde visuel qui constitueront les principaux indices pour la reconnaissance des objets). Le nouveau-né cherche le *changement*, le mouvement ou le contraste, et se concentre sur les points où le changement est le plus grand, le long des contours des objets par exemple.[10]

Un bébé cherche la complexité, non pas le désordre. Son attention est attirée par les formes, les rayures et les motifs réguliers, particulièrement par les cercles. L'une des formes les plus attirantes pour lui est la cible faite de cercles concentriques. Dès les premières semaines, un enfant s'intéresse aux visages. Son degré d'intérêt pour un objet en particulier peut être mesuré, par exemple, à partir de la longueur du temps durant lequel il concentre son attention sur cet objet. Il y a des indications plus directes pour mesurer le degré de son intérêt envers le monde visuel. Il arrête de téter quand il est intéressé; son rythme cardiaque s'accroît quand il est surpris, ou décroît quand il réfléchit; il sourit quand il reconnaît un objet ou une personne; tout cela se produit durant les premières semaines après la naissance.

À mesure qu'un jeune enfant se familiarise avec les objets de son environnement, il leur prête de moins en moins d'attention. À l'âge de deux mois, il consacrera moins de temps à regarder les objets qu'il a déjà vus. De plus, il n'est pas intéressé par les objets qui sont complètement différents de tout ce qu'il a déjà vu; il ne peut pas leur donner de sens. Un jeune enfant recherche une certaine nouveauté qu'il peut relier à ce qu'il sait déjà du monde. Il cherche à apprendre.

Au début, l'attention d'un enfant semble indépendante de sa volonté; son système visuel peut être «captif» des événements qui se produisent autour de lui. Il peut essayer de regarder ailleurs, mais ses yeux seront incapables de se détacher d'un objet ou d'un mouvement qui a attiré son attention.[11] Malgré tout, il peut arriver que sa capacité d'être distrait l'amène à déplacer son attention d'un événement vers un autre. Cette tendance à la distraction chez les enfants peut être agaçante pour les enseignants; cependant, vue comme un mécanisme d'adaptation propre au développement de l'espèce, cette tendance à ne pas consacrer trop d'attention à un seul événement peut avoir une grande importance pour la survie.

Vers l'âge de deux mois, un enfant commence à contrôler ses yeux selon sa volonté; il les utilise pour examiner ce qu'il veut regarder. À trois mois, il commence à regarder là où les objets *ne sont pas*, anticipant leur arrivée. Cette capacité d'anticipation est le signe qu'il est en train de développer un modèle intériorisé de la façon dont les événements se produisent dans le monde, système de prévision qui s'appuie sur l'expérience passée. Ce processus d'anticipation est tellement développé vers la fin de la première année qu'un enfant utilise ses yeux pour vérifier des hypothèses; il ne regarde pas seulement parce qu'un événement se produit ou qu'il s'attend qu'il se produise, mais aussi pour voir s'il se produira. En d'autres mots, l'enfant pose des questions sur le monde.

Personne n'a besoin de dire à un enfant comment utiliser ses yeux ou explorer son environnement visuel. L'enfant sait comment faire pour donner du sens au monde où il se trouve, c'est-à-dire comment développer sa structure cognitive: en utilisant la stratégie de base de l'apprentissage, qui consiste à construire et à vérifier des hypothèses concernant la nature du monde. À cette fin, même un enfant de quelques jours fait rapidement montre d'ennui devant les événements familiers en déplaçant constamment son attention, dans une continuelle recherche du nouveau et de l'inconnu. Il recherche le bruit pour lui donner du sens.

Cependant, un jeune enfant semble avoir, au début, une notion très singulière de la façon dont le monde est organisé (du moins du point de vue d'un adulte). Ce n'est pas avant l'âge de quatre ou cinq mois qu'un enfant commence à avoir une meilleure idée de la stabilité ou de la permanence de ce qu'il y a dans le monde. Par exemple, une recherche récente[12] a montré qu'un jeune enfant n'a aucune idée de la constance des objets et des personnes de son environnement, et ne se soucie pas non plus du fait qu'ils semblent changer de couleur, de forme ou de taille. En fait, il est à peine intéressé par les objets immuables, mais il est intéressé par le mouvement, et un changement inattendu de direction ou de vitesse l'inquiète. Cela signifie qu'il fait ses premières prévisions sur le mouvement des objets, non sur les objets eux-mêmes. Les objets n'existent pas dans le monde du nouveau-né.

Si un bébé de deux semaines regarde de façon soutenue un objet mobile comme une balle ou une locomotive disparaît derrière un écran, il regardera à l'endroit où l'objet devrait réapparaître et sera surpris s'il réapparaît trop tôt ou trop tard. Plusieurs parents soutiendront qu'il est impossible qu'un enfant de deux semaines réagisse de cette façon à quoi que ce soit parce que les jeunes enfants agissent comme s'ils étaient la plupart du temps à moitié endormis. Cela est vrai quand ils sont étendus sur le dos. C'est seulement quand on les tient dans une position semi-assise qu'ils sont suffisamment éveillés pour que leur attention soit captée par des objets qui se déplacent dans leur champ visuel.

Si la balle ou la locomotive réapparaît, après être passée derrière l'écran, dans la mauvaise position ou au mauvais moment, le jeune enfant est surpris. Cependant il n'est pas surpris si c'est la locomotive qui disparaît derrière l'écran et la balle qui apparaît de l'autre côté, à condition que cette dernière apparaissent au bon moment et à la bonne vitesse. Il ne porte pas attention à l'objet lui-même mais seulement à son mouvement.

Il serait facile d'imaginer les avantages que la nature donne aux animaux qui sont attentifs au mouvement plutôt qu'à ce qui est immobile. Par exemple, les bébés (comme la plupart des animaux inférieurs) évitent instinctivement un objet qui se dirige rapidement vers eux.[13] Si un objet se dirige vers leurs yeux, à partir de n'importe quel point, ils se déplacent. Comment un enfant sait-il qu'un objet se dirige vers lui? À moins d'être frappé par cet objet, le fait que celui-ci semble de plus en plus gros constitue le seul indice que l'enfant puisse avoir. On peut démontrer expérimentalement que l'indice qui lui permet d'éviter d'être frappé est en effet l'agrandissement continu de l'image de l'objet: un bébé recule quand il voit un cercle d'ombre s'agrandir sur un écran ou un mur. Nous ne savons pas pourquoi et comment un bébé interprète le changement continu (l'élargissement du cercle d'ombre) comme un mouvement qui se dirige vers lui, mais il reste évident que l'enfant a une tendance innée à porter attention au mouvement.

Le fait qu'un jeune enfant se situe dans le monde d'abord en fonction du mouvement et de l'espace peut être lourd de signification. Tous les humains semblent aimer organiser leur monde et même en parler d'un point de vue spatial. Nous touchons des «sommets» de plaisir et des «profondeurs» de désespoir. Nous préférons des cartes et des graphiques qui ne donnent qu'une information approximative à des coordonnées et des tables de calcul qui peuvent être plus précises. La géométrie plane est plus facile à comprendre que l'algèbre. Nous avons tendance à nous souvenir des lieux plutôt que des figures, c'est d'ailleurs pourquoi les enseignants préfèrent que les enfants s'assoient toujours aux mêmes places; nous nous souvenons mieux de l'endroit où se trouve un livre dans une bibliothèque que de son apparence. Nous sommes des êtres d'espace et organisons notre structure cognitive en conséquence.[14]

De la multiplicité à l'identité

Le mouvement apprend à un enfant que le monde est plus qu'un bruit visuel imprévisible qui se déroule sur une toile de fond bidimensionnelle; il a une profondeur. La connaissance de la tridimensionnalité du monde dit à l'enfant que les objets solides peuvent exister. Cependant, le fait qu'un jeune enfant ait décidé qu'il y a des objets dans le monde ne lui dit pas encore qu'ils soient permanents. Il pourrait décider que la balle que vous allez chercher sous la couverture n'est pas celle que vous y avez placée.

Comment vous prouveriez-vous qu'un objet que vous ne pouvez plus voir existe encore, surtout si vous n'avez pas la possibilité de le demander à quelqu'un d'autre? Comment découvririez-vous qu'un objet ne disparaît pas quand vous ne le regardez plus? Un bébé semble décider que les objets sont permanents parce que c'est l'explication la moins compliquée. Il est plus facile d'élaborer une théorie du monde si nous supposons que les objets ont tendance à demeurer là où nous les avons mis. Le monde a «plus de sens» de ce point de vue.

Mais même quand un jeune enfant a décidé que les objets ont une permanence et que leur taille, leur forme et leur couleur ne changent pas arbitrairement, il est encore au prise avec le fait que des objets semblables puissent se retrouver à plus d'un endroit. Un jeune enfant finira par découvrir que certains objets se retrouvent à plusieurs endroits parce qu'il y en a plusieurs. Il lui paraîtra possible qu'une chaise qu'il retrouve chez lui ressemble à une chaise qu'il voit chez quelqu'un d'autre sans que ce soit la même chaise, comme une cuillère qu'il retrouve dans la cuisine peut ne pas être la même que celle qu'il voit dans la salle à manger. D'autres objets sont cependant uniques. Comment le découvre-t-il?

Un enfant semble d'abord supposer qu'il y a plusieurs exemplaires de tous les objets qu'il retrouve dans sa vie, même plusieurs mères.[15] Jusqu'à ce qu'il atteigne l'âge de cinq mois, il n'est pas du tout surpris de voir deux ou trois mères au même moment. Il peut les voir en pied dans des miroirs. Apparemment, il conclut que la mère de la cuisine, celle de la chambre et celle de la salle de bain se sont réunies. À cinq mois, cependant, il commence à s'interroger; il a élaboré une hypothèse selon laquelle il n'y a qu'une mère ou, de façon plus précise, qu'il ne peut pas rencontrer trois personnes identiques à celle que nous appelons sa mère.

Quelle désillusion pour une mère affectueuse: elle peut croire que son bébé est unique, mais pour ce dernier elle n'est qu'une mère parmi une foule d'autres mères! Cette tendance à prévoir la multiplicité plutôt que l'unicité persiste. Quand un enfant apprend le mot «papa», il ne l'applique pas uniquement à une personne mais à plusieurs hommes et peut-être même à des femmes, à des lampes et à d'autres objets mesurant plus d'un mètre cinquante. De la même manière, il appellera «Fido» tous les chiens et même les chats, les vaches et les autres objets à quatre pattes, y compris éventuellement des objets inanimés. Le processus d'apprentissage du monde est un processus de différenciation progressive[16] qui se reflète dans la façon dont les noms sont attribués. Les enfants n'établissent pas de catégories étroites qu'ils élargissent ensuite ou «généralisent» pour utiliser un terme courant en psychologie et en éducation. Ils commencent plutôt par de très larges catégories, par l'abstrait plutôt que par le concret, et épurent une catégorie ou restreignent l'usage d'un nom uniquement à la suite d'un apprentissage plus poussé.

Une fois encore, on pourrait supposer qu'il y a un avantage, dans l'évolution, à construire une théorie du monde à partir d'aspects généraux plutôt que spécifiques. Un enfant qui associe une catégorie à un objet ou à un événement donne du sens au monde; il peut, du point de vue d'un adulte, «surgénéraliser», mais il n'est pas embrouillé. Les humains sont désorientés ou embrouillés seulement quand ils ne peuvent pas associer une catégorie à un événement. Pour les adultes, cela se produira probablement quand ils rencontreront un monstre aux yeux exhorbités et venant de l'espace. De la même manière, nous sommes surpris uniquement quand un objet ou un événement ne correspond pas à ce que nous attendions. Il est intéressant de constater que nous voyons rarement un bébé désorienté ou surpris. Cette absence de désorientation nous indique clairement qu'il a un système de catégories larges dans lesquelles il peut faire entrer presque tous les événements de sa vie et à partir desquelles il peut faire des prévisions.

Le développement de la théorie dans le cerveau

Un jeune enfant essaie constamment de donner du sens au monde à travers le développement d'une théorie du monde, sa structure cognitive. Tant qu'il n'a pas établi que le monde est meublé d'objets, un enfant ne peut pas commencer à construire un système catégoriel; étant donné qu'il n'a pas développé le concept de la permanence des objets, il ne peut commencer à comprendre qu'un objet puisse se déplacer d'un point à un autre. Saisir l'idée que ces objets peuvent tantôt être immobiles et tantôt en mouvement constitue un progrès important, suivi par la compréhension, encore plus importante, du fait qu'on peut faire bouger les objets. Il lui reste encore à faire une découverte plus grande: il peut lui-même faire en sorte que les personnes déplacent les objets d'un point à un autre, ce qui constitue certes la maîtrise du monde. Cette dernière découverte devient, de toute évidence, un premier facteur de motivation pour l'utilisation du langage.

En même temps que le développement de la conception du monde chez le jeune enfant, conception qui va de l'idée d'un monde en changement perpétuel à celle d'un monde où les individus peuvent maîtriser les objets et même les autres individus, il se produit chez l'enfant un autre développement par lequel il comprend qu'il peut lui-même modifier le monde. Il peut non seulement faire en sorte qu'on le nourrisse ou qu'on s'occupe de lui, mais aussi obtenir l'information dont il a besoin; c'est là un énorme progrès intellectuel.

Il apparaît, encore une fois, qu'il y a des stades précis par lesquels un enfant doit passer au cours du développement de la maîtrise intellectuelle de son monde. Au point de départ, il est limité à un rôle de spectateur, regardant et tirant des conclusions sur la nature du monde, conclusions qui deviennent la base de sa structure cognitive. Attendre passivement que les événements se produisent ne constitue pas une occupation satisfaisante pour un jeune enfant. Aussitôt qu'il a développé quelques relations de base à l'intérieur de sa structure cognitive, il commence à faire des prévisions sur ce qui peut se produire. Pour ses expériences, il est encore très dépendant de son environnement, mais il peut anticiper la succession des événements.

À partir du moment où un jeune enfant peut commencer à anticiper les événements, il peut passer au stade de développement suivant. Plutôt que de ne compter que sur l'environnement pour vérifier ses prévisions, il peut agir lui-même de façon à obtenir une certaine réaction. Il peut toucher un objet pour évaluer la longueur de ses bras; il peut laisser tomber une tasse pour voir si elle se brisera. Même alors, la maîtrise progressive des ressources d'information de son expérience n'a pas été complétée. Il peut vérifier des hypothèses dans son imagination, dans l'intimité de sa vie mentale. Il peut imaginer ce qui pourrait se produire si sa mère le découvrait en train d'expérimenter la chute d'une tasse, et décider s'il désire entreprendre cette expérience.

En d'autres termes, à mesure qu'un enfant développe sa structure cognitive, il ne l'utilise pas seulement pour agir sur le monde, mais aussi pour examiner des possibilités et en vérifier les résultats dans la tranquillité de son esprit. L'expérience directe peut ainsi être remplacée par une expérience substitut. Tout ce développement, depuis le moment où l'enfant découvre que le monde contient des objets jusqu'à celui où il découvre que le monde peut être modelé dans son esprit, se fait, dans tous les aspects essentiels, au cours de la première année de la vie et sans faire appel au langage. Ce progrès est une démonstration évidente de l'existence d'une très puissante aptitude à apprendre.

On peut encore décrire l'apprentissage selon le modèle relativement simple que j'ai proposé: un développement constant de la structure cognitive, base de toute perception, et un mécanisme d'apprentissage qui fonctionne en élaborant des hypothèses de modifications de la structure cognitive et en vérifiant ces hypothèses. Cela constitue l'habilité fondamentale à apprendre que tout enfant apporte avec lui à l'école et sur laquelle il doit compter pour apprendre durant tout le reste de sa vie. Rien de tout cela ne signifie que les adultes n'ont aucun rôle actif ou aucune influence sur la façon dont un enfant va apprendre. Ce qu'il apprend et le moment où il apprend dépend, dans une large mesure, des gens qui l'entourent, surtout de ses parents et des enseignants. Les enseignants ne doivent pas avoir l'impression que leurs efforts sont sans effet sur les enfants. Ils n'ont pas besoin de s'asservir aux caprices d'un enfant, mais tant qu'ils ne comprennent pas sa nature, ils peuvent faire bien peu de choses, et même lui nuire.

CHAPITRE 5

La signifiance
et la mémorisation

Dans le chapitre précédent, j'ai parlé en gros de l'édification et de la modification de la structure cognitive à travers l'apprentissage. J'ai affirmé que la vérification des hypothèses est au coeur de l'apprentissage parce que la majeure partie de la connaissance du monde, qui se trouve dans la structure cognitive, est implicite et, de ce fait, ne peut pas être communiquée ni enseignée. Les enfants doivent, dans une large mesure, compter sur leurs propres ressources pour apprendre quelque chose au sujet du monde. Toutefois cette responsabilité ne constitue nullement un handicap pour les enfants si les conditions dans lesquelles ils s'efforcent d'apprendre sont signifiantes, car le processus d'apprentissage de base, qui consiste en l'élaboration et la vérification d'hypothèses, est étroitement lié au processus fondamental de compréhension par lequel tout humain essaie de donner du sens au monde.

Mais les enfants n'ont pas tout à découvrir et à apprendre par eux-mêmes. En réalité, un grand nombre d'activités scolaires visent la transmission d'unités de connaissance qui ont été intentionnellement sélectionnées et regroupées en ensembles. L'importance accordée à la transmission d'information aux enfants dans la littérature pédagogique — ainsi que dans la plupart des recherches en psychologie et les théories de l'apprentissage — pourrait faire croire que la mémorisation machinale est au coeur de l'apprentissage. Cependant même l'apprentissage machinal ne peut se passer de la vérification des hypothèses. Les enfants doivent s'efforcer de donner du sens à toute nouvelle information, même quand elle a été choisie et organisée pour eux. Deux fois deux font quatre, une molécule d'eau est faite d'un atome d'oxygène et de deux atomes d'hydrogène, et Paris est la capitale de la

France, voilà autant d'unités de connaissance qui peuvent être transmises par le langage. Mais ces unités ne peuvent pas avoir de sens pour un enfant tant qu'elles ne sont pas intégrées à d'autres connaissances que l'enfant a déjà acquises et vérifiées; elles ne peuvent pas être simplement mémorisées comme des suites de sons sans signification. Dans ce chapitre, je me propose d'examiner plus en détail le processus de vérification des hypothèses et l'apprentissage machinal, surtout en rapport avec l'école et avec la façon dont l'apprentissage est souvent traité dans les textes et les conférences traitant de psychologie de l'éducation. Je ne m'occuperai pas de la façon dont les matières devraient être enseignées; c'est là une question complexe et vaste qui demanderait une analyse de ce qui doit être appris et de la façon dont cela s'apprend. Je me concentrerai plutôt sur les aspects de l'apprentissage qui sont souvent considérés comme très importants à l'école: apprendre à discriminer, apprendre des notions, mémoriser machinalement, résoudre un problème et développer des habiletés motrices.

Mon but n'est pas simplement de souligner les différents aspects de ces manifestations de l'apprentissage, mais aussi de montrer comment, à la base, elles s'appuient toutes sur le besoin de donner du sens au monde en reliant le nouveau au connu par la vérification des hypothèses. J'ai pris soin d'utiliser des expressions comme *aspects de l'apprentissage* plutôt que *différents types d'apprentissage* parce que j'hésite à conclure qu'il y a plusieurs *types* d'apprentissage différents et indépendants, tout comme je ne pense pas qu'il soit nécessaire de supposer l'existence de plusieurs processus de compréhension. Je ne vois qu'un processus fondamental par lequel tout individu essaie de donner du sens au monde. Chacun essaie de développer une théorie qu'il utilisera pour faire la synthèse de ses expériences, interpréter son environnement et prévoir l'avenir, bien que ce processus se manifeste naturellement de différentes façons dans différentes circonstances. Les théoriciens qui postulent l'existence de multiples processus d'apprentissage ont de la difficulté à expliquer comment les processus et les produits de ces différents types d'apprentissage peuvent être intégrés dans un seul esprit. Plus encore, il y a un risque plus grand à affirmer (ce que je pense injustifié) que l'apprentissage peut parfois ne pas se produire parce que les enfants n'ont pas atteint le «stade» de développement auquel conduit un type particulier d'apprentissage.[1] On peut reconnaître le processus d'apprentissage fondamental chez les enfants, au moins à partir de la première année de leur vie.

L'apprentissage de la discrimination

L'apprentissage de la discrimination est fréquemment considéré comme un aspect d'une importance capitale durant les premières années de la vie d'un enfant, surtout lorsqu'il sert à expliquer de façon absolue l'incapacité d'apprendre. Par exemple, les difficultés de certains lecteurs débutants sont souvent attribuées à l' «incapacité de discrimination» ou à une «discrimination visuelle (ou auditive) inadéquate». Jusqu'ici, la majorité des études sur l'apprentissage de la discrimination ont été faites sur des rats ou d'autres animaux qui se situent à un échelon phylogénétique inférieur à celui des enfants, parce que — aussi déconcertant que cela soit pour certains éducateurs — les sujets humains, y compris les enfants, trouvent toujours trop faciles les tâches demandées par les expérimentateurs. Tous les enfants ont appris à «discriminer» les objets familiers depuis leur naissance. Ce que l'école appelle l'apprentissage de la discrimination, comme apprendre à faire la différence entre les lettres A et B, demande souvent très peu de discrimination mais beaucoup d'apprentissage conceptuel, apprentissage que nous allons examiner plus loin.

L'étude de la «discrimination»

Les études sur l'apprentissage de la discrimination traitent de la façon dont deux «stimuli», deux événements distincts de l'environnement, peuvent être perçus comme différents. Pour une raison qui deviendra évidente, ces études sont généralement faites sur des animaux. Dans une expérience classique, un rat affamé est placé devant deux petites portes battantes. L'une des portes conduit à de la nourriture; l'autre est verrouillée. Sur la porte derrière laquelle se trouve la nourriture, il y a toujours un triangle, et sur l'autre un cercle. La question est de savoir si le rat peut apprendre à «discriminer» les deux portes. Afin de le forcer à faire un choix, l'expérience se déroule au-dessus du niveau du sol, et il doit faire un bond vers un second niveau où sont les portes à partir d'un promontoire qu'on le force à quitter avec un choc électrique. Si le rat se trompe, il frappe une porte verrouillée et tombe dans un filet. Toute cette ingéniosité de la part des expérimentateurs et ces déconvenues du rongeur visent à découvrir si un rat peut distinguer un triangle d'un cercle. C'est ainsi que les psychologues arrivent à communiquer avec les animaux.[2]

Il peut sembler assez clair que le sujet d'une expérience sur l'apprentissage de la discrimination n'apprend pas à discriminer au sens qu'il acquiert une habileté à distinguer les triangles et les cercles. On doit supposer, au début de l'étude, que l'animal peut «voir» qu'un triangle et un cercle sont deux choses différentes. Nul ne peut enseigner à un rat, ou à toute autre créature, à discerner une différence qu'il n'est pas capable de voir. Le but initial de l'expérience serait plutôt d'entraîner le rat à porter attention à une différence qu'il peut ignorer au début et à apprendre une règle qui établit un lien entre cette différence et les deux conséquences possibles. En d'autres termes, la tâche demandée, dans le cadre de telles expériences, est d'abord de nature cognitive, non pas de nature visuelle.

L'aptitude à détecter des différences, c'est-à-dire la capacité physique qui nous permet de dire que deux objets, deux sons, deux odeurs, deux goûts ou deux textures sont différentes, est ordinairement appelée *acuité*. Par exemple, que vous puissiez percevoir une différence de longueur entre ces deux lignes ══════ dépend de votre acuité, non de votre capacité de discrimination. L'acuité varie en fonction des conditions physiques, telles que l'éclairage, l'état de votre vue, la distance entre vos yeux et la page, et elle peut être modifiée par des instruments tels que des lunettes ou un microscope. Ni l'enseignement ni la maturation n'amélioreront l'acuité d'un écolier. Des lunettes ne garantiront pas qu'un enfant apprendra à discriminer A et B. La capacité de *détecter* une différence n'assure pas que l'attention se portera sur cette différence.

Porter attention aux différences significatives

L'expérience sur la discrimination réussit: le rat apprend très vite à sauter uniquement en direction du triangle, que celui-ci soit sur la porte de gauche ou sur la porte de droite. Cette expérience montre aussi que l'apprentissage de la discrimination se fait en deux étapes. À la première, qui demande ordinairement le plus de temps, le rat apprend qu'il y a une différence significative entre les deux portes, différence à laquelle il doit prêter attention. À la seconde étape, il apprend *en quoi* cette différence est significative, c'est-à-dire qu'il découvre le lien entre les formes et les conséquences. Le temps nécessaire à la «fixation de la réponse», dans l'apprentissage de la discrimination, est très court.

Les expérimentateurs essaient parfois de tromper leurs sujets, après l'apprentissage d'une discrimination particulière, en déplaçant soudainement les indices. Dans le cas de l'expérience avec le rat, la porte marquée d'un triangle sera soudainement verrouillée, alors que celle avec un cercle ne le sera plus. On pourrait s'attendre à ce qu'un tel changement des conditions crée une certaine confusion chez le rat ou, du moins, exige autant d'apprentissage que dans la première situation, mais ce n'est pas le cas: en très peu de temps, le rat modifie ses réponses et se met à sauter vers la porte avec un cercle plutôt que vers celle avec un triangle. Si l'expérimentateur continue à modifier la situation aussitôt que le rat se met à réagir de façon répétée, le rat apprend vite que les règles ont changé et modifie son comportement dès qu'il obtient un indice du changement de la situation (dès la première «erreur»).

Certains psychologues sont profondément bouleversés par ce phénomène, car il n'est pas très compatible avec les théories selon lesquelles l'apprentissage n'est qu'une simple formation d'habitudes. Ils considèrent cette expérience comme une démonstration de l' «apprentissage à apprendre». Cette expérience pourrait plus simplement être considérée comme une illustration du fait que la partie difficile de l'apprentissage de la discrimination consiste à découvrir puis apprendre à porter attention à la différence significative. Une fois que l'indice approprié est découvert et que le rat apprend à porter attention à la forme qui se trouve sur la porte non verrouillée, plutôt qu'à l'emplacement actuel ou précédent de la bonne porte, le reste est facile. La partie difficile de l'apprentissage de la discrimination est de nature cognitive plutôt que visuelle. Tant qu'il n'a pas de raison de le faire, l'animal ne portera pas attention à une différence.

Le monde est plein de différences, mais la plupart ne sont pas significatives; elles sont sans valeur, car elles ne jouent aucun rôle dans le fait de déterminer si deux objets ou deux événements doivent être considérés comme semblables ou différents. La tendance des rats et des enfants est d'ignorer les différences, jusqu'à ce qu'elles aient un rapport avec leur théorie du monde. La question n'est pas de savoir si les différences peuvent être discriminées, mais plutôt si ces différences fournissent une information que l'individu veut utiliser. Ignorer les différences non significatives n'est pas du tout une façon insensée ou imprudente de se diriger dans la vie. À cause des limites inhérentes à la mémoire et au processus de traitement de l'information visuelle, tout individu doit négliger le bruit de son environnement et ne porter attention qu'à ce qui est significatif.

Comme je l'ai déjà dit, les expériences sur la discrimination sont ordinairement faites sur des animaux tels que des rats, en partie parce que les humains, même les jeunes enfants, ont tendance à trouver trop faciles les tâches demandées par les expérimentateurs. Les très jeunes enfants consacreront beaucoup de temps à regarder des motifs pour ensuite y perdre intérêt, sans doute parce qu'ils auront appris tout ce qu'ils veulent savoir. Un bébé de six mois apprend rapidement à se diriger vers un bloc triangulaire qu'il peut sucer, et à ignorer les cercles si ce sont les triangles qui sont couverts de sucre. Découvrir la différence significative quand elle est complexe ou se trouve parmi plusieurs autres différences non significatives est une tâche plus difficile et bien plus proche de situations réelles. Distinguer un triangle d'un cercle est une chose; mais comment apprend-on à distinguer un *A* d'un *B*, une personne d'une autre quand plusieurs des différences qui s'offrent peuvent non seulement être sans signification mais aussi produire de la confusion? C'est un problème qui a été étudié dans une multitude d'expériences sur ce qu'on a appelé diversement *formation, acquisition* ou *apprentissage des concepts.*

L'apprentissage des concepts

Beaucoup d'activités scolaires peuvent sembler orientées vers la conceptualisation des nouvelles connaissances; on entend souvent dire que des enfants ont de la difficulté à apprendre de nouveaux concepts. La notion de concept reste encore mal définie autant en éducation qu'ailleurs. Le dictionnaire définit un concept comme «une pensée»*, ce qui est probablement le sens que lui donnent la plupart des enseignants. Le dictionnaire définit aussi un concept comme «une idée généralisée d'une classe d'objets»; ce n'est certainement pas la façon dont les enseignants le comprennent,

---

* «a thought»; il s'agit bien entendu d'une définition prise dans un dictionnaire de la langue anglaise, (probablement le Webster). En français, le mot concept a un sens plus restreint. Le dictionnaire Robert le définit ainsi: «représentation mentale générale et abstraite d'un objet». L'usage anglais se rapproche du sens de «notion». (N. du T.)

mais c'est la définition qui se rapproche le plus du langage psychologique. Les psychologues parlent du concept parfois comme si c'était une *catégorie* d'objets ou d'événements, parfois une *propriété* commune, un «trait» ou un «attribut» commun à tous les objets ou événements d'une catégorie, parfois une *représentation* interne (un peu comme l' «idée» que mentionne le dictionnaire). L'apprentissage des concepts est parfois considéré comme un *processus* d'abstraction des traits ou attributs communs qui caractérisent les objets d'une catégorie, et parfois comme ayant d'abord trait à la compréhension du sens des mots; en effet, l'apprentissage des concepts est souvent traité dans les chapitres où il est question de langage.

En accord avec ce que j'ai dit sur la plurivocité des mots dans notre langue, je n'essaierai pas de trouver une seule réponse à la question: qu'est-ce que l'apprentissage des concepts? Je vais plutôt présenter une situation très simple d' «apprentissage de concept» qui servira de synthèse ou de modèle à des études plus complexes que nous allons aborder ou que vous pourriez rencontrer plus tard.[3]

Une expérience d'apprentissage de concept

Pour les besoins de l'expérience, imaginez que j'ai placé neuf blocs de bois devant vous que j'identifie par des chiffres. Ces neuf blocs ressemblent à ceci:

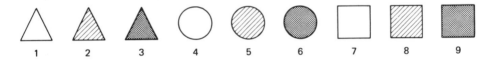

Je vous demanderai toujours la même tâche: je pointerai deux blocs ou plus et vous demanderai de me montrer un autre bloc qui «leur ressemble» ou «va avec eux». Par exemple, je pourrais vous demander de désigner un bloc qui va avec les blocs 1 et 2, et je m'attendrais à ce que vous me répondiez le bloc 3 qui, avec les deux autres, forme un ensemble comme celui-ci:

Ou encore je pourrais vous désigner les blocs 1 et 4; alors vous choisiriez probablement le bloc 7 pour compléter la série, comme ceci:

Si je vous demandais, à ce moment-ci, sur quoi porte cette expérience, votre réponse pourrait être proche des définitions de l'apprentissage des concepts données par la psychologie, c'est-à-dire abstraire des traits ou des attributs communs à un ensemble d'objets. Je vous demandais en effet d'identifier la caractéristique commune aux deux blocs que je choisissais et qui les distingue de certains autres blocs: le caractère triangulaire des blocs 1 et 2 et la blancheur des blocs 1 et 4. Cette caractéristique commune est quelquefois appelée *attribut-critère,* quelquefois *trait distinctif* (ou encore *différence significative*). Il arrive aussi qu'on en parle comme d'une *règle* qui définit le concept ou est le concept lui-même. On peut parler de chaque attribut (caractère triangulaire, blancheur) comme d'une *valeur* sur une *dimension.* Ainsi nos neuf blocs se distinguent les uns des autres selon deux dimensions (forme et couleur), chacune d'elles ayant trois valeurs.

CONCEPTS ET CATÉGORIES   La terminologie utilisée au début de ce livre pourrait aussi être employée pour dire que le problème posé dans cette expérience consistait à découvrir la règle catégorielle (ou les traits distinctifs) que j'avais établie afin de déterminer comment l'ensemble des neuf blocs pourrait être subdivisé ou comment les blocs pourraient être regroupés. Dans la première expérience, j'ai établi une catégorie à laquelle appartenaient les blocs 1 et 2, et votre tâche était de découvrir que le trait distinctif de l'ensemble des blocs que je voulais constituer était le caractère triangulaire. Durant l'opération mentale que vous avez faite, vous deviez ignorer plusieurs traits non significatifs, soit parce qu'ils caractérisaient tous les blocs (être fait de bois, avoir telle épaisseur), soit parce qu'ils ne constituaient pas une différence (comme la couleur dans le premier exemple).

On remarquera l'arbitraire de ma décision concernant la règle catégorielle qui déterminait les blocs devant «aller ensemble». Dans le premier cas, j'ai décidé que les blocs 1 et 2 devaient aller ensemble, que le concept ou la règle était: «tous les blocs triangulaires», et que la blancheur du bloc 1 ne jouait aucun rôle. Dans le second cas, j'ai décidé que le concept où la règle était: «tous les blocs blancs», et que le caractère triangulaire du bloc 1 ne jouait aucun rôle. Votre tâche était de trouver l'élément pertinent.

J'aurais pu essayer de créer la confusion en vous disant que les blocs 1 et 2 devaient aller avec les blocs 4, 5 et 6 parce que mon concept était: «tout ce qui n'est pas carré». Cependant, en faisant cela, je ne vous aurais pas donné une information suffisante. D'ailleurs la nature humaine semble être telle que, quand on nous montre deux objets qui «vont ensemble» sous un aspect et qu'on nous demande de trouver un autre objet qui va avec les deux premiers, nous avons tendance à chercher un objet qui a une propriété commune aux deux premiers. Si j'avais rendu ma question ambiguë, en choisissant par exemple les blocs 1 et 5, auriez-vous choisi le bloc 9 en vous fondant sur l'hypothèse que mon concept était: «tous différents»?

Auriez-vous envisagé le concept: «ou triangulaire ou circulaire», ou le concept: «ou blanc ou hachuré», ou le concept: «tout ce qui n'est ni carré ni noir»? Comme vous pouvez le constater, il peut y avoir plusieurs possibilités envisageables que même l'expérimentateur peut ne pas considérer.

Dans un sens, réaliser des tâches d'apprentissage de concepts pourrait être considéré comme l'équivalent de s'attaquer simultanément à plusieurs tâches d'apprentissage de discrimination ou accomplir une tâche de discrimination que compliquerait la présence de plusieurs indices non significatifs. Ce champ d'étude manque tellement de netteté que des tâches où il y a des différences non significatives sont parfois identifiées à l'apprentissage de la discrimination (par exemple, identifier des lettres ou des figures) alors que les tâches où il n'y a pas de ces différences non significatices sont identifiées à l'apprentissage de concepts. Par exemple, l'étude du rat qui apprend à sauter vers la porte sur laquelle se trouve un triangle pourrait être considéré comme une étude de l'«apprentissage du concept de la forme triangulaire». Je dis cela parce que ce serait une erreur de présumer que des expériences portant une même étiquette étudient nécessairement la même chose. Ce qu'un expérimentateur croit étudier a quelquefois peu à voir avec ce qui se produit réellement.

Dans toute activité d'apprentissage d'un concept, la vérification ultime ne consiste pas à voir si le sujet est capable de désigner, parmi les «cas» qu'il a devant lui, ceux qui répondent à ce concept, mais à voir si le sujet peut montrer qu'il a appris une règle en l'appliquant à des cas qu'il n'a jamais rencontrés auparavant. Par exemple, lequel des cas suivants irait avec les blocs 1 et 2 et lequel irait avec les blocs 1 et 4?

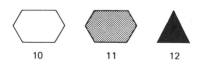

COMPLEXIFICATION DE L'APPRENTISSAGE DES CONCEPTS Une façon évidente de rendre plus compliquée la situation d'apprentissage de concepts serait d'augmenter le nombre de dimensions non significatives. Nous pourrions choisir des blocs de différentes tailles (de telle façon qu'il y aurait de petits, de moyens et de gros cercles blancs), de différentes épaisseurs, de différentes masses, de différentes textures et ainsi de suite. Nous pourrions non seulement augmenter le nombre de dimensions, mais aussi le nombre de valeurs de chaque dimension; nous pourrions choisir des blocs de douze couleurs différentes ou de douze formes différentes ou d'une multitude de tailles différentes.

Plus encore, nous pourrions aussi compliquer les règles catégorielles à partir d'un plus grand nombre de possibilités. Plutôt que de choisir une seule valeur d'une seule dimension, telle que «blanc» ou «triangulaire», nous pourrions choisir des valeurs-critères de deux dimensions ou plus, telles que «tous les blocs blancs et de grande taille». De tels concepts sont appelés *conjonctifs* parce que les règles catégorielles comportent une conjonction de deux attributs ou plus. Ils sont aussi plus difficiles à apprendre car bien que tous les cas qui se rattachent à ce concept soient blancs, la blancheur ne suffit pas pour qu'un bloc soit attribué à la catégorie. Nos concepts de chien et de chat sont conjonctifs. Il est nécessaire d'avoir quatre pattes pour être un chien ou un chat, mais l'animal doit aussi avoir d'autres attributs distinctifs.

Les concepts les plus difficiles à apprendre sont les concepts *disjonctifs* du type «ou bien/ou bien». Par exemple, un bloc pourrait devoir être ou un triangle ou un cercle pour appartenir à une catégorie. Il pourrait même y avoir des règles encore plus complexes qui seraient à la fois conjonctives et disjonctives, telles que «tous les blocs triangulaires blancs ou circulaires noirs». Ce dernier type de règle peut aussi être tourné sous forme de proposition: «si c'est blanc, c'est triangulaire; si c'est noir, c'est circulaire» Plusieurs des concepts que nous utilisons tous les jours sont disjonctifs. Il n'y a pas d'ensemble simple de règles pour définir ce qu'est un jeu, un bonbon, un crime ou la justice.

LES DIFFÉRENCES PRIVILÉGIÉES.   L'expérience que j'ai longuement décrite pourrait être conçue comme une tâche d'appariement. On vous montrait deux manifestations d'un concept, et vous deviez apparier ces cas à un autre. Cette tâche vous demandait de découvrir une règle catégorielle que j'avais déterminée à l'avance. Dans ce sens, cette situation expérimentale n'est pas différente de celle dans laquelle se trouve un enfant lorsqu'on lui montre quelques spécimens de chiens, de chats, de pommes ou de maisons, et qu'on attend de lui qu'il découvre les règles à partir desquelles il devrait reconnaître, à l'avenir, d'autres cas relevant de ces catégories.

Une autre forme courante d'expérience consiste à présenter au sujet une collection d'objets et à lui demander de les classer par piles comme il lui plaît. Il pourrait répartir notre ensemble de neuf blocs en trois groupes: les blancs, les gris, les noirs, ou bien les triangles, les cercles, les carrés. Une telle situation de classification force le sujet à choisir, dans la mesure où il voit plusieurs solutions possibles. Il est certain qu'il pourrait légitimement faire neuf catégories, à raison d'un bloc par catégorie, en partant de la prémisse qu'ils sont tous différents d'une façon ou d'une autre, ce qui est très logique; il pourrait aussi les regrouper en une seule catégorie, en partant du fait qu'ils sont tous en bois, ce qui est aussi logique. Quoi qu'il en soit, il est ordinairement peu difficile d'amener les sujets, même les enfants les plus jeunes, à arranger les blocs d'une certaine façon, ce qui renforce l'hypothèse que l'un des principes de la pensée humaine est l'organisation et l'apprentissage de règles permettant l'organisation.

L'expérience où on demande au sujet de classer des objets peut être utilisée pour connaître la base à partir de laquelle les individus créent des catégories. Les enfants, par exemple, à qui on montre un groupe d'objets de couleurs, de tailles et de types différents (voiture ou avions miniatures) négligeront les différences de couleur et de taille et feront des groupes à partir du type.[4] Un tel résultat ne devrait pas surprendre, étant donné ce que nous savons déjà des enfants et du monde dans lequel ils vivent. Une voiture ou un avion ou une brosse à dent demeure une voiture, un avion ou une brosse à dent, en dépit de la couleur ou de la taille. En d'autres termes, même les tout jeunes enfants regroupent les objets en fonction de leur utilisation plutôt que selon leurs caractéristiques superficielles.

NOMMER Une autre variable qu'on pourrait ajouter à notre situation expérimentale serait de donner des noms aux blocs. Par exemple, l'expérimentateur pourrait décider à l'avance que tous les blocs blancs s'appellent TAV, tous les blocs noirs ROP et ainsi de suite. L'expérimentateur pourrait commencer l'expérience en montrant au sujet un triangle blanc et un cercle blanc et en disant: «Voici deux TAVS, peux-tu m'en montrer un autre?»

Vous pouvez constater que cette nouvelle situation est à peine différente de la première, sauf qu'elle est devenue une expérience sur le langage. Certains théoriciens ont affirmé que le langage est fondamentalement appris de cette façon: quelqu'un entend un mot qui est essentiellement une suite sonore non signifiante et en apprend le *sens* en associant le mot aux objets ou aux événements auxquels il réfère. Cependant, apprendre des mots qu'on accroche à des concepts ou des catégories est une partie plutôt banale de l'apprentissage du langage en comparaison de l'apprentissage de la grammaire. Dans tous les cas, le problème majeur de l'apprentissage des noms n'est pas de se les rappeler, mais de découvrir les règles ou les traits qui définissent les catégories que désignent ces noms.

INFORMATION POSITIVE ET NÉGATIVE On pourrait apporter une autre modification à notre situation expérimentale initiale. Ce pourrait être: «Devinez ce que l'expérimentateur a dans la tête». L'expérimentateur pourrait ne désigner qu'un seul bloc, peut-être un triangle blanc, et dire: «Ceci illustre un concept; trouvez-en la règle». Il n'est pas intéressé à savoir si vous pouvez déduire la règle à partir de ce qu'il vous a montré; en réalité, il vous a délibérément donné une information insuffisante. Il veut étudier vos stratégies d'apprentissage, comment vous faites pour sélectionner, des indices pour vous-mêmes.

Selon les règles du jeu, il n'y a pour vous qu'une façon d'obtenir des indices additionnels pour découvrir le concept que l'expérimentateur a dans l'esprit: montrer un autre bloc et demander s'il illustre le concept. La seule réponse que l'expérimentateur vous donnera sera oui ou non. Vos questions sont en réalité des vérifications des hypothèses de concept que vous élaborez, à moins que vous ne choisissiez d'y aller au hasard. Par exemple, si vous pensez que le concept pourrait être «tous les blocs blancs, quelle que soit leur forme», vous pourriez vérifier cette hypothèse en désignant un cercle blanc et en demandant s'il s'agit de cela, et vous attendriez une réponse affirmative; ou encore, vous pourriez montrer un cercle noir ou un triangle noir, et vous attendre à une réponse négative. Quand vous pensez que vous connaissez la règle du concept, vous agissez ainsi. Il est évident qu'une réponse affirmative et une réponse négative fournissent toutes deux une information: l'information négative comme l'information positive aident à réduire l'incertitude.

La situation où vous essayez de «deviner le concept» est peut-être la plus proche de la vie courante. Un adulte ne dit ordinairement pas à un enfant «c'est un chien» chaque fois que l'enfant voit un chien. De cette façon, l'enfant n'apprendrait jamais ce qu'est un chien. En réalité, l'adulte identifie un animal comme un chien à une ou deux occasions, faisant un peu plus que signaler l'existence de la catégorie, puis laisse l'enfant découvrir la règle qu'il trouvera en utilisant la stratégie de base de l'apprentissage, c'est-à-dire en construisant et en vérifiant des hypothèses. Comme je l'ai déjà fait remarquer, l'enfant vérifie son hypothèse en disant «c'est un chien» chaque fois qu'il peut voir un animal qui répond à la règle-hypothèse qui définit la catégorie. Il peut aussi désigner un animal qui n'est pas conforme à sa règle et dire «c'est un chat» ou n'importe quoi d'autre qui signifie «ce n'est pas un chien». D'une façon ou de l'autre, l'enfant saura s'il doit garder son hypothèse ou en changer.

Il est difficile de savoir quel type d'information est préférable, une information positive ou négative, un oui ou un non; cela dépend du nombre d'attributs significatifs et non significatifs, de la complexité des règles et d'autres facteurs. Par exemple, une réponse négative peut constituer un poids trop lourd pour la mémoire. De plus, bien des personnes ont tendance à réagir émotivement aux réponses négatives, au fait de s'être trompées, même quand ces réponses peuvent donner autant d'information que des réponses positives; la société n'est pas toujours prête à donner autant de crédit à une question qui amène une réponse négative qu'à une question qui amène une réponse affirmative. Comme je l'ai déjà dit, vous ne pouvez pas apprendre si vous ne prenez pas le risque de vous tromper, mais vous devez souvent payer le prix d'un tel risque.

Résumons l'information sur l'apprentissage que nous pouvons tirer de la situation expérimentale où le sujet essaie de «deviner le concept». L'expérimentateur peut non seulement évaluer votre perspicacité, il peut aussi mesurer votre prudence, voir la quantité d'information que vous exigez avant de prendre une décision, savoir si vous préférez les réponses affirmatives aux réponses négatives et observer votre habileté à les utiliser; il peut connaître la nature des hypothèses que vous choisissez de vérifier et voir quelles sont les stratégies que vous préférez pour obtenir de l'information et vérifier des hypothèses. C'est certainement un type d'expérience dont on peut tirer beaucoup d'information.

STRATÉGIES D'APPRENTISSAGE[5]   J'ai plusieurs fois utilisé le mot *stratégie* sans vraiment préciser ce que je veux dire. Il y a ordinairement plus d'une façon de résoudre un problème; non seulement les différentes façons ont différentes chances de succès, mais elles reflètent souvent les caractéristiques de celui qui essaie de résoudre le problème. Nous pouvons encore utiliser la situation où le sujet essaie de découvrir ce que l'expérimentateur a dans la tête pour illustrer différentes stratégies d'apprentissage. Cette fois-ci, je veux cependant augmenter le nombre des possibilités et rendre le concept légèrement plus complexe. Posons alors que nous avons des blocs qui peuvent différer sous quatre aspects: la taille (gros, moyen, petit), l'épaisseur (mince, épais), la couleur (blanc, noir) et la forme (triangle, cercle, carré). Posons aussi que le concept est conjonctif («tous les gros cercles»). Comme point de départ, l'expérimentateur montre un gros cercle blanc et mince. Vous devez découvrir que «gros» et «circulaire» sont des attributs-critères ou des différences significatives et que «mince» et «blanc» ne sont pas significatifs.

Quelles stratégies pouvez-vous utiliser dans une telle situation? Une possibilité serait de choisir d'autres blocs au hasard et demander s'ils correspondent au concept, en essayant de voir ce qu'ont en commun les cas pour lesquels on vous répond par l'affirmative. Comme vous pouvez l'imaginer, une telle stratégie exige beaucoup de la mémoire, puisque vous devez essayer de vous rappeler le résultat de chaque vérification et la nature exacte de chaque hypothèse vérifiée. Une autre possibilité serait de choisir des hypothèses au hasard et de les vérifier les unes après les autres jusqu'à ce que vous trouviez celle qui convient. Je répète que cette stratégie exige beaucoup de la mémoire, puisque vous devez vous rappeler chaque hypothèse avancée afin de ne pas vérifier deux fois la même. Plus encore, un cas qui reçoit une réponse affirmative n'indique pas nécessairement les parties de l'hypothèse qui sont justes. La vérification de l'hypothèse «tous les gros cercles minces» peut vous conduire à de bons choix, mais cela ne vous montre pas que l'aspect minceur n'est pas significatif.

Ces deux stratégies portent le nom de *balayage* parce qu'un large champ est considéré d'un seul coup. Des méthodes plus systématiques réduisent le poids imposé à la mémoire. Par exemple, vous pourriez considérer comme hypothèse initiale la valeur de chacun des attributs du cas que l'expérimentateur a désigné au point de départ; une telle hypothèse serait que le concept est «tous les gros cercles blancs et minces»; puis vous pourriez vérifier les attributs un par un. La taille pourrait, par exemple, être examinée en premier. S'il ne s'avère pas qu'un *petit* cercle blanc et mince est un exemple du concept, il devient évident que la taille est un critère et que le concept doit comporter le critère «gros». S'il s'avère qu'un gros cercle blanc et *épais* est un exemple du concept, il est clair que l'épaisseur n'est pas significative puisque de gros cercles blancs et épais et de gros cercles blancs et minces sont conformes à la règle du concept. Deux autres tests indiqueront que la couleur blanche du bloc de départ n'est pas un critère (puisque la désignation d'un gros cercle mince et *noir* recevra une réponse positive) et que la forme circulaire est un critère (puisque la désignation d'un gros *carré* mince et blanc recevra une réponse négative). Ainsi, le concept est «tout gros cercle».

L'avantage de cette dernière stratégie, qu'on appelle *convergence conservatrice,*vient de ce que vous n'avez jamais à vous rappeler plus d'une hypothèse qui, d'ailleurs, se trouve devant vous, c'est-à-dire le cas désigné par l'expérimentateur. Tout ce que vous avez à faire est de vérifier, un à un, chaque trait de l'hypothèse; c'est une stratégie qui réduit considérablement la charge imposée à la mémoire. Cette méthode est efficace, bien qu'elle puisse prendre du temps puisque chaque attribut doit être examiné séparément. Une approche soigneuse comme celle-ci ne permet vraiment pas les brillantes intuitions; elle n'est pas non plus efficace dans les cas de concepts disjonctifs. En d'autres termes, cette stratégie lente mais sûre n'est pas nécessairement la meilleure.

Il y en a une autre qui n'exige le rappel que d'une hypothèse à la fois; on l'appelle *jeu convergent*. Cette stratégie utilise la technique de la convergence conservatrice puisqu'elle prend le cas désigné par l'expérimentateur comme hypothèse de base; cependant, il y a plus d'un élément à la fois qui varie. Une telle stratégie permet d'épargner du temps si l'hypothèse modifiée s'avère juste; mais cela devient compliqué quand des vérifications conduisent à des réponses négatives parce que ces vérifications ne permettent pas de savoir lequel des attributs qu'on a changés peut être un critère. En somme, il y a une série de stratégie qui peuvent être employée dans toute situation d'apprentissage d'un concept et dans bien d'autres situations d'apprentissage aussi. Ces stratégies peuvent être systématiques ou basées sur le hasard, supposer une faible ou une lourde charge pour la mémoire, être prudente ou supposer une large part de risque.

Quand surgit le problème des stratégies d'apprentissage au niveau pédagogique, une question se pose inévitablement: quelle est la meilleure façon d'enseigner, quelles sont pour les enfants les stratégies d'apprentissage les plus efficaces? C'est là une question extrêmement complexe et la réponse devrait sans doute aider les enseignants. Cependant, il n'y a pas qu'une réponse. De toute évidence, la meilleure stratégie dépendra de la situation particulière et, probablement, autant de l'individu qui apprend. Il n'arrivera que très rarement qu'une stratégie «pure» soit tout à fait appropriée. Dans la plupart des cas, quand un individu a une certaine idée de ce qui est probablement une bonne réponse, une bonne stratégie mixte serait de hasarder une ou deux suppositions fructueuses et de poursuivre avec une procédure convergente plutôt prudente.

Mais s'il n'y a pas de réponse simple à la question concernant le choix des stratégies efficaces, je pense qu'il y a une issue réelle et même rassurante: si les enfants ont la possibilité d'utiliser leurs capacités innées d'apprendre, ils peuvent d'eux-mêmes maîtriser des concepts tels que chat, chien et table, et même des systèmes de connaissance aussi complexes qu'une langue. Les enfants n'utilisent des stratégies d'apprentissage inadéquates, comme deviner au hasard ou découper lentement et inutilement, que quand ils ne comprennent pas de quoi il retourne. La solution ne consisterait pas à essayer d'inculquer différentes stratégies d'apprentissage à un enfant aux prises avec un problème, mais plutôt à rendre la situation plus signifiante en lui fournissant plus d'information pertinente.

Renversement et non-renversement

Un aspect de l'apprentissage des concepts fait apercevoir une différence intéressante entre les tout jeunes enfants et les plus vieux. Vous vous rappellerez que, à l'occasion de l'analyse de l'apprentissage de la discrimination, nous avons parlé d'une situation où l'expérimentateur joue un tour au rat en changeant les règles au milieu de l'expérience. La nourriture et la liberté n'étaient plus accessibles par la porte sur laquelle il y avait un triangle, mais par celle sur laquelle il y avait un cercle. Un tel changement des règles est appelé *changement par renversement* parce qu'il produit une situation complètement inverse, le positif devient le négatif et le négatif devient le positif. Comme nous l'avons vu, un rat n'a pas de difficulté à s'ajuster à un tel changement.

Quoiqu'il en soit, dans une activité d'apprentissage d'un concept où il y a au moins une dimension qui n'est pas significative, il y a une seconde façon de changer une règle. Au lieu d'être *inversée,* la règle peut être *changée complètement* de telle sorte que la forme ne constitue plus l'attribut-critère. Un tel changement est appelé *changement de non-renversement.* Je vais donner un exemple.

Supposons qu'il n'y ait que quatre blocs variant sous deux aspects, la couleur (blanc ou noir) et la forme (triangle ou cercle), et que le concept soit, au départ, «tout triangle» ce qui ferait qu'un triangle blanc et un triangle noir seraient des exemples du concept et qu'un cercle blanc et un cercle noir n'en seraient pas. Changeons maintenant la règle. Si le changement en est un de non-renversement, c'est la couleur qui devient l'attribut-critère, et ainsi le cercle blanc et le triangle blanc deviennent des exemples du concept alors que le cercle et le triangle noirs n'en sont pas. Il reste à savoir quel est le type de changement le plus facile à apprendre pour les humains, le changement par renversement qui inverse une règle ou le changement de non-renversement qui amène une règle complètement différente?

La réponse semble dépendre de l'âge de celui qui apprend. Si vous vous placez vous-mêmes dans la situation, vous répondrez que le changement par renversement est plus facile. Une fois que vous aurez découvert l'aspect significatif, vous trouverez moins difficile de faire une permutation avec cet aspect que de vous trouver devant un aspect différent. Malgré cela, les enfants de moins de quatre ans et les animaux trouvent plus facile le changement de non-renversement. Apparemment, une fois qu'ils ont constaté qu'une règle ne marche pas, ces sujets préfèrent la rejeter tout à fait.

Vous vous interrogez peut-être sur la raison d'une telle différence entre les jeunes enfants et les plus vieux. Une hypothèse intéressante est que le langage a quelque chose à voir avec cette différence. Le changement par renversement, c'est-à-dire passer de «cercle est un exemple du concept et triangle n'en est pas un» à «triangle est un exemple du concept et cercle n'en est pas un», est facilité par la parole implicite. Sans l'aide du langage, le changement de non-renversement est plus facile. Vous vous demandez peut-être aussi ce que tout cela a à voir avec la vie courante d'une classe. Je dois avouer que, si je considère important de comprendre ce qu'impliquent l'apprentissage d'un concept et l'apprentissage de la discrimination, il n'est pas facile de penser à plusieurs situations, autres que des situations de laboratoire, dans lesquelles les enfants seront appelés à maîtriser les changements par renversement ou ceux de non-renversement. Malgré tout, les résultats font surgir une question pratique intéressante, dans la mesure où ils démontrent vraiment que l'habileté à traduire les problèmes par des mots facilite certains apprentissages dans certaines situations.[6]

L'apprentissage machinal

Pour quelques aspects de l'apprentissage, celui qui apprend n'a pas de problème à résoudre; l'information lui est fournie et il n'a pas d'autre possibilité que de s'en remettre à sa mémoire. Ce type d'apprentissage est appelé *machinal;* la mémorisation se fait surtout par répétition, et il y a peu de chances de faire servir une connaissance acquise. Apprendre le *nom* des lettres de l'alphabet est un exemple de ce type d'apprentissage (par opposition à apprendre à distinguer les lettres entre elles). L'enfant n'a pas la possibilité de poser des hypothèses ou de prévoir le nom de chacune des vingt-six lettres; son apprentissage ne dépend que de ce qu'on lui dit. Apprendre le nom des personnes ou des objets, apprendre des adresses, des numéros de téléphone, des tables de multiplications, des formules mathématiques sont des exemples typiques d'un apprentissage qui repose sur des sources d'information extérieures et directes. Tous ces exemples sont fondamentalement des cas de *représentations de la mémoire sensorielle,* des cas de «stockage» de suites sonores du même type que la mémorisation d'une configuration visuelle particulière comme une figure ou le plan d'une chambre.[7]

Je suis conscient que des aspects de plusieurs noms ou numéros peuvent être prévus; ils ne sont pas entièrement des non-sens. On peut, par exemple, prévoir que certaines suites de sons seront des noms propres français ou bien nous les avons déjà entendues comme noms propres, ou bien ce sont des suites sonores qui pourraient être des noms propres comme *Dupont, Tremblay, Durand* ou *Latreille,* par opposition à *Nk* ou *Krsplhhf.* (J'aurais aimé que ces exemples de suites sonores ne soient pas représentés par des lettres de l'alphabet, mais cela n'est pas possible si on veut les écrire.) Dans la mesure où les sons des noms de personnes ou d'objets nous sont familiers et peuvent être reliés à ce que nous savons, ils sont signifiants et peuvent être prévus. Ce n'est pas par hasard si les mots *téléphone* et *télévision* commencent par les mêmes sons. De la même manière, les sept chiffres d'un numéro de téléphone peuvent ne pas être totalement imprévisibles. Non seulement le numéro de téléphone est fait à partir d'un système de chiffres qui nous est familier, mais si nous savons que les trois premiers chiffres du numéro correspondent à une région géographique particulière, nous pouvons avoir une idée d'un numéro de téléphone. Néanmoins, en dépit d'un certain degré de relation avec la connaissance acquise, les noms et les numéros doivent être confiés à la mémoire.

Il y a peu d'occasions à l'école où l'apprentissage est ou devrait être entièrement machinal. Les mathématiques présentent des cas d'apprentissage machinal, à partir des tables de multiplication jusqu'à des formules comme $(a + b)^2 = a^2 + b^2 + 2ab$ ou *la circonférence d'un cercle = πr^2*. Mais puisque ces formules sont des parties de systèmes de connaissance complexes, elles peuvent être calculées en principe et rapidement vérifiées dans la pratique. Un professeur de mathématiques devrait savoir instantanément que $(a + b)^2$ ne donne pas $a^2 \times b^2 \times 2ab$ bien que plusieurs de ses élèves puissent avoir de la difficulté à comprendre pourquoi. Il y a de même une certaine logique dans les formules chimiques, les noms des caractéristiques géographiques, les dates historiques et les statistiques économiques ou démographiques; en effet, tous ces éléments sont sujets à la vérification intériorisée de leur cohérence. Toute personne qui a une certaine connaissance de l'histoire déduit que Napoléon ne peut pas être mort avant 1805, date de la bataille de Trafalgar; c'est une vérification qui échappe complètement à un enfant qui essaie de mémoriser aveuglément une liste de dates et qui ne connaît pas la bataille de Trafalgar ou son rapport avec Napoléon. Pour une série de raisons, un professeur de géographie sait qu'il est impossible que Moscou soit la capitale de la France ou que les ananas soient importés du Labrador, bien que sa connaissance des capitales et des ananas ait été originellement acquise par apprentissage machinal. L'apprentissage d'une langue étrangère est un cas spécial d'apprentissage machinal. Nous apprenons machinalement que *been* est le participe passé de *to be;* mais l'apprentissage machinal ne suffit pas à assurer un bon enseignement du fait que *to be* est la traduction anglaise de *être* puisqu'il y a des occasions, trop nombreuses et trop complexes pour être exposées par un enseignant, où *to be* ne signifie pas *être,* ou bien *être* ne doit pas être traduit par *to be.* En définitive, une langue seconde doit être apprise par le même processus de vérification d'hypothèses qu'on utilise pour apprendre sa langue maternelle; on apprend une langue en l'utilisant et non pas en écoutant des discours à son sujet.

En dépit de son importance limitée à l'école, point sur lequel je me propose de revenir, l'apprentissage machinal est l'aspect de l'apprentissage qui a reçu le plus d'attention de la part des psychologues de l'éducation et des psychologues en général. Il est plus facile d'assurer un contrôle scientifique quand ce qui doit être appris au cours d'une expérience n'a pas de signification; de plus, les résultats de ces expériences sont, dans une large mesure, toujours prévisibles, avec le résultat que des «lois de l'apprentissage» peuvent être formulées. Malheureusement pour les théoriciens et les expérimentateurs, ces lois ne fonctionnent pas dès que ce qui est appris est signifiant, dès que la tâche ou le contenu de l'apprentissage peut être relié à quelque chose que l'apprenti sait déjà.[8] L'apprentissage signifiant est à tout coup plus facile, tellement qu'il semble souvent instantané, et l'oubli est remarquablement réduit. Par conséquent, le meilleur conseil qu'on puisse donner à un enseignant qui se propose d'engager ses élèves dans un apprentissage machinal est de s'abstenir. L'enseignant devrait plutôt essayer de rendre l'apprentissage le plus signifiant possible même si cet effort semble, en surface, compliquer leur tâche. Pour expliquer pourquoi le fait d'avoir plus à apprendre peut réduire l'effort de mémorisation, je vous propose une brève rétrospective de l'histoire de la psychologie expérimentale.

Apprendre du non-sens

Le fait que tout ce qui est signifiant est plus facile à apprendre peut simplifier la vie de l'écolier, mais désorganise complètement les expériences de psychologie. Les expériences sont «contaminées» quand les sujets peuvent utiliser la connaissance acquise pour faciliter l'apprentissage. Par conséquent, les psychologues ont trouvé une façon d'obtenir des apprentissages «purs», en ce sens que ceux-ci sont complètement étrangers à toute signification. Ils ont inventé la syllabe non signifiante qui est ordinairement une suite prononçable de trois lettres (une consonne, une voyelle, une consonne), comme TAV, ROT ou ZEC. Depuis cette invention, bon nombre de théories psychologiques concernant l'apprentissage humain ont pris leur source dans le non-sens: il s'agissait d'étudier comment des syllabes asignifiantes sont apprises, retenues et oubliées. Plus encore, l'intention était de rendre la tâche et le contenu d'apprentissage aussi différents que possible de tout ce que quiconque essaierait d'apprendre et de la manière dont on apprend ordinairement.[9] Il y a cependant eu une guerre constante entre les expérimentateurs, qui s'efforçaient de trouver des syllabes de moins en moins signifiantes, et les sujets des expériences qui essayaient de confondre ces expérimentateurs en créant du sens à partir du non-sens. Il n'y a rien de malicieux de la part des sujets, dans cette activité subversive: il semble que ce soit une tendance naturelle chez les humains de donner autant de sens qu'ils le peuvent à tout ce qu'on leur demande de faire. Il est remarquablement plus facile de se rappeler une chose si on peut l'associer à quelque chose de sensible, c'est-à-dire quelque chose qu'on sait déjà, même si l'association pourrait paraître bizarre ou extravagante.

Les syllabes non signifiantes TAV, ROT, ZEC, par exemple, sont plus facilement retenues si on les associe à une phrase comme «le tavernier rote sec!» Imposer du sens ou un ordre à une suite d'éléments isolés rend leur apprentissage plus facile, même s'il semble y avoir plus à apprendre.

L'une des principales techniques pour étudier l'apprentissage des syllabes non signifiantes est connue sous le nom de méthode d'anticipation. On montre au sujet de l'expérience dix ou douze syllabes écrites sur des bandes de papier qui sont retournées les unes à la suite des autres; le sujet ne peut qu'y jeter un rapide coup d'oeil. À la fin de ce «défilé», le sujet reprend la liste mais, cette fois, en essayant de dire ce que sera chaque syllabe avant de la lire sur la bande. Autrement dit, il doit essayer de se rappeler et d'anticiper à la fois les syllabes et leur ordre d'apparition. Après chaque essai, l'expérimentateur note le nombre de syllabes correctement identifiées, puis le sujet reprend la liste jusqu'à ce qu'il réponde à un critère de réussite tel que donner deux fois la liste sans faire d'erreur. À ce moment là, on considère que la liste est «apprise», bien qu'on accorde d'autres essais au sujet qui veut «sur-apprendre» la liste. Une fois qu'il a appris les syllabes à la satisfaction de l'expérimentateur, on commence la seconde partie de l'expérimentation. On mesure le temps qu'il faut au sujet pour oublier les syllabes. On obtient cette information en comptant le nombre de syllabes qu'il peut se rappeler à divers intervalles après l'apprentissage.

Il y a plusieurs variantes à ce genre d'étude; on étudie par exemple l'effet produit par le temps, long ou court, accordé à l'étude de chaque syllabe, l'effet produit par des variations de longueur d'intervalle entre chaque essai, l'effet du degré de «sur-apprentissage» et l'effet produit par la longueur de l'intervalle et la nature de l'activité qui séparent le dernier essai du moment où le sujet tente de se rappeler les syllabes. Toutefois il n'est peut-être pas injuste de dire que seulement deux règles ont été tirées des milliers d'expériences faites au moyen de syllabes asignifiantes. Ces règles peuvent être résumées par une seule phrase: *la facilité d'apprentissage est fonction de la longueur de la liste, et la facilité de rappel est fonction du nombre de répétitions.* On peut dire, pour être plus précis, que moins il y a d'éléments à apprendre, plus vite ils seront appris, et plus ils sont «sur-appris» ou répétés, moins il est possible de les oublier. Ces lois peuvent être représentées graphiquement par ce qu'on appelle une «courbe d'apprentissage». Si vous examinez la courbe d'apprentissage de la figure 5.1, vous verrez que les pre-

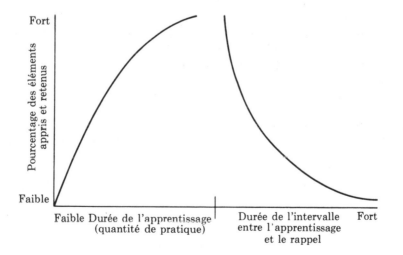

Figure 5.1 Courbe d'apprentissage et courbe d'oubli.

miers éléments sont appris assez rapidement, mais que le rythme d'apprentissage baisse assez vite. Cela prend de plus en plus de temps pour apprendre chaque élément additionnel de la liste. D'autre part, la courbe d'oubli montre que l'oubli le plus fort se produit immédiatement après que l'apprentissage ait eu lieu. Plus longtemps un élément demeure dans la mémoire, moins il est probable qu'il soit oublié.

APPRENTISSAGE PAR ASSOCIATION EN PAIRES   La mémorisation de listes n'est pas le seul aspect sous lequel l'apprentissage de syllabes asignifiantes est étudié. Dans l' «apprentissage par association en paires», on donne à apprendre au sujet une liste de paires de syllabes asignifiantes, comme TAV-ROP, ZEC-VUG, KOV-DEK. Pour montrer qu'il a appris, le sujet doit être capable de donner le second membre de la paire quand l'expérimentateur donne le premier, de donner la «réponse» DEK à la suite du «stimulus» KOV.[10]

L'apprentissage par association paires est en général largement considéré comme plus proche de ce qui se produit dans la vie que le simple apprentissage de listes de syllabes non signifiantes. Par exemple, apprendre à dire VUG quand l'expérimentateur dit ZEC est considéré comme très semblable à apprendre à dire *chien* quand on en rencontre un. Il y a, malgré tout, des différences que nous avons déjà relevées entre apprendre des paires et apprendre le nom «chien». La partie la plus difficile de l'apprentissage des noms ne consiste pas à associer un nom à un concept, mais à trouver d'abord ce qui définit le concept. Avec les paires, il n'y a pas de doute que le stimulus est TAV ou ZEC ou KOV.

CONDITIONS DE L'APPRENTISSAGE   Bien que le genre d'expériences que nous venons de décrire porte sur du non-sens, on n'a pas hésité à tirer de leurs résultats des dogmes pédagogiques. Fait partie du folklore de l'enseignement la croyance selon laquelle ce type de pratique donne de bons résultats, en dépit du fait qu'aucune quantité d'exercices ne semble garantir l'apprentissage quand l'enfant n'est pas motivé ou quand le matériel est incompréhensible; en dépit du fait que des répétitions fréquentes ne semblent pas nécessaires à un enfant intéressé par un sujet auquel il peut donner du sens. Il y a aussi une autre loi psychologique vénérable selon laquelle l'apprentissage serait fonction de la proximité temporelle de l'activité d'apprentissage et serait aussi fonction du renforcement. Pourtant l'observation la plus sommaire d'une classe fait voir qu'il n'est absolument pas certain que l'information la plus récente sera retenue ou que les habitudes ou les attitudes apprises plus tôt seront oubliées. Et les récompenses matérielles ou morales ne semblent pas non plus suffire à assurer l'apprentissage, de même que leur absence ne semble pas nécessairement empêcher l'apprentissage.

Une analyse plus approfondie des études de l' «apprentissage de listes» — une liste de syllabes asignifiantes, un amas de mots d'une langue étrangère, les noms des parties d'une fleur ou le catalogue des principales exportations d'un pays — montre que les éléments d'une liste ne sont pas également difficiles à apprendre. L'apprentissage de liste tend à refléter ce qu'on appelle les *effets de l'ordre en série,* spécialement les effets de primauté et de proximité dans le temps. La primauté et la proximité dans le temps font que les éléments du début et de la fin d'une liste ont tendance à être mieux retenus que ceux du milieu. Une explication plausible de ces phénomènes serait que, au moment de la vérification, les derniers éléments sont encore dans la mémoire à court terme et que les premiers éléments ont réussi à entrer dans la mémoire à long terme, alors que les autres éléments ont été chassés de la mémoire à court terme sans trouver un autre endroit où aller.[11]

Si les effets de l'ordre en série risquent de se produire dans une situation scolaire, alors il ne serait pas difficile pour un enseignant de les éviter: en changeant, par exemple, occasionnellement l'ordre des éléments. Quoiqu'il en soit, il est sans doute plus important pour un enseignant de se rappeler que ces effets ne se produisent qu'avec des listes d'éléments sans lien entre eux et que la mémorisation machinale de ces listes n'est jamais un mode d'apprentissage efficace. D'autre part, la mémorisation de mots simples, tels des noms présentés à divers intervalles et situés dans un contexte signifiant, semble ne présenter aucune difficulté aux enfants.

Cette dernière affirmation s'appuie sur un autre principe bien établi qui nous vient des études de l'apprentissage machinal: les «pratiques réparties dans le temps» sont plus efficaces que les «pratiques groupées». Il est préférable d'essayer d'apprendre un petit peu à des intervalles fréquents, que beaucoup d'un seul coup. Une fois encore, le sens commun doit servir à interpréter ce principe, puisque la durée idéale des périodes de pratique et des intervalles entre ces périodes dépend en très grande partie de l'individu qui apprend et de ce qui doit être appris. Il peut être raisonnable de s'efforcer d'apprendre une liste d'épellation en six périodes de dix minutes étalées sur une journée plutôt que d'essayer de tout apprendre dans une seule heure; mais il serait insensé de raccourcir démesurément les périodes de pratique, jusqu'à quelques secondes à la fois, ou d'allonger démesurément les intervalles entre les périodes de pratique. La règle de répartition des moments de pratique vient, dans une certaine mesure, en contradiction avec un principe qui s'applique à un contenu ayant un certain degré de signification, à savoir qu'un «apprentissage complet» est préférable à un «apprentissage partiel». En accord avec ce principe, il est préférable d'apprendre un poème strophe par strophe ou même par ensembles plus larges, que ligne par ligne.

L'*interférence* est un autre aspect de l'apprentissage qui a un certain rapport avec les pratiques groupées et réparties dans le temps; c'est un sujet qui resurgira lorsque nous examinerons la question de l'oubli. Plusieurs expériences ont montré que l'un des facteurs les plus importants dans le fait de retenir, ou d'oublier ce qui a été appris n'est pas le temps qui passe, mais ce qui se produit dans l'intervalle.[12] L'apprentissage est le plus consolidé quand on change complètement d'activité après une période de pratique ou, encore mieux, quand on prend une nuit de sommeil. Il y a en psychologie une règle simple et fondamentalement irréfutable au sujet de l'interférence; il est impossible de mettre cette règle en pratique sinon à partir du sens commun. Elle dit que des tâches très semblables ou dissemblables tendent à faciliter l'apprentissage, alors que des tâches un peu semblables interfèrent l'une sur l'autre.[13] La difficulté est évidemment de définir ce que veut dire *semblable*. Si vous devez apprendre deux listes de syllabes sans signification et que plusieurs d'entre elles appartiennent aux deux listes, alors l'apprentissage de chacune d'elle sera facilité par l'apprentissage de l'autre. D'autre part un apprentissage tel que résoudre des problèmes simples d'arithmétique, n'interférera pas avec l'apprentissage antérieur tout à fait différent d'une liste de mots. Mais l'apprentissage d'un ensemble d'éléments tels que RAV, ZOP, REC, s'il est fait après avoir appris une suite telle que TAV, ROP, ZEC, sera très sensible à l'interférence parce que les mêmes éléments de base sont utilisés dans des combinaisons différentes. Dans l'apprentissage des mots d'une langue étrangère, le problème ne se situe pas au niveau des mots qui se ressemblent d'une langue à l'autre (comme *chat* et *cat*) ou qui sont très différents (comme *chien* et *dog*); il se situe plutôt au niveau des mots qui se ressemblent mais ont des sens différents (comme *foot* et *food*).

Il est difficile d'imaginer une situation d'apprentissage autre qu'une situation de laboratoire — exception faite de quelques situations de classe malheureuses — où ce qui doit être appris est complètement dénué de sens et totalement inconnu. L'apprentissage «pur» est en fait le plus impur qu'on puisse trouver. Même quand une activité réelle d'apprentissage ressemble à l'apprentissage des listes ou des paires, cet apprentissage n'est jamais aussi peu signifiant ni aussi peu prévisible que l'apprentissage en laboratoire, et il comporte toujours un élément qui a une certaine signification.

L'apprentissage signifiant

Comme bien d'autres aspects de la psychologie de l'éducation, l'apprentissage signifiant est fréquemment étudié à partir de plus d'un point de vue et cela crée parfois de la confusion. Le premier point de vue pourrait être considéré comme théorique puisqu'il concerne la nature du *processus* d'apprentissage quand l'apprentissage porte sur un contenu ou des activités signifiants. Le second point de vue est essentiellement pratique puisqu'il concerne les techniques d'enseignement. Des expressions comme *préparation à la lecture, résolution de problème, apprentissage par découverte* et *apprentissage signifiant* sont souvent utilisées à l'école pour désigner des stratégies d'enseignement ou ce que fait l'*enseignant*.[14]

Dans le jargon de l'enseignement, l'apprentissage signifiant renvoie à un type d'activités tirées de la provision des «organisateurs» et dont le but est de fournir à l'écolier des crochets ou médiateurs cognitifs auxquels il pourra accrocher de nouvelles informations lui permettant d'arriver par étape à la «preuve» d'énoncés mathématiques et ainsi voir de lui-même le bien-fondé de ces énoncés.

Les hypothèses qui sous-tendent les stratégies d'apprentissage signifiant en classe méritent qu'on s'y arrête, puisqu'elles nous aident à illustrer certaines différences entre l'apprentissage signifiant et l'apprentissage machinal (ou, peut-être mieux, entre apprendre de façon signifiante et mémoriser des non-sens). Dans une situation d'apprentissage signifiant, le sujet est capable de relier une nouvelle information à ce qu'il sait déjà (écueil que les expérimentateurs essaient si souvent et si laborieusement d'éviter); il est de plus capable d'établir des interrelations ou d'imposer une struture aux nouvelles informations et, par conséquent, de réduire les efforts de mémorisation qu'exigerait l'activité d'apprentissage.

Il est possible d'être plus précis au sujet des facteurs qui tendent à rendre plus signifiantes les activités d'apprentissage. Celles-ci sont d'autant plus signifiantes que:

a) les éléments de ce qui doit être appris sont déjà familiers, par exemple les sons ou les lettres d'un nom ou d'une syllabe asignifiante ou les chiffres d'un numéro de téléphone;

b) l'ordre des éléments nous est familier, par exemple H-I-J plutôt que H-P-M, 3-4-5-6 plutôt que 3-4-6-5;

c) le nouvel élément peut être relié à quelque chose de connu et facilement retenu, par exemple *le tavernier rote sec* plutôt que TAV ROT ZEC;

d) le nouvel élément peut être intégré au réseau de la connaissance acquise et constitue une addition à ce que nous savons déjà, par exemple quand on parle de Mars à un enfant qui est familier avec la notion de système planétaire.

Je vais, dans le reste de ce chapitre, montrer avec plusieurs exemples comment ces quatre facteurs peuvent rendre l'apprentissage plus facile en rendant la tâche plus signifiante.

L'évaluation de la signifiance

Vous vous demandez peut-être encore comment il est possible d'affirmer qu'un mot est «plus signifiant» qu'un autre ou que des syllabes non signifiantes peuvent avoir le moindre sens. Pour cela certains psychologues adoptent des stratégies de mesure de la signifiance qui peuvent paraître assez arbitraires et même insolites. Par exemple, pour répondre à la seconde question, les syllabes sans signification peuvent être considérées comme signifiantes dans la mesure où elles ressemblent à des suites de sons ou de lettres qu'on trouve en français. Ainsi STR sera considéré comme plus signifiant que TSR parce que le premier groupe de lettres fait partie de plusieurs mots français, ce qui n'est pas le cas du second. On peut considérer que cette définition opérationnelle est assez juste parce que plus une suite de lettres se rapproche de ce qu'on peut retrouver dans des mots français, plus il est facile pour l'apprenti de relier cette suite de lettres à ce qu'il sait déjà. Elle est plus prévisible et plus facilement recouvrée.

La notion, selon laquelle ce qui est plus familier est plus signifiant, est aussi applicable à des mots isolés; en effet la définition de la signifiance, dans le domaine linguistique, comporte l'idée de fréquence. À partir de cette mesure, les mots *table* et *chaise* sont en général plus signifiants que les mots *samovar* et *mitose*. Il y a une autre façon de mesurer la signifiance qui consiste à simplement compter le nombre d' «associations» qu'on peut faire à partir d'un mot et dans un temps donné. Si je vous demandais d'écrire, pendant une minute, tous les mots auxquels vous fait penser le mot *table,* vous en écririez certainement beaucoup plus que si le mot proposé était *samovar.*[15]

Quel que soit le point de vue, il est clair que la signifiance comporte des nuances. Les activités d'apprentissage ou les contenus d'apprentissage ne sont pas ou signifiants ou machinaux. Il y a différents degrés de signifiance qui dépendent de la mesure dans laquelle le contenu d'apprentissage peut être relié à ce que sait déjà l'apprenti; on retrouve, au bas de l'échelle, l'apprentissage machinal. Le fait qu'on ne puisse pas faire une nette distinction entre ce qui est machinal et ce qui est signifiant peut faire voir qu'il n'y a pas deux types d'apprentissage, mais différents degrés d'efficacité du processus d'apprentissage de base. Il serait aussi trompeur de laisser croire que la signifiance est inhérente à toute activité ou tout contenu d'apprentissage. La signifiance dépend de ce que sait déjà celui qui apprend. En d'autres termes il serait plus juste de dire que c'est ce que sait ou fait l'apprenti qui rend l'apprentissage signifiant ou machinal.

Dans la mesure où ce qui doit être appris s'harmonise avec ce que sait déjà l'apprenti, les «lois d'apprentissage» que nous avons examinées et la courbe pure d'apprentissage de la figure 5.1 ne tiennent plus du tout. Il n'y a pas d'apprentissage qui ressemble à la maîtrise progressive et continue d'une liste de syllabes non signifiantes. L'apprentissage semble plutôt se produire tout d'un coup, peut-être après une longue période durant laquelle aucun apprentissage ne semble se faire; ou encore l'apprentissage se manifeste comme une série de bonds imprévisibles. Ni la soudaine compréhension du sens (et par conséquent de l'application) de $(a + b)^2 = a^2 + b^2 + 2\,ab$, ni les progrès, apparemment spontanés, de certains individus dans la maîtrise de l'habileté à lire ou l'apprentissage d'une langue seconde ne s'expliquent par les «lois de l'apprentissage» que nous avons vues.

La résolution de problème

Dans les manuels, comme dans les activités scolaires, la résolution de problème et l'apprentissage signifiant sont souvent traités comme s'ils étaient deux types d'apprentissage. Encore une fois, je pense que cette distinction vient d'abord des différents types de situations d'apprentissage plutôt que d'une différence de processus d'apprentissage. En réalité, comme nous allons le voir, le type d'apprentissage appelé «signifiant» et celui appelé «résolution de problème» paraissent avoir beaucoup en commun.

Le champ des situations examinées dans les études portant sur la résolution de problème est large et présente une grande variété.[16] Il y a, par exemple, les efforts des chats pour s'échapper d'une cage qu'on considère comme une activité de résolution de problème. D'autres expériences classiques sur la résolution de problème consistent à demander à un sujet de construire un pendule à partir de bâtons et de ficelle ou de faire tenir des chandelles sur un mur sans utiliser de support. D'autres exigent plus d'analyse, par exemple imaginer comment pénétrer dans une maison dont les issues sont verrouillées. Certains types d'apprentissage de concepts semblent supposer une résolution de problème, et c'est parfois le nom qu'on leur donne. Toutes ces activités me paraissent impliquer une restructuration cognitive.

L'une des caractéristiques des situations de résolution de problème est que la solution doit apparaître aux yeux du sujet dès qu'elle est atteinte. Dans un certain sens, la solution du problème est déjà connue; la tâche consiste à trouver la voie qui mène du problème à la solution. Le sujet n'a pas besoin de la réaction d'un autre; il sait s'il a réussi ou non. L' «information spécifique» nécessaire à la vérification des hypothèses se trouve déjà dans la situation d'apprentissage ou dans la tête du sujet. Le problème qui consiste à ouvrir une boîte verrouillée, par exemple, est solutionné quand la boîte s'ouvre. Le carré de 289 est découvert quand le sujet trouve un nombre qui, multiplié par lui-même, donne 289. Les problèmes ne sont ordinairement pas résolus en se rappelant simplement des choses ou en n'essayant qu'une solution; ils le sont plutôt en essayant plusieurs solutions possibles, et il se peut qu'il n'y en ait qu'une qui soit «correcte».

L'habileté à résoudre un problème dépend donc de deux facteurs qui font tous deux partie du processus d'apprentissage de base. Le premier est l'habileté à penser à des possibilités de résolution ou à des possibilités de voies qui mènent de l'état initial connu (le «problème») à l'état final connu ou reconnaissable (la «solution»). En termes plus courants, ce facteur serait appelé l'habileté à avoir des idées ou «créativité». Ce facteur suppose évidemment la génération d'hypothèses. Le second facteur qui joue un rôle dans la résolution de problème est l'habileté à distinguer la solution désirée ou «correcte» des autres solutions; c'est là un processus d'évaluation qui peut exiger ce qu'on appelle souvent le «raisonnement» ou le «jugement» et qui implique la vérification implicite des hypothèses.

L'apprentissage signifiant et la résolution de problème exigent tous deux une réorganisation de la structure cognitive. Les situations d'apprentissage signifiant exigent généralement des modifications relativement permanentes de la structure cognitive — c'est ce qui caractérise l'apprentissage — alors que les situations de résolution de problème n'exigent généralement que des modifications provisoires qu'on évalue dans sa tête. D'ordinaire on ne désire pas se souvenir des solution incorrectes.

PERSPICACITÉ ET INCUBATION La partie la plus spectaculaire de bien des situations de résolution de problème est souvent appelée la *perspicacité,* c'est-à-dire l'intuition soudaine qui apporte non seulement la solution mais aussi la certitude qu'elle est correcte. Ce moment satisfaisant, voire palpitant, parfois appelé «phénomène eurêka», peut être vécu quand on trouve la solution à un problème difficile de mots croisés, ou lorsqu'on déchiffre une charade. Le fait qu'une bonne solution puisse jaillir comme une chose qui tiendrait de la surprise montre à quel point le processus de pensée, sous-jacent à l'apprentissage, est indépendant du contrôle conscient. Le premier stade d'une résolution de problème, alors que rien ne semble se produire, est appelé *incubation.*[17] Nous faisons entrer des problèmes dans notre tête, puis nous attendons, comme des poules couveuses, que les solutions éclosent. Ce qui est remarquable, c'est que les solutions surgissent souvent ainsi. La partie consciente (qui peut être développée) de l'opération de résolution de problème ou de toute autre activité créatrice semble souvent être moins une opération de production d'idées qu'une opération consistant à les évaluer. Il n'est pas très évident qu'on peut *enseigner* aux gens à avoir de bonnes idées; les idées naissent des encouragements et sont éprouvées à l'expérience. L'habileté vient de la capacité d'un individu à regarder ses propres idées d'un point de vue critique et à distinguer les bonnes des mauvaises.

La fabrication de la signifiance

Voici un phénomène remarquable: si vous voulez rendre plus facile l'apprentissage de quelque chose qui n'est pas signifiant, intégrez-le à quelque chose de signifiant, même si cela laisse inchangé le non-sens initial et vous fait exiger plus de la mémoire. La syllabe TAV n'a pas de sens tant qu'elle n'est pas reliée à une chose que nous connaissons, peut-être la marque d'un breuvage ou d'un détergent. Le fait qu'un son soit lié à un concept rend l'un et l'autre plus faciles à retenir: «Quand vous pensez à une bière, pensez à TAV». Il est difficile de se rappeler des syllabes «purement» artificielles parce qu'il n'y a pas de structure cognitive par laquelle nous pouvons les atteindre. Inclure une syllabe artificielle dans un nom fictif, comme *monsieur T.A.V. Dupont,* est un autre exemple de ce qu'on pourrait appeler la règle paradoxale de l'apprentissage: apprendre plus, c'est souvent apprendre moins. Tout comme il est plus facile de mémoriser un poème entier que quelques mots isolés de ce poème, ainsi il est plus facile de se rappeler un nom que quelques lettres de ce nom.

Pour reprendre un exemple déjà donné, si vous devez apprendre une liste de syllabes qui n'ont pas de sens, telles que TAV, ROT, ZEC, associez chaque syllabe à un mot comme *tavernier, rote, sec.* Ce faisant, vous compliquez la tâche d'apprentissage puisque, au lieu de mémoriser carrément TAV, vous devez vous rappeler une chose comme «les trois premières lettres de *tavernier*»; au lieu de mémoriser ZEC, vous devez vous rappeler «*sec* en changeant le *z* pour un *s*». Malgré cela, un moyen mnémotechnique est normalement efficace, parce qu'il est plus facile de retrouver des mots dans la mémoire à long terme que des éléments non signifiants. Le fait d'associer des syllabes artificielles à des mots augmente la probabilité de rappel et facilite la tâche d'apprentissage.

Plus on peut structurer ce qu'on veut apprendre, plus il est probable qu'on se rapellera ce qu'on a appris. Par exemple, faire entrer des syllabes artificielles dans une phrase ou les associer à une phrase améliore plus l'apprentissage que d'associer ces syllabes à des mots sans lien entre eux. Le fait qu'une phrase, même asémantique, présente une structure grammaticale fournit une aide additionnelle comme dans *le tavernier rote sec*. Si vous êtes capables de vous rappeler ne fût-ce que le premier mot de la phrase, vous avez de bonnes chances de retrouver, dans le bon ordre, toutes les syllabes qui devaient être apprises. La structure grammaticale augmente les chances de rappel, même si les syllabes ne sont pas associées à de vrais mots; *le tav rote un zec* est plus facile à retenir que TAV ROT ZEC. Beaucoup d'autres indices structurels, comme la rime et la longueur d'un vers, facilitent le rappel et rendent ainsi l'apprentissage plus aisé.

LA BIZARRERIE PEUT ÊTRE PRÉFÉRABLE   Le fait que certaines associations entre des syllabes asignifiantes ou des mots soient bizarres ne constitue pas un handicap; en réalité, la bizarrerie semble souvent faciliter le rappel. Un exemple consiste à associer une liste de mots qu'on doit apprendre aux chiffres de un à dix qui riment avec ces mots. Un essai est ordinairement suffisant pour que soient mémorisées, et subséquemment rappelées, les rimes suivantes: un est brun, deux est bleu, trois est une noix, quatre est à battre, cinq est en zinc, six est une vis, sept est une tablette, à huit on va vite, neuf est un oeuf, à dix on glisse.[18]

Supposez maintenant que vous devez mémoriser une liste de dix mots dont les premiers sont *cheval, avion, eau, justice, sauter.* Une stratégie d'apprentissage serait de faire une association visuelle, même bizarre, entre le mot de la liste à apprendre et celui qui, dans la liste de rimes, correspond à la position du mot à mémoriser. Par exemple, *cheval* est le premier mot à apprendre et *un est brun* pourrait vous amener à imaginer un cheval brun. *Avion* est le second mot; *deux est bleu* pourrait vous faire imaginer un avion volant dans un ciel bleu. Pour le mot *eau* le troisième de la liste, vous pourriez imaginer une noix flottant sur l'eau; pour le quatrième mot, ce pourrait être un homme en train de se battre avec un juge; pour le cinquième mot, vous pourriez imaginer un athlète sautant par dessus une barre de zinc.

Le principe de ce genre de mémorisation est très simple. Bien qu'il ne soit pas facile d'associer un nombre et un mot choisi arbitrairement, il n'est nullement difficile d'associer un nombre et un mot rimant avec lui ou d'associer deux mots qui formeront ensemble une seule image. Pour être plus précis, on peut dire qu'il n'est pas difficile de *se rappeler* de telles paires si des liens, des associations peuvent être établies. La rime fournit l'indice et permet de retenir à la fois les mots et leur position dans la liste.

Il n'est pas nécessaire que les associations soient de nature verbale pour que les procédés mnémotechniques fonctionnent. Une organisation spatiale familière, une «carte cognitive», peut aussi être employée comme support mnémonique. Par exemple, un truc utile pour le «jeu de Kim», qui consiste à se rappeler une douzaine d'objets différents qui sont montrés rapidement, est de placer, en imagination, chaque objet en un point de votre personne. Vous pourriez «placer» un objet dans chacun de vos souliers (en imaginant bien que vous sentez la présence de ces objets), deux objets ou plus dans vos bas ou vos chaussettes, un dans chacune de vos poches et ainsi de suite. Pour vous rappeler les objets, vous n'auriez qu'à faire le tour des différents points de votre personne. Vous pourriez aussi associer chacun des douze mots de la liste précédente à des points de votre chambre: le cheval est à la porte, l'avion est au plafond, l'eau coule sur le plancher. Pour vous rappeler les mots, vous n'auriez qu'à faire le tour de votre chambre avec le regard ou en imagination.

Deux psychologues australiens[19] ont vérifié l'efficacité d'un moyen mnémotechnique vénérable, appelé la «promenade du philosophe» parce qu'il aurait été inventé par Simonide. Tout d'abord, les expérimentateurs ont mémorisé une promenade familière faite sur le campus de leur université en attribuant un nombre à chaque point important, de un à cinquante; le chiffre un fut attribué à la grille principale, deux à un gros arbre, trois à la tour de l'horloge et ainsi de suite. De retour dans leur laboratoire, ils se donnèrent quelques minutes pour mémoriser une liste de cinquante mots en associant chacun à un point numéroté du campus: un cheval à la grille, un avion sur la tour de l'horloge, l'eau coulant d'une fenêtre et ainsi de suite. Les psychologues constatèrent qu'ils purent se rappeler à peu près quarante-huit des cinquante mots de la liste, ainsi que leur position dans cette liste, en refaisant simplement leur promenade en imagination et en «lisant» chacun des mots au moment où en imagination ils atteignaient l'un des points de la promenade. Y a-t-il une chose plus facile?

RÉDUCTION Les moyens mnémotechniques que je viens de présenter servent d'abord à faciliter le recouvrement de l'information dans la mémoire par l'utilisation d'une connaissance acquise qui fournit une structure où peuvent être placées des informations «qui n'ont pas de liens entre elles». Le moyen mnémotechnique fournit en effet une relation qui rend signifiante la nouvelle information et qui, ainsi, facilite son rappel. Il y a un autre moyen très efficace de faciliter l'apprentissage et le rappel subséquent; ce moyen vous permet de réduire la dimension du contenu d'apprentissage de départ. La *réduction* est une technique qui fait que vous avez moins à mémoriser.

Vous vous rappellerez qu'au chapitre deux, parlant des mémoires à court et à long terme, nous avons dit que le problème de la mémoire ne venait pas de la *nature* de l'information à stocker, mais de sa *taille*, c'est-à-dire du nombre d'éléments isolés. La mémoire à court terme peut contenir six lettres ou six mots ou plusieurs blocs de «sens» tirés d'une douzaine de mots ou plus. Essayer de se rappeler TAV comme une suite de trois lettres isolées fera que la mémoire à court terme sera déjà occupée à la moitié de sa capacité, donc beaucoup plus que ce qu'il faut pour se rappeler les trois premières lettres de *tavernier*. La suite de lettres PRZYJEZDZAC fera plus que surcharger la mémoire à court terme et demandera une bonne minute de concentration pour être introduite dans la mémoire à long terme (d'où une très grande difficulté à être rappelée), à moins que vous n'arriviez à lire le polonais, moyennant quoi ce mot sera facilement retenu.

Il est important de comprendre ce que suppose la réduction de l'information. Bien que l'*effet* de la réduction soit de diminuer la quantité et la dimension de ce qu'il y a à apprendre, le processus lui-même consiste à rendre le contenu d'apprentissage plus signifiant en le reliant à ce qui a le plus de sens pour celui qui apprend. Un mot a plus de sens qu'une séquence de lettres prises au hasard, et une phrase a plus de sens qu'un ensemble de mots pris au hasard.[20]

Je n'avais pas l'intention, en vous décrivant ces moyens mnémotechniques, de vous montrer comment «améliorer votre mémoire», bien qu'ils soient à la base de bien des cours qui ne se proposent que ce but. Je ne voulais pas non plus laisser croire qu'il faut enseigner ces moyens en classe. Cela ne visait qu'à illustrer et expliquer le fait que l'apprentissage est plus facile quand il est plus signifiant. Il n'est pas nécessaire de changer l'enfant pour l'habiliter à apprendre de façon signifiante; son cerveau est déjà construit pour fonctionner ainsi. Ce qu'il faudrait généralement, c'est changer les activités ou les situations d'apprentissage de façon que l'enfant puisse leur donner du sens.

La structure cognitive et les habiletés motrices

Les psychologues distinguent souvent les habiletés motrices, qui supposent l'intégration de mouvements physiques, des habiletés cognitives telles que la formation de concept et l'usage du langage. Mais le fait que des habiletés puissent être non verbales ne signifie pas qu'elles ne soient pas cognitives, que la pensée n'y joue aucun rôle. Malheureusement, il est aussi difficile d'étudier l'apprentissage moteur quand la pensée y est impliquée que d'étudier l'apprentissage verbal signifiant. Cela a eu pour conséquence d'amener les psychologues à se concentrer sur des apprentissages moteurs privés de toute signification, comme étudier la rapidité avec laquelle des sujets peuvent apprendre à se diriger dans le dédale d'un labyrinthe ou à suivre avec une baguette les mouvements imprévisibles d'un point lumineux. Quand la tâche est aussi peu signifiante que dans ces deux exemples, toutes les «lois de l'apprentissage» classiques dont nous avons parlé semblent s'appliquer; ainsi de la «loi» selon laquelle l'habileté s'améliore avec la pratique.

Sauf quelques-uns,[21] les psychologues n'ont pas étudié les habiletés plus complexes et plus courantes comme danser, skier, assembler les pièces de modèles réduits, coudre, conduire une voiture, assembler les pièces d'une chaîne stéréophonique; cela est en partie dû au fait que ces apprentissages signifiants défient encore une fois les «lois de l'apprentissage» et introduisent des variations et de l'imprévisible dans les expériences. Ce que les gens apprennent à faire assez facilement, les psychologues ont énormément de difficulté à l'expliquer. Comme toujours, le problème vient de ce qu'il est pratiquement impossible de trouver un type de comportement humain qui n'inclue pas une large part d'activité cognitive.

Même pour les activités qui exigent la coordination oeil-main, comme attraper une balle, on devrait parler de *coordination oeil-main-cerveau* parce que très peu de balles peuvent être attrapées sans que le cerveau contrôle le mouvement des yeux qui suivent la balle, prédise où et quand la balle tombera et dirige la position des mains de façon qu'elles puissent être rapprochées au bon moment et dans la bonne position pour intercepter la balle. Cette activité demande si peu de coordination directe des yeux et des mains que la balle peut être facilement attrapée les yeux fermés si le cerveau a pu évaluer la vitesse et la trajectoire de la balle. Cette habileté est fondamentalement une habileté à bien prévoir.

L'habileté à conduire une voiture consiste aussi beaucoup moins à savoir quelle pédale doit être enfoncée ou jusqu'où tourner le volant qu'à acquérir et intégrer des informations de plusieurs sources concernant la circulation, les performances de la voiture elle-même et la représentation mentale de la route à suivre; s'ajoute à tout cela une foule d'autres considérations concernant la position dans laquelle devrait être la voiture avant d'effectuer des manoeuvres telles que tourner ou freiner.

L'exemple de la conduite d'une voiture illustre le fait que le feed-back doit être plus qu'une simple «connaissance des résultats». Une telle connaissance n'est utile que quand elle peut être confrontée à quelque attente de ce que devrait être le feed-back. Le feed-back concernant le bruit du moteur, par exemple, doit être vérifiée à la lumière d'une certaine prévision concernant le bruit qu'il devrait faire. Le feed-back concernant la position de la voiture par rapport à celle qui se trouve devant doit être évalué à la lumière d'une certaine attente ou hypothèse préalable concernant l'endroit où la voiture *devrait être* par rapport à la voiture de devant. Le problème avec les conducteurs inexpérimentés est souvent qu'ils se préoccupent du point où se trouve actuellement la voiture plutôt que du point où elle sera quelques instants plus tard.

L'organisation du comportement [22]

La plupart des activités quotidiennes telles que marcher, écrire ou conduire une voiture, sont faites si vite et impliquent des mouvements simultanés de tellement de muscles différents qu'il serait impossible, pour le cerveau, d'organiser tout cela s'il ne s'occupait que d'un mouvement à la fois. Pensez à l'activité d'écrire à la machine ou de jouer du piano. Le cerveau doit non seulement faire bouger deux ensembles de doigts, ce qui est très compliqué, mais aussi diriger les mains, les poignets, les coudes, les épaules et les yeux. Des mouvements aussi complexes exigent une bonne part d'organisation préalable parce qu'aucun d'eux ne commence en même temps qu'un autre, bien que chacun dépende des autres. Avant que le cerveau ne puisse décider comment déplacer un doigt, par exemple, il doit savoir où doit aller ce doigt et où cela se trouve par rapport au clavier et à la main, au bras et à l'épaule.

Pour orchestrer des suites d'activités aussi complexes, le cerveau doit envoyer de l'information nerveuse à tous les muscles impliqués, et cela dans un ordre très précis. Bien qu'un doigt puisse être obligé d'attendre que le coude se soit déplacé, le cerveau peut avoir à envoyer le message nerveux d'abord au doigt parce que les impulsions neurales ont besoin de plus de temps pour se rendre aux muscles des doigts qu'aux muscles du bras. De plus, le feed-back est d'une grande importance dans l'organisation des mouvements successifs, et pourtant il n'a pas le temps de se rendre au cerveau avant que les messages nerveux contrôlant le mouvement suivant ne soient envoyés. (Les impulsions neurales ne voyagent pas aussi vite qu'on le croit généralement. Alors que la lumière voyage à la vitesse de 297 000 km à la seconde, les impulsions neurales les plus rapides se déplacent le long des fibres les plus grosses de la moelle épinière à peine à 320 km à l'heure; celles qui voyagent dans les fibres fines et courtes du cerveau n'atteignent que le dixième de cette vitesse.)

Tout cela signifie qu'il serait impossible de jouer du piano ou de taper à la machine si le cerveau ne dirigeait la production que d'une note ou que d'une lettre à la fois. Le cerveau organise plutôt à l'avance toutes les séquences du comportement. De telles suites ou séquences de mouvements, qui sont des exemples des *plans* ou *programmes* dont il a été question au premier chapitre, sont si bien apprises qu'il est pratiquement impossible de les découper en leurs composantes ou de les arrêter quand leur exécution a commencé. Il est à peu près impossible de trouver une dactylo expérimentée qui transcrive délibérément des mots de façon incorrecte, par exemple écrire *hcez* au lieu de *chez,* sans ralentir considérablement. Écrire des mots et des phrases à la machine et faire des arpèges au piano supposent plus qu'une simple «habileté motrice».

Les habiletés complexes ne peuvent pas être enseignées en plaçant simplement le sujet en situation de regarder faire quelqu'un d'autre ou en lui donnant simplement une information pertinente. L'apprentissage ne se réalise qu'à travers la pratique. Celui qui apprend s'instruit lui-même, et l'enseignant a d'abord la responsabilité de fournir un feed-back qui dira à l'écolier si le résultat attendu est atteint.

L'apprentissage moteur est fondamentalement une affaire d'*aisance* qui n'est acquise que par la pratique. Les modèles possibles de comportement doivent être organisés à l'avance de telle sorte qu'ils puissent être produits avec un minimum d'attention et d'effort. Tout comme les jeunes enfants apprennent à utiliser, dans leur perception du monde, la connaissance acquise pour compenser les limites du cerveau dans le traitement de l'information et les limites de la mémoire, ainsi ils apprennent à surmonter à l'avance les difficultés que comporte la réalisation des modèles complexes de comportement.

CHAPITRE 6

L'apprentissage de la parole et de la lecture

À part la facilité avec laquelle un jeune enfant se débrouille dans un monde tridimensionel où les objets et les événements sont prévisibles, l'aisance avec laquelle il en arrive à maîtriser le langage est peut-être sa réussite intellectuelle la plus méconnue. Tout le monde apprend à parler, exception faite de cas d'anormalité patente; que peut-il y avoir alors de si spécial dans le langage? Puisque le développement du langage semble faire partie des droits de presque tout être humain à sa naissance, pourquoi la transmission du langage d'une génération à l'autre exigerait-elle notre attention, même si le flambeau de ce suprême outil culturel passe aux mains d'un être qui n'est âgé que de quelques années?

Il est remarquable qu'on accorde peu de mérite à un enfant pour sa maîtrise du langage. Parce qu'il ne reçoit pas un enseignement scolaire, de la part des adultes, l'ampleur de sa réussite est énormément sous-estimé. Les adultes ont tendance à croire qu'ils ont le monopole de l'intelligence et imaginent rarement qu'un apprentissage important puisse se produire sans leur direction vigilante. Le présent chapitre se propose de rectifier les faits en étudiant la façon impressionnante dont les jeunes enfants apprennent à comprendre et à parler leur langue maternelle. Cet examen servira à mettre en lumière la puissante et indépendante faculté d'apprentissage avec laquelle les enfants entrent à l'école; il permettra aussi de voir à l'oeuvre le processus fondamental de l'apprentissage. Puisque nous parlerons de l'apprentissage du langage, nous pourrons aisément nous pencher aussi sur un sujet des plus importants à l'école, l'apprentissage de la lecture.

Le langage des enfants

À la fin de la première année de leur vie, la plupart des enfants ne peuvent produire que quelques mots isolés, tandis que, trois ans plus tard, ils ont maîtrisé presque toutes les règles du langage des adultes.[1] Ils ont développé une grammaire d'adulte. Il est certain que les enfants de quatre ans ne parlent pas comme des adultes; c'est là une des raisons pour lesquelles leur réussite n'est pas reconnue à sa juste valeur. Ils n'ont ni l'expérience générale ni les intérêts particuliers des adultes; ils ont un vocabulaire plus restreint et, dans une certaine mesure, utilisent la langue pour des raisons différentes. Ils ne parlent tout simplement pas des mêmes choses que les adultes. Quoi qu'il en soit, les enfants qui entrent à l'école semblent n'avoir encore que très peu d'éléments fondamentaux de leur langue maternelle à apprendre.

Un apprentissage sans imitation

Les enfants développent leur compétence linguistique de base sans enseignement scolaire, et les adultes qui, d'un commun effort pour récupérer une partie du mérite, déclarent que les enfants apprennent la langue en les imitant exagèrent beaucoup. Il y a deux bonnes raisons d'affirmer que les enfants apprennent très peu d'éléments de leur langue en imitant les adultes. La première est de nature très pratique: la langue ne pourrait pas être apprise de cette façon. Comme nous l'avons vu au chapitre trois, la structure de surface du langage ne représente pas directement le sens, et ne fournit pas non plus d'indices grammaticaux sûrs pour construire la grammaire qui relie les sons et le sens. En d'autres termes, les sons du langage des adultes restent sans signification tant qu'un enfant ne les comprend pas, et il n'y a pas de raison pour qu'un enfant imite des sons qui n'ont pas de sens.

La seconde objection à la théorie de l'imitation relève de l'observation: les enfants qui apprennent à parler imitent très peu les adultes. Le langage que les enfants produisent au début leur est propre pour l'essentiel. La très grande majorité des premières phrases qu'ils produisent, du type *veux ouaoual* ou *papa prenne bébé,* fait partie d'un langage que chaque enfant construit pour lui-même. Les bébés parlent «le bébé», langage que les parents n'utilisent jamais à moins d'imiter eux-mêmes leur rejeton.

Affirmer que les enfants apprennent très peu par imitation ne signifie pas qu'ils ne portent pas attention au langage des adultes. Au contraire, les enfants modifient rapidement leur langage original et ainsi, vers l'âge de quatre ans, la plupart d'entre eux parlent, de façon reconnaissable, le langage des gens qui les entourent. Ce n'est pas parce que les enfants commencent par imiter le langage des adultes que cela se produit. Ce langage est plutôt le *but* vers lequel tendent leurs efforts. Les enfants l'utilisent à la fois comme source d'information pour les règles du langage et comme modèle. Plus les enfants peuvent se rapprocher du discours des adultes, plus ils sont près d'acquérir les bonnes règles. Cette utilisation du langage des adultes comme modèle est très différente de l'imitation des sons du langage et n'est pas comparable à la façon dont un enfant pourrait singer son père qui fume la pipe ou lit un livre.

Une étude[2] récente et très sérieuse a montré que les enfants sont extrêmement sélectifs dans leur façon d'imiter les mots des adultes (*copier* serait un terme plus approprié) afin de modifier et développer leur propre vocabulaire. D'abord, ils n'imiteront pas une chose qu'ils connaissent déjà. Si une mère dit «regarde le gros avion» à un enfant qui sait très bien qu'il regarde un gros avion, il ne répétera pas ce qu'elle a dit. Un enfant n'imitera pas non plus une chose qui n'a aucun sens pour lui. Si la mère dit «regarde le gros avion» et que l'enfant n'a aucune idée de ce dont elle parle, il ne répétera pas la phrase. Cependant si le nom est nouveau *et que l'enfant sait ce qu'il signifie*, s'il sait qu'il est question de l'avion mais n'en a pas encore appris le nom, alors il «imitera» vraiment le mot. À ce stade de l'apprentissage, je pense que dire de l'enfant qu'il *adopte* le mot décrit mieux ce qu'il fait. Quand un enfant imite de cette façon, il prend exactement ce qu'il veut du langage de l'adulte. Il copie pour vérifier une hypothèse.

Les premiers mots

L'enfant commence à produire des sons de façon signifiante vers l'âge d'un an[3]. (Je dois indiquer ici que je parle d'une moyenne théorique et que le début des comportements dont il est question présente des variations de quelques mois; il est difficile d'en déterminer le moment avec précision. Les filles sont ordinairement en avance de quelque deux mois sur les garçons, et les ainés parlent plus tôt que leurs frères et soeurs; ce sont là deux sujets de recherche intéressants. Mais il n'y a rien d'affolant ou de merveilleux dans le fait qu'un enfant soit en retard ou en avance de plusieurs mois sur la «norme».)

Déjà l'enfant est en train d'inventer. Les premiers mots qu'un bébé produit ne sont souvent pas des mots qu'il a entendu dire par ses parents; dans tous les cas, il utilise les mots d'une façon différente de celle des adultes. Quand un enfant commence à produire ses premiers mots, sa principale préoccupation est qu'ils aient du sens et, pour exprimer du sens, il utilisera toutes les combinaisons de sons qui servent son intention. Quelques fois il empruntera un mot d'adulte comme *maman* ou *boire*; quelques fois il utilisera une forme approximative de ce mot comme *boiw* ou *broire*, et d'autres fois il utilisera une construction telle que *gapom* ou *nionnion* qui présente peu ou pas de relation apparente avec le langage des adultes.

L'enfant d'un an recherche les mots qui transmettront le sens qu'il veut exprimer. Il commence avec le sens, au niveau de la structure profonde, et génère une structure superficielle sonore en espérant qu'elle traduise ce sens.[4] Il n'attend jamais qu'un adulte prononce un mot qu'il veut utiliser. Si cela est nécessaire, il inventera un mot pour exprimer ce qu'il veut, mais empruntera un mot d'adulte s'il est disponible (que ce mot ait ou non le même sens pour les adultes) ou en produira une forme approximative. Ce qui intéresse surtout l'enfant, c'est que le mot qu'il utilise transmette le sens qu'il désire exprimer, que ce mot soit inventé, adapté ou tiré directement du langage des adultes. S'il désire parler d'une boisson et obtient une réponse qui le satisfait quand il utilise un mot inventé comme *gapom*, alors *gapom* devient son mot. Il a généré une hypothèse selon laquelle le sens qu'il veut transmettre peut être exprimé par ce mot, et, si son hypothèse est confirmée, il garde *gapom*. Mais si son hypothèse est infirmée, si le fait de dire *gapom* ne produit pas ce qu'il désire, il cherche un autre mot. Il se demande: «Quel est le mot du langage des adultes qui exprime le sens que je veux communiquer quand j'ai dit *gapom*?»

C'est à ce moment que la plupart des adultes donnent à l'enfant l'information dont il a besoin pour développer son langage. Quand l'enfant dit *gapom*, la mère répond: «Tu veux dire boire, n'est-ce pas?» ou «Veux-tu un verre de lait?» En d'autres termes, en «élargissant» le discours de l'enfant, la mère lui offre une information concernant la structure de surface des adultes correspondant à la structure profonde qu'elle a intuitionnée à partir du discours de l'enfant et des indices de la situation. Ainsi, le premier langage d'échange entre les adultes et les bébés se situe d'abord au niveau de la structure profonde, au niveau du sens. L'enfant génère une structure de surface et espère qu'elle exprime un certain sens; à partir du feed-back approprié de l'adulte, il compare sa structure de surface avec celle du langage des adultes.

Il est évident que le «raisonnement» que je situe dans la tête de la mère et dans celle de l'enfant est une simple image. La majorité des parents ne savent pas ce qu'ils font pour l'enfant lorsqu'ils reprennent, dans le langage des adultes, le discours de l'enfant, mais ils ont tendance à le faire instinctivement. Les enfants qui grandissent avec un langage limité ou déformé ont eu généralement peu d'occasions de converser avec des adultes. On ne doit pas penser qu'un jeune enfant est conscient de ce qu'il fait lorsqu'il développe son langage et vérifie de nouveaux mots; les enfants aussi jouent instinctivement le jeu du langage. Tout se passe comme si un enfant ne produisait jamais un discours à un seul niveau. Quand il demande à boire, il se pose aussi la question linguistique suivante: «Est-ce la façon de demander à boire en langage d'adulte?» Il est logique de considérer chaque énoncé d'un enfant qui apprend à parler comme une expérience linguistique, tout comme chacun de ses regards depuis la naissance peut être considéré comme un effort pour élargir sa connaissance du monde visuel.

PHRASES D'UN MOT Les premiers mots prononcés par les enfants ne sont jamais de simples imitations du langage des adultes. Même quand un enfant utilise les mêmes mots que ceux-ci, il le fait d'une façon différente. Un enfant n'imite pas les mots des adultes, il les emprunte pour ses propres fins.

Les adultes n'utilisent jamais des mots isolés pour exprimer un sens, à moins que les autres mots soient nettement sous-entendus. Par exemple, l'énoncé rudimentaire «À boire» est elliptique et remplace la question: «Désirez-vous quelque chose à boire?» ou l'ordre: «Donnez-moi à boire!». Hors de tout contexte, l'expression *à boire* serait tellement ambiguë qu'elle n'aurait pas de sens.

Quand un jeune enfant dit *boire* ou *boiw* ou *gapom*, ce seul mot a un sens que les adultes n'exprimeraient qu'avec une phrase complète telle que: «Je veux boire» ou «Je ne veux plus boire» ou «Est-ce pour boire?» ou «J'ai renversé mon verre sur le plancher». L'expression à un mot du jeune enfant est bien une phrase complète. C'est un énoncé, non pas une partie d'un énoncé. En effet, l'enfant a une règle linguistique selon laquelle un certain sens, parfois assez complexe, peut être exprimé en structure de surface par le seul mot *boire*. Puisque cette règle n'existe pas dans le langage des adultes, on ne peut pas dire que les premiers mots d'un enfant constituent une imitation de l'usage des adultes.

Cette habitude d'utiliser un seul mot pour exprimer ce que les adultes diraient en une phrase complète semble être un trait universel du langage; tous les enfants, avant de devenir des locuteurs complets, produisent des phrases d'un mot après le stade de l'écholalie. Cependant ils ne produisent pas tous le même premier mot. Cela serait peu probable puisque chaque enfant invente en grande partie pour lui-même ses premiers mots. De plus, le sens des premiers mots produits est fonction de chaque enfant et de son environnement. Boire n'est pas nécessairement prédominant lors de ses premiers efforts de communication. Bien que les mots qu'il va produire soient tout à fait imprévisibles, rien n'est plus certain que le fait qu'il va commencer sa carrière de locuteur avec des phrases d'un mot.

Ces phrases à un mot, caractéristiques du langage enfantin, ont reçu un nom spécial dans le jargon technique. On les appelle des *holophrases*, mot signifiant qu'elles sont faites chacune d'une seule unité qui exprime une pensée complète. L'enfant quitte le stade holophrastique environ six mois après y être entré. Vers l'âge de dix-huit mois, quand il a un répertoire de quelque douze holophrases, il commence à construire des phrases de deux ou trois mots.

Les premières phrases

Encore une fois, les premières phrases d'un enfant ne sont absolument pas comme celles qu'il entend autour de lui. Quand un jeune enfant commence à produire ses premières petites phrases, il ne répète pas des phrases qu'il aurait entendu dire par les membres plus âgés de sa famille. Il commence plutôt par utiliser ses propres holophrases comme des mots; il les combine dans des phrases où les sens isolés sont englobés dans le sens de phrases plus riches et plus précises. Pour produire ses premières phrases, un enfant ne mélange pas les mots au hasard. Il construit plutôt ses premières phrases en fonction d'une règle, de sa première règle grammaticale. Une fois encore, nous découvrons que cette règle ne fait pas partie du langage des adultes, elle est propre aux premiers stades du développement du langage enfantin. L'enfant invente la règle pour lui-même, c'est sa première hypothèse de nature grammaticale; il persiste à l'utiliser, jusqu'à ce qu'il apprenne, à partir du feed-back que des modifications rapprocheraient son discours de celui des adultes.

Dès qu'un enfant commence à combiner deux ou trois mots dans des phrases, il devient clair qu'il a apporté une modification très intéressante à son vocabulaire. Les mots, qui n'étaient pas grammaticalement distinguables et dont chacun suffisait à faire une phrase, sont maintenant distingués sur le plan grammatical. Les mots de son vocabulaire sont répartis en différentes «parties du discours», bien que ce ne soit pas les parties du discours qu'on peut trouver dans le langage des adultes.

Par exemple, il n'y a qu'un petit nombre des mots qu'un enfant peut utiliser qui apparaîtront au début d'une phrase et jamais seuls. Plusieurs noms ont été utilisés pour étiqueter ces mots qui n'apparaissent que devant les autres mots; ainsi on a parlé de *catégorie pivot*. Les autres mots du vocabulaire d'un enfant constituent une catégorie plus large dans laquelle viennent se classer la majorité des nouveaux mots que l'enfant acquiert; c'est pourquoi on l'appelle souvent *catégorie ouverte*. Les mots de cette catégorie ne peuvent jamais apparaître avant un mot pivot, bien qu'un ou deux mots de la catégorie ouverte puissent apparaître seuls ou à la suite d'un mot de la catégorie pivot. Par exemple, si *voir*, *parti* et *mon* sont des mots de la catégorie pivot et que *camion*, *rouge* et *lait* sont dans la catégorie ouverte, l'enfant peut dire «lait» ou «voir camion» ou «parti camion rouge», mais il ne dira pas «camion parti».

Cette première règle ne se retrouve pas dans le langage des adultes. Nous ne partageons pas tous nos mots en deux catégories, et n'avons pas de ces mots qui ne peuvent apparaître qu'au début d'une phrase. La première règle de formation des phrases est inventée par le bébé, utilisée pendant un certain temps, puis rejetée quand il découvre qu'elle n'amène pas la production de phrases comme celles produites par les adultes.

Je dois ici reprendre ce que je disais du stade holophrastique. Tandis que tous les enfants semblent commencer leur grammaire par le même type de règle, ils utilisent pas nécessairement les mêmes mots; et ce ne sont pas les mêmes mots qui occupent nécessairement la même fonction grammaticale chez un enfant et chez un autre. La fonction grammaticale ou sémantique n'est pas déterminée par le mot, mais par la façon dont l'enfant l'utilise.[5]

APRÈS LES PREMIÈRES PHRASES Un jeune enfant ne garde pas très longtemps sa première règle de formation des phrases. À peine trois mois après l'apparition des premières phrases, la règle de base est modifiée. Vient ensuite l'élaboration de règles et de catégories, ce qui fait partie du développement de la grammaire, en même temps qu'un constant accroissement du nombre des mots et une constante réorganisation des catégories, ce qui constitue le développement du vocabulaire.

Je n'irai pas plus loin dans cette analyse du processus de développement du langage; c'est là un sujet d'une grande complexité et qui suscite beaucoup de controverse. J'ai essayé de montrer qu'un processus d'apprentissage de base, qui consiste à générer et à vérifier des hypothèses, soustend le développement des premières paroles de l'enfant. Il reste à montrer, à grands traits, comment le même mécanisme d'apprentissage permet à l'enfant de rapprocher son langage primitif du langage parlé autour de lui.

Le développement de la première règle se fait très rapidement. Par exemple, une catégorie pivot fut élaborée en deux mois et demi par un enfant[6] à partir d'un seul ensemble de mots indifférenciés pour donner un groupe d'articles (un, le, les), un groupe de démonstratifs (ce, cet, ça) et un autre groupe de mots indifférenciés qui, deux mois et demi plus tard, furent classés en pronoms possessifs et adjectifs possessifs. Ainsi les catégories de mots qu'on retrouve chez les adultes ont leur origine dans les premières formes du langage enfantin. Mais qui parle de catégories de mots à un jeune enfant?

En même temps que se développent des catégories mieux définies, s'ajoutent des règles de grammaire qui déterminent avec précision comment les mots des différentes catégories peuvent être ordonnés dans des phrases. En d'autres termes, un enfant ne débute pas en apprenant les parties du discours ni même la fonction grammaticale déterminée d'un mot dans le langage des adultes. Il débute en utilisant les mots à sa façon, et c'est seulement à mesure que sa grammaire se développe que son vocabulaire prend les caractères grammaticaux du langage des adultes. Il semble sans cesse se demander implicitement: «Est-ce que je peux utiliser mes règles pour construire les types de phrases que j'entends les adultes produire?» et «Est-ce que les phrases que je construis en utilisant mes règles sont semblables à celles que construisent les adultes en utilisant leurs règles?» Partant de ce type de comparaison et du feed-back, l'enfant, toujours maléable et prêt à réagir, acquiert la maîtrise des règles de la grammaire des adultes sans aucun enseignement direct sur la nature de ces règles. Sans même être conscient de ce qu'il fait, l'enfant s'enseigne à parler.

Deux règles de base

Le développement de la compétence des enfants en langue parlée peut, je pense, être caractérisé par deux règles simples. La première est que le sens précède toujours la grammaire ou, dans les termes du troisième chapitre, la structure profonde arrive en premier. Plusieurs théories récentes ont montré que les capacités sémantiques (ou des structures profondes) des enfants dépassent toujours leur capacité linguistique à exprimer ces structures conceptuelles sous-jacentes.[7] Avant qu'un enfant produise ou comprenne des phrases présentant un agent et une action ou une action et un objet, les structures propositionnelles sous-jacentes doivent être représentées dans ses interrelations cognitives. Avant qu'il puisse faire des affirmations sur les relations spatiales ou temporelles, l'enfant doit comprendre la nature de ces relations au niveau cognitif. Tout cela peut sembler évident; pourtant le fait que les aspects les plus importants de l'apprentissage du langage se trouvent *au-delà* du langage a largement été négligé, peut-être parce que les aspects superficiels du langage sont observables alors que la pensée est en grande partie cachée.[8]

La seconde règle est que le développement du langage, tant sur le plan sémantique que sur le plan grammatical, va du simple au complexe.[9] Sur le plan sémantique, le développement doit suivre le cours général de l'élaboration et de la différenciation cognitives, depuis les grands traits avec lesquels un jeune enfant dépeint son monde jusqu'au plus petit raffinement, conséquence de ses efforts pour donner du sens à son expérience. Un enfant ne peut utiliser le mot *frère* exactement dans le même sens que les adultes qu'à l'âge de huit ou neuf ans. Il peut être difficile de saisir l'idée selon laquelle un oncle doit être le frère de quelqu'un; la nature réciproque de la relation abstraite frère-soeur n'est comprise que tardivement.[10] La grammaire des enfants n'est pas complète au moment où ils entrent à l'école.[11] La passivation est une règle qui est toujours acquise tardivement; ce n'est pas avant l'âge de six ans, ou même plus tard, qu'un enfant peut différencier *Jean poursuit Marie* et *Jean est poursuivi par Marie*. Une fois encore, nous pouvons voir à quel point c'est le sens qui précède la maîtrise de la grammaire. Même un enfant de cinq ans croira que *la balle est poursuivie par Marie* signifie *la balle poursuit Marie*. Ces deux caractéristiques, la primauté du sens sur la grammaire et le développement qui va du simple au complexe, semblent se retrouver dans toutes les langues[12] et chez tous les enfants. Tous développent les processus fondamentaux de la pensée et du langage selon une même progression, bien que leur rythme de développement puisse être très différent.[13]

Le développement de la compréhension

Jusqu'ici j'ai exposé le développement du langage du point de vue de la parole, point de vue traditionnel et pratique, mais quelque peu trompeur. Il n'est pas juste de dire qu'un enfant apprend sa langue en parlant et que son habileté à parler représente sa capacité linguistique. Un enfant apprend à parler à la fois en parlant et en comprenant, et sa capacité à comprendre des phrases est toujours plus grande que sa capacité à en produire. En d'autres termes, l'habileté à parler chez un enfant ne représente pas toute l'ampleur de sa capacité langagière.

Les enfants utilisent le discours, le leur et celui des adultes, pour vérifier leurs hypothèses concernant le langage des adultes; cependant ces hypothèses résultent des efforts qu'ils font pour comprendre le discours des adultes (comme dans l'exemple donné au début du chapitre, où la mère dit: «Regarde le gros avion»). Les sens qu'un enfant est capable d'associer au bruit qu'il entend autour de lui constituent les meilleurs indices de l'ampleur du langage chez un enfant. C'est parce qu'il cherche du sens dans le bruit environnant qu'un enfant développe la parole plutôt que d'imiter, par exemple, le bruit du climatiseur.[14]

C'est l'enfant qui doit prendre l'initiative de donner du sens au langage. Quand un jeune enfant entend sa mère articuler une suite de bruits, il ne lui est pas possible de tirer un sens de ces seuls bruits. Pour cette raison, les enfants aveugles ont une difficulté particulière à surmonter au cours de leur apprentissage de la parole. Pour qu'un jeune enfant puisse donner un sens à ce que dit un adulte, il doit d'abord déceler le sens non verbal visé par l'adulte. Il est alors en position d'associer un sens à l'énoncé et de rechercher la nature des règles grammaticales qui permettent de produire l'énoncé dont la structure de surface correspond à un sens donné.[15]

Un bébé, dont la mère dit «Voudrais-tu avoir ton jus maintenant?» ou «Voici ton jus» au moment où elle lui offre un gobelet de jus, n'*entend* pas sa mère dire l'une de ces phrases. Pour un enfant, ces énoncés sont intrinsèquement des suites de bruits qui n'ont pas de sens; ces énoncés ne sont même pas découpés en mots. L'intuition sur laquelle se guide l'enfant est que les bruits produits par sa mère ont un lien avec quelque chose de signifiant, le gobelet de jus qu'elle tient, et que ces bruits n'ont pas été produits par hasard et ne sont pas imprévisibles.

Cette recherche de sens, ce processus qui consiste à donner du sens au monde, est au centre du développement du langage chez l'enfant. Ce dernier part de l'hypothèse que le langage est signifiant, que le bruit produit par les gens autour de lui n'est pas arbitraire sans signification, mais qu'il peut être relié à ce qu'il sait ou à ce qu'il peut découvrir du monde. Quand il entend parler un adulte, l'enfant n'essaie pas de «décoder» ou d'extraire directement le sens de l'énoncé. Il note plutôt ce qui se passe autour de lui et essaie de relier cela à l'énoncé de l'adulte. En réalité, il essaie de poser des hypothèses de règles par lesquelles les adultes pourraient générer une suite déterminée de bruits à une occasion déterminée. Il essaie de poser des hypothèses quant à la grammaire.

D'un autre côté, la seule analyse grammaticale ne permet pas aux parents de donner du sens aux premiers efforts de parole d'un enfant. La structure de surface du discours enfantin n'informe pas suffisamment sur le sens qu'elle exprime, encore moins que la structure de surface du langage des adultes. Ce que l'adulte s'efforce réellement de faire, c'est de comprendre ce que l'enfant *essaie de dire*. En d'autres termes, il cherche le sens qui se trouve dans les énoncés de l'enfant, tout comme celui-ci cherche le sens qui se trouve dans le discours de l'adulte.

Le parent et l'enfant s'appuient, chacun de son côté, sur leur attente de signification pour donner du sens à des énoncés dont ils n'ont pas les règles grammaticales. Il y a cependant une différence. L'adulte est satisfait s'il comprend le sens que veut exprimer l'enfant; il n'est ordinairement pas intéressé à essayer d'aller plus loin, à essayer de maîtriser la grammaire du langage de l'enfant au point de pouvoir utiliser lui-même ce langage. Un enfant, quant à lui, ne doit pas se contenter de comprendre le sens que l'adulte a voulu exprimer; très souvent il pourrait y parvenir sans prêter beaucoup d'attention aux énoncés eux-mêmes. Un enfant est aux prises avec le problème de découvrir les règles complexes à partir desquelles les adultes représentent un sens donné dans une suite donnée de sons. Le processus par lequel un enfant essaie de découvrir les règles qui produisent des énoncés signifiants dans une situation donnée le conduit finalement à apprendre non seulement un vocabulaire mais aussi un ensemble complexe de règles grammaticales. Face à cela, il est évident que dire que les adultes enseignent la langue aux enfants ou que les enfants imitent les adultes est une énorme simplification.

LE RÔLE DES ADULTES Les parents contribuent de deux façons significatives au développement du langage d'un enfant. Leur première contribution vient du fait qu'ils parlent en présence de l'enfant, soit directement à l'enfant, soit dans des conversations qu'il peut entendre. Le simple fait que les mères parlent à leur enfant en le nourrissant ou en le lavant joue un rôle considérable dans le développement futur de son langage. Je ne connais pas encore de recherche sur ce qui motive une mère à passer tant de temps à parler à un enfant qui ne peut pas la comprendre, qui la laisse répondre seule. Ce contact constant avec le langage de l'adulte est tout à fait analogue à l'«information générale» dont un enfant a besoin pour différencier les chats des chiens au cours de l'élaboration de sa structure cognitive. Le bruit du langage de l'adulte place un enfant devant un problème à résoudre et stimule son désir fondamental de comprendre, de telle sorte qu'il amorce l'apprentissage du langage.

Le feed-back que les parents fournissent à un enfant quand il vérifie ses hypothèses constitue leur seconde contribution à l'apprentissage du langage. Ce feed-back fait partie de la même «information spécifique» dont l'enfant a besoin pour développer sa structure cognitive par rapport à tous les aspects de son expérience. Le feed-back des adultes, qui contribue au développement du langage d'un enfant, présente une particularité intéressante. Ordinairement, les adultes n'essaient pas de corriger le développement de la parole chez un jeune enfant en lui disant qu'il est dans la «bonne» ou la «mauvaise» voie (par opposition à la façon dont on montre souvent à lire à l'école). Les adultes sont généralement beaucoup plus tolérants pour le langage d'un bébé que pour les autres aspects du comportement rudimentaire des enfants. Par exemple, il se peut qu'ils reprennent en langage adulte ce qu'ils pensent qu'un enfant a dit. Ils traduisent sa structure de surface dans la leur. Cette opération par laquelle un adulte traduit «Veux boiw» par «Tu veux boire, n'est-ce-pas?» est appelée *expansion*.[16] Les parents qui parlent aux enfants en langage enfantin les privent de plusieurs occasions de comparer leurs énoncés infantiles aux formulations correspondantes des adultes. Les parents qui encouragent leur enfant à parler dans son propre langage, puis «élargissent» ses énoncés en produisant les formes correspondantes des adultes, lui donnent des occasions de vérifier ses hypothèses sur les règles du langage et, par là, d'en arriver à une certaine facilité de parole. Ils permettent à l'enfant d'apprendre non pas par une imitation aveugle, mais à travers la découverte des relations complexes entre les sons et le sens.

La motivation à l'apprentissage du langage

De toute évidence, un enfant n'apprend pas à comprendre le langage en dégageant le sens de toute nouvelle phrase entendue, puis en mémorisant cette phrase et son sens au cas où il pourrait vouloir la comprendre à une autre occasion; il ne découvre pas non plus, ni ne mémorise des suites de mots dont chacune correspondrait à un sens qu'il veut exprimer. Au contraire, un enfant construit et vérifie un nombre relativement restreint de règles qui lui permettront de produire et de comprendre un très grand nombre de phrases.

Qu'on se rappelle ce qui a été dit dans le premier chapitre sur la motivation d'un enfant à construire une théorie du monde dans sa tête. Découvrir des constantes constitue une méthode d'organisation de la connaissance beaucoup plus économique et efficace que celle qui consisterait à essayer de se rappeler chaque événement en particulier. Le mécanisme qui motive et habilite un enfant à découvrir les règles sous-jacentes au langage est précisément du même type que celui qui l'amène à interpréter et à prévoir les événements sous l'angle de relations fondamentales.

Les jeunes enfants montrent, de façon très évidente, qu'ils entreprennent l'apprentissage du langage à la lumière des règles plutôt que des mots particuliers. Ainsi, en anglais, certains des premiers mots d'adulte que les enfants apprennent à utiliser sont des verbes courants dont le passé a une forme irrégulière telle que *ate, went, took*. Après une période durant laquelle ces verbes sont utilisés correctement (selon la norme des adultes), les enfants passent souvent à un usage «incorrect» du passé de ces verbes et produisent *eated, goed, taked*. Un enfant n'imite pas les adultes en utilisant ces formes qu'il n'a jamais entendues. Où les a-t-il prises? La réponse ne peut être que celle-ci: il n'essaie pas d'apprendre aveuglément des centaines de mots, il vérifie plutôt des règles. L'une des règles que les enfants apprennent assez tôt est que le passé des verbes, en anglais, se forme souvent en ajoutant le suffixe - *ed* à la forme du présent, ce qui fait que *talk* devient *talked, push* devient *pushed* et, par analogie, *eat, go* et *take* devraient devenir *eated, goed* et *taked*. Ce n'est qu'en vérifiant des règles hypothétiques et en les modifiant à la lumière du feed-back qu'un enfant découvrira les mots qui suivent la règle et ceux qui sont des exceptions.*

DONNER DU SENS AU LANGAGE J'ai mis en doute l'opinion courante selon laquelle les enfants apprennent à parler pour satisfaire des besoins physiques ou parce qu'ils ont besoin de communiquer. Les enfants pratiquent le

---

*Nous ne connaissons pas, en français, de cas rigoureusement identique à celui décrit par l'auteur. Toutefois certaines formes donnent lieu à un phénomène semblable comme dans *sontaient* que les enfants semblent produire à partir d'une règle selon laquelle la troisième personne du pluriel de l'imparfait se formerait en ajoutant -*aient* à la troisième personne du pluriel du présent de l'indicatif, comme dans: *lisent/lisaient, écrivent/écrivaient*. (N. du T.)

langage pour le maîtriser plutôt que pour satisfaire des besoins immédiats, puisqu'ils peuvent assez bien communiquer sans recourir au langage. Puisque les parents élargissent le langage de leur enfant en déchiffrant ce que celui-ci veut dire à partir de ce qui se passe plutôt que de ce qu'il dit, il est évident que l'enfant ne communique pas d'abord par le langage.

Une autre explication serait que les enfant apprennent le langage simplement parce qu'il est là, et qu'ils parlent surtout pour vérifier les règles qui les aideront à comprendre. Pour un enfant, le langage demeure un bruit jusqu'au moment où il peut le comprendre; ainsi la compréhension du langage constitue un défi. Un enfant apprend le langage parce qu'il veut lui donner du sens et qu'il lui devient signifiant, tout comme il développe sa structure cognitive en essayant de donner du sens au monde. Et pour apprendre le langage, il utilise le puissant processus d'apprentissage systématique qu'il a en naissant et qu'on n'a pas besoin de lui enseigner. C'est donc ce processus d'apprentissage, puissant, systématique et qui, au moment d'entrer à l'école, a fait ses preuves, qu'un enfant doit mettre en branle s'il veut relever ce qui est probablement son second grand défi intellectuel, apprendre à lire.

La lecture

C'est le seul sujet du domaine scolaire que je vais examiner de façon spécifique; toutefois je ne l'examinerai pas comme matière d'enseignement. En d'autres termes, je n'essaierai pas de donner des principes selon lesquels la lecture devrait être enseignée, ce sur quoi j'ai déjà beaucoup écrit en adoptant un point de vue critique.[17] Je me propose plutôt de voir brièvement ce que suppose l'apprentissage de la lecture — le *problème* de cet apprentissage — et la façon dont un enfant doit chercher la solution. Je veux établir un lien entre les habiletés fondamentales qu'un enfant a utilisées longtemps avant d'entrer à l'école (pour maîtriser le langage parlé et donner du sens au monde en général) et la tâche particulière de l'apprentissage de la lecture.

J'ai déjà discuté de deux des plus importants aspects de la lecture. Dans le deuxième chapitre, j'ai fait ressortir le fait que lire est une activité de nature partiellement visuelle et que le lecteur doit s'appuyer beaucoup plus sur l'*information non visuelle*, qu'il a déjà derrière ses globes oculaires, que sur l'*information visuelle* qu'il reçoit de la page imprimée. Il y a deux raisons pour lesquelles il est nécessaire de s'appuyer sur ce qui est déjà connu: la quantité limitée d'information visuelle que le cerveau peut traiter et les «engorgements» de la mémoire par lesquels la nouvelle information doit passer. J'ai appelé «vision en tunnel» la conséquence d'une surcharge d'information visuelle dans le cerveau; plus un lecteur dépend des signes graphiques, moins il est à même de voir.

Dans le troisième chapitre, j'ai parlé de la compréhension du langage en termes très généraux; j'ai insisté en particulier sur l'écart entre la structure de surface et la structure profonde tant dans la langue parlée que la langue écrite. La compréhension, ai-je soutenu, est affaire de prélèvement d'indices sur la structure de surface (l' «information visuelle» de la langue écrite) en vue de vérifier des prévisions et réduire l'incertitude concernant le sens sous-jacent. J'ai affirmé que la façon de comprendre la langue écrite n'est pas différente de la façon de comprendre la langue parlée. Vous vous êtes peut-être alors demandé pourquoi je n'ai pas affirmé que tout ce qu'un lecteur a besoin de faire est de traduire en sons les symboles écrits, ce qui semble être la conception courante de tout le phénomène de la lecture. La traduction sonore directe des symboles écrits est non seulement inutile (et constiturait une exigence écrasante pour la capacité du cerveau à traiter de l'information), mais elle est fondamentalement impossible. En dépit d'une croyance fort répandue, on peut affirmer que la langue écrite ne représente pas *d'abord* les sons de la parole, elle fournit plutôt des indices pour saisir le sens. Il est évidemment possible de transformer l'écrit en parole. Nous pouvons lire à haute voix (ou «décoder en sons»), mais cette conversion n'est possible que par l'intermédiaire du sens. En d'autres termes, ce n'est qu'en comprenant ce que vous lisez que vous pouvez lire à haute voix pour quelqu'un d'autre ou pour vous-mêmes. Lire pour saisir le sens ne peut pas être une affaire de traduction sonore et d'écoute de sa propre voix. Les sons doivent venir en dernier et peuvent tous être superflus. C'est cet aspect que j'examinerai d'abord.

Langue écrite et langue parlée

L'écrit n'est pas de la langue parlée couchée sur papier. Je ne veux pas en disant cela constater l'évidence que le langage de la conversation familière est assez peu compatible avec la production écrite. J'affirme plutôt que l'écriture et la parole sont deux aspects du langage, parallèles et indépendants; on n'a pas plus besoin de transformer l'écriture en parole que d'écrire le langage parlé pour comprendre l'écriture et la parole. L'écrit n'a pas besoin de la parole pour être compris.

Je ne dis pas que le français écrit et le français parlé n'ont rien à voir l'un avec l'autre. Dans une très large mesure, ils partagent la même syntaxe et le même lexique. De même, la langue parlée est d'une très grande utilité dans l'apprentissage de la lecture puisqu'elle permet à l'enfant de comprendre ce que lui dit l'enseignant. L'unique raison qui fait que l'acuité auditive est si souvent considérée comme très importante pour lire n'est pas que la lecture requiert une bonne audition, mais que la méthode d'enseignement accorde beaucoup d'importance à la distinction de petites différences sonores que l'enseignant croit faire.

LES DEUX NIVEAUX DE L'ÉCRITURE Pour saisir l'autonomie complète du langage parlé et du langage écrit sous le rapport de la compréhension, il est nécessaire de revenir à l'analyse de la nature du langage que nous avons faite au chapitre trois. On se rappellera que deux aspects, deux niveaux, du langage peuvent être distingués: la manifestation physique, ou *structure de surface* (qui, dans le cas de la parole, correspond aux ondes sonores qui traversent l'air) et le sens, ou *structure profonde*. La *grammaire* est le pont entre ces deux niveaux; elle comporte un lexique et une syntaxe définie comme un ensemble de règles de langage que tout individu a développées dans son esprit et qui sont très peu accessibles à l'examen. La distinction entre la structure de surface et la structure profonde s'applique autant à l'écrit qu'à la parole. En langue écrite, la structure de surface est l'ensemble des tracés faits à l'encre ou à la craie sur une surface contrastante. Jusqu'à ce qu'elle soit interprétée ou comprise d'une quelconque façon, la structure de surface de la langue écrite n'est qu'un simple bruit visuel.

Il y a de nettes différences entre la langue parlée et la langue écrite au niveau de la surface; c'est à ce niveau que devrait se faire le «décodage», si lire était réellement une affaire de sons qui devaient d'abord être produits, du moins «en sous-sonorisation», avant que le sens ne soit établi. Par exemple, nous différencions, à l'écrit, plusieurs mots que nous ne différencions pas à l'oral, et cela aide à clarifier le sens de ces mots. La plupart des mots de la phrase suivante sont «incorrects» quand ils sont écrits, non quand ils sont dits: *le mère de la vile hait allée a l'autel prendre un vers de vain*. Il est facile de trouver les mots qui ne sont pas correctement orthographiés; cela montre que nous trouvons des indices sur le *sens* des mots écrits à partir de leurs caractéristiques visuelles et de la syntaxe, non à partir de l'émission vocale. Si on donnait un sens aux mots uniquement à partir de leur émission, on n'aurait aucun critère pour dire que plusieurs mots de la phrase précédente sont incorrectement orthographiés.

Il arrive quelques fois que nous différencions à l'oral des mots que nous ne différencions pas à l'écrit. Comparez ces deux phrases: *je vis des fils de soie pendre du rideau* et *son fils alla acheter des vis à la quincaillerie*. Dans chacune des phrases, les mots *vis* et *fils* se prononcent différemment même s'ils s'écrivent de la même manière. Comment pourrions-nous lire correctement ces phrases à haute voix sans prendre appui sur le sens.

De plus, en langue parlée, une large part du sens est traduite par l'intonation qui n'est pas directement représentée dans l'écrit. La plupart des signes de ponctuation apparaissent trop tard pour fournir quelque indication valable sur la façon de lire une phrase. L'intonation est plutôt signalée par le sens. Une fois que vous connaissez le sens d'une phrase, vous savez comment la dire.

La langue écrite n'est pas une représentation fidèle des sons de la langue parlée, même pour le mot. Le principe de la relation entre les lettres et les sons ne vaut pas dans deux circonstances assez fréquentes, quand il viendrait en contradiction avec les principes suivants: a) des mots apparentés par le sens doivent se ressembler; b) des mots non apparentés doivent être différents comme dans l'exemple *le mère de la vile...* Ce dernier énoncé explique pourquoi il y a relativement peu de mots qui, ayant des sens complètement différents, se ressemblent à l'écrit en dépit du fait qu'un grand nombre de mots différents (par le sens) se prononcent de la même façon. Le premier énoncé explique les ressemblances de forme et les différences de prononciation dans des paires de mots telles que aqueux/aquatique, chef/chef-d'oeuvre, nation/national.

Il est faux de penser que notre langue écrite est plus facile à lire parce que notre écriture est alphabétique. Nous identifions toutes les autres choses de notre monde visuel sans être obligés de les nommer. Nous reconnaissons immédiatement une vache ou son image sans devoir d'abord associer l'animal ou l'image au mot *vache*. Nous n'avons pas à prononcer le mot tout haut ou mentalement pour nous l'entendre dire et ainsi identifier l'animal en question. Une telle façon de faire serait sans aucun doute absurde parce que nous devons identifier cet être ou son image avant de pouvoir prononcer son nom. Comment est-il possible de prononcer le nom afin d'avoir le sens?

Il n'est pas vrai que nous ayons besoin de l'alphabet pour nous aider à retenir le nom ou le sens de tous les mots écrits que nous pouvons reconnaître. Nous pouvons reconnaître et nous rappeler des milliers de mots du vocabulaire de la langue parlée, des milliers de visages, d'animaux, de plantes et d'objets du monde visuel sans l'aide de tels indices. Pourquoi cette extraordinaire capacité de mémorisation faillirait-elle soudainement quand il s'agit de la lecture? Il n'est pas plus difficile de se rappeler que 家 ou le mot écrit *maison* se dit «maison» que de se rappeler que 🏠 ou une maison que nous voyons s'appelle «maison». Malheureusement, on croit souvent que la forme alphabétique *maison* se lit d'une façon spéciale simplement parce que cette forme est faite de lettres.

Dans certaines langues, la relation entre la forme écrite et la forme parlée est beaucoup plus ténue qu'en français, et les enfants réussissent assez aisément à apprendre à lire. Le chinois, par exemple, est largement idéographique (les symboles écrits représentent des mots entiers), et il peut très bien être lu indépendamment de la langue parlée du lecteur. En effet, un scripteur et un lecteur chinois peuvent parler chacun une langue assez différente, mais, parce que l'écriture chinoise est idéographique, ils peuvent communiquer grâce à l'écrit, alors qu'ils ne le pourraient pas par la parole. Cette situation est tout à fait analogue à celle de deux unilingues, anglais et français, qui peuvent également comprendre une suite d'idéogrammes telle que 2 + 2 = 4, mais non pas l'un ou l'autre des énoncés: «Deux et deux font quatre» ou «Two and two are four».

LES MOTS MANQUENT D'INFORMATION L'importance des mots isolés en lecture est souvent exagérée. On s'attend qu'un lecteur compétent soit capable de lire parfaitement tous les mots d'un texte à haute voix — du moins selon son niveau d'instruction — en partie parce qu'on croit que, pour lire et comprendre, il est essentiel d'identifier chaque mot. Pourtant, des preuves expérimentales confirment ce qu'on constate couramment, à savoir qu'il est plus facile de comprendre un passage que de le lire parfaitement.[19] En fait, il n'est généralement pas possible de lire mot à mot sans une compréhension préalable de ce qui est lu; c'est pourquoi les lecteurs professionnels, comme les annonceurs et les comédiens, essaient toujours de saisir le sens de ce qu'ils ont à lire avant d'en prononcer les mots.

Pour comprendre pourquoi l'appréhension du sens doit souvent avoir priorité sur l'identification des mots, on doit comprendre une idée assez peu familière: il n'y a pas assez d'information visuelle dans l'orthographe des mots pour qu'ils soient lus sensément à haute voix dans le cours d'une phrase. À première vue, cette affirmation peut paraître absurde. Or est-il certain, par exemple, que ce sont les lettres du mot *chien* qui nous indiquent qu'il s'agit de l'animal qui ronge des os et chasse les chats? Au mieux, tout ce que font les lettres de ce mot, c'est de suggérer une certaine combinaison de sons; nous verrons rapidement à quel point les lettres sont des guides peu fiables pour la production des sons de la langue parlée. Il reste que la prononciation d'un mot ne constitue pas son sens; nous ne savons pas ce qu'est le mot *chien* en ne faisant que le regarder ou l'écouter, comme le montre la phrase suivante: *il tira en arrière le chien de son fusil.* Je n'ai pas délibérément choisi un exemple de ce genre; presque chaque mot de la langue française est tout aussi ambigu, particulièrement les mots les plus courants qui ont souvent des dizaines de significations.[20] La phrase *il a bâti une cache pour la chasse aux canards* semble être sans ambiguïté, comme cette autre *il chasse le canard et cache ses prises sous le bâti de sa maison.* Les mots *bâti, cache* et *chasse* n'ont pas exactement le même sens dans les deux phrases et ne sont pas de même nature grammaticale.

En plus de ne donner que peu d'information sur leur signification ou leur fonction syntaxique, les mots isolés n'informent pas beaucoup le lecteur sur la façon de les prononcer. Une liste de mots tels que *lis tu soeur du une couvent vis prête acheter à des* ne peut être lue autrement qu'avec une «intonation de liste», très différente de celle que ces mots reçoivent quand on les range dans l'ordre suivant: *tu vis une soeur du couvent prête à acheter des lis.* C'est tout le sens de la phrase qui indique la fonction syntaxique de chacun des mots. La prononciation de *vis* dépend du fait qu'il est perçu comme un verbe (vi) ou comme un nom (vis); de même en est-il de *couvent*: |kuv| si c'est un verbe et |kuvã| si c'est un nom, et de *lis* qui se prononce |li| quand il s'agit du verbe lire et |lis| quand il s'agit de la fleur; quant à *prête* le son |è| est court si c'est l'adjectif et long si c'est une forme du verbe prêter. On ne peut décider de la prononciation d'aucun de ces mots tant qu'on n'a pas dégagé le sens de toute la phrase. Comment pourrions-nous comprendre le sens d'une phrase si les mots devaient d'abord être correctement prononcés?

La pertinence des phonèmes

J'ai discuté du décodage en lecture parce qu'il y a un grand nombre de personnes, dont plusieurs travaillent à des programmes de lecture, qui pensent qu'un enfant ne pourrait jamais apprendre à reconnaître un mot s'il ne pouvait pas utiliser les règles graphophonétiques pour en dégager la prononciation. Mais nous savons tous que les premiers mots que lit un enfant sont appris globalement. Il reconnaît son nom et bien d'autres mots, comme *ma-*

man, Shell, Texaco, longtemps avant d'apprendre que *m* se prononce /m/ et *p* /p/ (sauf quand il est suivi de *h* , auquel cas il se prononce /f/). En réalité, les enfants apprennent généralement que *m* se prononce /m/ parce qu'ils savent que /m/ est le premier son de mots tels que *maman* et *matin* qui commencent par la lettre *m*. Les enfants apprennent les règles graphophonétiques par la lecture, ils n'apprennent pas à lire à partir de ces règles. C'est pourquoi les meilleurs lecteurs sont toujours ceux qui connaissent le mieux l'aspect graphophonétique, ils sont toujours en avance sur l'enseignant.

Un groupe de chercheurs californiens a publié les résultats d'une étude visant à dénombrer les règles de la «correspondance graphème-phonème» qu'il faudrait avoir pour prononcer six mille mots d'une et de deux syllabes faisant partie du vocabulaire d'enfants anglophones âgés de six à neuf ans.[21] Il faut une règle pour chacun des sons auquel est associé une lettre ou un groupe de lettres. Par exemple, il faut une règle pour rendre compte de la prononciation du *p* et une autre pour *p* suivi de *h*. Si une correspondance apparaissait assez peu souvent parmi les six mille mots, le son /v/ dans *of*, les chercheurs considéraient ce cas comme une exception plutôt que comme une règle.

À la fin de leur étude, les chercheurs ne trouvèrent pas moins de cent soixante-six règles de correspondance graphophonétique — cent six pour les voyelles et soixante pour les consonnes —, et il restait encore six cents mots des plus courants dont ils ne rendaient pas complètement compte. De plus, ces chercheurs ne trouvèrent pas de règle qui pourrait aider l'écolier à choisir parmi plusieurs règles applicables à un même cas, et ne trouvèrent pas non plus de règle qui indiquerait quand un mot doit être considéré comme un cas d'exception. Certaines règles ne peuvent pas être appliquées avant de déterminer la bonne intonation d'un mot ou de décider de sa fonction syntaxique ou sa structure morphologique (par exemple, *permit* n'a pas la même intonation quand il s'agit du nom et quand il s'agit du verbe; le *th* doit être considéré comme un tout dans *father,* alors qu'il s'agit de deux graphies séparées dans *fathead).* En d'autres termes, il est assez facile d'appliquer les règles graphophonétiques à un mot si vous savez déjà ce qu'est ce mot.

Je dois ajouter que la plupart des règles énoncées par ces chercheurs ne s'appliquent que si le mot est déchiffré à reculons. On ne peut pas savoir si les lettres *p, g* et *k* doivent être prononcée sans vérifier d'abord si elles sont suivies d'un *n* (comme dans *pneumonia, gnash* et *knot* où la première lettre ne se prononce pas); et tout le monde connaît l'effet d'un *e* muet en fin de mot sur ce qui précède.

Apprendre à lire

J'ai fait ressortir que la lecture ne peut pas être considérée comme un processus de «décodage» transformant les graphies en sons; il est ni possible, ni nécessaire de voir l'écriture de cette façon. La langue écrite doit plutôt être directement abordée pour sa signification; il s'agit d'un processus qui n'est ordinairement pas «enseigné», du moins pas de façon consciente,

mais qui est appris de toute façon par un grand nombre d'enfants. Nous serions plus en mesure de nous demander comment les enfants s'y prennent
pour apprendre à lire si nous regardions brièvement ce qu'ils doivent apprendre à faire.

Il m'apparaît que la lecture courante nécessite deux habiletés de base
avec lesquelles est familier l'enfant qui commence à apprendre à lire. La
première consiste à anticiper le sens et à prélever des échantillons sur la
structure de surface afin de réduire l'incertitude; ce processus, dont j'ai déjà
parlé dans le chapitre trois, est tout aussi fondamental pour la lecture que
pour la compréhension de la langue parlée. La seconde habileté consiste à
faire usage de l'information visuelle le plus économiquement possible. Chaque enfant est familier avec cette nécessité et cette habileté parce qu'il a
ainsi, depuis sa naissance, donné du sens à d'autres aspects visuels de son
monde, comme je l'ai montré au chapitre deux par des exemples de situations de lecture. Aucune de ces habiletés, l'anticipation du sens et l'usage
économique de l'information visuelle, n'est explicitement enseignée à l'é-
cole, et il n'est pas nécessaire qu'elles le soient. S'il est placé dans une situation d'apprentissage appropriée, un enfant les développera, tout comme il a
développé les habiletés nécessaires à la compréhension de la langue parlée.
Il est facile de décrire une situation d'apprentissage appropriée: un enfant
ne peut apprendre à lire qu'en lisant. Ce n'est qu'en lisant qu'il peut vérifier
ses hypothèses sur la nature de l'acte de lire, établir des ensembles de traits
distinctifs pour les mots, apprendre à identifier des mots et saisir le sens à
partir d'un minimum d'information visuelle, et découvrir comment ne pas
dépasser la capacité du cerveau et éviter les engorgements de la mémoire.

Il y a d'autres avantages à cette façon d'apprendre à lire. C'est par la
lecture, par exemple, que nous développons l'habileté qui nous permet d'i-
dentifier des mots qui ne nous sont pas familiers, qui ne font pas partie de
notre vocabulaire visuel. Avant qu'un enfant ne soit soumis à l'enseignement régulier de l'école, les adultes sont ordinairement obligés de lui dire le
nom des mots qui ne lui sont pas familiers; ils lui permettent ainsi de se
concentrer sur la tâche, plus complexe, qui consiste à établir des listes de
traits distinctifs. Cependant, à l'école, cette aide vitale disparaît soudainement, et on attend de l'enfant qu'il trouve lui-même le nom des mots écrits.
On lui offre, en échange, un ensemble de règles graphophonétiques qui ne
servent qu'à quelques occasions, qui surchargent sa mémoire et l'amènent à
essayer de lire d'une façon fort artificielle. Il y a des moyens plus simples
que la prononciation de découvrir ce qu'est un mot. Vous ne pouvez certainement pas deviner quel mot j'ai à l'esprit quand j'écris m____, mais vous
pouvez le faire si cette lettre se trouve dans une phrase: *j'ai passé la fin de
semaine dans une petite m____de campagne* ou, pour utiliser un autre mot,
il enfourcha sa m____et partit au triple galop. Quand un enfant rencontre
un mot inconnu en lecture, il peut souvent ne pas en tenir compte (à moins
qu'on le corrige pour qu'il fasse une lecture complète) ou décider ce que doit
être le mot en s'appuyant sur le contexte. Quand la lecture est facilitée —
soit parce qu'une grande partie du texte est connue, soit parce qu'on lui lit

les passages difficiles — on aide l'enfant à acquérir une connaissance qui lui permettra d'identifier de nouveaux mots en établissant des analogies avec des mots ou des parties de mots qu'il connaît déjà. Une personne peut n'avoir jamais vu le mot *téléphoto* et être capable de l'identifier facilement si elle peut lire des mots tels que *téléphone, télévision* et *photographie.* Plus on connaît de mots, plus il est facile d'en identifier de nouveaux, surtout quand il y a un contexte qui donne un indice.

Bref, il est plus facile d'apprendre à lire, et de lire, si on peut donner du sens à ce qu'on fait. La plupart des enfants comprennent cela implicitement quand ils apprennent à lire; c'est pourquoi, plutôt que de s'arrêter à chaque mot, ils sautent par-dessus les mots difficiles et s'en tiennent au sens général de ce qu'ils lisent.[22] L'origine de cette «connaissance inconsciente» qui semble guider un enfant dans ses premiers efforts de lecture, jusqu'au moment où nous l'entraînons à faire autre chose, n'est pas un mystère. Le fait que son système visuel et sa mémoire soient si rapidement surchargés l'amène à se rendre compte qu'il est impossible de lire de façon aussi précise et mécanique que le souhaiteraient souvent les adultes. Ainsi, quand on demandera plus tard à un écolier de lire un livre «pour l'information», il pourra trouver qu'on s'attend à ce qu'il acquière et stocke beaucoup plus d'information visuelle qu'il ne peut en traiter, ou il se rendra compte qu'il a développé l'habitude nocive d'essayer de tirer d'un texte plus d'information que sa mémoire peut en retenir.

La lecture et l'école

Plutôt que de dresser une liste des conséquences que les enseignants devraient tirer de mes dernières remarques, je ferai deux énoncés que je rapprocherai de pratiques pédagogiques largement répandues. Ce sont deux principes généraux qui doivent être observés avec intelligence, ce ne sont pas des «conseils pratiques» qu'il faudrait suivre aveuglément.

Le premier énoncé est une reprise de ce qui a déjà été dit: la lecture ne peut être apprise que par la lecture. Ce n'est qu'à travers l'expérience de la lecture qu'un enfant peut apprendre à utiliser une information visuelle minimale et à se servir de la redondance pour réduire la charge imposée à la mémoire à court et à long terme. Ce n'est qu'en lisant qu'un enfant peut apprendre à identifier de nouveaux mots à partir de ceux qui sont déjà connus. Plus encore, bien que personne ne sache suffisamment ce qu'est la lecture pour dire à un enfant ce qu'il devrait apprendre, les enfants peuvent eux-mêmes s'enseigner à lire. Les habiletés propres à la lecture ne peuvent pas être entrées de force dans la tête des enfants; toutefois, il est on ne peut plus évident qu'ils sauront comment apprendre à lire si on leur donne une petite chance. Mais, sur une heure consacrée à l'enseignement de la lecture, les enfants ne consacrent que quatre minutes environ à la lecture véritable.[23] Le problème avec l'enseignement systématique, c'est qu'il prive l'enfant des occasions de faire un apprentissage important.

Le second énoncé général découle du premier. Il est évident que, si lire est essentiel à l'apprentissage de la lecture, alors cette lecture doit, le plus possible, être facilitée. Au lieu de cela, l'enseignement de la lecture devient souvent un véritable obstacle. Les enfants sont astreints à des exercices de décodage et d'identification de mots, bien que ce soit, pour tout lecteur, les deux tâches les plus difficiles. On présente souvent aux enfants des mots dans des phrases dénuées d'intérêt ou de tout ce qu'on pourrait raisonnablement appeler du sens, malgré le fait que la signification fournit à la fois les indices et la confirmation nécessaires au processus de prévision qu'est fondamentalement la lecture. Bien que la lecture vise la compréhension et que celle-ci soit essentielle à l'identification des mots, on corrige souvent les enfants sur la lecture de mots plutôt que sur leur compréhension; la charrue est placée avant les boeufs. D'un autre côté, la plupart des adultes trouvent difficile de faire une lecture parfaite à haute voix, surtout quand ce qu'ils lisent est pauvre de sens. Le processus de la lecture est souvent confondu avec celui de la parole où les dialectes et les styles varient grandement. Les enfants sont «corrigés» lorsqu'ils lisent à voix haute parce qu'ils produisent quelque chose de perceptible et traduisent dans leur langage le sens du texte écrit. Un enfant qui dit «Le garçon avait pas in seul bonbon» quand ce qui est écrit est «Le garçon n'avait pas un seul bonbon» peut mieux comprendre cette phrase qu'un autre qui en aurait fait une lecture littérale. Aux enfants qui ont de la difficulté, on dit de ralentir et d'être attentifs, bien que la lecture soit particulièrement impossible si le lecteur ne lit pas rapidement et ne prend pas quelques risques.

Plus un écolier grandit, plus on s'attend à ce qu'il assimile bon nombre de nouvelles informations par la lecture. Plusieurs élèves du secondaire et des autres niveaux sont taxés d'analphabétisme fonctionnel, ce qui signifie souvent qu'on attend d'eux qu'ils lisent des textes qui sont, pour eux, fondamentalement incompréhensibles. Pourtant, il est évident que plusieurs de ces élèves peuvent lire: ils lisent des articles de journaux et de revues qui les intéressent; ils lisent les lettres qu'ils reçoivent, la publicité, les programmes de télévision ou de cinéma, les menus. Mais ils ne lisent pas les manuels scolaires.

Qu'un manuel soit difficile ou facile à lire, cela ne dépend pas simplement de la capacité de l'élève ou même de sa motivation. Lire devient difficile quand la quantité d'information visuelle que doit traiter un lecteur est trop grande, étant donné une connaissance préalable insuffisante. Par exemple, un élève aux prises avec un texte portant sur les mathématiques ou l'histoire n'a pas besoin d'accroître sa capacité de lecture, il a besoin d'une meilleure compréhension des mathématiques ou de l'histoire. Un livre n'est pas le même pour un enseignant qui l'a lu plusieurs fois et en connaît à fond le sujet et pour un étudiant qui est inévitablement forcé d'adopter une vision en tunnel. Plus encore, certains livres sont si mal écrits que même des enseignants expérimentés considèrent qu'il est presque impossible de les lire. La lecture est rendue difficile chaque fois qu'un livre exige trop du lecteur.

Un enseignant peut aussi être trop exigeant. La lecture courante normalement n'exige pas beaucoup de la mémoire à long terme. Les romans populaires et les reportages de journaux sont faciles à lire parce que nous savons déjà une bonne partie de ce qui y est écrit. Nous avançons dans un roman un peu comme nous passons une journée ordinaire, vivant des événements, interprétant ce qui se passe à la lumière de ce que nous savons déjà et ne faisant entrer, dans la mémoire à long terme, que quelques informations marquantes. Essayer de stocker trop d'informations dans la mémoire à long terme — par exemple, essayer de retenir, au début de la lecture d'un roman russe, tous les noms des personnages et tous les rapports qu'ils ont entre eux — trouble la lecture. Ce n'est que quand nous sautons les détails que de tels romans deviennent lisibles. Mais l'élève ne peut ordinairement pas passer par-dessus les détails; il est forcé d'essayer d'assimiler de grandes quantités d'information nouvelle. Non seulement cette alimentation forcée ne fait qu'obstruer la mémoire et ralentir la lecture jusqu'à un rythme qui empêche la compréhension, mais l'accent mis sur l'information que fournit la page surcharge le système visuel. En somme, insister sur l'acquisition et la rétention de nouvelles informations nuit à la compréhension.

Chaque fois qu'un individu est inquiet ou peu sûr de lui-même ou qu'il a vécu une malheureuse succession d'échecs, son comportement laisse voir une conséquence inévitable: il exige beaucoup plus d'information avant de prendre une décision. Ses trop grandes hésitations aggravent ses difficultés. Un problème semblable attend quiconque essaie de lire dans un état d'anxiété, quelle que soit la chose qu'il est en train de lire et sa capacité de lecture. Plus il est anxieux, moins il sera à même de s'appuyer sur l'information non visuelle. La conséquence ironique d'un tel comportement est qu'il augmente la probabilité d'erreur et de malentendu plutôt que de la diminuer. Là où le lecteur détendu voit un ordre, le lecteur tendu ne voit que confusion visuelle.

Les interventions de rattrapage qui peuvent être faites auprès des écoliers chez lesquels on a diagnostiqué un «problème de lecture» peuvent amplifier leurs difficultés plutôt que faciliter leur aisance à lire. Le principal besoin d'un élève inexpérimenté en lecture est de trouver des lectures faciles et intéressantes. Au lieu de cela, il est probable qu'il lira moins, qu'il fera plus d'exercices et de répétitions et qu'il recevra plus d'enseignement. Un matériel de lecture qui présente une sorte de défi (un euphémisme pour dire qu'il est difficile) plutôt que d'être facile fait augmenter l'anxiété de telle façon que la lecture n'est ni signifiante, ni agréable. Le problème d'un élève de quinze ans qui a de la difficulté à lire peut ne pas venir d'une insuffisance d'enseignement, mais plutôt du fait que l'enseignement qu'il a reçu les années précédentes a rendu plus difficile son apprentissage de la lecture. Sans cela, cet élève aurait pu apprendre à lire aussi vite que celui qui n'a pas reçu d'enseignement et qui, comme un fait exprès, apprend à lire en quelques semaines. Après dix années de trituration pédagogique, un élève peut avoir plus besoin d'une ou deux années de convalescence éducationnelle que d'une aggravation de ses blessures.

Écrire

Il peut malheureusement être tout aussi compliqué d'essayer de comprendre le processus d'écriture que le processus de lecture. J'analyserai brièvement le rapport entre la lecture et l'écriture, puis le processus physique de l'écriture qui consiste à tracer des mots sur le papier. J'aurai peu à dire sur le processus complexe de la composition.

Écrire et lire

Il y a d'assez grandes différences dans les habiletés et les efforts propres à la lecture et à l'écriture, et notre système d'écriture pourrait être vu comme un compromis entre les besoins du lecteur et ceux du scripteur, chacun d'eux bénéficiant, aux dépends de l'autre, d'un aspect de la langue écrite. Je voudrais souligner en particulier que le fait qu'il y ait un certain rapport entre la forme écrite de la langue et sa forme sonore constitue l'une des principales consessions que les lecteurs font aux scripteurs.[24]

L'idée que la forme du langage soit un compromis entre l'émetteur et le récepteur ne se limite pas à l'écriture. Le discours peu articulé est plus facile à produire mais plus difficile à comprendre que le discours dans lequel chaque différence est clairement produite. En langue écrite, la facilité de production semble aussi s'opposer à la facilité de discrimination. À titre d'exemple, comparez le gribouillage d'un scripteur rapide à n'importe quel manuscrit où chaque lettre a été soigneusement tracée et considérez le coût relatif, en temps et en effort, pour le scripteur et pour le lecteur. En termes clairs, l'économie chez le scripteur rapide se fait aux dépends du lecteur. Je soupçonne que, quand l'écriture alphabétique a été développée, bien des gains ont été faits par les scripteurs aux dépends des lecteurs, en partie parce que la lecture est plus facile sous bien d'autres aspects.

Disons d'abord que la récognition est plus facile que la reproduction; il est plus facile de reconnaître une figure que de la dessiner. La mémoire de récognition est généralement plus efficace que la mémoire de rappel; il est plus facile de reconnaître des mots ou des objets déjà vus que de se rappeler ce qu'ils sont en leur absence. Un lecteur reconnaît plus facilement la forme d'un mot — même écrit en chinois — qu'un scripteur ne se la rappelle.

La lecture exige moins du système de traitement de l'information que l'écriture. Le lecteur n'a pas besoin, pour comprendre, d'identifier chaque mot ni même chaque phrase, tandis que le scripteur est tenu de produire chaque lettre. Le lecteur peut aller beaucoup plus vite que le scripteur et sauter des éléments dont il n'est pas certain ou qu'il considère comme relativement sans importance. Mais le scripteur est forcé de mettre dans son texte une grande quantité d'information visuelle que le lecteur ne regardera probablement pas. Que le lecteur ne soit pas familier avec l'orthographe ou le sens d'un mot donné n'a pas d'incidence sur sa lecture; pour le scripteur, une telle défaillance peut être assez problématique. Il y a de sévères sanctions pour le scripteur qui utilise une orthographe approximative, même quand il s'agit simplement d'écrire *adition* ou *language,* mais je doute que ce soit parce que cela cause de grandes difficultés au lecteur. Nous pouvons remarquer qu'un mot est mal orthographié, mais nous savons généralement ce qu'est le mot. En contrepartie, le scripteur semble n'avoir qu'un seul avantage sur le lecteur: on considère qu'il sait ce qu'il a écrit et ce qu'il écrira. Cela signifie que le scripteur devrait beaucoup moins charger sa mémoire que le lecteur, à moins d'écrire si lentement qu'il doive se rappeler ce qu'il veut dire.

En gros, la communication écrite semblerait être intrinsèquement plus exigeante pour le scripteur que pour le lecteur, ce qui peut être la raison pour laquelle la plupart d'entre nous préfèrent lire plutôt qu'écrire (bien que nos préférences aillent souvent du côté de la parole par rapport à l'écoute). Il pourrait alors sembler raisonnable de penser que des compromis devraient être faits sur les points particuliers qui sont plus difficiles pour le scripteur, en particulier une simplification des formes distinctives de l'écrit et une réduction de leur nombre. Il est plus facile, pour un scripteur, d'utiliser un système dans lequel il n'y aurait qu'une vingtaine de symboles différents qui pourraient être combinés de multiples façons pour produire plusieurs milliers de configurations uniques que de produire des milliers de symboles distincts. Cependant les scripteurs ont aussi besoin de moyens efficaces pour apprendre et se rappeler comment les éléments de la langue écrite, les lettres de l'alphabet, sont combinés, en reliant la graphie et le son.

Le système alphabétique, qui permet d'établir un rapport entre la langue écrite et les sons, rend possible, du moins en théorie, la prévision des formes écrites. Mais même cet avantage que retrouveraient les scripteurs a été largement réduit par la nécessité de rendre l'orthographe uniforme malgré les différences de prononciation que l'on peut trouver à travers l'histoire ou, à une même époque, entre les individus.

La représentation des mots

Tout comme un lecteur en arrive à identifier des mots sans se préoccuper de chacune des lettres, le scripteur expérimenté maîtrise un large répertoire de mots qu'il peut produire, même à la machine, sans se préoccuper de la façon dont ils s'épellent. Le mot est écrit d'un trait comme le résultat d'une suite intégrée de mouvements. Ces mots sont écrits beaucoup plus rapidement que s'ils étaient épelés lettre par lettre.[25] Une fois encore, c'est une habileté qui se développe par l'expérience. On apprend à écrire en écrivant.

Il n'est pas difficile de démontrer l'existence de telles séquences intégrées de mouvements; très souvent, nous ne pouvons pas être certains de l'orthographe d'un mot tant que nous ne l'avons pas écrit et que nous n'avons pas regardé comment il s'écrit. En outre, l'expérience donne aussi au scripteur une liste élaborée d' «épellation» (chacun des mots n'étant pas nécessairement bien épelés). Cette liste contient les mots que nous pouvons épeler immédiatement lettre par lettre quand on nous le demande. Nous savons que *dictionnaire* s'épelle *d-i-c-t-i-o-n-n-a-i-r-e, femme* s'épelle *f-e-m-m-e* et ainsi de suite. Une liste intégrée d'épellation n'a rien à voir avec les règles orthographiques ou les sons; en fait, les mots dont nous nous souvenons par épellation sont, pour la plupart, ceux dont la forme est relativement imprévisible. Les mots familiers, même lorsqu'ils présentent une forme irrégulière, sont ordinairement mieux épelés que les mots à forme régulière, mais qui sont peu familiers; en d'autres termes, nous avons tendance à apprendre et à utiliser l'épellation de certains mots ou des suites intégrées de mouvements plutôt que des règles orthographiques.[26]

Il y a aussi plusieurs techniques pour orthographier des mots dont le scripteur n'a ni l'épellation ni la suite intégrée de mouvements. L'une d'elles s'appuie sur un ensemble de «règles son-graphie» qui ont été enseignées ou déduites et qui sont largement utilisées, avec un succès égal, par les enfants. Une technique plus efficace que cette dernière consiste à construire et se rappeler la forme des mots par analogie: *télégraphe* s'écrit avec *ph* parce que c'est ainsi que s'écrit *photographe.* Quelque part entre les rapports son-graphie et l'analogie, et empiétant sur ces deux techniques, se trouvent les règles purement orthographiques qui indiquent si certaines combinaisons de lettres sont possibles; c'est le cas du *n* devant *p* et *b* qui devient *m,* comme dans *jambe.*

Le système alphabétique est-il utile au scripteur? Il n'y a pas de doute que l'action physique de reproduire un mot est plus facile et plus rapide quand le mot est construit à partir d'un ensemble qui n'a que vingt-six formes (excluant les variantes d'une même lettre) que quand il est choisi parmi des milliers de pictogrammes ou d'idéogrammes distincts. Il est aussi beaucoup plus facile de maintenir une homogénéité entre les scripteurs quand une orthographe peut être établie par convention. Un mot est plus facile à copier, et partant à apprendre, quand il peut être décomposé en éléments facilement reconnaissables, telles des lettres. Aucun de ces avantages, cependant, ne semble avoir de rapport avec le lecteur sinon qu'ils rendent probablement plus difficile la discrimination des mots.

Le fait que les lettres de l'alphabet aient un rapport avec les sons de la langue parlée peut n'être qu'un bienfait relatif, même pour le scripteur. Le pouvoir de prévision que donnerait le système alphabétique jouerait un plus grand rôle dans l'écriture et la lecture si la forme des mots pouvait varier en fonction de la prononciation. Somme toute, le désir de maintenir une cohérence à travers le temps et l'espace, et la règle selon laquelle les mots dont le sens se recoupe doivent se ressembler, réduisent, pour le scripteur, l'utilité que le système alphabétique aurait autrement.

La composition

Deux importants sujets, en rapport avec la composition, mériteraient qu'on s'y arrête. Malheureusement, on ne peut pas en dire beaucoup de choses, bien qu'il y ait beaucoup à y comprendre. Le premier sujet concerne la façon dont les pensées sont générées, et le second la façon dont ces pensées sont mises sur le papier.

PENSER À QUOI ÉCRIRE Bien qu'on soit loin de savoir clairement ce qui se passe dans la tête lorsqu'on pense à ce qu'on va dire, il est indubitable que l'habileté à dire quelque chose de façon efficace et, en premier lieu, à avoir quelque chose à dire se développent le mieux à l'usage. En fait, nous ne pouvons pas analyser la nature de nos propres processus de pensée ou encore ceux de quelqu'un d'autre, sinon en les faisant se manifester. On ne peut pas examiner directement le processus de composition, on ne peut que voir ce qu'il produit. Tant que nous ne produisons pas de mots que nous pouvons regarder, il n'y a rien à dire ou à faire quant à l'écriture.

Il n'est pas faux d'affirmer que nous sommes rarement conscients de ce que nous pensons tant que nous n'avons pas dit ou écrit quelque chose. Je ne dis pas que le langage *est* la pensée (voir chapitre trois), mais qu'il aide certainement le processus de la pensée. Lorsque nous croyons pouvoir nous entendre penser, nous nous parlons silencieusement. Ce discours silencieux est peu adapté à une évaluation critique, puisque personne d'autre que nous ne peut y réagir, et le message s'efface trop vite pour que nous puissions l'analyser. La meilleure façon d'analyser nos propres pensées et de transformer de nouvelles idées en parties productives de notre connaissance du monde est souvent de les écrire. Peut-être la seule justification possible de tous les rapports et autres devoirs écrits des élèves de tous âge est-elle que l'acte de composition fournit aux victimes des occasions d'évaluer l'état de leur propre pensée.

Ainsi donc, puisque la pratique de l'écriture paraît si désirable, non pour simplement communiquer ou apprendre comment écrire, mais aussi pour analyser et développer nos propres pouvoirs de pensée créatrice, on peut considérer comme un peu tragique le fait que tant de personnes craignent d'écrire. Je n'ai pas l'intention de jeter une partie du blâme sur les expériences d'écriture qui ont pu être vécues à l'école; un examen des causes possibles de ce fait suggère la présence d'un facteur profond: une fausse conception selon laquelle quelqu'un qui n'écrit pas avec aisance a une déficience.

Une partie de la résistance à l'écriture est souvent de nature émotive, bien que la raison précise d'une telle réaction ne soit pas facilement discernable sans une minutieuse analyse de la vie d'un individu. Souvent celui-ci croit que rien de ce qu'il écrit ne mérite d'être lu, qu'il n'a rien d'intéressant à dire, bien qu'une telle appréhension ne se reflète pas toujours dans sa volonté de parler. Peu de gens sont prêts à croire qu'ils écrivent bien. Cette mauvaise opinion — quand elle n'est pas attribuable à un passé fertile en échecs — est souvent due à une conception irréaliste des difficultés pratiques de l'écriture et à une idée erronée selon laquelle une bonne production écrite devrait jaillir toute formée de la tête d'un scripteur. Plusieurs personnes sont très intolérantes face à une écriture maladroite, même s'il s'agit d'elles-mêmes ou d'un premier jet que personne ne lira.

Écrire est un processus laborieux du point de vue physique et mental, à cause de l'effort manuel qu'il suppose et à cause de sa lenteur. Ces obstacles peuvent être surmontés, dans une certaine mesure, par l'usage d'une machine à écrire ou d'un dictaphone, et pourtant ces instruments sont précisément réservés à ceux qui ont atteint une certaine maîtrise de l'écriture et manquent à ceux qui en auraient le plus besoin. Plusieurs personnes qui n'écrivent qu'occasionnellement seraient moins sévères pour leurs propres efforts si elles comprenaient qu'une partie essentielle de l'écriture est la mise au point du texte, habileté rarement encouragée ou enseignée à l'école.

La meilleure façon de favoriser l'écriture et de développer la lecture est d'en faciliter la tâche. Attendre d'un enfant qu'il écrive sur un sujet dont il ne souhaite pas parler ou écrive avec autant d'aisance qu'il parle ne constitue pas une attitude raisonnable. Il est plus important de s'assurer que toute activité d'écriture soit signifiante, ce qui veut dire qu'elle doit s'inscrire dans une situation et être centrée sur un sujet qui a du sens pour l'enfant.

RENDRE L'ÉCRITURE DIFFICILE L'écriture et la lecture peuvent être relativement différentes quant aux habiletés qui les composent, mais la façon dont ces habiletés doivent être développées est remarquablement similaire. La pratique est le moyen par lequel toutes les habiletés langagières se développent et s'affirment, et la pratique doit se faire à travers des tâches faciles. La pratique courante de l'écriture ne s'épanouira pas si le scripteur ne peut pas penser à quelque chose qu'il pourrait dire.

Un dernier exemple suffira à illustrer comment la lecture, l'écriture et la compréhension d'un sujet nouveau peuvent être inextricablement compliquées. Un étudiant qui doit subir un examen écrit sur un roman historique doit d'abord le lire. En lisant, il peut souffrir d'un manque d'information non visuelle sur le sujet et surcharger sa mémoire en essayant de deviner les questions d'examen. Ayant essayé de comprendre un livre difficile dans des conditions qui rendent la compréhension persque impossible, il doit ensuite essayer de lire et d'interpréter un ensemble de questions dans un état de grande anxiété, étant peut-être incertain du sens du jargon propre aux questions d'examen (par exemple «Comparez et opposez»). Doutant de sa compréhension de la question ou du livre, il doit commencer à «composer», tout en sachant qu'on n'accordera aucun crédit à sa réflexion fugace tant qu'il n'aura pas écrit quelque chose. Mais il ne doit pas seulement concevoir et communiquer, il doit aussi se conformer aux règles de l'écriture. Il doit porter attention à la grammaire, au style, à l'orthographe, à la ponctuation, au plan et à l'ordre de présentation, tout cela d'un seul coup et avec à peine une petite possibilité de réviser son texte ou même d'y réfléchir. Le feed-back ne viendra que trois semaines plus tard, sous la forme d'une note. Il est évident que j'exagère, je l'espère. Mais voyez-vous comment des tâches qui, individuellement, pourraient être signifiantes et satisfaisantes deviennent, ensemble, un exercice vain ne menant qu'à l'exaspération et la confusion?

CHAPITRE 7

Les différences individuelles

L'idée que tous les gens sont identiques et sa contrepartie que chacun est différent sont probablement émises aussi souvent l'une que l'autre et avec le même accent de désespoir s'il s'agit de quelque imperfection de la race humaine. La vérité est que nous sommes tous semblables par certains côtés et différents par d'autres. Nos éléments de base sont les mêmes, mais ils tendent à s'associer dans des combinaisons et des proportions différentes.

Jusqu'à présent, nous nous sommes intéressés aux attributs du cerveau c'est-à-dire, aux mécanismes universels de compréhension et d'apprentissage. Tous les enfants (exception faite d'une très petite minorité qui ont d'évidents handicaps fonctionnels), quel que soit leur milieu social, culturel et économique, naissent avec le même processus d'apprentissage qui leur permet de comprendre et de prévoir le monde, tout comme ils naissent avec une tête, des bras et des jambes. Malgré cette ressemblance de structure, la diversité entre les êtres humains est grande. Tous les individus semblent avoir des intérêts différents, une somme différente de connaissances, des habiletés et des attitudes différentes et des degrés de motivation différents par rapport à divers buts, cette motivation étant fonction de raisons différentes. Ils apprennent des choses différentes, à des moments différents, avec des degrés de facilité différents et réagissent différemment devant les divers résultats. Ils donnent du sens au monde de façon personnalisée.

Ce chapitre traite de différences qui, en elles-mêmes, sont souvent présumées avoir une étroite relation avec la compréhension et l'apprentissage. On traitera surtout de l'intelligence, souvent considérée, en éducation, comme l'élément le plus différentiel. L'intelligence est un sujet tellement complexe, tellement confus et chargé d'émotivité qu'il vaudrait mieux l'aborder à partir de deux questions qui s'y rapportent et qui peuvent être discutées avec moins de passion. La première concerne les styles cognitifs, c'est-à-dire les façons caractéristiques dont les individus semblent penser, percevoir et apprendre; la seconde question, qui sera laissée de côté jusqu'à la fin du chapitre, concerne le langage et les différentes attitudes qu'il semble refléter en rapport avec la compréhension et l'apprentissage.

On pourra objecter que le traitement que je donne à ces importants sujets est superficiel, insuffisant et même déformant; je dois cependant rappeler que je n'ai jamais prétendu être exhaustif ni même complet dans l'analyse de ces questions. Mais, au moyen d'un exposé pas trop bref, je voudrais montrer comment, dans la perspective des chapitres précédents, on peut voir les sujets relatifs aux différences individuelles. La structure cognitive n'est pas seulement une partie de notre façon d'interagir avec le monde; elle constitue le fondement de cette interaction. Que nous soyons rapides ou lents, vifs ou apathiques, comblés ou insatisfaits, le tableau général que j'ai esquissé serait inadéquat s'il ne suggérait pas une certaine façon de relier ces différences à une cohérence profonde.

Les styles cognitifs

Tous les individus diffèrent quant à plusieurs dimensions: certains sont joyeux, d'autres tristes, certains sont pleins d'entrain, d'autres maladifs, certains sont sociables, d'autres non. J'appelle ces différences des *dimensions* parce qu'elles se caractérisent par le «plus ou moins» plutôt que le «ceci ou cela». Vous et moi sommes optimistes, mais je peux être plus optimiste que vous. Une personne qui n'est pas vantarde peut être loin de la modestie. Il y a toute une série de degrés où une personne peut se situer entre les deux points extrêmes d'un contraste. Alors qu'il y a peu d'individus susceptibles de se situer à l'une des extrémités d'une dimension, la plupart d'entre nous avons tendance à nous agglomérer et à évoluer autour du point milieu. Un optimisme inconditionnel est probablement tout aussi peu souhaitable qu'un perpétuel pessimisme; une totale sincérité est tout aussi intolérable qu'un mutisme impénétrable.

Les individus diffèrent aussi par leur façon d'aborder les problèmes, de prendre des décisions, y compris celles de nature purement perceptive. Tout le monde n'apprend pas et ne fait pas les jugements perceptifs de la même façon, même si on utilise les mêmes processus de base. Nous avons des *styles cognitifs* distincts. [1] La meilleure manière de décrire un style cognitif et de voir comment il caractérise un infividu de façon comparative plutôt qu'absolue est de parler du type de situation expérimentale dans laquelle il est examiné. Le style cognitif qui me servira d'exemple est appelé dépendance-indépendance* vis-à-vis de l'environnement. Sa description demande que vous vous imaginiez, encore une fois, en train de participer à une expérience de psychologie.

Dépendance-indépendance

Vous êtes seuls, confortablement assis devant un rectangle illuminé qui pourrait être un cadre vide accroché au mur devant vous; toutefois la pièce où vous êtes est plongée dans l'obscurité totale, et vous ne pouvez voir ni les murs, ni le plancher ou le plafond, ni aucun coin qui vous permettrait de savoir si vous n'êtes pas assis la tête en bas par rapport au monde qui vous entoure.

Votre tâche consiste à regarder le rectangle qu'un expérimentateur invisible fait bouger par un mécanisme invisible et à dire quand il sera correctement aligné avec les murs et le plancher. Cette tâche n'est pas aussi difficile qu'on pourrait le croire parce que vous avez encore un ou deux moyens de vous orienter et de savoir où est le haut et le bas, ce qui devrait normalement vous suffire pour décider de la bonne position du cadre lumineux. L'un des repères se trouve dans votre corps; le système vestibulaire de votre oreille interne vous donnera la position de votre corps par rapport à la gravité et vous dira si vous êtes en déséquilibre. Le second repère est extérieur à votre personne et est perçu par une partie de votre corps qui n'est ordinairement pas considérée comme un organe sensoriel. Vous pouvez vous repérer à partir de la position de votre corps sur le siège où vous êtes assis et que vous présumez parallèle au plancher; ce repère est transmis au cerveau à partir de la surface de contact de votre corps avec le siège.

C'est ici que se manifeste toute l'ingéniosité diabolique des expérimentateurs, qui rend la psychologie si exaspérante pour les sujets soumis aux expériences. La chaise a été installée de telle façon que la partie sur laquelle vous êtes assis n'est pas parallèle au sol et qu'ainsi vous percevez le monde avec un certain angle.

Vous vous rendrez probablement compte que quelque chose ne va pas dès que vous vous assoirez. L'information venant de votre oreille interne vous dira que vous êtes en déséquilibre et sera en contradiction avec l'information ixterne provenant du contact de votre corps avec la chaise. La question sera de savoir quelle source d'information croire. Les individus accordent une importance différente à différentes sources d'information.

Ceux qui ont tendance à croire l'information fournie par la chaise se caractérisent comme *dépendants de l'environnement;* ils sont influencés par l'information venant du monde extérieur. En revanche, les sujets qui ont plus tendance à croire ce que leur transmet leur système vestibulaire se caractérisent comme *indépendants de l'environnement;* ils ne sont pas

---

* Le trait d'union signale qu'il s'agit d'une dimension.

complètement sous l'emprise des faits extérieurs.

La plupart des gens se situent entre les deux extrêmes. Un individu totalement *dépendant de l'environnement* n'aurait aucune volonté et serait complètement à la merci de ce qui l'entoure. Une personne totalement *indépendante de l'environnement* serait détachée de la réalité et vivrait entièrement dans un monde imaginaire. Cependant la tendance d'un individu à être plus ou moins influencé par les faits extérieurs semble avoir une certaine constance et être reliée à plusieurs autres aspects caractéristiques de son comportement. La personne qui se montre indépendante de l'environnement dans la situation expérimentale a probablement une attitude indépendante vis-à-vis des autres, une haute estime de soi et peu de conformisme; alors que l'individu dépendant de ce qui l'entoure est enclin à une certaine passivité et se révèle sensible aux personnes et aux événements.[3]

D'AUTRES STYLES COGNITIFS   On a prétendu découvrir une vingtaine de styles cognitifs différents; certains concernent particulièrement les modes de pensée, comme les sens de l'analyse, de la synthèse et de la catégorisation large ou étroite; certains ont trait aux comportements interpersonnels, comme l'introversion et l'extraversion; et d'autres se rapportent à la façon dont les individus préféreraient que fonctionne leur monde, comme la tolérance ou l'intolérance face à l'ambiguïté.

Certaines gens semblent vivre en recherchant les différences et même en les accentuant; ce sont ceux qui ont une grande acuité visuelle et auditive et qui remarquent rapidement tout ce qui est inhabituel ou contradictoire dans leur monde. Dans des situations expérimentales où on leur demande d'évaluer des différences, ils ont tendance à exagérer. Ces «acuitifs» contrastent avec les «niveleurs»[4] qui, eux, préfèrent un environnement prévisible comportant un minimum de nouveauté et de changement.

Beaucoup de gens sont enclins à la précipitation, sautant vite aux conclusions et s'engageant dans des entreprises avec un minimum de prudence et à partir d'une information minimale. Ils préfèrent presque n'importe quelle décision à une incertitude. D'autres sont plus hésitants, rassemblant ou souspesant autant d'information qu'il est possible et préférant l'indécision au risque d'erreur. Bien que la position d'un individu, par rapport aux deux extrêmes du style cognitif appelé *impulsion-réflexion*,[5] est censée ne pas changer au cours de la vie, les enfants ont tendance à être impulsifs au début de leur vie et à devenir plus réfléchis à mesure qu'ils grandissent.

Tout apprentissage suppose le risque, autre style cognitif qui permettrait assez bien de caractériser les individus.[6] Ceux qui prennent peu de risques apprennent sans doute moins efficacement, parce qu'ils répugnent à affronter la possibilité de se tromper. Ceux qui prennent beaucoup de risques, en revanche, peuvent ne pas assez calculer leurs chances. La perception est un processus de prise de décision, ce qui suppose un risque, et l'on sait que certains individus semblent exiger plus d'information que d'autres avant de se faire une idée. Comme nous l'avons vu lors de l'analyse de la théorie du signal de détection (chapitre 2), la quantité d'information exigée pour faire une identification variera selon que l'observateur est disposé ou non à prendre le risque de se tromper.

Les styles cognitifs et la structure cognitive

Plusieurs études de corrélation ont été faites pour voir jusqu'à quel point on peut établir des liens entre des styles cognitifs différents, ou même identiques, et pour voir s'il n'y aurait pas une personnalité plus générale ou des caractéristiques intellectuelles qui sous-tendraient chacun des styles. Les résultats sont très ambigus. La façon dont les individus se conduisent dans des situations semblables ne paraît pas beaucoup changer dans le temps, mais il est très difficile de prévoir quel style cognitif ils utiliseront dans des occasions différentes. Un homme qui hésiterait à parier aux courses pourrait être prêt à risquer une réponse incertaine à une question d'examen, et un comptable méticuleux pourrait être un automobiliste téméraire. En d'autres termes, ce que le chercheur pourra trouver dépend moins de l'individu que de la situation dans laquelle il le place. Quoi qu'il en soit, on peut faire une affirmation générale touchant tous les styles cognitifs: ils sont le reflet des solutions individuelles au problème du traitement de l'information dans un monde de bruit.

Plusieurs styles cognitifs semblent supposer une quantité déterminée d'information et dont l'individu a besoin avant de prendre une décision; ils semblent aussi définir les types de décisions qu'il préférera prendre. La quantité d'information exigée par un individu dépend du degré de certitude qu'il veut avoir quant à la justesse de sa décision et du point où il pense que ce degré de certitude est atteint. La grandeur du risque d'erreur qu'il est prêt à accepter est fonction d'autres facteurs cognitifs telle l'idée qu'il se fait des coûts relatifs du fait de se tromper et du fait de rechercher une information supplémentaire pour réduire la marge d'erreur. Le contrôle que l'individu croit avoir sur la situation où il se trouve ou sa confiance envers ceux dont il croit qu'ils ont ce contrôle est un autre facteur. Vous avez sûrement remarqué l'usage du mot *croire*. C'est que tous ces facteurs complexes ne dépendent pas tant des véritables probabilités du monde réel — la faute est-elle vraiment probable ou l'individu sera-t-il effectivement très pénalisé pour s'être trompé? — mais de l'attente ou de l'opinion de l'individu. Une fois encore, nous voyons que la majeure partie de ce qui explique les comportements se trouve dans l'esprit de celui qui agit, dans sa structure cognitive.

Les styles cognitifs n' «expliquent» pas les individus ni ne sont des forces mystérieuses qui contrôlent notre cerveau de l'intérieur. Ils se définissent par des caractéristiques observables et relativement cohérentes de la pensée et du comportement, et sont le reflet d'un ensemble complexe de croyances, d'attentes et de règles qui toutes concernent l'interaction avec le monde. Ils sont le résultat de l'expérience et de l'apprentissage.

Les styles cognitifs et l'apprentissage

Les différences de nature cognitive se reflètent évidemment dans la façon dont les enfants apprennent. Les styles cognitifs ont deux conséquences importantes pour l'enseignement et qui peuvent être reliées. La première concerne le degré de «structuration» que préfère un enfant dans toute situation d'apprentissage, et la seconde le degré d'incertitude que cet enfant peut tolérer.

Un enfant, considéré comme un «penseur faible»,[7] se comporte souvent en classe comme s'il n'avait pas le temps de considérer plusieurs possibilités; il peut se jeter aveuglément sur les solutions comme si l'appréhension d'une erreur possible lui rendait le doute insupportable. D'un autre côté, les enfants qui réussissent mieux à l'école semblent avoir beaucoup plus de temps; ils agissent avec une assurance tranquille qui s'appuie en partie sur la quasi-certitude de réussir ou d'être peu pénalisés en cas d'échec. Il y a des variations dans les besoins de direction et de réconfort chez un enfant qui apprend.[8] On ne sait pas bien si ces différences sont attribuables uniquement aux styles cognitifs ou si elles ne dépendent pas aussi de la situation dans laquelle se trouve l'écolier.

Tout porte à croire que des individus rapprochés par leurs styles cognitifs sont plus productifs dans certaines situations où ils sont ensemble.[9] Les enseignants et les élèves, les thérapeutes et les patients, même les gens qui cohabitent, préfèrent être en compagnie les uns des autres et ont tendance à mieux travailler et à réaliser plus de choses s'ils se trouvent à peu près au même point du continuum dépendance/indépendance vis-à-vis de l'environnement.

La question de savoir ce qu'on doit faire à partir de la découverte de différences cognitives et de leurs conséquences montre à quel point la tolérance à l'incertitude et au manque de structure varie d'un individu à l'autre. Certains théoriciens et certains enseignants considèrent que toute découverte concernant des différences individuelles devrait avoir des incidences immédiates sur les interventions en classe et le matériel pédagogique. Plusieurs voudraient supprimer, sinon les différences, du moins leurs conséquences en regroupant, par exemple, les enfants d'un même «type» pour les placer dans une situation d'enseignement particulière et en faisant de même avec les enfants des autres types cognitifs. D'autres soutiennent que l'homogénéité n'est pas souhaitable, que les enseignants et le matériel pédagogique doivent être flexibles et ouverts plutôt que de répartir les enfants dans de petites catégories. Pourquoi serait-il peu souhaitable que tous les enfants d'un même groupe ne veuillent pas apprendre les mêmes choses, de la même manière et au même rythme? Une meilleure attitude face à l'accroissement des connaissances sur les différences individuelles pourrait être de développer des stratégies pédagogiques et un matériel qui reconnaissent le fait que les enfants ne comprendront pas et n'apprendront pas exactement de la même manière et qui rendent sympathique et constructive l'acceptation de leur individualité.

L'intelligence

De tous les mots ambigus et trompeurs de la langue, le mot *intelligence* est probablement celui qui cause le plus d'inquiétude, d'alarme et même de dommage dans les écoles. Ce mot est utilisé dans un grand nombre de contextes, et souvent on ne sait pas si les personnes qui soulèvent des questions sur l'intelligence ou même en discutent, parlent de problèmes théoriques ou essaient d'établir des règles concernant l'usage du mot. Par exemple, si quelqu'un affirme que «l'intelligence est capable d'appréhender l'environnement», on ne sait pas s'il parle de la nature de l'intelligence ou de ce qui devrait être appelé intelligence.

Le but que je vise ici — et qui n'est pas si ambitieux — est d'explorer ce que disent les gens lorsqu'il est question d'intelligence et de voir comment ce sujet pourrait être relié à l'analyse que nous avons faite de la compréhension et de l'apprentissage. Si nous pouvons faire une distinction entre le sémantique et le psychologique, nous aurons encore des problèmes à résoudre, mais nous pourrons avoir une idée plus claire de la nature de ces problèmes.

Définir l'intelligence

Il n'y a sûrement pas unanimité sur ce qu'est l'*intelligence,* parce que les gens parlent souvent de choses différentes lorsqu'ils utilisent ce mot. Il n'y aura jamais d'accord général quant à son usage. Mais si on pouvait persuader les gens de clarifier ce dont ils croient parler, on pourrait commencer à répondre à certaines questions importantes sur la justesse et la valeur des tests que nous utilisons pour mesurer l'intelligence. Il y a plutôt une gamme d'opinions — toutes controversées et socialement délicates — sur ce qui constitue l'intelligence (ou sur la façon d'utiliser le mot), sur son origine, sur la façon de la mesurer, sur qui en a le plus et sur ce qui devrait être fait, si possible, à ce sujet.

La situation est fondamentalement absurde. Tout se passe comme si nous avions plusieurs méthodes pour mesurer la taille, dont aucune ne donnerait le même résultat; comme si personne ne pouvait s'entendre sur ce qu'est essentiellement la taille et que plusieurs personnes pensaient que nous ne devrions jamais distinguer les individus d'après la taille. Absurde et triste, puisque beaucoup de gens se sentent l'objet de discrimination, dans les domaines social, économique et éducatif, à cause de la mesure de leur intelligence; les progrès que fait un enfant à l'école, puis dans une carrière, sont fréquemment influencés par les notes obtenues à des «tests» d'intelligence.

Paradoxalement, quand nous utilisons le mot *intelligence* de façon informelle, dans le langage quotidien, il a ordinairement un sens pour nous. Nous savons ce que nous voulons dire. Ce n'est que quand il est utilisé comme terme technique ou «scientifique» qu'il perd tout son sens. Je me propose d'examiner pourquoi il en est ainsi.

L' «intelligence» en contexte et hors contexte

Le substantif *intelligence* n'est probablement pas aussi utilisé dans la conversation quotidienne que sa forme adjectivale et la forme adverbiale; nous affirmons ou nions qu'une personne est *intelligente*, qu'elle se comporte *intelligemment* ou qu'un comportement particulier est *intelligent*. Autrement dit, nous utilisons ces termes de manière descriptive pour caractériser des individus ou leur comportement.[10]

Ces termes non seulement sont descriptifs, mais aussi ont une valeur relative. Ce qui est jugé intelligent dépend de la situation. Il peut être ou ne pas être intelligent d'apporter beaucoup de bagages en vacances selon qu'on voyage en transatlantique ou en canot. Il peut être ou ne pas être intelligent d'allumer une chandelle durant une panne d'électricité selon que vous doutez ou non que le pilote de la fournaise au gaz s'est éteint. Dans certaines circonstances, un comportement inintelligent pourrait être l'incapacité de faire fonctionner un ascenseur; dans d'autres circonstances, ce serait l'ignorance de la façon de monter un chameau ou de préparer un poisson. Les enseignants n'ont ordinairement aucune difficulté à comprendre un collègue qui dit qu'un certain élève est intelligent; cette affirmation signifie qu'il est facile d'enseigner à cet élève et que ce dernier saisit bien ce qui se passe en classe.

Bref, les mots comme *intelligent* et *intelligemment* sont généralement utilisés dans des contextes, implicites ou explicites, constitués de situations précises; ces mots caractérisent des comportements qui conviennent à des situations particulières. Des énoncés contenant le mot *intelligent* seront en réalité peu signifiants si l'auditeur ne peut pas recourir au contexte, à ses connaissances et à sa compréhension de la situation pour faire une évaluation juste du comportement auquel s'applique l'adjectif «intelligent». La question de savoir si le mot «intelligent» est une étiquette juste ou culturellement déformée à appliquer à un individu ne devrait jamais se poser, quoique, bien entendu, on puisse douter du jugement ou des motifs de la personne qui fait l'évaluation.

Dans certains contextes de notre culture, des termes comme «intelligent» en sont venus à ne s'appliquer qu'à la capacité de raisonnement ou qu'à la capacité de saisir et traiter certains types d'unités de connaissance. Ce rétrécissement de sens reflète le contexte particulier dans lequel l'évaluation est souvent faite. La définition ne nous dit pas ce qu'est une personne intelligente; elle ne fait que montrer comment on tend de plus en plus à utiliser ce terme.

Il y a cependant une autre complication. En plus d'employer le mot *intelligent* pour décrire un individu ou son comportement, on peut recourir aux usages figurés permis par la langue et utiliser le mot *intelligence* pour parler de quelque chose qui serait dans l'individu. On peut dire que les gens *ont* de l'intelligence et que certains en ont plus que d'autres. Mais je veux souligner que, même là, on n'a pas enlevé au terme sa signification. Dans nos conversations familières, les affirmations concernant l'intelligence d'une personne continuent d'être liées à une situation particulière. Si nous parlons de l'intelligence de quelqu'un en rapport avec l'école, nous voulons dire une chose. Si nous parlons de son intelligence par rapport à une partie de pêche, nous voulons en dire une autre. Il n'y a pas d'ambiguïté. Pour utiliser la terminologie de cet ouvrage, la connaissance préalable d'un auditeur — sa compréhension des habitudes langagières du locuteur et sa compréhension du contexte dans lequel l'énoncé est produit — élimine toute incertitude quant au mot *intelligence*. Le mot est signifiant.

Les psychologues entrent alors en jeu, empressés comme toujours d'être rigoureux et scienfiquement objectifs, pour organiser notre usage du mot *intelligent*. Ils décident d'abord de *mesurer* l'intelligence, ce qui signifie qu'ils doivent interpréter le mot dans un sens littéral plutôt que métaphorique ou elliptique. Ils s'efforcent de donner un chiffre, ou «quotient», à la part d'intelligence de chacun et utilisent ces nombres dans toutes sortes d'opérations mathématiques. Par exemple, ils essaient de calculer la «quantité approximative d'intelligence» que chacun devrait avoir; puis ils décident dans quelle mesure l'intelligence d'un individu doit être au dessus ou au dessous de la moyenne pour que nous soyons autorisés à l'appeler un génie ou un idiot. On pourrait croire que les psychologues ont fait un travail magnifique en mettant de l'ordre dans l'un des coins de notre langage si ce n'était que personne ne sait vraiment de quoi ils parlent. Puisqu'il n'y a pas de contexte qui indique ce que toutes ces différences quantitatives sont censés représenter, les valeurs numériques de l'intelligence restent sans grande signification. C'est comme si on avait pris la décision de vendre la nourriture uniquement en fonction de la masse, pour éviter au consommateur la peine d'interpréter la relation entre la masse et le produit acheté. Vous ne sauriez pas si les paquets contiennent du sucre ou du sel, mais vous sauriez que vous auriez une plus grande quantité en choisissant un paquet de cinq cents grammes plutôt qu'un autre de deux cents.

La situation est presque comme si nous avions un mot qui aurait deux sens distincts: une *intelligence* qui est toujours relative à des situations implicites ou explicites et dans lesquelles des comportements sont plus ou moins adéquats ou appropriés; puis, une autre «intelligence» qui est une mystérieuse qualité mentale, pratiquement immuable et que tous les individus ont en quantités différentes. Une sorte de loi de Gresham linguistique a même commencé à jouer faisant en sorte que, dans l'usage courant, le sens altéré du mot provoque l'exclusion du sens le plus «pur» et le plus valable. Plusieurs personnes ne pensent plus à l'intelligence en tant que comportement et sont persuadées qu'il s'agit d'une quantité comme votre masse ou votre taille.

Les psychologues ont, en réalité, introduit une autre façon de parler de cette mystérieuse intelligence qu'ils mesurent mais ne peuvent pas définir. Ils parlent du quotient d'intelligence d'un individu ou, plus brièvement, de son Q.I., et, assez curieusement, l'abréviation Q.I. a, dans une certaine mesure, acquis une assez bonne signifiance dans nos conversations quotidiennes, bien que personne ne s'entende sur ce qu'est ce I dont chacun a un Q. La plupart des gens, en éducation du moins, savent que le Q.I. d'une personne est d'abord un indice de son aptitude scolaire. Quand ils apprennent que quelqu'un a un faible Q.I., ils présument qu'on ne peut pas s'attendre à ce que cet individu réussisse bien les tâches exigées à l'école.

C'est maintenant le moment d'examiner ce que les psychologues ont pensé mesurer.

Les buts des tests d'intelligence

Je n'essaierai pas de faire la liste de tous les types de questions ou de tâches qu'on peut retrouver dans les tests d'intelligence; je n'essaierai même pas de donner des exemples précis. Tout étudiant qui a fait le cours primaire et qu'on a laissé atteindre seul le portail de la profession d'enseignant a une bonne expérience des tests tels que le WISC, le WAIS, le Stanford-Binet, le test d'aptitude scolaire ou le test des analogues de Miller. Tout le monde sait que ces tests semblent valoriser la facilité de parole, la rapidité et l'agilité mentales et une large base de connaissances générales de nature académique. Pour quoi d'autre y aurait-il des tests d'intelligence?

À l'origine, les tests d'intelligence avaient pour but de connaître certains aspects des gens lorsqu'il fallait prendre des décisions. Les tests visaient un *diagnostic* qui permettait de savoir si un enfant serait plus à l'aise dans un certain type d'école ou si une recrue avait les aptitudes nécessaires à un service en particulier. En d'autres termes, les tests permettaient de connaître des aspects particuliers d'un individu.

La base de ces premiers tests d'intelligence étaient surtout pragmatique. On proposait au sujet un échantillon de tâches dont les types et les niveaux correspondaient à ceux qu'on pouvait trouver dans la réalité des écoles, ou des occupations par rapport auxquelles l'individu était évalué. L'idée était acceptable: plutôt que de prendre le risque de confier immédiatement certaines tâches à un individu, on examinait, en situation de test, son niveau de performance dans quelques activités représentatives. Aucune question de seuil de performance, de validation ou d'impartialité n'entrait en ligne de compte; les tâches qu'on retrouvait dans ces tests étaient des échantillons ou se rapprochaient des tâches que supposait la situation pour laquelle l'individu était évalué.

Cette correspondance étroite et fort sensée entre le test et l'objectif subsiste largement dans les tests administrés aux écoliers. Un écolier qui obtient une bonne note à un test d'intelligence réussira probablement très bien à l'école parce que le test comporte justement le genre de tâches qu'on retrouve à l'école. Il n'y a rien de déraisonnable dans de tels tests si leur but est d'évaluer le degré de réussite à certaines tâches et d'utiliser ces données pour anticiper les performances futures. Il est évident que ces tests pourraient devenir déraisonnables si les attentes de l'école étaient déraisonnables.

Les tests d'intelligence servent à une tâche plus complexe qui consiste à faire des prévisions sur les succès futurs d'une personne. Les résultats des tests ne sont plus interprétés par rapport à la capacité présente d'un sujet, mais par rapport au niveau de performance qu'il devrait atteindre dans le futur. Dans l'ensemble, les gens qui réussissent bien à un test à un moment donné réussiront vraisemblablement bien à un test semblable quelques années plus tard. Il n'y a rien d'étonnant, de mystérieux ou même de remarquable dans le fait que le Q.I. reflète un potentiel scolaire ou qu'il se montre stable dans le temps. Les tests sont faits d'items de nature scolaire, et ces items sont eux-mêmes testés. Les items qui ne permettent pas de prévoir une performance scolaire, qui ne donnent pas de résultats stables dans le temps, sont rejetés par les concepteurs de tests. Ainsi les gens qui obtiennent de bonnes notes aujourd'hui réussiront probablement bien à l'école dans le futur.

Mais une restriction s'est introduite: je ne parle plus d'un individu mais «des gens», et mes dernières phrases furent précédées de l'expression «dans l'ensemble». La plupart des gens qui atteignent une certaine performance dans un test à un moment donné montreront plus tard une performance semblable; il y aura cependant des exceptions. Le fait qu'il y ait des exceptions ne constitue pas un problème, aussi longtemps que l'on comprend que les affirmations concernant des *groupes* et des probabilités futures n'ont plus de sens quand on les applique à des *individus* et à un état présent. Il n'est pas possible de prévoir qui seront les exceptions.

Le fait que seulement vingt pour cent des élèves qui, en neuvième année, ont obtenu 37 ou moins à un certain test (mes chiffres sont assez arbitraires) iront à l'université quatre ans plus tard est considéré, par les statisticiens, comme une donnée respectable et constitue un guide utile pour les planificateurs du système d'enseignement. Cela signifie, pour les administrateurs, que, pour chaque groupe de cent élèves inscrits en neuvième année et obtenant 37 ou moins au test, ils ne doivent prévoir que vingt places à l'université. Cependant la note obtenue à un test ne constitue pas une donnée très utile pour savoir si un individu donné qui a obtenu 37 devrait profiter d'un programme spécial à l'école. Ses chances d'être admis à l'université, s'il profite du programme spécial, peuvent être de vingt pour cent et ne seront réelles qu'au moment de faire sa demande d'admission à l'université. Vingt pour cent des élèves qui obtiennent 37 réussiront, et, à partir de la seule note obtenue au test, il n'est pas possible de savoir lesquels. Si seulement vingt élèves, parmi cent qui obtiennent une certaine note, ont des chances de réussir, les rejetez-vous tous à l'avance (même les vingt qui normalement réussiront) ou choisissez-vous vingt élèves et à partir de quels critères? En tranchant cette question, vous ne dites plus ce qu'une personne peut faire, mais ce qu'il lui est permis de faire. Pour l'administrateur, la question peut comporter un pari sur l'avenir; mais, pour l'individu, le sort en est jeté, et le dénouement sera tout ou rien.

Ainsi apparaît clairement un autre usage des tests d'intelligence: ils sont utilisés pour partager les gens, pour les placer dans une catégorie plutôt que dans une autre. Cette fonction des tests peut paraître loyale et inoffensive quand il ne s'agit que d'habiletés courantes, quand cela permet de distinguer des cuisiniers et des troupes de combat; mais cela fait surgir toutes sortes de questions quand il s'agit d'une affaire de probabilité. Qui devrait avoir la chance d'entrer dans les écoles les plus sélectes? Voulons-nous sélectionner nos enfants à partir de ce qui nous semble être les meilleurs paris?

Que mesurent les tests d'intelligence?

Il y a, depuis longtemps en psychologie, un débat sur la nature fondamentale de ce qui donne la capacité d'obtenir de bonnes notes aux tests d'intelligence. La question est de savoir s'il y a une capacité générale sous-jacente — qui serait probablement ce que la plupart des gens appellent l'intelligence — ou un certain nombre d'habiletés séparées qui n'auraient aucun lien entre elles?[12] À première vue, on pourrait parler en faveur des deux hypothèses. Le fait qu'un individu soit un mathématicien habile ne signifie pas nécessairement qu'il sera un bon lecteur ou un bon scripteur. Mais, «dans l'ensemble», les gens qui obtiennent de bonnes notes à un sous-test d'intelligence ont tendance à bien réussir aux autres. Parce que les faits ne sont pas clairs, certains psychologues en ont conclu que les deux hypothèses sont justes — que l'intelligence tient d'un facteur général et d'un certain nombre d'habiletés particulières. Cette position peut sembler vouloir dire que, dans certaines circonstances, vous pourrez être intelligents et que, dans d'autres, vous ne le serez pas. Pourtant un psychologue est allé jusqu'à prétendre qu'il n'y a pas moins de cent vingt aspects différents de l'intelligence dont près de cent — statistiquement parlant — ont été isolés avec succès.[13]

La solution semble se dérober jusqu'à ce qu'on s'aperçoive qu'il y a d'autres facteurs, tel l'intérêt, dont les tests d'intelligence ne tiennent pas compte. Supposons qu'un mathématicien ne soit pas intéressé par la littérature; est-ce que cela n'expliquerait pas l'inégalité de ses capacités? Et si l'on imagine que certaines personnes s'intéressent à tout, cela n'expliquerait-il pas pourquoi elles pourraient réussir à une quantité de tests?

On pourrait aussi ajouter que les tests d'intelligence ne tiennent pas compte d'autres aspects particuliers des individus, tels les styles cognitifs qu'ils préfèrent. Par exemple, les sujets soumis à un test réussissent presque toujours mieux s'ils sont prêts à prendre des risques. Même quand la méthode de correction comporte une technique qui tient compte de ce phénomène, il reste que la peur de se tromper peut empêcher un sujet de donner une réponse qui aurait certainement été juste, sans parler des autres bonnes réponses qu'il pourrait donner en comptant sur le hasard.

On croit communément que l'intelligence est ce que mesurent les tests d'intelligence. Comme nous l'avons vu, ils permettent une assez bonne anticipation des succès scolaires; par conséquent, un grand nombre de personnes soutiennent que l'intelligence réside dans la capacité de bien accomplir les tâches scolaires ou, du moins, que cette capacité est un indicateur fiable de l'intelligence. À partir d'une telle mesure de l'intelligence, on pourrait affirmer que les enfants qui ne réussissent pas bien à l'école ne sont pas très intelligents. Ce point de vue entraîne beaucoup de controverse quant au concept d'intelligence et à la façon dont celle-ci est mesurée. Ce n'est pas tout le monde qui est convaincu que les valeurs scolaires, précieusement conservées dans un si grand nombre de nos écoles, sont ou bien sans connotation culturelle ou bien des points de référence valables pour distinguer ou même discriminer les individus.

Bien que des concepteurs de tests difficiles essaient de trouver des items qui ne pénaliseront pas les individus à cause de leur expérience plutôt que de leur «intelligence», on continue d'énoncer des règles générales quant au type de contenu que devraient présenter les items d'un test et quant à la langue qui devrait être utilisée pour présenter ce contenu. Les tests évaluent encore les individus sur ce qu'ils savent quoique des cultures différentes, des couches sociales différentes et mêmes des groupes d'âge différents se distinguent quant au type de connaissance qu'ils croient important.

Bien que l'on tire souvent des conclusions sur la capacité d'apprentissage d'un individu à partir de son Q.I., les tests d'intelligence, en réalité, ne mesurent pas l'apprentissage; ils mesurent principalement ce que sait un individu et ce dont il est capable à un moment précis. Il n'y a pas de test qui permette de voir à quelle vitesse et avec quelle efficacité une nouvelle information peut être acquise et utilisée. Il n'existe pas non plus de test qui mesure l'usage qu'un individu peut faire de ses connaissances, qui mesure sa créativité.

Bref, tout ce qu'on peut dire des tests d'intelligence, c'est qu'ils donnent une note, un rang qui permet de prédire assez bien, mais non pas avec certitude, la note qu'un individu obtiendra plus tard pour le même genre de test et les niveaux de scolarité qu'il atteindra probablement. Ils permettent de dire si un individu est adapté à l'école.

D'AUTRES VOIES Certains psychologues ont proposé d'autres approches de toute la question de l'apprentissage à l'école. Par exemple, on a affirmé que tout sujet peut être enseigné à n'importe quel enfant si le sujet est expliqué dans des termes que l'enfant peut comprendre.[14] Autrement dit, tous les enfants peuvent atteindre les mêmes objectifs, à la condition qu'on se rende compte qu'ils partent de points différents et qu'ils doivent donc suivre des itinéraires différents.

On a aussi affirmé que tous les enfants peuvent apprendre n'importe quoi, mais que, pour certains, cela demande plus de temps. En d'autres termes, l'intelligence pourrait être une question de temps.[15] D'autres ont soutenu que les différences individuelles sont une conséquence de nos méthodes d'enseignement. Parce que, dans une classe, on enseigne généralement de la même façon à tous les enfants, ces différences ont tendance à s'accentuer avec le temps. Les enfants capables d'apprendre rapidement apprennent très rapidement, mais ceux qui sont le moins susceptibles d'apprendre rapidement apprennent très lentement. À la fin, la différence entre les rapides et les lents est encore plus grande qu'au début. Paradoxalement, si les enfants étaient traités comme des individus différents, les différences individuelles disparaîtraient.

Les différences d'âge

Il y a des différences évidentes entre des enfants qui n'ont pas le même âge. Les jeunes enfants donnent du sens au monde d'une façon différente de leurs frères et soeurs qui sont plus âgés, et pourquoi pas? Ils ont moins d'expérience.

Certains théoriciens accordent une grande importance aux changements qu'ils voient se produire dans les *processus* de pensée des enfants à mesure que ceux-ci vieillissent.[17] Ils peuvent établir un schéma du développement mental qui commence par le *stade sensori-moteur,* où tout ce que sait un enfant lui vient de ses actions et de leurs conséquences; puis l'enfant passe au *stade des opérations formelles* qui commence vers l'âge de douze ans, au moment où la pensée de l'enfant se détache progressivement de la perception et de l'action directes pour tendre vers le raisonnement logique et scientifique. Quand les enfants entrent à l'école, ils en sont à un stade *intuitif,* qui est transitoire. Ils ont commencé à construire dans leur esprit un monde actif et indépendant, mais leur pensée est encore *prélogique* plutôt que rationnelle. Pour ces psychologues, l'intelligence est un *processus* d'adaptation à l'environnement et d'interprétation des nouvelles expériences à partir des expériences passées.

La conception de la croissance mentale comme une série de transitions ou de changements entre différents stades n'a pas fait l'unanimité.[18] D'autres psychologues voient une continuité plus uniforme dans le développement mental et rejettent toute idée de changements qualitatifs soudains dans la nature de la pensée. Par exemple, il a été démontré qu'il y a trois lignes de force dans le développement intellectuel des enfants: a) un accroissement de la spécificité de discrimination, b) une optimisation de l'attention et c) un usage de plus en plus économique de l'information recherchée et sélectionnée.[19] En d'autres termes, à mesure qu'ils vieillissent, les enfants savent mieux quoi chercher et comment le chercher.

Plusieurs observateurs ont été particulièrement frappés par l'apparente facilité avec laquelle les enfants de cinq à sept ans peuvent être distraits; certains interprètent cela comme la caractéristique de la période où un enfant est en train de passer d'un mode de pensée à un autre. Mais on ne voit pas bien clairement si cette difficulté ou cette répugnance des enfants à maintenir leur attention, durant les premières années du primaire, est liée à la capacité, à l'intérêt ou même à la simple expérience qui leur permettrait de savoir où diriger leur attention à tel ou tel moment. Les prétendues preuves d'une capacité d'apprentissage limitée et discontinue chez les enfants de cinq et six ans doivent être confrontées aux exploits d'apprentissage réalisés par ces mêmes enfants au cours des premières années de leur vie, durant lesquelles ils ont donné du sens au monde qui les entourait et acquis la maîtrise du langage.

Peu de psychologues affirmeraient que les enfants passent automatiquement d'un stade de développement à l'autre. De plus, l'expérience — occasion de construire des habiletés et des connaissances qui serviront de base à d'autres habiletés et à d'autres connaissances — est si souvent oubliée et sous-estimée que nous devons dire quelques mots du prétendu processus de maturation, quelquefois considéré comme un substitut complet de l'expérience.

LES EFFETS DU TEMPS Les mots *maturation* et *maturité* sont souvent employés dans des raisonnements qui sont des cercles vicieux. Pourquoi Jean n'a-t-il pas appris à lire? Parce qu'il n'a pas assez de maturité (ou parce qu'il n'est pas prêt). Comment pourrez-vous indiquer le moment où il sera prêt? Il apprendra à lire. Pourquoi un enfant d'âge préscolaire croit-il qu'il y a plus de liquide dans un verre long et haut que dans un petit verre large? Parce qu'il n'a pas atteint le stade d'une plus grande maturité. Qu'arrivera-t-il quand il aura atteint ce stade? Il saura que le volume des liquides ne change pas en fonction de la forme du contenant dans lequel il est versé.

Il n'y a cependant rien de magique dans la maturation. Le simple écoulement du temps ne suffit pas à améliorer un aspect de la connaissance ou de la capacité intellectuelle d'un enfant. Si le temps constituait l'essentiel, on pourrait très bien enfermer un écolier de première année dans un bureau pendant un ou deux ans et attendre que se développent ses habiletés langagières et arithmétiques. La raison pour laquelle un enfant de dix-huit mois n'apprend ordinairement pas à lire tient à ce qu'il ne sait pas suffisamment de choses; c'est aussi simple que cela. Le temps à lui seul ne fera rien pour remédier à la situation. Ce qui compte, c'est l'expérience que vit l'enfant au cours des années.

Un enfant ne peut pas vérifier d'hypothèses concernant le monde tant qu'il n'a pas d'hypothèses ou d'attentes à vérifier. Il ne peut pas avoir d'attentes tant qu'il n'a pas construit une première base de connaissance. En d'autres termes, le développement mental d'un enfant est tout aussi progressif et prévisible que sa croissance physique. En fait, les développements intellectuel et physique ont tendance à être coordonnés. Certains développements intellectuels, tels que la production des premiers mots, ont tendance à se produire au cours de la même période où se produisent certains développements moteurs, tels que se tenir debout sans appui.[20] Mais cela ne signifie pas que le développement mental ou le développement physique dépende l'un de l'autre. Aider un enfant à se tenir debout n'accélérera pas son développement langagier, et des exercices de langage ne l'aideront pas non plus à se tenir debout.

Certains des «stades» de développement les plus perceptibles et les plus prévisibles apparaissent clairement lorsqu'on enseigne la dactylographie ou la télégraphie à des adultes.[21] Après un départ lent, le sujet montre une progression rapide quand il apprend à localiser chacune des touches; puis il demeure à ce «plateau» pendant un certain temps. Soudainement, il se produit un bond, une augmentation marquée de la vitesse d'exécution, quand il atteint le niveau suivant où il dactylographie des mots. Il y a enfin une troisième période de progression rapide quand l'adulte commence à dactylographier des phrases. Ces «stades» de développement de la dactylographie suivent un ordre et sont universels. Mais serait-il justifié d'attribuer ce développement à la croissance physique de l'étudiant — même s'il arrivait qu'il grandisse d'un ou deux centimètres au cours de son entraînement — ou de dire que ces stades sont la conséquence d'un accroissement de la maturité?

Les discussions qui entourent la question de la capacité de lire, et dont on trouve des traces dans bien des guides qui s'adressent aux enseignants, montrent à quel point le concept de maturation est vague. Tout ce qui, au premier abord, semble avoir un lien avec la lecture est répertorié parmi les facteurs qui jouent un rôle dans la lecture, qu'il s'agisse d'une acuité visuelle ou auditive déficiente ou de «maturité» physique, sociale ou émotive. Les enfants d'âge scolaire qui ne présentent pas de déficience physique évidente doivent jouir d'une acuité visuelle, auditive et intellectuelle extrêmement développée, sans quoi ils n'auraient jamais donné de sens au monde visible et au langage parlé. En ce qui concerne la vision et l'audition, il faut savoir que leur acuité atteint un sommet vers l'âge de quatre ans. Après ce moment commence le vieillissement. Bien entendu, des enfants de cinq ans peuvent ne pas savoir ce que le maître voudrait qu'ils regardent ou écoutent, mais ce problème ne se résorbera pas par la croissance, la «maturité», mais par l'apprentissage. De la même manière, un enfant qui souffre de déficience visuelle ou auditive ne guérira pas par maturation. Le temps seul ne fera que montrer une accentuation de ces déficiences.

Les différences de langage

Les différences de langage sont parmi les plus évidentes. Il n'y a pas deux personnes qui parlent exactement de la même façon; comment en serait-il autrement quand tant de hasard et de facteurs individuels entrent dans l'apprentissage du langage et dans la façon de traiter les sujets? Nous avons tous, dans une certaine mesure, vécu des expériences de langage différentes, même si nous sommes aussi semblables que de vrais jumeaux (qui développent souvent des façons différentes d'utiliser le langage simplement pour se distinguer l'un de l'autre). Ces différences linguistiques, qui caractérisent un individu, sont contenues dans le terme *idiolecte* qui désigne la façon de parler d'un individu. Il est certain que plus le milieu et les intérêts de deux personnes sont semblables, plus il est probable que l'idiolecte de l'un ressemblera à celui de l'autre. Il y aura malgré tout certaines différences; notre façon de parler nous est aussi propre que nos empreintes digitales.

Un groupe d'individus ayant chacun un idiolecte très semblable à celui des autres parlent le même *dialecte*. Ordinairement, un dialecte est parlé par des gens qui habitent une même région et partagent une même culture et un même ensemble d'intérêts. Tout cela pour dire simplement que les gens qui communiquent beaucoup entre eux tendent à parler le même dialecte. Cela est très peu surprenant.

Certains dialectes se ressemblent beaucoup, alors qu'ils diffèrent des autres. Ces différences dépendent, jusqu'à un certain point, de facteurs géographiques, culturels et économiques. Il peut arriver que deux enfants soient voisins et ne parlent pas le même dialecte si le père de l'un est fermier et celui de l'autre courtier d'assurance. Deux enseignants peuvent avoir exactement la même éducation et être au même niveau économique, mais l'un garder son parler montréalais et l'autre son parler gaspésien. Plusieurs facteurs déterminent le dialecte d'un individu; l'un des plus importants est le choix du dialecte qu'il veut utiliser. Nous essayons d'intégrer à notre idiolecte les caractéristiques du langage des personnes avec lesquelles nous avons des affinités et rejetons les caractéristiques linguistiques des gens qui nous sont antipathiques.

Un dialecte, dans ce cas, n'est qu'une forme particulière de la langue parlée et comprise par les individus d'un groupe donné. Et une langue n'est qu'un ensemble de dialectes parlés par les individus qui peuvent se comprendre entre eux. Si un enseignant du Québec comprend le dialecte d'un enseignant toulousain, nous disons qu'ils parlent la même langue.

Tout individu parle nécessairement un dialecte, puisque c'est par les dialectes qu'une langue se manifeste. Il y a les dialectes du français de France, les dialectes du français d'Amérique et les dialectes parlés dans d'autres parties du globe, mais il n'y a pas de français pur et parfait, même en France.

Certains dialectes sont-ils préférables à d'autres?

Il n'y a pas de doute que certains dialectes sont considérés comme plus séduisants que d'autres dans certaines situations et pour certaines personnes. Cela vient du fait que le langage constitue l'emblème du groupe social particulier auquel un individu a conscience d'appartenir. Le dialecte peut, à des degrés divers, servir à donner une idée rapide de la situation sociale et économique et du degré de scolarité d'une personne, aussi bien que de son lieu de naissance. Par conséquent, certains dialectes acquièrent plus de prestige que les autres, surtout dans l'esprit de ceux qui parlent les dialectes associés à un statut social, économique et intellectuel élevé.

On utilise aussi l'expression *dialecte standard** pour désigner celui qui a le plus de prestige. L'usage de cette expression est le reflet d'une croyance des plus répandues selon laquelle le dialecte prestigieux d'une langue est le «standard» par rapport auquel les autres dialectes ne sont que des imitations plus ou moins inférieures. On présume que quelqu'un qui parle un au-

---

*Calque de l'anglais «standard dialect»; il s'agit du dialecte commun ou dominant. (N. du T.)

tre dialecte essaie en réalité de parler le dialecte standard, mais n'y parvient pas pour une raison ou une autre; il lui manque quelque chose. Plus vous occupez un rang élevé dans la hiérarchie du pouvoir et du prestige, plus il est probable que la vérité de langue que vous parlez sera considérée comme le standard vers lequel tend tout mortel raisonnable, mais que peu atteignent. Quand les structures sociales hiérarchisées sont supprimées, l'idée d'un dialecte prestigieux tend à disparaître. Il ne peut pas y avoir de dialecte supérieur là où il n'y a pas de personnes supérieures. Parmi des égaux, tous les dialectes sont égaux.

Cependant, dans certains milieux institutionnels où la tradition est forte et les distinctions sociales clairement marquées, les différences dialectales tendent à être classées en plus ou moins désirables. L'un de ces milieux où les inégalités sont bien marquées est, sans contredit, la classe d'élèves traditionnelle. Si l'enseignant et les élèves parlent le même dialecte, il est très probable que la compréhension et le respect mutuel résulteront de ce qui pourrait être appelé la solidarité de classe. Mais si l'enseignant et les écoliers parlent des dialectes différents — ou même si l'enseignant pense que ses élèves parlent un dialecte différent du sien — il n'y a aucun doute sur ce que sera le dialecte de prestige. Ce sera celui que parle l'enseignant. Tous les autres dialectes pourront être considérés comme appauvris et déformés et, par conséquent, comme des outils de communication et d'apprentissage inadéquats.

Nous avons ainsi une réponse à la question de savoir si certains dialectes sont meilleurs que les autres. Certains dialectes donnent plus d'avantages à ceux qui les parlent, simplement parce que les gens pensent que ces dialectes sont supérieurs, bien que cette croyance repose sur des motifs personnels et pragmatiques plutôt que sur des données linguistiques. Nous pouvons maintenant voir si certains dialectes sont meilleurs que d'autres pour communiquer, penser et apprendre.[22]

DIALECTE ET PENSÉE Il est nécessaire de rompre avec la logique qui veut que des individus qui communiquent difficilement ou apprennent peu à l'école soient aussi des gens qui parlent des dialectes particuliers et que leurs carences soient attribuables à leur dialecte. De façon générale, les individus qui s'expriment le mieux et sont les mieux éduqués, dans la population, sont aussi ceux qui ont les dents les plus en santé, mais on ne pourrait pas affirmer que leurs belles dents les font ce qu'ils sont.

Des vérifications et des statistiques innombrables ont montré que les enfants qui parlent des dialectes particuliers réussissent moins bien dans un grand nombre de situations scolaires; mais aucune de ces données ne peut prouver l'existence d'une relation causale. Les corrélations entre le dialecte — ou le milieu ethnique ou le statut socio-économique ou le lieu de résidence ou la taille de la famille — et la réussite scolaire n'expliquent jamais un problème, elles le soulignent simplement. Il reste encore à chercher les raisons pour lesquelles les différences dialectales, ethniques, socio-économiques et celles de lieu de résidence ou de taille des familles devraient être mises en rapport avec la réussite scolaire.

Plutôt que de s'attarder aux performances scolaires des enfants qui parlent des dialectes particuliers, nous allons examiner brièvement les dialectes eux-mêmes et voir si les linguistes ont pu trouver un dialecte qui soit inférieur à un autre comme moyen de communication ou d'apprentissage.

Aucune langue ni aucun dialecte ne sont plus primitifs que les autres. Toutes les langues semblent être au même stade de développement. Aucune ne semble être intrinsèquement supérieure à une autre comme moyen de communication. Cela ne veut évidemment pas dire que le lexique soit le même dans toutes les langues. Toutes manquent de mots pour désigner certains concepts pour lesquels d'autres langues ont un vocabulaire. Mais toutes les langues du monde se font des emprunts mutuels. Le français n'avait pas de mot pour l'*algèbre* jusqu'à ce qu'il l'emprunte à l'arabe. Il n'a toujours pas de mot qui associe l'idée de justesse et celle d'excellence comme le fait le mot grec *arété*. Le fait que quelques concepts n'aient pas de mot ne signifie pas qu'une langue est inadéquate, mais indique qu'il n'y a pas encore de raison pour laquelle un certain mot devrait entrer dans cette langue. Toutes les langues peuvent intégrer des mots nouveaux quand cela est nécessaire.

De la même manière, les différences syntaxiques entre les langues semblent être des différences de style ou le résultat d'accidents historiques plutôt que l'indice d'une différence de capacité d'expression de l'une ou l'autre. Deux langues peuvent ne pas permettre de dire la même chose de la même manière; l'équivalent français de «be good» (sois bon) est «sois sage». Il n'y a cependant pas d'énoncé dans une langue qui ne puisse se traduire, d'une façon ou d'une autre, dans une autre langue, même si la différence culturelle rend la traduction inélégante.

Pour reprendre l'une des conclusions du troisième chapitre, les langues reflètent la structure cognitive des gens qui les parlent. Si une langue ne permet pas de traduire directement *carburateur*, *charité* ou *habeas corpus*, les gens qui la parlent auront sûrement certains problèmes avec ces concepts. Toutes les langues semblent cependant capables d'une évolution nécessitée par les besoins de communication.

De même qu'aucune langue ne semble être inférieure aux autres quant aux significations qu'elle permet d'exprimer, ainsi les dialectes ne semblent pas présenter de différence significative quant aux possibilités de communication qu'ils offrent. Les linguistes américains ont étudié un grand nombre de dialectes, particulièrement en rapport avec les problèmes; en éducation — par exemple les dialectes des enfants noirs de Harlem et ceux des enfants d'origine mexicaine de Californie — et ils ne les ont pas trouvés moins riches et moins articulés que les dialectes «standard» parlés dans les autres écoles de ces régions.[23] Les dialectes «non standard» ont aussi des formes de langage complexes et capables de répondre à tous les besoins de leurs usagers. Une différence n'est pas une déficience. Ces dialectes peuvent être tout aussi riches et permettre une communication tout aussi adéquate que les autres, et le fait qu'ils puissent être parlés par des enfants dont la performance scolaire se situe sous une certaine moyenne ne constitue ni une cause ni une conséquence du moins bon fonctionnement intellectuel de ces enfants.

C'est le même message qui est transmis quand une personne dit: «Je vais à l'école» ou «J'vas à l'école» ou «J'm'en vas aè cole», et aucun des dialectes auxquels appartiennent ces exemples n'est nécessairement plus ambigu ou moins précis qu'un autre. D'ailleurs, la phrase «Je vais à l'école», qui est en français standard, a au moins deux sens différents — «Présentement je me dirige vers mon école» ou «Je fréquente l'école» — qui sont mieux distingués dans certains dialectes moins prestigieux.

Si deux individus ont à peu près le même idiolecte, il est probable qu'il y aura ressemblance de structure cognitive et que les phrases «J'vas à l'école» et «J'm'en vas aè cole» ne créeront pas beaucoup de confusion pour eux. Mais une personne qui ne comprend pas suffisamment le dialecte d'une autre est d'ordinaire plus portée à jeter le blâme sur le langage de l'autre plutôt que sur une non-coïcidence de leurs structures cognitives, surtout si elle considère que son propre dialecte est plus prestigieux.

PRODUCTION ET COMPRÉHENSION Produire un discours n'est pas la même chose que le comprendre. Nous pouvons tous comprendre des phrases que nous ne pourrions pas produire ou que nous produirions difficilement. Les enfants comprennent les adultes la plupart du temps, bien qu'ils ne pourraient pas produire les mêmes phrases. Le fait qu'un individu parle comme un enfant parce qu'il *est* un enfant ne signifie pas qu'il ne comprenne que le langage enfantin. C'est presque le contraire, les enfants comprennent souvent mieux le langage des adultes que celui des autres enfants et parfois même mieux que le langage qu'ils produisent eux-mêmes. Il peut y avoir beaucoup plus d'information dans le langage des adultes. Par ailleurs, tous les enfants semblent capables de comprendre la langue standard utilisée à la télévision. Le fait qu'un enfant ne parle pas le même dialecte que son enseignant ne signifie pas qu'il ne pourrait pas le parler s'il le désirait, mais pourrait vouloir dire qu'il est peu disposé à parler ou à comprendre le dialecte de cet adulte. De même, un enseignant peut être peu enclin a vouloir comprendre le dialecte de ses élèves, s'il est différent de son dialecte réel ou supposé.

DIALECTES ET COMMUNICATION Ce dernier point nous amène à une question importante concernant les dialectes à l'école. Bien que tous les dialectes soient potentiellement aussi riches et aussi productifs les uns que les autres et qu'ils ne reflètent pas ou n'affectent pas la performance intellectuelle, ils peuvent toutefois jouer un rôle important quant à la quantité de communication et d'apprentissage produite dans une classe. Un écolier incapable ou peu disposé à comprendre ou même à accepter le dialecte de l'enseignement éprouvera des difficultés à réussir à l'école. Il éprouvera probablement les mêmes difficultés si c'est l'enseignant qui est incapable ou peu disposé à comprendre ou même à accepter son dialecte.

Si un enseignant souhaite ou exige que *son* dialecte, le dialecte de prestige, soit le seul à être utilisé pour la communication, tout écolier qui ne parle pas ce dialecte sera en difficulté. Il serait donc faux de supposer que la nature du dialecte de l'écolier sera sans conséquence sur ses apprentissages. Son dialecte peut être l'indice d'expériences et de valeurs qui ne correspondent pas aux attentes de l'enseignant. Le dialecte d'un écolier peut l'empêcher de participer pleinement aux situations d'apprentissage parce qu'il ne comprend pas ce qui se passe, bien que ce ne soit pas nécessairement le cas et que cela soit dû à des facteurs sans rapport avec sa façon de parler. De plus, le fait de maintenir l'usage de son dialecte peut être l'indice du refus de l'écolier de participer pleinement aux activités de l'école puisqu'il rejette le dialecte en usage à l'école.

LANGUE ET APPRENTISSAGE La façon dont une langue est utilisée comme moyen de transmission des enseignements, des demandes et des explications peut varier énormément. On a affirmé que ces différences peuvent être si grandes qu'il peut y avoir deux types de langue ou deux codes.[24] L'un est appelé *restreint*, parce qu'il exclut plusieurs voies d'apprentissage, par opposition à l'autre qu'on appelle *élaboré*. Puisqu'on suppose que ces «codes» se manifestent en particulier dans la vie familiale, on peut aisément les illustrer et les analyser à partir de conversations familières fictives. Voici deux exemples de l'usage restreint:
La mère.— Ne fais pas cela.
L'enfant.— Pourquoi?
La mère.— Parce que je te dis de ne pas le faire. Fais ce qu'on te dit.

L'enfant.— Qu'est-ce que papa fait à son travail?
La mère.— Laisse faire. Mange ta soupe.

Un exemple de l'usage élaboré montrera la différence entre les deux types.
La mère.— Ne fais pas cela.
L'enfant.— Pourquoi?
La mère.— Parce que c'est dangereux. Tu pourrais recevoir une décharge électrique.
L'enfant.— Pourquoi?
La mère.— Parce que c'est de là que vient l'électricité qui fait allumer les lumières et chauffer le grille-pain.
L'enfant.— Pourquoi?
La mère. — L'électricité vient de la centrale électrique et voyage dans des fils que tu ne peux voir parce qu'ils sont sous la terre ou dans les murs.
L'enfant. — Comment l'électricité fait-elle fonctionner l'éclairage?
La mère. — Je ne sais pas, mais je vais essayer de le savoir pour te le dire.

Dans le code restreint, la langue est d'abord utilisée pour transmettre des instructions et des exigences limitées dans le temps et l'espace, pour demander et pour répondre. Cet usage porte principalement sur ce qu'un individu peut ou doit faire. Le code élaboré est utilisé de façon plus analytique, pour chercher ou donner des raisons; l'enfant l'utilise pour vérifier des hypothèses et les parents pour fournir un feed-back. Les parents qui utilisent le code élaboré suscitent les questions et aiment donner des explications, tandis que ceux qui utilisent le code restreint font disparaître les questions et préfèrent donner des instructions.

Il est évident que ces exemples sont des caricatures. Aucune famille n'utilise seulement le code restreint ou le code élaboré, pas plus qu'un individu n'est complètement dépendant ou indépendant de l'environnement. Les parents qui utilisent le code restreint ne préfèrent pas nécessairement l'ignorance à la connaissance. On a dit à des parents qui utilisent le code élaboré de faire taire leur enfant. Je tiens à le souligner parce qu'on a souvent tendance à associer les codes, tout comme les dialectes, à un statut socio-économique et même à une «classe». À l'extrême, on a soutenu que, si le père d'un enfant est un ouvrier non spécialisé ou si l'enfant vit dans l'un des quartiers les plus défavorisés d'une ville, l'enfant sera inévitablement soumis à l'usage restreint, celui-ci étant considéré comme le langage des pauvres.

Mais il n'y a pas que dans les familles pauvres que les mères ont peu de temps ou sont peu portées à engager la conversation avec leur enfant. Et ce n'est pas que dans les familles de professionnels que les adultes accordent de l'importance à l'évolution linguistique de leur progéniture. On doit bien se garder de croire qu'une corrélation est une loi naturelle et inexorable. Un enfant issu d'une famille pauvre où l'on parle un dialecte non dominant a suffisamment de difficulté pour qu'on ne l'identifie pas automatiquement comme un mauvais locuteur ou un mauvais auditeur.

CHAPITRE 8

L'instruction
et les instructeurs

Je n'ai pas voulu traiter des objectifs pédagogiques. Les principes que j'ai présentés s'appliquent à la pensée et à l'apprentissage, quoi qu'on enseigne à un enfant. Je traite de ce que sont les enfants, non de ce que l'école devrait être à l'avenir (bien que des considérations pratiques me pousseraient à m'objecter à la création d'un environnement très structuré où l'autorité fait sentir tout son poids). J'ai voulu, dans cet ouvrage, me concentrer sur les efforts des enfants pour donner du sens au monde. J'ai, par exemple, essayé de montrer que l'apprentissage est rarement passif ou non signifiant. Pour apprendre, un enfant ne peut pas simplement laisser se produire les événements.

Dans l'apprentissage, il est rare toutefois que l'environnement d'un enfant soit passif. Peu d'adultes se contentent de laisser un enfant apprendre de n'importe quel environnement où il se trouve; les adultes sont réticents à laisser l'apprentissage d'un enfant au hasard. Ils essaient plutôt d'organiser constamment son environnement et s'efforcent de lui fournir un type particulier d'information et d'expérience qui, selon eux, faciliteront son apprentissage de façon efficace et souhaitable. La manipulation de l'environnement d'un enfant dans le but de le faire apprendre s'appelle l'éducation. Et, dans les cultures où l'éducation est uniformisée, cette manipulation délibérée de l'environnement trouve une forme institutionnelle à l'école. En gros, le but est de ne pas laisser l'enfant apprendre par ses propres moyens, bien que ce soit ainsi que la majorité des enfants acquiere la première compréhension du monde et parvienne à la maîtrise du langage. Au lieu de cela, les enfants sont enfermés dans un environnement contrôlé, fruit d'un effort visant à s'assurer qu'ils apprendront ce que les adultes veulent qu'ils apprennent et de la façon que les adultes croient la meilleure. Nous devenons des «instructeurs».

L'instruction, et cela est surprenant, est un sujet dont on ne traite ordinairement pas dans bon nombre d'ouvrages de psychologie éducationnelle ou dans la littérature sur les recherches en éducation. Là où il est question de l'interaction maître-élève, on insiste d'ordinaire soit sur le contrôle — comment amener un enfant à agir de la façon qu'on veut — soit sur la technique — le matériel didactique et les procédés connus de manipulation de l'environnement. Je me propose de soulever certains problèmes concernant la nature de l'instruction et son degré de conformité avec ce dont un enfant a besoin pour apprendre. La première partie de ce chapitre traitera de l'instruction ou de la manipulation de l'environnement de l'enfant; la seconde partie portera sur les *médias* par lesquels s'effectue cette manipulation et, dans la dernière partie, il sera question des *enseignants* qui ont la lourde responsabilité d'être les manipulateurs, qu'ils en soient conscients ou non.

L'instruction

Trois modes d'apprentissage[1]

Si on y pense bien, il n'y a, pour les humains, que trois façons d'apprendre quoi que ce soit sur le monde — par comparaison avec les autres animaux qui n'en ont qu'une ou deux. Nous pouvons apprendre en faisant réellement quelque chose, mode universel de développement dans l'évolution et que j'appellerai l'apprentissage par l'action ou par l'expérience. Certains animaux, notamment les hommes, peuvent aussi apprendre en regardant faire, mode que j'appellerai l'apprentissage par observation ou par démonstration. Seuls les humains peuvent aussi apprendre en écoutant. Les trois modes semblent souvent avantageux. Nous pouvons apprendre quelque chose sur le ski en essayant nous-mêmes de pratiquer ce sport, en regardant skier des gens et en écoutant une conférence sur le sujet. Si nous voulons bien chanter, il est souhaitable de pratiquer nous-mêmes le chant, d'écouter des chanteurs chevronnés et d'avoir un maître qui nous fasse partager verbalement son savoir-faire. Parfois, une forme d'apprentissage semblera plus appropriée qu'une autre. La meilleure façon de découvrir que Paris est la capitale de la France est de se le faire dire ou de le trouver dans un livre. Mais l'instruction verbale est insuffisante, et certainement pas nécessaire, dans le cas de l'apprentissage de la nage.

La compréhension des trois modes d'apprentissage, est tellement importante que je vais d'abord les répéter méthodiquement:
a) apprendre par l'action ou par expérience;
b) apprendre par observation ou par démonstration;
c) apprendre en se faisant dire ou par le langage.

Si vous vous demandez pourquoi je n'ai pas ajouté un quatrième mode, apprendre par la pensée, je vous répondrai que je le considère comme partie du premier mode d'apprentissage. Vous devez vous rappeler que, dans le premier chapitre, la pensée était définie comme une expérience substitut. Quand vous apprenez par la pensée, vous apprenez à travers un agir qui se fait dans votre tête.

Le mot *enseigner* signifie primitivement «faire connaître en montrant», et *instruire* vient du latin *instruere* qui signifie bâtir, équiper, former (munir de connaissances). Du point de vue de l'étymologie, l'apprentissage par expérience n'a rien à voir ni avec l'enseignement ni avec l'instruction. Et, comme nous le verrons, ni l'enseignement ni l'instruction ne permet, dans la pratique, d'acquérir une habileté.

On entend souvent dire que le rôle de l'école est de transmettre la connaissance. Même quand on affirme que l'école vise le développement des compétences, ou habiletés, de l'enfant, les moyens choisis comportent généralement la fourniture d'information, ou d'instruction, par le langage. Il semble généralement admis que les enfants ne diffèrent des adultes que par la quantité de connaissances acquises, et que les enseignants peuvent réduire cet écart et transformer les enfants en adultes en fournissant la connaissance qui leur manque. Mais si c'est vraiment ce que nous essayons de faire à l'école, c'est que nous avons oublié que «dire» est loin de suffire au développement des habiletés physiques ou cognitives. En revanche, apprendre par expérience est souvent une méthode d'acquisition de la connaissance très inefficace, même dans le cas du développement des habiletés. Avant d'aller plus loin sur la question de ce qui peut ou ne peut pas être fait selon chacun des trois modes d'apprentissage, il serait utile de voir ce qu'on peut entendre par ces mots difficiles: *connaissance* et *habileté*, dont j'ai parlé au premier chapitre.

Connaissance et habileté. Nous devons d'abord nous rappeler que ce sont des mots et que, de ce fait, ils ont tendance à ne renvoyer ni à un référent psychologique clairement défini ni à une définition universelle. Exception faite de la dimension chronologique, j'ai l'impression que la connaissance et les habiletés se confondent dans le tête et font partie intégrante de la structure cognitive. Quoi qu'il en soit, il serait commode d'examiner certaines différences d'usage de ces deux mots.

Dans son sens le moins précis, le mot *connaissance* semble renvoyer aux aspects de la structure cognitive qui, de façon passive, représentent ce que nous voulons savoir ou croire sur le monde. La connaissance, en d'autres termes, est constituée de «*faits*», plans, énoncés, étiquettes et relations. Paris est la capitale de la France; $2 + 2 = 4$; l'eau est composée d'hydrogène et d'oxygène; les automobilistes doivent accélérer quand ils prennent un virage; le féminin de grand est grande — tout cela peut être considéré comme des connaissances. L'habileté, par ailleurs, pourrait être considérée comme la façon dont la connaissance est utilisée, la capacité d'appliquer ce que nous savons ou croyons. Le langage semble inclure connaissance et habileté: connaissance du vocabulaire et de la syntaxe et habileté de les utiliser. Dans cette perspective, la façon d'acquérir une nouvelle connaissance doit être considérée comme une habileté cognitive importante.

Bien qu'elle puisse être acquise de plusieurs façons, la connaissance a tendance à être particulière. Par exemple, vous pouvez connaître les caractéristiques des balles de tennis en les frappant et en les attrapant, en regardant d'autres personnes le faire ou en vous les faisant expliquer. En d'autres termes, toute connaissance d'un objet tend à converger vers cet objet. Par contre, les habiletés ont tendance à être divergentes. Elles se généralisent. En frappant ou en attrapant une balle de tennis, vous acquérez une connaissance des balles de tennis, connaissance qui est particulière; mais vous développez aussi les habiletés à frapper et à attraper, qui peuvent être mises à profit dans des activités concernant d'autres objets, tels les balles de golf et les ballons de football, et peuvent être utiles dans des activités plus complexes mettant en jeu des objets qui se déplacent, comme tirer sur une cible ou conduire une voiture. Nous avons souvent le choix entre acquérir une connaissance ou développer une habileté. Nous savons que $6 \times 7 = 42$, mais nous devons faire usage de notre habileté à multiplier si nous voulons savoir ce que font 63×74. Il y a plusieurs façons d'apprendre l'*unité de connaissance* «$6 \times 7 = 42$»: en opérant la multiplication, en se le faisant dire ou en cherchant. Mais notre *habileté* à faire des multiplications s'étend à un très grand nombre de cas de cette opération.

On pourrait vouloir affirmer que les habiletés *sont* la connaissance et, dans un sens, cela serait juste puisque les habiletés font partie de notre théorie du monde; par rapport au cerveau, il n'est pas possible de faire une nette distinction entre les habiletés et la connaissance. Mais si nous permettons que le mot connaissance, dans le présent contexte, renvoie aussi aux habiletés, nous devrons trouver un nouveau mot pour désigner le type de connaissance que nous n'appelons généralement pas habileté. La connaissance pourrait plutôt être considérée comme la seule partie de la structure cognitive qui peut être transmise directement par le langage et donc être directement partagée avec les autres. On ne peut pas rendre compte d'une habileté avec des mots; cependant on peut fournir des indications utiles concernant ce sur quoi l'apprenant doit se concentrer ou la façon de réaliser une suite particulière d'opérations. Pour reprendre mes définitions, la connaissance est ce que nous savons ou croyons du monde, et elle peut être acquise par le langage, du moins à l'occasion, tandis qu'une habileté est la façon d'utiliser ce que nous savons ou croyons, et elle ne peut pas être directement transmise par le langage ou par démonstration.

Remarquez que je n'ai pas dit que la connaissance n'est acquise qu'à partir de la communication; si c'était le cas, les enfants n'apprendraient que très peu de choses. La connaissance peut être acquise en essayant de faire quelque chose soi-même ou en réfléchissant ou en regardant faire quelqu'un; mais, dans chacun de ces cas, nous devons nous-mêmes saisir la connaissance et la vérifier.

On ne nous donne pas la connaissance, bien qu'on puisse nous donner de judicieux conseils sur ce qu'il faut chercher ou éviter de faire. Quelqu'un nous aide sûrement à découvrir la différence entre les chameaux et les dromadaires s'il attire notre attention sur le nombre de bosses. Je n'ai pas dit non plus que nous pouvons transmettre *tout* ce que nous savons. La plus grande part de ce que nous semblons savoir sur le monde n'est pas accessible à notre conscience, et ainsi il ne nous est pas possible d'en parler. Nous ne pouvons pas dire à un enfant comment nager ou comment lire, bien que nous puissions lui être utile en lui indiquant ce à quoi il doit porter attention. Nous souhaitons alors qu'il soit capable de transférer sur ses propres habiletés, et par la pratique, la connaissance que nous avons tirée de nos habiletés et dont nous pouvons parler.

La complémentarité des modes d'apprentissage

Jai déjà identifié certains inconvénients ou certaines limites de chacun des trois modes d'apprentissage; la connaissance ne peut pas être directement transmise par la démonstration ou par la pratique, et les habiletés ne peuvent pas être entièrement acquises par le langage ou par l'observation du comportement d'un autre. Malgré tout, chacun des modes d'apprentissage présente des avantages qui peuvent servir à compenser les limites des autres formes d'apprentissage; les modes se complètent.

L'ACQUISITION DES HABILETÉS Par exemple, la pratique ou l'expérience sont essentielles à l'acquisition d'habiletés telles que lire, écrire, rouler à bicyclette, naviguer, attraper des balles ou faire de longues divisions mathématiques; mais l'expérience seule présente certains inconvénients qui ne peuvent être compensés que par la démonstration et l'instruction. La conception traditionnelle qui veut que la pratique donne la perfection est trop simpliste. La pratique ne peut que rendre un comportement habituel ou «automatique». La pure répétition aveugle d'habitudes indésirables a comme effet ultime de rendre plus difficile la poursuite de la compétence. L'apprenti conducteur qui s'exerce à appuyer rapidement et en même temps sur la pédale de débrayage et celle de frein mettra plus de temps à devenir un bon conducteur que celui qui n'a pas pratiqué ce mouvement.

Le principal inconvénient d'apprendre par expérience sans être guidé est le gaspillage à la fois du temps de l'apprenti et des connaissances accumulées par les autres qui pourraient l'aider. Le recours à la seule expérience peut exiger de l'apprenti qu'il réinvente des techniques ou des procédés qu'un génie a déjà développés. Peu d'entre nous pourraient apprendre à conduire une voiture ou manoeuvrer un bateau s'ils étaient complètement laissés à leurs propres moyens, sans avoir la chance de regarder faire quelqu'un d'autre ou de recevoir une information orale ou écrite particulière. Il y a trop d'incertitude à essayer d'acquérir des habiletés par la seule expérience, et trop de choses qui peuvent aller de travers. Les aspects ou les composantes les plus importantes d'un habileté sont rarement évidentes; un apprenti ne sait tout simplement pas où porter son attention, par exemple en abordant un problème d'algèbre ou de géométrie. Entre autres, l'expérience seule donne rarement à l'apprenti une bonne idée de ce qui peut arriver et ce qui doit être fait quand, en bateau, le vent tourne soudainement, ou quand on perd un bâton de ski. L'auto-apprentissage non guidé tend à être inefficace et conduit à des habiletés et des stratégies incorrectes qui sont difficiles à changer à cause de leurs particularités.

Regarder quelqu'un d'autre qui agit ou résout un problème peut remédier à plusieurs des inconvénients de l'expérience brute. Au point de départ, il y a un modèle. La démonstration d'une personne qui s'y connait montre au moins à quoi devrait ressembler la façon de faire. Il serait cependant faux de croire que le seul besoin d'un apprenti est d'imiter un modèle. D'ordinaire, on ne peut pas imiter une exécution habile avant d'être habile soi-même. Montrer à un enfant comment frapper une balle ou tenir un bâton de baseball n'est pas beaucoup plus que le mettre face à un problème. Il se peut même qu'il ne sache pas ce qu'il devrait regarder. En fait, le problème majeur quand on essaye d'apprendre en regardant les autres faire est de trouver exactement ce qui est important. Les enfants qui regardent leurs parents conduire une voiture pensent souvent que le mouvement le plus important est de tourner le volant, et les spectateurs d'un match de baseball ont tendance, quand ils essaient de jouer eux-mêmes, à regarder leurs mains ou leurs pieds, plutôt que de surveiller le jeu et les buts.

En dépit de telles limites, l'apprentissage par observation peut donner à l'apprenant l'avantage de voir ce qui peut faire difficulté. Un démonstrateur expert fera plus que donner une simple illustration du geste à apprendre: il répétera et amplifiera les aspects importants, puis soulignera les erreurs à éviter. En effet, un démonstrateur ne fournit pas seulement des réponses aux questions importantes que l'apprenant devrait se poser, il indique même ce que devraient être ces questions. Il est évident que le démonstrateur doit être conscient de ce qui est essentiel dans ce qu'il fait; cette conscience n'est pas toujours facilement atteinte. Avant de pouvoir enseigner aux autres, il est souvent nécessaire d'étudier soi-même. (Une des raisons pour lesquelles beaucoup d'enseignants éprouvent des difficultés dans leur matière est peut-être le fait que leur formation a été plus axée sur les méthodes que sur le contenu. Quand un écolier a besoin d'une information générale ou particulière pour apprendre une chose en géographie, en chimie ou en littérature, il se peut que l'enseignant ne soit pas capable de la lui fournir.)

Puisqu'une partie importante de toute démonstration consiste à diriger l'attention de l'apprenant sur les aspects signifiants ou difficiles d'une activité, le langage peut jouer un rôle important de support. Sans des commentaires comme «Surveille le pied gauche», «Regarde comment la voile est maintenue en tension», «Observe l'angle du crayon», une démonstration peut submerger l'apprenant de trop d'informations. Or l'instruction verbale d'appoint indique à l'apprenant ce qu'il peut laisser de côté.

L'instruction verbale, sous la forme d'information orale ou écrite, peut évidemment constituer une contribution valable à l'apprentissage d'une habileté, en compensant la majeure partie de l'incertitude, du risque et des manques que comporte l'apprentissage soit par expérience, soit par observation. L'instruction verbale doit cependant aussi être pertinente. Une instruction verbale qui accorderait de l'importance à un aspect peu important ou sans intérêt d'une exécution ou d'une démonstration pourrait tromper; et une instruction qui dépasse la capacité d'un apprenant à comprendre et à retenir ce qui se passe peut nuire à l'apprentissage. Toute instruction qu'un apprenant ne peut pas relier à ce qu'il sait déjà ne fait que nuire à l'acquisition d'une habileté.

L'ACQUISITION DE LA CONNAISSANCE La communication verbale ne joue qu'un rôle de support dans l'acquisition des habiletés, mais elle a un rôle central dans la transmission de la connaissance. Le grand avantage du langage — et probablement la raison pour laquelle la race humaine en est là où elle est pour le meilleur ou pour le pire — est qu'il permet de transmettre la connaissance sans contexte.[2] Nous sommes libérés des contraintes du temps et de l'espace. Il n'est pas nécessaire de vivre une expérience pour acquérir différentes sortes d'informations — pour apprendre que le café pousse au Brésil, que la surface d'un rectangle est égale à la largeur multipliée par la longueur, qu'on ne doit pas toucher un poêle brûlant et qu'il est dangereux de boire certains liquides. Le langage permet d'expliciter la connaissance véhiculée par une démonstration ou un modèle. Sans le langage, bien des démonstrations seraient pratiquement inutiles, comme en font foi souvent celles qu'on utilise dans l'éducation des sourds.

Bien que le langage permette de communiquer la connaissance, ou du moins de la rendre disponible, sans contexte, l'absence quasi totale de contexte pertinent peut rendre difficile ou fausser l'acquisition de la connaissance par le langage. Les unités de connaissance sont le plus difficiles à apprendre et le moins susceptibles d'être retenues quand leur relation à un contexte n'est pas évidente pour celui qui apprend. Un auditeur ou un lecteur doit être capable de relier une nouvelle information à ce qu'il sait déjà; c'est la compréhension. Pour un enseignant, un message (ou une leçon) peut être clair et riche d'information non pas à cause de la forme du message mais de ce que l'enseignant sait déjà. Le même message peut être sans signification pour un enfant. Si le récepteur ne peut pas établir de lien entre une nouvelle information et sa connaissance acquise, le message ne restera que du bruit.

Ce qui indique fréquemment que les messages pédagogiques de l'école peuvent rester très près du niveau du bruit, même si les enfants s'efforcent rapidement de les apprendre et de leur donner un sens, est le fait que l'apprentissage verbal devient dépendant du contexte. Les enfants ne sont pas capables de généraliser, dans des habiletés de pensée divergentes, la connaissance acquise verbalement, comme ce serait le cas si la nouvelle information avait réellement été assimilée dans la structure cognitive de façon signifiante. Par exemple, les enfants peuvent souvent énoncer les règles de calcul de la surface des figures géométriques sans être capables de mesurer la surface de la cour de leur école; ou ils peuvent réciter plus de six raisons qui expliquent le développement rapide des villes au cours du treizième siècle, sans être capables d'élaborer des hypothèses sur la naissance de leur propre ville. L'acquisition et la conservation de la connaissance, dans une forme que les enfants peuvent utiliser, se produit mieux s'il y a combinaison d'instruction verbale, de démonstration et d'expérience.

DES PRÉCEPTES À LA PRATIQUE   On pourrait croire que je me fais, auprès des enseignants, le promoteur d'une stratégie d'intervention particulière, à savoir un mélange d'instruction verbale en règle et de démonstrations pratiques ou, peut-être, d'instruction verbale et d'une certaine forme de découverte guidée. Mais le point de vue que j'ai fait valoir dans mon analyse de l'acquisition et de l'usage de la connaissance et des habiletés chez les enfants vaut aussi pour l'acquisition et l'usage de la connaissance et des habiletés chez les enseignants. Je n'ai pas l'intention de donner des *instructions* aux enseignants sur ce qu'ils doivent faire. La responsabilité d'un enseignant est de *comprendre* les avantages et les limites des différents modes d'apprentissage et d'établir un lien entre ces facteurs, les objectifs de son enseignement et la connaissance déjà acquise par les enfants dont il a la charge. Combiner ces trois modes d'apprentissage peut être tout aussi peu indiqué et inefficace que d'essayer d'enseigner en ne s'appuyant que sur l'un d'eux; ce qui est important pour un enseignant, c'est de savoir ce qu'il fait.

Les médias

Alors qu'il n'y a que trois voies fondamentales par lesquelles un enfant peut recevoir l'information de son environnement pour apprendre — l'expérience, la démonstration, le langage — chacune d'elles offre plusieurs options à l'enseignant. Toutes ces possibilités de transmission de l'information peuvent être appelées des médias.

Le langage, par exemple, peut prendre la forme écrite ou la forme parlée; et la parole n'est pas toujours nécessairement transmise «en direct», et l'écrit indirect et figé dans le temps. Le discours oral peut être enregistré et répété à volonté, l'écrit peut prendre vie sur le tableau noir à l'aide d'un rétroprojecteur.

Une démonstration peut être faite dans une situation entièrement naturelle, comme c'est le cas quand des écoliers visitent un pêcheur sur son bateau. Ou bien elle peut se faire dans une situation plus structurée, comme quand le pêcheur vient à l'école montrer ses filets et ses noeuds. Encore plus loin de la réalité, il y a la démonstration par l'enseignant ou une autre personne de certaines choses faites par le pêcheur. Toutes ces démonstrations peuvent être filmées et représentées plusieurs fois sur un écran de télévision, de cinéma, ou par diverses techniques de visionnement. En fait, il est difficile de dire où finit l'expérience directe et où commence la démonstration; dans quelle mesure la visite guidée d'une ville est-elle différente du film de cette même visite? Le résultat est-il différent si la caméra enregistre les images de la visite guidée d'une ville ou ne fait que filmer un individu qui en parle?

Il y a même plusieurs façons de permettre l'expérience directe; par exemple, le ski et la navigation peuvent être expérimentés loin de la neige ou de l'eau. Certains substituts peuvent être considérés conformes à la réalité en tout point, exception faite du risque, comme c'est le cas de la simulation des vols d'avion ou des voyages interplanétaires.

Puisque mes distinctions entre les différents modes d'apprentissage sont (comme toute catégorisation) largement arbitraires, je n'ai pas l'intention d'établir de liens trop serrés entre ces modes et les différents médias. La plupart des techniques modernes offrent la possibilité de la simultanéité de la démonstration et de l'explication verbale. Il est plus important de comprendre les avantages et les limites de la présentation par divers genres de médias. Par exemple, nous préférons souvent regarder une carte avant de nous aventurer dans une ville inconnue; on peut alors penser que les cartes fournissent certaines informations d'une façon plus appropriée que l'expérience directe. Mais peu de gens considéreront la lecture d'une carte comme le substitut complet de la visite à pied.

LES MÉDIAS NE SONT PAS INTERCHANGEABLES En éducation, deux notions préalables vont souvent de pair. L'une veut que l'école ait pour fonction première de distribuer la connaissance. Le but peut être de développer des habiletés ou des compétences, mais la méthode consiste en une diffusion d'information. La seconde notion veut qu'il y ait plus d'une façon de communiquer la connaissance. Si les enfants ne l'acquièrent pas à travers un média, on doit remplacer celui-ci par un autre. C'est ainsi qu'on en vient à croire qu'il n'est plus nécessaire d'apprendre à lire, car les téléviseurs, dans les foyers, et les magnétoscopes, dans les salles de classe, ont rendu les mots inutiles. Selon ce point de vue, tout ce que la langue peut faire, les images le font encore mieux. Une telle assertion est souvent sujette à caution et parfois erronée. Les différents médias mettent en jeu et développent différentes habiletés, et la connaissance que chacun d'eux rend accessible est rarement comparable à celle transmise par les autres.

Comme je l'ai dit, la langue sert très bien à la diffusion d'unités de connaissance, mais seulement si le récepteur possède l'habileté qui lui permet de les saisir dans ce qu'il entend ou lit. Les unités de connaissance ne contribuent jamais, par elles-mêmes et de façon appréciable, au développement des habiletés. Cependant il y a toujours une habileté que le contact avec un média est susceptible de favoriser: l'habileté à saisir de l'information par ce média. Cela explique l'importance que l'école traditionnelle accorde au développement de l'aisance langagière et le succès relatif qu'elle a obtenu dans ce domaine, pourvu qu'on admette que les enfants peuvent s'accommoder d'abord de ce média. De nos jours, les principales sources d'information, pour la plupart des enfants, sont les médias visuels, surtout le cinéma et la télévision. Ces médias peuvent réussir à transmettre certaines connaissances sur le monde; mais ces connaissances sont souvent particulières et n'aident pas à résoudre des problèmes ou ne conduisent pas à d'autres connaissances. Les seules habiletés que le cinéma et la télévision peuvent développer sont des habiletés relatives à ces deux médias; ils n'aident pas vraiment à faire un lecteur d'un enfant ou à le rendre plus capable de résoudre des problèmes.

Pour la connaissance, il n'est pas nécessairement vrai qu'une image vaille mille mots. Quelques mots peuvent donner une information beaucoup plus utile qu'une image. Si je vous demande: «Voudriez-vous m'apporter ma tasse, qui est dans la salle des professeurs; c'est celle qui est brune», je ne vous ai pas informé seulement sur ma tasse, je vous ai aussi donné une autre information sur les autres tasses qui peuvent se trouver dans cette salle (aucune autre n'est brune). Je ne vous aurais donné aucune information sur les autres tasses si je vous avais montré une photographie de la mienne, et la majorité des informations contenues dans cette photographie ne vous aurait été d'aucune utilité; elles auraient été des bruits. Comme vous pouvez le constater, quelques mots peuvent, dans certaines circonstances, être plus riches d'information que plusieurs images.[3]

Comme je l'ai déjà dit, regarder faire quelqu'un peut n'apporter aucune information à un individu qui ne saurait tout simplement pas sur quoi faire porter son attention. Il pourrait être submergé d'informations qu'il ne peut pas utiliser. Les images et les films souffrent évidemment des mêmes limites. Le fait que les représentations ou les reproductions visuelles puissent regorger d'informations est sans intérêt, si le spectateur ne sait pas ce qu'il doit regarder. Le langage peut être plus précis, mais il n'a pas tous les avantages. Si un enfant doit apprendre à différencier les chats des chiens, nous serions mal avisés d'essayer de rendre compte de ces différences avec des mots. Il serait bien préférable de laisser l'enfant voir plusieurs chats et chiens ou plusieurs photographies ou films présentant des chats et des chiens.

Bref, les mots et les images ne sont pas interchangeables. Plusieurs phrases différentes pourraient décrire une même image, et plusieurs images différentes illustrer une même phrase. Par exemple, une image présentant un canard sur un lac pourrait être l'illustration de sujets tels que *Scène canadienne, Menacé par la pollution, Le dîner de demain, Mallard, Cible du chasseur, Le principe d'Archimède;* chacun de ces sujets pourrait être illustré par une série d'autres images.

Tous les médias appellent un choix; vous choisissez de regarder un événement à travers les textes d'un écrivain ou par les yeux d'un caméraman. Chacun d'eux mettra l'accent sur ce qu'il croit le plus important ou ce qu'il veut que vous sachiez ou ce à quoi il veut que vous portiez attention. Il est naïf de penser que le film donne une image particulièrement vraie ou inaltérée de la vie ou de l'expérience. Où se situe alors la «créativité» du cinéaste? Il n'est pas vrai non plus que les films accroissent automatiquement l'expérience, puisqu'ils peuvent présenter un événement sans en communiquer l'atmosphère. Un bon écrivain peut rendre l'impression produite par un repas gastronomique, une attaque au napalme ou le fait d'être amoureux, alors que le réalisateur d'un film pourrait ne pas faire beaucoup plus qu'en présenter les aspects perceptibles. Tous les médias supposent une inévitable distorsion, malgré les meilleures intentions de celui qui veut communiquer telle ou telle information. Le réalisateur de télévision qui, pour une émission d'information, doit réduire à dix minutes un film de trois heures peut avoir moins de chance d'être bien compris qu'un écrivain et fait face à une tâche technique plus complexe.

Instructeurs

Le rôle de l'enseignant

Quel est le rôle d'un enseignant dans la classe? Répondre: «Enseigner» ne veut rien dire; il ne serait pas plus éclairant d'ajouter une liste des matières qu'il doit enseigner. La question concerne davantage ce qu'un enseignant doit faire pour que les enfants apprennent; et la réponse est évidemment plus complexe. En fait, personne ne sait vraiment ce que les enseignants devraient faire pour que les enfants apprennent, bien que les conseils pratiques ne manquent pas. La psychologie de l'éducation est loin d'être une théorie universelle de ce que font les enseignants quand les enfants apprennent, et cela est en partie dû au fait que le processus d'apprentissage lui-même est peu compris. Plutôt que d'analyser la façon de faire des enseignants, on leur offre des slogans touchant ce qu'ils devraient faire, et on décrit leur situation de façon très générale et très superficielle.

Par exemple, on affirme que les enseignants doivent fournir de l'information aux enfants; cela ressemble étrangement à la croyance, dont j'ai déjà fait mention, selon laquelle le rôle de l'école consisterait à remplir les enfants de connaissances. Il n'y a pas de précision sur les moyens par lesquels les enseignants devraient faire acquérir, par les enfants, l'information souhaitable. Si l'enseignement n'est qu'une affaire d'information à donner aux enfants à un certain rythme et dans un ordre particulier, est-il nécessaire que les instructeurs soient des humains? Les enseignants sont évidemment faillibles et ont un comportement idiosyncrasique; de plus, plusieurs se fatiguent et deviennent grincheux au fil des jours et des années. Est-il certain qu'un ordinateur, calme, compétent, prévisible et non émotif, pourrait dispenser l'information d'une façon beaucoup plus contrôlable et beaucoup plus sûre?

Il n'y a pas de réponse simple et universelle. Jusqu'à maintenant, ce sont les instructeurs humains qui l'emportent. Nous savons que des millions d'individus ont reçu une éducation sans l'aide des ordinateurs, tandis que ces derniers n'ont encore réussi que très peu de choses en éducation.[4] Certains enseignants sont si brillants que ce serait une perte de les remplacer par quelque appareil électronique; d'autres se comportent de façon si mécanique qu'on ne remarquerait même pas la substitution. Rien ne nous prouve qu'un enfant, qui considère un terminal d'ordinateur qui a une forme agréable et qui l'aide comme un cadeau lui venant d'une personne bienveillante et intelligente, jouit moins de l'ardeur du réconfort et de la compréhension interpersonnelle qu'un enfant qui vit quotidiennement avec un instructeur humain froid, calculateur et programmé. Plutôt que de poursuivre dans cette voie, je me propose de consacrer le reste de ce chapitre à examiner ce qu'il semble que nous attendions qu'un instructeur — humain ou mécanique — fasse, particulièrement pour fournir à un enfant les types d'information dont il a besoin pour apprendre.

Apprendre, selon l'analyse présentée dans ce livre, est un processus que seul l'enfant peut diriger — à condition que la situation à laquelle il essaie de donner du sens soit potentiellement signifiante pour lui et qu'il ait accès, au bon moment, au bon type d'information. Cela ne veut pas dire que les enseignants ne sont plus utiles ou que les enfants apprendront mieux s'ils sont laissés à eux-mêmes. Mais le rôle que les enseignants ont à jouer quant à l'information à fournir est délicat autant que vital. Quel est le bon type d'information que doit recevoir un enfant? Quel est le bon moment, pour lui, de recevoir cette information? Que réclame réellement d'un instructeur un enfant qui est en train d'apprendre? Pour répondre à ces questions, nous devons encore nous situer dans la perspective de l'enfant.

LES ATTENTES DE L'ENFANT Je commencerai en énonçant deux hypothèses: tout d'abord, un enfant entre à l'école prêt et disposé à apprendre; deuxièmement, il s'attend à ce que le bruit qu'il rencontrera à l'école prenne éventuellement un sens. En d'autres termes, du point de vue de l'apprentissage, il s'attend à ce que le milieu scolaire ne diffère pas radicalement de l'environnement dans lequel il a déjà été capable de donner du sens aux mouvements, aux objets, aux relations et, particulièrement, au langage.

Malheureusement, pour certains enfants, ces deux hypothèses peuvent se révéler sans fondement. Ces enfants entrent à l'école sans être ni prêts ni disposés à apprendre, non pas parce qu'ils ne sont pas assez vieux, assez intelligents ou n'ont pas suffisamment de maturité, mais parce qu'il s'est produit une chose qui les a fait se détourner de l'apprentissage. Tout enfant qui peut distinguer un chien d'un chat, un bâton de hockey d'un bâton de baseball est, de toute évidence, né avec la capacité d'apprendre. Les autres cas relèvent de la médecine plutôt que de l'éducation; ces cas sont peu nombreux et facilement identifiables. Plus nombreux sont les enfants qui semblent capables de tout apprendre sauf ce que nous essayons de leur enseigner à l'école, ou qui ont commencé leur vie en apprenant et qui ont alors décidé ou appris que l'apprentissage est trop coûteux pour s'y engager. Nous avons déjà parlé de certaines expériences qui supportent ou renforcent l'apprentissage, tels le succès, la facilitation de l'apprentissage et l'encouragement qui permet la curiosité sans faire craindre les erreurs inhérentes au processus d'apprentissage. Mais si un enfant considère qu'apprendre est trop coûteux parce que ses efforts et ses erreurs ne sont pas bien jugés ou si ses tentatives pour apprendre restent sans récompense parce qu'elles échouent ordinairement ou qu'elles l'isolent du groupe auquel il veut appartenir, alors cet enfant cessera d'apprendre.

L'apprentissage, comme je l'ai souvent fait remarquer, est une entreprise risquée. Un apprentissage véritable a peu de chance de se produire sans possibilité d'erreur chez celui qui apprend; et l'erreur exige fréquemment son prix. Il y a d'autres questions d'économie qui se posent à tout individu qui apprend; elles concernent l'investissement initial de temps, l'intérêt et l'effort, la valeur ultime de la réussite de l'apprentissage, la probabilité de réussite et les récompenses ou inconvénients rattachés à l'un ou l'autre résultat. On pourrait considérer qu'un enfant fait toujours une analyse coûts-bénéfices avant de s'engager dans n'importe quelle «transaction» d'apprentissage, son état émotif présent et prévisible étant des variables qui sont prises en considération. Si le coût d'une tâche d'apprentissage donnée est supérieur aux bénéfices escomptés, un enfant sera peu enclin à accepter un marché si peu rentable. Cet enfant devient un problème. La responsabilité de l'enseignant est de le persuader — en réalité de lui démontrer — qu'apprendre peut constituer une réponse réalisable et fructueuse face à l'environnement scolaire.

La seconde hypothèse voulait qu'un enfant s'attende à ce que tout le bruit de l'environnement finisse par prendre un sens. Aucun enfant n'est étranger au bruit; il le rencontre dès sa naissance. Au point de départ du moins, tous les enfants réussissent largement à imposer un ordre et une prévisibilité au bruit du monde en le reliant à une structure cognitive toujours modifiée et de plus en plus complexe.

Certains enfants peuvent entrer à l'école en soupçonnant qu'elle ne réussira pas à prendre un sens, tout comme quelques événements de leur vie (généralement des événements désagréables tels un mauvais traitement de la part de leurs parents ou des disputes) n'ont pas réussi à prendre un sens pour eux. Vous vous souviendrez que le fait de ne pas réussir à donner du sens à quelque chose vient de ce que l'enfant n'a aucune possibilité de relier ce qui se produit autour de lui à ce qu'il sait déjà. Qu'il y ait ou non plusieurs enfants qui entrent à l'école avec ce doute, il est évident qu'il y a un grave danger qu'ils considèrent, tôt ou tard, que l'école n'a aucune possibilité de prendre un sens pour eux.

Un enfant peut simplement avoir de la difficulté à comprendre les tâches qu'on lui impose. Il peut alors considérer que ce qu'on lui demande de faire n'a aucun sens et que, partant, la tâche défie toute capacité d'apprentissage. Les tâches auxquelles on demande que l'enfant s'applique peuvent n'avoir en réalité aucune possibilité de prendre un sens pour lui; elles peuvent ne donner aucune prise signifiante. Je ne désire pas pousser plus loin, mais on doit se rendre compte que, pour de nombreux enfants, la première fois de leur vie où ils rencontrent le non-sens — sous la forme d'exercices ou de routines inutiles — c'est quand ils entrent à l'école.

Si mes deux hypothèses de départ sont infirmées par la réalité — si un enfant entre à l'école sans être prêt ou disposé à apprendre ou s'il ne s'attend pas à rencontrer des choses qui prendront un sens — alors ce qui suit ne s'applique pas. Mais un enfant qui arrive à l'école en ne répondant pas aux deux conditions de départ n'a aucune chance d'apprendre. Les enfants ne peuvent pas être entraînés ou formés à l'apprentissage, pas plus que l'entraînement ne peut remplacer l'apprentissage, lequel est de nature cognitive et suppose un engagement cognitif. Avant que ne commence l'apprentissage à l'école, l'enfant doit s'attendre à pouvoir apprendre et à apprendre réellement. Aucun traitement de type spécial ou aucun entraînement préalable n'est nécessaire pour faire naître ces attentes; elles surgissent naturellement chez tous les enfants. Quand des enfants n'ont pas ces attentes, c'est qu'ils ne les ont plus ou considèrent que le monde exige un prix trop élevé pour qu'elles soient comblées. La tâche de l'enseignant en est alors une de rétablissement. Il peut être extrêmement difficile de retrouver les causes de l'absence du désir d'apprendre, et le changement nécessaire peut exiger énormément de tact, d'habileté et de patience; malgré tout, la tâche fondamentale de l'enseignant est simple. Il s'agit de persuader l'enfant, une fois encore, qu'il se trouve dans un environnement où l'apprentissage vaut l'effort et le risque exigés, puisque ceux-ci ne seront pas vains. Et cela suppose qu'on trouve des situations où l'enfant voudra apprendre et pourra réussir.

APPRENTISSAGE ET INFORMATION   En résumé, nous pouvons dire qu'un enfant apprend, et s'efforce constamment de le faire, en modifiant une structure cognitive faite de trois composantes: a) un système de catégories permettant de considérer les objets ou les événements comme identiques ou différents, b) des ensembles de listes de traits qui précisent quels objets ou événements doivent entrer dans une catégorie donnée, c) un système d'interrelations entre les catégories. Une situation devient une occasion d'apprendre chaque fois que la structure cognitive se montre incapable de prévoir ou d'interpréter l'expérience, chaque fois qu'un événement est un bruit pour l'enfant.

L'apprentissage se fait en quatre étapes: a) l'*élaboration d'une hypothèse,* tentative de modification ou d'élaboration de l'une des trois composantes de la structure cognitive; b) une *vérification* de l'hypothèse, ce qui suppose une interaction directe avec l'environnement dans le but de recevoir un feed-back; c) le *feed-back* qui fournit une nouvelle information à laquelle peut être comparée la suite prévue d'après l'hypothèse originale; d) l'*acceptation ou le rejet de l'hypothèse.* Si le feed-back est positif — si la suite de la vérification de l'hypothèse est compatible avec la suite anticipée — le changement envisagé dans la structure cognitive se trouve confirmé. Si le *feed-back* est négatif — si le résultat de la vérification ne correspond pas à la prévision — l'hypothèse est rejetée ou modifiée.

Pour que ce processus d'apprentissage soit efficace, un enfant doit avoir accès à l'information selon deux ensembles de conditions. Pour l'élaboration de l'hypothèse de départ, il a besoin d'une *information générale* qui doit contenir le problème et la possibilité d'émettre une hypothèse de solution. Pour apprendre à employer ou pour comprendre une règle grammaticale donnée, par exemple, il doit avoir l'occasion d'observer l'utilisation de cette règle dans une situation où cette utilisation fait une différence. Pour apprendre à distinguer les chats des chiens, il doit voir des chats et des chiens dans des situations où s'établit une distinction entre les uns et les autres. Tant qu'un enfant n'a pas accès à l'information générale, non seulement il n'a pas d'appui pour générer une hypothèse qui l'amènerait à faire de sa structure cognitive une théorie du monde plus adéquate, mais il n'a aucune raison de penser qu'il y a un besoin d'apprendre. Si l'enfant n'est pas dans une situation qui comporte un bruit et qui se trouve dans un contexte plus large, fondamentalement signifiant, il est impossible qu'un problème ou un apprentissage ait un sens pour lui.

L'*information particulière*, d'autre part, doit être directement reliée à l'hypothèse que l'enfant décide de vérifier. Le feed-back fournit une information particulière quand il constitue une réponse à une question implicite que l'enfant pose à son environnement: «La modification envisagée de ma structure cognitive entraîne-t-elle une réduction du bruit ou de l'incertitude produite par le monde qui m'entoure; est-ce une solution acceptable au problème qui m'occupe?»

Il n'y a que trois façons, pour un enfant, d'exercer ce processus d'apprentissage de base: l'expérience directe, l'observation (la démonstration) et le langage (se le faire dire). Si un apprentissage doit se produire selon un, deux ou les trois modes, l'information générale et particulière doit être disponible. Si un enfant doit acquérir une habileté ou apprendre à résoudre un problème par l'expérience directe, par exemple, il doit être capable d'entrevoir ce qu'il pourra faire de la solution du problème. Par exemple, il apprendra plus certainement à dessiner une carte géographique ou multiplier des fractions si ces choses ont un sens pour lui dans un contexte plus large. C'est de l'information générale. L'expérience directe doit aussi donner accès à l'information particulière produite par le feed-back. Quelles sont les conséquences du fait de dessiner la carte d'une certaine façon? Le résultat du calcul est-il vérifiable de façon intuitivement signifiante? Alors que l'expérience directe peut, dans la réalité, être la seule façon d'obtenir le feed-back nécessaire à un enfant pour apprendre ou consolider une habileté, l'enfant peut, au point de départ, être tellement submergé d'information générale qu'il a de la difficulté à isoler les aspects propres au problème à résoudre. Cela se produit quand il se trouve dans une situation dont il ne comprend pas l'ensemble. Si tout ce qui se passe autour de lui n'est qu'un immense bruit, il y a peu de chance qu'une hypothèse sensée soit élaborée et que se produise un apprentissage.

L'un des avantages de la démonstration, si elle est bien faite, est de permettre à l'écolier de saisir les aspects les plus importants du problème. Une démonstration a l'avantage de pouvoir éliminer le bruit inutile, de façon que toute l'information générale à laquelle l'écolier porte attention soit signifiante. D'un autre côté, une démonstration peut supprimer tellement d'information générale qu'un enfant peut ne pas situer l'habileté à apprendre ou le problème à résoudre dans un contexte signifiant. Il dépend du savoir-faire du démonstrateur qu'une démonstration soit une aide ou une entrave.

Le grand avantage du langage, troisième mode d'apprentissage, est son degré de précision. Le langage peut faire partie de l'information générale, aussi bien dans le cadre d'une expérience directe vécue dans des conditions naturelles que dans celui d'une démonstration; il peut servir à bien mettre le problème en lumière. Dire à un enfant «C'est un chien» ou «Ce n'est pas un chat» ou «Voici une carte routière qui t'aidera à te rendre là où tu veux aller» structure la situation d'apprentissage. Le langage permet aussi de fournir de façon très efficace et très économique l'information particulière que constitue le feed-back: «Ne fais pas cela, tu vas tomber», «Ce n'est pas un chien, c'est un chat» ou même simplement «Oui» ou «Non», «C'est cela» ou «Ce n'est pas cela».

Je ne m'étendrai pas davantage sur des exemples dans lesquels l'expérience, la démonstration ou le langage fournissent relativement plus ou moins d'information générale et paticulière. Je ne me propose pas non plus d'évaluer les différents médias par rapport à ces facteurs. Comme je l'ai fait remarquer, il est faux de dire qu'on peut faire des énoncés généraux en disant, par exemple, que tel ou tel mode d'apprentissage est spécialement propre ou impropre à fournir l'information générale ou particulière. Il est plus important, pour un enseignant, de se préoccuper de deux questions essentielles qui doivent être posées dans toute situation: de quelle information générale un enfant a-t-il besoin pour comprendre sa tâche d'apprentissage? De quelle information particulière, donnée par le feed-back, a-t-il besoin pour vérifier les hypothèses qu'il générera?

APPRENDRE PAR LA PENSÉE   Tout le monde résout des problèmes dans son esprit. Nous nous représentons comment nous rendre au centre-ville avant la fermeture des magasins; nous considérons des difficultés comme trouver l'endroit où garer la voiture; nous envisageons différentes solutions, comme conduire dans des rues achalandées, prendre le métro ou marcher, et nous comparons leur efficacité relative pour choisir le moyen qui nous permettra de nous rendre au centre-ville le plus rapidement possible. Tout le processus d'apprentissage s'accomplit à l'intérieur de la structure cognitive de l'individu, qui organise sa propre information générale, génère les hypothèses qu'il vérifie et organise aussi l'information particulière qui lui permet de confirmer ou d'infirmer ses hypothèses.

Plusieurs problèmes que l'enfant rencontre à l'école peuvent être résolus dans sa tête: «Quelle est la façon la plus appropriée d'écrire ce texte?» «Comment pourrais-je trouver la réponse à cette question?» «Qu'arrivera-t-il si je fais dissoudre cette poudre dans ce liquide à telle température?» Cependant beaucoup d'autres problèmes d'apprentissage ne peuvent pas être abordés dans la tête d'un enfant; il est nécessaire que celui-ci entre en interaction avec son environnement. Souvent, l'expérience dans la tête et l'expérience dans l'environnement extérieur sont toutes deux nécessaires.

Puisque l'apprentissage fait dans la tête est en réalité un comportement substitutif ou intériorisé, on ne peut pas s'attendre à ce qu'un enfant accomplisse dans sa tête une chose qu'il ne serait pas capable d'accomplir dans la réalité. On ne peut pas attendre d'un enfant qui n'a pas comparé la capacité relative de deux contenants de forme différente, en essayant de verser dans l'un le contenu de l'autre, qu'il détermine par raisonnement lequel des deux contenants a la plus grande capacité. De plus, on doit parfois convaincre les enfants que générer et vérifier des hypothèses dans leur tête sont des opérations faisables et rentables à l'école. Ou plutôt ils ne doivent pas apprendre qu'il ne vaut pas la peine d'essayer d'imaginer des solutions à des problèmes — parce que les adultes accordent beaucoup de valeur aux activités d'apprentissage qui sont observables, ou que les efforts pour apprendre indirectement sont souvent trop coûteux.

Les enfants et les instructeurs

Les deux hypothèses ou conditions nécessaires à l'apprentissage que j'ai énoncées sont que l'enfant entre à l'école désireux et capable d'apprendre et qu'il s'attende à ce que l'environnement scolaire prenne un sens. En bref, un enfant s'attend à ce que tout le bruit qu'il rencontre à l'école se traduira en éléments signifiants sous l'action de son processus d'apprentissage. La première obligation qui incombe aux enseignants semblerait alors de faire en sorte que l'environnement et les activités d'apprentissage soient signifiants pour les enfants.

Le fait que les enfants puissent essayer de donner du sens à ce qui se produit à l'école a des chances de passer inaperçu. Les enseignants sont parfois surpris, par exemple, quand les enfants font des erreurs de lecture qui indiquent qu'ils essaient de donner du sens à ce qui est écrit plutôt que de lire des non-sens. Une grande partie des efforts en lecture, et dans d'autres matières, est consacrée à essayer d'amener les enfants à dire tout haut des choses qu'ils ne comprennent pas. L'hypothèse, s'il y en a une, qui se cache derrière une telle pratique est que, si un enfant répète assez souvent quelque chose qui n'a pas de sens pour lui, cette chose deviendra signifiante. Il peut alors se produire que sa capacité d'apprentissage naturelle amène l'enfant à croire que l'école consiste à se débrouiller avec le non-sens.

Dans le contexte général que j'ai élaboré, plusieurs sujets particuliers à l'enseignement en classe pourraient être traités. Je ne m'attarderai qu'à trois d'entre eux: le renforcement, l'anxiété et le feed-back. Je terminerai ce chapitre par un survol de certains points touchant plus directement les enseignants en tant que personnes, à savoir leurs attitudes et leur motivation.

LE RENFORCEMENT   Le renforcement propre à l'apprentissage signifiant semble fondamentalement résider dans le succès de l'apprentissage. Un enfant qui essaie de donner du sens au bruit est «renforcé» si, en réalité, il y parvient. La maîtrise d'une habileté est un bon renforcement dans l'apprentissage de cette habileté. S'il est nécessaire qu'il y ait renforcement d'un autre type, on peut conclure que, quel que soit ce qu'on attend de l'enfant, cela n'a pas de sens pour lui. D'un autre point de vue, le renforcement pourrait être considéré comme une forme d'information particulière, un signal qui dit à l'enfant qu'il a correctement fait une chose.

Certains psychologues ont tendance à distinguer le renforcement inhérent à l'apprentissage, qu'ils accepteraient de définir par le succès ou l'information pertinente, du renforcement qui pousse un sujet à s'engager dans une situation d'apprentissage. Ils demandent comment on peut s'attendre à ce qu'un enfant apprenne si on ne peut même pas l'amener à s'asseoir, à regarder et à être attentif à l'enseignant. Des procédures de modification du comportement qui amènent l'enfant à prêter attention à l'enseignant peuvent alors être proposées.

Je répéterai une fois encore que tout cela dépend de la signifiance qu'a pour l'enfant l'ensemble de la situation. S'il doit y avoir des programmes ou des techniques spéciales de renforcement pour l'amener à être attentif à l'enseignant, il y a quelque chose qui ne va pas et ne peut pas être corrigé par un programme de renforcement. Si un enfant n'est pas attentif à son enseignant, c'est que ce que fait l'enseignant n'est d'aucun intérêt pour lui. Personne n'a encore trouvé le moyen d'*empêcher* un enfant de centrer son attention sur quelque chose qui l'intéresse — d'où l'inégale compétition faite aux enseignants par les avions, les grues mécaniques et les camions de pompiers qui passent devant la fenêtre de l'école. Si ce que fait l'enseignant intéresse vraiment l'enfant, le fait d'écouter constituera un renforcement en soi.

On pourrait objecter que quelque chose doit être fait si l'attention d'un enfant ne peut pas être captée par l'enseignant; mais on ne voit pas clairement ce qu'on gagne à supposer ou à affirmer que c'est de la faute de l'enfant. On peut exiger et même acheter l'attention d'un enfant pendant un moment. La tâche de l'enseignant consiste à trouver l'intérêt d'un enfant et à le maintenir. Cela peut sembler une tâche démesurément difficile et même ne pas devoir être entièrement du ressort de l'enseignant. L'enfant ne devrait-il pas y contribuer? Mais un enfant ne peut rien y faire si on n'a pas suscité son intérêt. Sans ce dernier, il n'est pas possible qu'il apprenne ou même porte attention.

Somme toute, le degré d'intérêt qu'un enfant manifeste dans une situation d'apprentissage n'est pas uniquement, ni même dans une large mesure, déterminé par l'enfant. En fait, on peut affirmer que tous les enfants qui n'ont pas été rendus inaptes à apprendre peuvent être intéressés par n'importe quoi, si deux conditions sont respectées. La première est que la situation d'apprentissage ait du sens, et la seconde qu'elle comporte une certaine nouveauté. L'intérêt, en d'autres termes, n'est pas une condition spéciale dont l'apparition dépendrait de l'enfant ou dont la stimulation serait sous la responsabilité de l'enseignant. L'intérêt est plutôt un facteur naturel chez tout enfant qui se trouve dans une situation nouvelle mais non entièrement faite de bruit, et dans laquelle il peut établir un lien entre la nouveauté et au moins une chose qu'il sait déjà. Les enfants recherchent constamment les expériences qui supposent l'apprentissage; c'est la raison pour laquelle les enseignants qui n'ont rien de nouveau ou d'intelligible à offrir à un enfant ont tant de difficulté à retenir son attention.

Les individus développent leurs propres intérêts pour diverses raisons, y compris les activités déjà faites et les personnes rencontrées dans le passé, de même que le succès ou le plaisir qu'ont entraîné ces expériences. Les intérêts vont croissant; ils se construisent les uns à partir des autres. Il est difficile de faire naître un intérêt dans un domaine — que ce soit garder une pièce en ordre ou apprendre à lire — où un individu n'a jamais montré d'intérêt auparavant. On doit trouver quelque chose qui fasse en sorte que la nouvelle activité ait un sens. On doit établir un lien entre ce nouveau domaine et une chose que l'enfant sait et valorise déjà.

Si un enfant croit qu'une tâche n'a aucune signification, n'est d'aucun intérêt ou est une atteinte à sa dignité, il est peu probable qu'il apprendra beaucoup. Ce n'est pas une simple question de mauvaise volonté de la part de l'enfant. Si sa façon de percevoir la tâche ne justifie pas qu'il y porte attention et y applique ses stratégies d'apprentissage, il trouvera cet apprentissage beaucoup plus difficile. Un enfant peut beaucoup plus se convaincre lui-même d'ignorer ses réactions et de s'attaquer à une tâche qu'un enseignant peut exiger toute l'attention et tout l'enthousiasme de cet enfant. Les attitudes sont modifiées par l'information, non par les reproches. Même si cela peut choquer l'enseignant, il peut être nécessaire de convaincre un enfant qu'une tâche d'apprentissage en vaut la peine.

Même le meilleur des enseignants éprouve de la difficulté à travailler avec des enfants qui rejettent l'école et tout ce qui peut lui être associé. Même les bons enseignants ont tendance à devenir de mauvais enseignants quand il rencontrent des enfants qui rejettent obstinément tout, même une main amicale, simplement parce que c'est à l'école. Ces enfants posent des problèmes d'une grande complexité, et il serait irresponsable de faire croire qu'il pourrait y avoir des solutions simples.

Ce n'est pas uniquement vis-à-vis des gens qui l'entourent et des événements qui se produisent autour de lui qu'un enfant présente des comportements cohérents; il a aussi une *conception de lui-même*. Il peut apprendre qu'il est bon ou mauvais. Il peut ou non se faire confiance. Il peut se considérer comme aimable ou peu sympathique, fort ou faible, respecté ou méprisé, compétent ou incompétent, sûr de réussir ou voué à l'échec. Un enfant acquiert la perception qu'il a de lui-même par le même raisonnement et les mêmes processus qui l'amènent à développer sa perception de toute personne et de toute chose qui l'entourent. Il essaie de donner du sens à son monde. S'il est plus probable que se réalise une prévision d'échecs, d'incompétence ou de ridicule, plutôt que n'importe quoi de positif, alors l'attente négative fera partie de la conception qu'il a de lui-même. S'il y a une chose qu'un enfant peut moins tolérer que se faire dire qu'il a fait une erreur, c'est de se prouver à lui-même qu'il s'est trompé. Les enfants ne résistent pas à l'apprentissage, mais aux situations dans lesquelles ils redoutent de ne pas réussir à apprendre.

L'ANXIÉTÉ L'expérience nous indique qu'un «degré modéré d'anxiété», suscité par la crainte que de mauvaises notes soient inscrites au dossier, facilitera l'apprentissage machinal de l'étudiant.[5] Par ailleurs, les tâches qui ont un sens pour l'écolier comportent leur propre contrôle, et l'anxiété peut briser le fragile équilibre de l'activité cognitive concernée. L'inquiétude fait élever le niveau d'activité d'un individu, elle le garde en éveil. Il est peu probable que vous vous endormiez si vous appréhendez un peu la tâche à laquelle vous êtes confronté. Il est nécessaire d'être dans un certain état d'éveil pour apprendre et, dans une certaine mesure, cet éveil peut être provoqué par l'anxiété aussi bien que par un état émotif plus agréable.

Cependant l'effet produit par l'anxiété est souvent loin de faciliter l'apprentissage. Les états émotifs négatifs distraient. Ils peuvent vous forcer à vous concentrer, mais rarement sur la tâche qui vous incombe. Ils tendent à rendre impossibles les déplacements de l'attention et la vérification des multiples hypothèses qu'exigeraient la plupart des situations d'apprentissage. Un autre inconvénient de l'anxiété, même modérée, est d'accroître la quantité d'information requise par une prise de décision. Plus nous craignons de nous tromper, plus grande est la quantité d'information que le cerveau doit traiter à chaque moment. Le cerveau humain ne fonctionne pas efficacement quand l'individu craint le risque d'une erreur; c'est précisément ce qui se produit chez une personne anxieuse.

L'anxiété est ordinairement accompagnée d'un rejet ou même d'une hostilité vis-à-vis toute personne ou toute chose soupçonnée d'être la cause de cet état. Si un enfant croit qu'un enseignant ou l'école est responsable de son misérable état émotif, il ne voudra très probablement pas s'identifier à cette personne ou à cette institution, ni participer à aucune activité réciproque telle qu'apprendre.

Il n'est pas facile pour un enseignant de manier l'anxiété. Elle ne peut pas être réduite par l'exhortation, comme nous l'avons tous expérimenté quand nous avons dû prendre un rendez-vous chez le dentiste. L'anxiété se fonde sur nos croyances et nos attentes, sur notre théorie du monde. Pour que l'anxiété soit réduite, il doit apparaître une certaine évidence nouvelle et persuasive. La meilleure preuve que puisse avoir un enfant de la non-nécessité de l'anxiété dans une situation d'apprentissage est un fait qui lui démontre que l'apprentissage peut réussir sans qu'il lui en coûte trop. On ne peut pas duper un enfant et lui faire croire cela, il doit lui-même en faire l'expérience, et cette expérience ne peut être vécue que dans une situation qu'il peut maîtriser, non dans une situation pleine de difficultés. On peut obtenir plus en demandant moins. Si cette façon de parler vous choque à cause d'une certaine connotation de laisser-aller, rappelez-vous que, dans ce contexte, une tâche «difficile» en est une qui n'a pas de sens, et celle qui «demande moins» est une tâche qui a du sens.

LE FEED-BACK L'idée que la connaissance immédiate des résultats est une partie importante de l'apprentissage vient, en grande partie, des études sur l'apprentissage d'éléments non signifiants. Les écoliers qui s'efforcent d'apprendre des listes de syllabes artificielles réussissent mieux quand ils savent s'ils s'en sont bien tirés, surtout si leur performance se compare assez favorablement à un certain critère, à une certaine norme.

Mais une règle comme «Faites immédiatement connaître les résultats» n'a que peu de valeur pratique en éducation et peut même être trompeuse si l'enseignant ne sait pas ce que le feed-back devrait produire. Imaginez un enfant qui lit à haute voix une page d'un livre. Il a bien lu les cinq premiers mots d'une phrase, mais se trompe au sixième. Plutôt que de lire: «Jean lance la balle et court», il lit: «Jean lance la balle et frappe». Dans plusieurs classes, il ne serait pas nécessaire que l'enseignant corrige l'erreur, et il y a peu de chance qu'on permette à l'enfant de la corriger lui-même. La moitié des élèves de la classe lanceront le bon mot (ayant appris des adultes qu'une grande précision est hautement valorisée). Notre lecteur recevra sûrement un feed-back. Mais lui sera-t-il d'une certaine utilité? Comme nous l'avons vu, le feed-back est utile dans la mesure où il répond à la question précise que se pose l'enfant au cours de la vérification de son hypothèse. Si l'hypothèse élaborée par l'enfant de notre exemple est que *c-o-u-r-t* se prononce *frappe,* le feed-back immédiat est bon et sans doute utile. Mais il y a d'autres possibilités.

Supposons que l'enfant ne lisait pas mécaniquement les mots les uns après les autres comme si chacun n'avait aucun rapport avec les autres, mais qu'il essayait de donner du sens à toute la phrase. Dans ce cas, au point où il en était dans sa lecture, le mot *frappe* était tout aussi probable, dans ce contexte, que le mot *court,* et il avait fait une bonne prévision. Si un lecteur accompli doit toujours s'appuyer sur de telles prévisions ou, plus précisément, sur l'information tirée du contexte, l'enfant qui a fait cette erreur lisait bien. Le feed-back qu'il reçoit n'aurait pas de rapport avec la question: «Que signifie cette phrase?» mais avec la question: «Quel est le prochain mot?» Si l'enfant lisait pour trouver du sens — ce qui semble être le cas puisque *frappe* est, au point où il en est dans la lecture, une possibilité envisageable — il aurait probablement découvert son erreur quelques mots plus loin et aurait été capable de la corriger lui-même. L'une des caractéristiques propres aux bons lecteurs est qu'ils corrigent leurs propres erreurs quand elles créent un non-sens dans ce qu'ils lisent. En d'autres termes, le feed-back dont a besoin notre lecteur ne peut venir qu'après avoir lu quelques mots de plus et découvert que ses prévisions quant au sens ne sont pas confirmées par la suite. Mais il est privé d'un tel feed-back s'il reçoit un feed-back «immédiat» et totalement inapproprié lui indiquant qu'il n'a pas bien lu un mot. Ce genre de feed-back peut faire d'un enfant un mauvais lecteur en le forçant à se préoccuper davantage des mots que du sens.[6]

Un enseignant peut même nuire en voulant aider. Imaginons que notre lecteur fasse une pause après avoir bien lu les cinq premiers mots de la phrase: «Jean lance la balle et. . .» À ce moment, un enseignant bien intentionné pourrait lui fournir le mot suivant ou demander à l'enfant de le prononcer. Mais il se peut que l'enfant n'ait aucun problème avec ce sixième mot. Puisqu'il doit identifier chaque mot avant de le prononcer, le fait qu'il n'en prononce pas un ne signifie pas qu'il ne l'a pas identifié. Il pourrait très bien avoir reconnu le mot et hésiter parce qu'il essaie de se représenter ce qui est raconté. Il pourrait être en train de donner du sens aux cinq mots qu'il a déjà lus et ne pas être encore prêt à continuer sa lecture. Encore une fois, l'intervention de l'enseignant pourrait décourager l'enfant de se préoccuper du sens. Une telle conséquence pourrait réellement desservir un lecteur débutant.

Les exemples précédents soulignent deux aspects importants en pédagogie. Tout d'abord, la lecture, comme beaucoup d'autres activités scolaires potentiellement signifiantes, peut fournir son propre feed-back. Il n'est pas nécessaire que l'enseignant ou les autres élèves de la classe disent: «Tu t'es trompé» quand un enfant lit pour trouver du sens; il n'est même pas nécessaire qu'un enfant lise à haute voix pour recevoir un feed-back. La lecture elle-même le fournira. Pour aller encore plus loin, on peut dire que les activités signifiantes fournissent leur propre feed-back, il peut ne pas être du tout nécessaire que l'enseignant intervienne.

Le second aspect concerne le moment du feed-back qui peut se produire trop tôt: la connaissance immédiate des résultats peut être inopportune. Si un enseignant n'est pas certain de ce qu'un enfant est en train de faire, il serait préférable qu'il le laisse tranquille. Le renforcement inapproprié et le feed-back prématuré peuvent produire le même effet fâcheux. Ils peuvent tous deux contribuer à persuader un enfant que l'école n'est pas en réalité un lieu rationnel, mais un endroit où les événements et leurs suites se produisent d'une façon fondamentalement imprévisible et non signifiante. Il peut être préférable pour un enfant d'être occasionnellement ignorant — chose qu'il peut au moins comprendre — que d'avoir un apprentissage déformé par la non-signifiance.

Quelques problèmes de l'enseignant

Les enseignants sont humains et, de ce fait, apprennent ou se détournent de l'apprentissage de la même façon que les enfants. La psychologie des enseignants est un sujet aussi vaste que la psychologie des enfants et tout aussi important pour nos questions d'enseignement. J'ai peu de place pour élaborer une analyse de la façon dont les enseignants évoluent et changent à partir de leur expérience d'enseignement — bien que je ne sois pas certain qu'il ne pourrait pas être tout aussi utile d'écrire un livre sur la psychologie des enseignants à l'intention des enfants que d'écrire un livre sur la psychologie des enfants à l'intention des enseignants. Au lieu de faire un long exposé sur la question, je vais faire un énoncé général et traiter brièvement de deux sujets qui serviront d'illustration.

Voici l'énoncé général: les enseignants ne peuvent pas s'exclure de l'analyse que j'ai faite de la façon dont les individus perçoivent et interprètent leur monde et modifient leur structure cognitive à partir de l'expérience. Une des parties importantes du monde de l'enseignant est sans aucun doute le groupe d'enfants auquel il s'efforce d'enseigner. Ce qui se passe dans la classe fournit une information générale à l'enseignant tout autant qu'aux enfants. Un exercice intéressant serait de définir le type d'information générale et particulière dont un enseignant a besoin au sujet d'un enfant pour lui enseigner efficacement ou lui fournir l'information nécessaire; il faudrait aussi voir dans quelle mesure cette information relative à l'enfant est disponible pour l'enseignant. Quels types d'information peuvent fournir les tests, l'observation et les exigences et questions de l'enfant? Cette analyse pourrait être faite en fonction d'un domaine d'apprentissage et même d'une situation d'apprentissage déterminée.

L'étude pourrait être élargie si on considérait les types d'information générale et particulière que l'enseignant reçoit non seulement de ses élèves, mais aussi de ses collègues, des administrateurs, des parents et de bien d'autres sources d'influence et de pression — de sa formation pédagogique aux journaux.

J'ai choisi, parmi plusieurs possibilités, deux domaines où apparaissent les attitudes des enseignants à l'égard des enfants et la réceptivité des premiers face aux idées nouvelles.

APPRENDRE ET TRAVAILLER La conception populaire du rôle de l'enseignant, souvent partagée par les enseignants eux-mêmes, n'est pas loin de ressembler à l'idée qu'on se fait d'un chef qui dirigerait un orchestre constitué de musiciens mal entraînés et peu motivés, chacun d'eux étant à peu près capable de lire la musique, mais malhabile à jouer de son instrument. Dans une classe, l'instrument dont les enfants doivent jouer, mais dont on leur accorde à peine le crédit de savoir en jouer, c'est le cerveau. Dans de telles conditions, on ne s'attend pas à entendre une musique harmonieuse ou à voir se produire un apprentissage sans intervention importante auprès de chacun. Autrement dit, l'enseignant est tenu responsable de l'apprentissage ou de l'absence d'apprentissage chez les enfants; et le fait que les enfants apprennent bien ne dépendrait que d'un seul facteur: le travail.

Il est remarquable qu'on rencontre souvent le mot *travail* dans le contexte de l'éducation. Il revient à l'enseignant de tenir les écoliers au travail. Les enfants ont leur travail à l'école et leur travail à la maison. L'enfant qui travaille le plus fort est considéré comme le meilleur élève. Le labeur garantit le succès. Il n'est cependant pas évident que le travail, l'effort et la dépense d'énergie produiront infailliblement l'apprentissage. Au contraire, il se produit plus d'apprentissage dans une atmosphère de confiance et de détente. Un écolier qui travaille dur et longtemps sur un sujet peut très bien éprouver des difficultés dans ce domaine, et son apprentissage sera probablement faible et insuffisant.

L'idée que le travail est essentiel à l'apprentissage vient probablement d'une confusion entre l'effort et l'*application*. Il n'y a pas de doute que, pour apprendre, tout enfant ou tout adulte doit s'appliquer à une tâche. En ce sens, le mot «application» signifie seulement l'«attention», et l'attention ne requiert aucun effort, seulement de l'intérêt, produit de la signifiance.

L'équation entre l'apprentissage et le travail peut conduire les enseignants à adopter envers les enfants des attitudes manifestement puritaines. Les «bons enfants» sont ceux qui travaillent fort et ne semblent pas très préoccupés de s'amuser. Un enfant détendu et sûr de lui peut ne pas «donner sa pleine mesure» ou ne pas faire suffisamment d'effort. Dans un cas comme dans l'autre, dit-on, il ne donne pas son plein rendement; il n'a aucune chance d'atteindre son «potentiel» sans peine. Selon ce point de vue, une classe où les enfants lisent silencieusement des textes de leur choix ne peut pas être en train de travailler, l'enseignant non plus.

On croit généralement aussi que les enfants n'apprendront pas s'ils ne reçoivent pas de «défis». Tout ce qu'un écolier fait facilement et avec plaisir est soupçonné de n'avoir aucune valeur d'apprentissage. Il n'est cependant pas difficile de démontrer qu'il ne se produira que peu d'apprentissage si la tâche n'est ni facile ni agréable. Les enfants qui ne sont pas capables de lire Molière et qui ne comprendraient pas plus ses pièces si on les leur lisait se voient demandés d'apprendre Molière et en même temps d'améliorer leur lecture. Le fait que rien ne sera lu avec compréhension si la tâche est au-dessus des capacités de l'enfant et que la lecture ne peut pas être améliorée par des textes incompréhensibles peut passer inaperçu.

On croit aussi généralement que les enfants laissés à eux-mêmes ne se «développeront» pas et ne s'engageront dans aucune activité qui suppose un apprentissage. Derrière ce point de vue se cache une croyance selon laquelle les enfants sont naturellement paresseux, malveillants et peu désireux d'apprendre; ce qu'ils préfèrent, c'est l'ignorance béate. Une fois encore, on peut trouver un exemple de cette attitude en lecture: on soutient souvent que, si un enfant n'est pas constamment forcé de lire de la littérature qui dépasse son niveau de compétence et d'intérêt, il régressera automatiquement au niveau des comptines et des livres de bandes dessinées. Cependant il est improbable qu'un enfant veuille lire un texte s'il n'est pas capable de le faire avec une aisance relative; et même s'il s'efforce consciemment de lire des textes dont le niveau dépasse sa capacité, il aura une difficulté extrême à comprendre et à retenir ce qu'il lit. La peur de voir un enfant ne jamais faire de progrès si on lui permet de s'en tenir à des textes qu'il trouve faciles ne tient pas compte du fait qu'une situation vide d'apprentissage est ennuyeuse et que l'ennui ne plaît pas. Une tâche facile n'est pas incompatible avec l'apprentissage. Un enfant peut relire un livre aimé une douzaine de fois et, bien qu'il puisse être capable de réciter par coeur plusieurs passages, il apprend encore beauboup sur la façon de lire couramment.

Porter une trop grande attention au travail et à l'effort plutôt qu'à la spontanéité et au plaisir conduit presque inévitablement à des problèmes de planification et de contrôle. L'attention de l'enseignant est détournée du processus d'apprentissage au profit des résultats, de la performance et du comportement. Une large part des conseils donnés aux enseignants concernent la *discipline*, c'est-à-dire qu'ils précisent des routes à suivre et excluent la possibilité de digression.

Encore une fois, je ne me propose pas de traiter de questions telles que savoir s'il est réaliste de s'attendre à ce que des groupes d'enfants progressent à un même rythme vers des buts identiques en s'abstenant de toute agitation et de tout ressentiment au cours du cheminement. Je voudrais seulement faire observer que de telles attentes sont de toute évidence incompatibles avec la description que j'ai faite des enfants et de l'apprentissage. Parallèlement aux façons particulières dont les enfants apprennent, les enseignants ont d'autres contraintes, notamment les attentes des parents, des directeurs d'école et les exigences des plans d'étude et des programmes. Plutôt que d'ouvrir une discussion qui se situerait hors de la psychologie de l'éducation, je reprendrai un aspect élémentaire mais fondamental: le contrôle ne constitue un problème que dans la mesure où l'activité à laquelle on demande à l'enfant de participer n'a pas de sens pour lui. En effet, les enseignants se trouvent devant une alternative: ou bien capter l'attention des enfants par des activités qui ont un sens pour eux et dans lesquelles ils peuvent apprendre, ou bien forcer leur participation par la discipline et le contrôle. Malheureusement ces deux possibilités sont largement incompatibles; malheureusement aussi, les enseignants n'ont souvent pas la possibilité de choisir entre les deux.

Quand le comportement doit être forcé par la discipline et le contrôle, l'anxiété et la frustration tendent à s'accroître et à affecter non seulement les individus manipulés (les enfants), mais aussi la personne qui essaie de maintenir cet état de manipulation (l'enseignant). L'anxiété trop élevée provoque une chute d'efficacité dans l'apprentissage aussi bien chez les écoliers que chez les enseignants. La frustration entraîne deux conséquences presque inévitables, autant chez les enseignants que les écoliers: le ressentiment et l'hostilité. Toutes ces conséquences sont incompatibles avec l'apprentissage; il n'est pas nécessaire d'insister davantage sur le fait que leurs effets sur l'apprentissage des enfants ne sont pas souhaitables. Toutefois on s'attarde rarement sur le fait que les enseignants eux-mêmes peuvent refuser peu à peu l'apprentissage, bien que le phénomène soit fréquent.

LA FACULTÉ D'ADAPTATION DES ENSEIGNANTS La conception de l'apprentissage des enfants présentée dans ce livre — de même que les modifications constantes qui se produisent dans tous les domaines de l'éducation et de la psychologie de l'éducation — semblerait exiger des enseignants qu'ils soient toujours à la recherche de nouvelles informations et soient ouverts au changement. Pourtant, un esprit ouvert et une facilité d'adaptation sont des qualités qui ne sont généralement pas reconnues aux enseignants. Pour des raisons qui ne sont pas toutes claires, mais auxquelles nous pouvons réfléchir, les enseignants sont généralement inflexibles dans leur façon de penser et conservateurs dans leurs attitudes, du moins dans le cadre de leur travail.[7]

Les conséquences d'une telle rigidité sont très négatives. Les enseignants peuvent avoir de la difficulté à analyser objectivement de nouvelles idées et utiliser de nouvelles perspectives dans des situations qui ne présentent rien de nouveau. Tout le monde a beaucoup investi dans l'élaboration de sa structure cognitive; on a peu tendance à modifier une théorie qui a donné d'assez bons résultats et avec laquelle on se sent à l'aise. On pourrait croire que les enseignants feraient de l'apprentissage une partie centrale de leur vie, mais leur profession semble souvent produire l'effet inverse. L'une des principales préoccupations des innovateurs en éducation et même des auteurs d'ouvrages traitant d'éducation est de savoir comment assouplir les enseignants afin qu'ils reçoivent de nouvelles idées, sans même souhaiter qu'ils les utilisent. Cette préoccupation ne se retrouve pas uniquement chez des personnes autres que des enseignants; beaucoup d'enseignants l'ont aussi.

Ce qui explique la résistance de certains enseignants vis-à-vis des idées nouvelles est le fait qu'ils n'ont pas été entraînés à réfléchir; ce qu'ils ont vécu dans les écoles de formation des maîtres est diamétralement opposé au genre d'enseignement que ce livre suggère à tout individu. C'est que les enseignants en formation ne reçoivent pas toujours une information signifiante qu'ils pourraient relier à ce qu'ils savent déjà. Ils sont plutôt bombardés d'unités de connaissance ou de prescriptions qu'ils doivent digérer sommairement. Ils se préoccupent moins de l'utilisation qu'ils pourront faire, dans leur classe, des idées émises que des examens qu'ils doivent subir. Quand on parle d'*entraînement de l'enseignant*, on révèle l'importance accordée aux comportements que les enseignants devraient avoir plutôt qu'à la réflexion sur des points de vue différents en éducation ou en psychologie. Il est rare d'entendre un enseignant dire: «Qu'est-ce que je devrais savoir pour prendre une décision dans cette situation?» On entend plus couramment: «Qu'est-ce que tu me suggères de faire?»

Par ailleurs, des enseignants en fonction répondent souvent que la structure rigide de l'école rend l'innovation difficile et l'ouverture d'esprit suspecte. L'organisation hiérarchique des responsabilités fait que chacun a un supérieur qui joue le rôle d'une source d'information importante et de supervision critique. C'est ainsi que l'initiative individuelle est découragée. Les autres membres du personnel enseignant, trop préoccupés de leur quiétude, peuvent facilement décourager ou isoler un jeune enseignant plein d'enthousiasme. Cette inertie peut conduire les enseignants à croire que le changement s'amorcera plus facilement à l'extérieur qu'à l'intérieur de l'école. Plusieurs enseignants, par exemple, ne croient pas qu'ils puissent faire quelque chose par rapport au groupement des écoliers selon l'âge, par rapport à la compétition, à la discrimination entre les enfants lents et rapides, à la discrimination sexuelle, à la trop grande importance accordée aux matières scolaires, à la socialisation et au travail soigné. Je n'ai pas de commentaire à faire sur ces problèmes sinon pour reconnaître qu'ils contribuent tous à rendre l'école moins signifiante et ce qui s'y vit plus difficile pour les enfants comme pour les enseignants. Le fait que les solutions soient souvent évidentes ne simplifie en rien leur application. Je voudrais plutôt m'attarder à une ou deux causes de la résistance à l'apprentissage et au changement, causes qui affectent aussi les enfants et les enseignants.

La première est l'anxiété ou l'insécurité. Les enseignants sont responsables d'une bonne partie de ce qui se passe à l'école, et la société a tendance à les tenir responsables de tout ce qui s'y passe et de tout ce qu'on croit qu'il s'y passe. Ces temps-ci, par exemple, le mot clef est *responsabilité*; un enseignant doit démontrer qu'il réussit, tout comme l'enfant doit démontrer qu'il travaille. Ces pressions encouragent les enseignants à réduire la portée de leurs objectifs, à enseigner en fonction des tests et, en cas d'échec, à jeter le blâme sur les enfants. L'insécurité d'un enseignant peut devenir particulièrement chronique s'il n'est pas certain des attentes de la société — si tant est que celle-ci les connaisse — et s'il n'est même pas certain de ses propres buts. Rares sont les enseignants vraiment conscients de ce qu'ils peuvent s'attendre à réussir avec les enfants.

Le conservatisme est la conséquence courante de l'anxiété; elle pousse les enseignants à diminuer d'ardeur. Si nous sommes inquiets, l'inconnu fait peur et le changement est menaçant. Nous pouvons ne pas aimer le statu quo; mais qui sait ce que pourraient produire de mauvais résultats, surtout si nous savons que nous serons tenus responsables du changement et de ses conséquences? Si nous sommes inquiets, nous avons tendance à regarder les autres et à faire comme eux; d'où le fait que l'inertie est fréquemment attribuée à tout le personnel d'une école. Toute personne inquiète, comme nous l'avons vu, exige plus d'information avant de prendre une décision. Quiconque appréhende le coût d'une erreur restera indécis ou réagira de façon incohérente.

Les facteurs émotifs affectent aussi l'apprentissage. Une grande part des relations entre les enfants et les enseignants, et aussi entre les enfants eux-mêmes et entre les enseignants, se situe à un niveau émotif, surtout quand la pression est forte. Les gens qui s'engagent très émotivement dans les discussions ne cherchent généralement pas d'arguments rationnels; ils peuvent même préférer ne pas raisonner du tout. On a observé qu'un grand nombre d'enseignants ne tolèrent pas la complexité; ils ne veulent pas participer à des discussions théoriques ou analyser des hypothèses. L'enseignement, comme je l'ai peut-être trop bien démontré, est déjà une tâche suffisamment complexe. Des livres comme celui-ci ne sont pas faciles à assimiler par des enseignants harassés par les responsabilités. La conséquence d'une telle aversion pour la réflexion ouverte est la tendance à réduire des problèmes complexes à des dimensions simplistes et à ne chercher que des solutions simples qui n'existent ordinairement pas.

En guise de conclusion

Le dernier chapitre ne devrait pas être la fin d'un livre. Un manuscrit, quand son auteur l'a terminé, n'est rien : des mots dans une tombe de papier. Le seul espoir et la seule raison d'être d'un livre se trouvent dans l'effet qu'il peut produire chez un lecteur, dans le sens que ce dernier est capable de lui donner.

Le but que je poursuivais en écrivant ce livre n'est pas du tout atteint du fait qu'il est terminé. Que le lecteur soit plus à même de comprendre les enfants ou ait une meilleure compréhension des ouvrages de psychologie de l'éducation n'est plus de mon ressort. Mon succès ne dépendra même pas de la mesure dans laquelle un lecteur sera ou ne sera pas d'accord avec ce livre, mais plutôt du fait qu'il sera capable de l'intégrer dans une conception plus large des choses.

À ce stade, il ne m'apparaît pas valable de reprendre les «points importants» ou d'essayer de coiffer mes arguments d'une belle conclusion. Je me propose plutôt de terminer en donnant une simple esquisse de la problématique de départ et du chemin parcouru. Il revient maintenant au lecteur de définir le point d'arrivée et de décider quoi faire à partir de là.

J'ai commencé par une analyse de la théorie et de son rôle dans toute entreprise visant la connaissance et la compréhension. Une théorie est un effort pour donner du sens à ce qui, autrement, ne serait qu'une collection de «données brutes», de faits désordonnés et d'expériences non significatives. Une théorie remplit trois fonctions — résumer le passé, donner du sens au présent et prévoir le futur — et intervient dans l'effort constant pour établir un lien entre l'inconnu et le connu. Les théories ne doivent pas être évaluées sous l'angle de la vérité, mais bien de l'utilité. Dans quelle mesure réussissent-elles à organiser les expériences passées afin d'interpréter le présent et de prévoir le futur?

Le présent ouvrage constitue lui-même une théorie, un effort de conceptualisation des interactions de l'enfant avec son environnement, dans des termes qui s'accordent avec les résultats de la recherche scientifique et les données expérimentales et qui, en même temps, ont un sens pour les enseignants. Le but de ma théorie est d'aider les enseignants à rassembler de façon cohérente les faits concernant les enfants qu'eux-mêmes ou les autres ont observés; à donner du sens à leur expérience quotidienne avec les enfants, de même qu'à l'information et aux polémiques qu'on trouve dans les ouvrages d'éducation; et enfin à rationnaliser leurs interactions avec les enfants. La valeur de cette théorie dépend de la mesure dans laquelle un enseignant la trouvera utile.

Ma théorie dit entre autres que chacun a, dans la tête, une théorie qui lui est propre, une théorie sur la nature du monde et son organisation. Cette théorie, que j'ai appelée la structure cognitive, est le résultat des efforts de chacun pour organiser ce qu'il sait du monde. Sans elle, notre passé serait incohérent, notre présent incompréhensible et notre avenir un déluge de surprises.

Tout ce que nous ne pouvons pas relier à notre structure cognitive reste un bruit — un signal qui ne comporte aucune information, qui n'a aucun sens. L'expression «donner du sens» que j'ai beaucoup utilisée signifie qu'une nouvelle information peut être reliée à ce que nous savons déjà. En fait, si jusqu'ici vous avez donné du sens au présent paragraphe, ce doit être parce que votre structure cognitive a déjà été assez influencée par le livre pour que vous puissiez en interpréter la terminologie spécialisée.

La structure cognitive est souvent inadéquate. Nous nous trompons, nous nous embrouillons et nos prévisions ne se réalisent pas. Quand la structure cognitive se révèle une théorie du monde inadéquate, nous la modifions. L'apprentissage consiste à modifier notre structure cognitive pour donner plus de sens à l'expérience.

Les enfants s'efforcent de donner du sens à leur environnement dès la naissance. Il n'y a aucune raison d'essayer de rendre compte de la capacité d'apprentissage d'un enfant, parce que c'est l'enfant qui est une machine à apprendre, la plus efficace qui soit. Un enfant qui ne peut pas apprendre n'est pas un enfant, il n'est pas humain. Notre monde de gens et d'objets, de temps et d'espace, de causes et de conséquences, n'apparaît pas immédiatement comme tel à un enfant; il doit apprendre. Et la seule façon qu'il a d'apprendre est d'essayer de donner du sens aux choses. Un enfant le fait depuis le moment de sa naissance.

Il n'y a aucune raison d'essayer d'expliquer la motivation à apprendre chez un enfant. Tout ce qu'il ne peut pas comprendre, tout ce à quoi il ne peut pas donner de sens ou tout ce qu'il n'a pas pu prévoir devient un stimulus suffisant pour qu'il apprenne. Ce que les enfants ne peuvent pas tolérer, c'est une situation dans laquelle il n'y a rien à apprendre, c'est l'ennui. Un enfant est à ce point motivé à apprendre, qu'il recherchera l'incertitude et ignorera les choses familières. La puissante pulsion que nous appelons curiosité consiste pour l'enfant à rejeter tout ce qu'il sait déjà en faveur de l'inconnu.

Enfin il n'y a aucune raison de traiter du renforcement dans l'apprentissage chez l'enfant. L'apprentissage comporte sa propre récompense. Un enfant n'a pas besoin d'être acheté pour apprendre, si ce n'est dans les situations où l'apprentissage est impossible. Pour un organisme qui se nourrit d'information, celle-ci est une récompense suffisante. Un enfant ne s'arrêtera pas d'apprendre tant qu'il n'apprendra pas que ses efforts sont vains, tant que l'apprentissage ne sera pas cause de blessures ou de culpabilité. Une machine à apprendre peut apprendre à s'arrêter d'elle-même.

Le processus d'apprentissage — et le fait qu'il puisse être entièrement mis en branle et dirigé par l'enfant — a été l'un des deux principaux fils conducteurs de ce livre. L'autre fut le langage. Nous avons d'abord considéré le langage comme un exemple d'apprentissage, laissant de côté la complexité du langage pour nous concentrer sur la capacité de l'enfant à découvrir ses secrets et à réinventer ses structures. La langue parlée nous a servi de modèle pour analyser le puissant dynamisme intellectuel spontané et autonome, qui pousse un enfant à donner du sens à son monde. L'enfant n'a pas besoin de renforcement pour apprendre à parler — il n'a besoin que de se trouver dans des situations auxquelles il ne peut pas donner de sens et d'avoir la possibilité de vivre ces situations aussi longtemps qu'il le faut pour les maîtriser.

Un enfant fait beaucoup plus que donner du sens au langage, il l'utilise. Dès qu'il a appris une partie du langage, cette partie devient un outil qui lui sert à apprendre davantage de choses sur le langage et sur toute autre chose. Le langage est plus qu'un média par lequel l'information est donnée à l'enfant, il est le principal moyen par lequel celui-ci va chercher à l'extérieur l'information qu'il veut obtenir. À condition de pouvoir être utilisé, le langage devient un outil indispensable à l'apprentissage chez les humains.

Cependant le langage n'est ni la fin ni le début de l'apprentissage. Tout ce que nous voyons, entendons ou sentons est déterminé autant par ce que nous savons déjà, par notre structure cognitive, que par les événements qui se produisent dans notre environnement. Il y a cependant des limites à la quantité d'information nouvelle que le cerveau peut traiter et retenir.

Nous avons fait remarquer que les enfants ne doivent pas être considérés comme tous identiques, même si tous commencent leur vie pourvus du même mécanisme d'apprentissage. Les enfants ont des capacités différentes, des intérêts différents et des attitudes différentes, tout cela faisant partie de la façon dont ils préfèrent entrer en contact avec le monde. Leurs réactions face au monde ne sont pas purement intellectuelles, elles sont influencées par des perceptions cognitivement déterminées. La peur et l'anxiété ne sont jamais irrationnelles pour qui les vit. Aucun aspect de l'interaction d'un individu avec le monde — quelle que soit la manière dont il agit sur son environnement ou dont cet environnement l'affecte — ne peut être considéré comme indépendant de sa théorie du monde.

La structure cognitive étant reconnue comme le coeur de tout apprentissage fait par un enfant, nous nous sommes enfin préoccupés de l'enseignement. Nous l'avons considéré non pas comme un processus par lequel un enseignant verse la connaissance dans la tête d'un enfant, mais comme la manipulation de l'environnement de l'enfant, manipulation faite dans le but de faciliter son apprentissage d'une certaine façon. Nous avons passé en revue les avantages et inconvénients que tout média d'enseignement pourrait avoir en fonction des types d'information dont un enfant peut avoir besoin pour apprendre. Nous avons même analysé brièvement certains problèmes d'apprentissage propres aux enseignants et insisté sur ce que l'enseignant et ses élèves ont en commun.

Le dilemme de l'enseignant

Les enseignants sont souvent dans un dilemme. D'une part, ils sont souvent critiqués pour plusieurs insuffisances, et ils en viennent à croire qu'ils pourraient améliorer leur pratique de l'enseignement si seulement ils maîtrisaient les techniques les plus récentes et tiraient avantage du matériel et de la technologie modernes. Toute leur formation — depuis l'école de formation jusqu'au déluge quotidien de conseils, d'opinions, de commerciaux et de discours importuns — les a amenés à croire que c'est en suivant les préceptes donnés par les autres qu'ils deviendront de meilleurs enseignants. Ils finissent par croire qu'il existe quelque part une méthode magique qui permet d'enseigner toutes les matières — à condition de découvrir qui en garde le secret.

La croyance en un Saint-Graal de l'enseignement se reflète dans les attitudes de nombreux parents, directeurs d'école, administrateurs, éditeurs, formateurs de maîtres, ministères de l'éducation et gouvernements. Par exemple, l'énorme programme «Droit à la lecture» mis sur pied aux États-Unis, tout comme le programme antérieur visant à envoyer un homme sur la lune, avait pour point de départ l'idée que, si on investit des ressources suffisantes dans un projet et si le problème est attaqué de façon systématique, on trouvera une technologie capable d'en venir à bout.

L'autre terme du dilemme des enseignants est le suivant: il n'existe pas et n'existera probablement jamais de méthodologie infaillible. Il n'y a qu'une seule bonne façon d'améliorer l'enseignement, c'est d'aider l'enseignant à comprendre les enfants, à éviter les exigences excessives et les pratiques restrictives qui peuvent fausser la compréhension et l'apprentissage chez les enfants. Enseigner à lire à un enfant n'a rien de commun avec le fait d'envoyer un homme sur la lune. Tout d'abord, cela ne requiert pas une nouvelle technologie. Les enfants ont appris à lire depuis que le genre humain a inventé la lecture. Aucune méthode de lecture ne peut s'adresser à chaque enfant, bien que toutes les méthodes mises au point semblent pouvoir s'adresser à au moins quelques enfants. Mais cette diversité ne fait que démontrer l'étonnante flexibilité des enfants. Presque tous les enfants qui, dans l'histoire, ont par millions appris à lire, y compris nous, ont probablement appris selon (ou en dépit) des méthodes d'enseignement, dans des classes et à partir de textes sentencieux et mal imprimés que nous considérerions aujourd'hui comme inadéquats, inappropriés et dépassés.

Avant de pouvoir tirer, des recherches en éducation, des conclusions sur les mérites des méthodes d'enseignement, les chercheurs devront «maîtriser» ou subséquemment éliminer deux sources majeures de variations, présentes dans toute étude sur le sujet. La première de ces sources de variations ou d'imprévu est l'enfant en tant qu'individu. Le chercheur devra exclure de ses considérations le fait qu'un enfant n'est pas identique à un autre et que différents enfants réagissent différemment aux mêmes instruments ou aux mêmes méthodes. La seconde source de variations est l'enseignant. Non seulement les enseignants «affectent les données» parce qu'ils n'enseignent pas tous de la même façon, mais ils y ajoutent la «non-fiabilité» parce qu'ils sont «éclectiques». Peu d'entre eux ont tendance à se fier aveuglément à une seule méthode. Ils utilisent plutôt leur expérience et leur compréhension intuitive de chaque enfant pour bouleverser la présentation stéréotypée qu'exige l'organisation «scientifique» du matériel pédagogique. L'intelligence des enseignants est parfois considérée comme un obstacle à l'application d'un programme d'enseignement, avec le résultat qu'on fait la promotion de certains instruments pédagogiques en insistant sur le fait qu'ils sont «à l'épreuve des enseignants»; ces derniers ne peuvent pas les fausser.

Je ne prends pas une position anti-scientifique. Je ne veux pas dire qu'il faudrait retourner à l'ignorance. Loin de là; je pense que l'absence de connaissance caractérise bien l'état dans lequel une grande part de l'éducation se trouve aujourd'hui. Il n'est pas vrai que la majorité des enseignants sont ignorants et que la technologie est scientifique. Au contraire, beaucoup d'enseignants ont énormément de perspicacité, mais ne sont malheureusement pas conscients des justifications théoriques de leurs intuitions, et beaucoup de programmes tout faits auxquels on voudrait qu'ils adhèrent sont inflexibles, simplistes et naïfs du point de vue théorique.

Les auteurs de matériel pédagogique peuvent élaborer des programmes «systématiques» qui conduisent habilement un enfant à travers une suite d'étapes, avec un minimum d'erreurs et la garantie d'un niveau terminal de succès prédéterminé. Mais les objectifs peuvent être affectés par les limites de l'enseignement lui-même; or le succès est défini en fonction de ce que le programme permet de faire, non en fonction des habiletés plus générales et plus souples qu'on s'attend que les enfants développent à l'école. Où est le matériel qui tient compte du fait qu'il y a des limites à la quantité d'information et à la rapidité avec laquelle tout individu peut la faire entrer dans sa mémoire à court et à long terme, qui tient compte du fait que l'apprentissage suppose nécessairement un risque d'erreur, que lire ne requiert qu'une utilisation minimale de l'information visuelle, qu'il est essentiel de deviner pour écouter et pour apprendre et, enfin, que la mémorisation nuit à la compréhension ? Quelle partie de la technologie de l'enseignement reconnaît que ce sont d'abord les enfants qui donnent du sens au monde sans l'aide d'aucun adulte, que les enfants ont d'immenses capacités intellectuelles, qu'ils apprennent indépendamment de la motivation créée par l'adulte et que leur comportement, lors d'apprentissages non dirigés, n'est ni aléatoire ni désarticulé ?

Je le répète, je ne peux pas admettre qu'il est scientifique de faire plus confiance à la technologie qu'à l'enseignant. Au contraire, je crois qu'une compréhension de la façon dont les enfants — et toute autre personne — doivent s'efforcer de comprendre et d'apprendre montrera qu'une grande confiance en la technologie et en un enseignement où le professeur ne peut intervenir comme individu est non seulement sans fondement mais non nécessaire ; je n'ai pas non plus l'intention de laisser entendre que les enseignants n'ont aucun rôle à jouer dans les classes, que les enfants apprennent mieux quand ils sont entièrement laissés à eux-mêmes. L'enseignant prend des décisions importantes sur ce que l'enfant devrait apprendre, sur le moment et la façon. Ayant pris ces décisions, l'enseignant doit alors agir pour faciliter l'apprentissage chez l'enfant. Le dilemme dans lequel se trouve l'enseignant est résolu quand nous reconnaissons que sa contribution à l'apprentissage dépend d'abord de la profondeur de sa compréhension de l'enfant, et non pas de sa confiance aveugle en la méthodologie de l'enseignement.

Les enfants savent comment apprendre : c'est la thèse de cet ouvrage. Les enseignants ont la responsabilité privilégiée de rendre l'apprentissage possible en s'assurant que ce qui doit être appris soit compréhensible. Tout ce qu'un enfant peut comprendre servira de tremplin à l'apprentissage, alors que le non-sens empêche tout bond intellectuel. Le rôle de l'enseignant est d'aider l'enfant à donner du sens à l'école et au monde.[1]

Notes

Chapitre 1   Donner du sens

[1]   On ne doit pas voir de signification particulière dans ma façon d'utiliser les mots «esprit» et «cerveau». J'essaie de le faire selon l'usage courant: le mot «esprit» quand il est question de psychologie et le mot «cerveau» pour les aspects physiologiques. Les gens réalistes de la psychologie expérimentale croient fermement que les états mentaux sont le reflet direct de l'état physique ou des processus du cerveau. Mais personne n'a encore découvert, par la chimie ou au microscope, comment notre connaissance du fait que Paris est la capitale de la France pourrait se trouver dans les cellules du cortex. Il n'y a rien de scientifique à utiliser le mot «cerveau» dans des contextes où «esprit» est linguistiquement plus approprié.

[2]   L'expression «structure cognitive» est utilisée dans des sens qui se recoupent chez certains théoriciens. Jean Piaget, par exemple, affirme qu'il y a deux «fonctions invariantes» de l'intelligence chez tous les organismes vivants; l'*adaptation* à l'environnement et l'*organisation* des informations fournies par cet environnement. Cette organisation de l'information accumulée par l'expérience constitue la conception que Piaget se fait de la structure cognitive. Il distingue deux aspects de l'adaptation: l'*assimilation*, c'est-à-dire la façon dont un individu interprète l'environnement en reliant l'expérience à sa structure cognitive, et l'*accommodation*, modification de la structure cognitive à partir de l'expérience. Dans ces notes, je ferai souvent référence à Piaget et à d'autres conceptions de la structure cognitive. Je donnerai des références précises en temps utile.

[3]   Pour un exposé bref et général sur le besoin d'imposer un ordre au monde, voir Walker Gibson, *The Limits of Language*, New York, Hill & Wang, 1962.

[4]   L'idée que les distinctions catégorielles pourraient être faites à partir de traits distinctifs fut d'abord développée pour les sons du langage, (voir Roman Jakobson et Morris Halle, *Fundamentals of Language*, La Haye, Mouton, 1956), puis adaptée à l'identification des lettres (voir Eleanor J. Gibson, *Principles of Perceptual Learning and Development*, New York, Appleton,

1969, ch. 5), et enfin à la perception des formes en général. Pour une description claire du modèle de perception par analyse des traits, on pourra consulter un ouvrage que je donnerai souvent en référence pour plusieurs des sujets que j'aborderai : Peter Lindsay et Donald A. Norman, *Human Information Processing : An Introduction to Psychology*, New York, Academic
Press, 1973.

[5]   Pour le français, voir François Richaudeau, *La lisibilité*, Denoël-Gonthier, Paris, 1969. Pour
l'anglais, voir P. Dunn-Rankin, « The similarity of lower-case letters of the English alphabet »,
Journal of Verbal Learning and Verbal Behavior, 1968, vol. 7, pp. 990-995.

[6]   Roger Brown, « How shall a thing be called ? », *Psychological Review*, 1958, vol. 65, no 1, pp.
14-21; David R. Olson, « Language and thought: Aspects of a cognitive theory of semantics »,
Psychological Review, 1970, vol. 77, pp. 257-273.

[7]   Lindsay et Norman, *op. cit.*; voir aussi Donald O. Hebb, *Organization of Behavior*, New
York, Wiley, 1949.

[8]   Allan M. Collins et M. Ross Quillian, « Retrieval time from semantic memory », *Journal of
Verbal Learning and Verbal Behavior*, 1969, vol. 8, pp. 240-247.

[9]   Brown, *op. cit.*

[10]   J'ai emprunté le terme « isa » (est-un) à Lindsay et Norman, *op. cit.*, et à leur collaborateur
Peter E. Rumelhart qui est cité par eux. La plus large part de l'analyse et des illustrations des
réseaux cognitifs est, en général, basée sur les résultats exposés ou cités.

[11]   Collins et Quillian, *op. cit.* On trouvera un exposé général fait par ces auteurs ainsi que
d'autres analyses des structures de la connaissance dans Endel Tulving, Wayne Donaldson et
coll., *Organization of Memory*, New York, Wiley, 1972, aussi dans John R. Anderson et Gordon H. Bower, *Human Associative Memory*, Washington, Winston, 1973, ch. 5 et 9.

[12]   Voir le chapitre 3.

[13]   Cf. Fred Attneave, « How do you know ? », *American Psychologist*, 1974, vol. 29, no 7, pp.
493-499.

[14]   La plupart des introductions aux tests psychologiques présentent une description générale
de la physiologie du cerveau. On trouvera une introduction plus détaillée mais très lisible sur
ce sujet dans R. L. Gregory, *Eye and Brain : The Psychology of Seeing*, New York, McGraw-
Hill, 1966. Voir aussi R. W. Sperry, « Neurology and the mind-brain problem », *American
Scientist*, 1952, vol. 40, pp. 219-232. Voir aussi la note 24 *infra*.

[15]   Voir Jerome S. Bruner, « On perceptual readiness », *Psychological Review*, 1957, vol. 64, pp.
123-152. Cet article et d'autres textes importants de cet auteur ont été rassemblés dans Jerome S. Bruner, *Beyond the Information Given*, New York, Norton, 1973. On trouvera une ex-
cellente introduction à l'approche du « traitement de l'information » dans la psychologie cognitive, que reflète mon livre, dans Ulric Neisser, *Cognitive Psychology*, New York, Appleton,
1967. Pour un point de vue expérimental, voir Wendell R. Garner, « To perceive is to know »,
American Psychologist, 1966, vol. 2, no 1, pp. 11-19; pour une critique théorique, voir Earl
Hunt, « What kind of a computer is man ? », *Cognitive Psychology*, 1971, vol. 2, pp. 57-98.

[16]   Jean Piaget appelle *contration* ce phénomène de fixation de l'attention. Piaget n'est pas
facile à lire, du moins pour un lecteur qui n'a pas beaucoup de temps et qui connaît peu ses
idées. Il a beaucoup écrit et ses idées sont dispersées et se modifient à travers plusieurs ouvrages, dont *Le structuralisme*, Paris, P.U.F., coll. Que sais-je? no 1311, 1974; *Science de l'éducation et psychologie de l'enfant*, paris, Denoël, 1969, Jean Piaget et Barbel Inhelder, *La psychologie de l'enfant*, Paris, P.U.F., coll. Que sais-je? no 369. On trouvera un exposé intéressant et
facile à lire des théories de Piaget dans M. Schwebel et J. Raph, *Piaget à l'école*, Paris,
Denoël-Gonthier, 1976.

[17]   Il n'y a pas d'introduction à la théorie de l'information qui soit facile à lire pour qui n'est
pas familier avec le symbolisme et les raisonnements mathématiques. On pourra cependant se
référer à George A. Miller, « What is information measurement ? », *American Psychologist*,
1953, vol. 8, pp. 3-11; au chapitre écrit par John Brown dans Brian M. Foss et coll., *New Hori-*

zons in Psychology, Hammondsworth, Pelican, 1966; et au chapitre 2 de Frank Smith, *Understanding Reading,* New York, Holt, Rinehart and Winston, 1971.

[18] Pour une critique vigoureuse de cette tendance à nommer en psychologie, voir Gilbert Ryle, *The Concept of Mind,* Londres, Hutchinson, 1949; plus récent et plus bref est l'article de Robert E. Ebel, « And still the dryads linger », *American Psychologist,* 1974, vol. 29, no 7, pp. 485-492.

[19] Ce n'est pas une idée originale. Pour Piaget, par exemple, la pensée c'est de « l'action intériorisée » (voir note 16 *supra*).

[20] Frederick C. Bartlett, *Remembering,* Cambridge University Press, 1932. Voir aussi Neisser, *op. cit.*

[21] Le terme « plans » est emprunté à l'ouvrage classique, très facile à lire, sur les caractéristiques de l'esprit dans la prise de décision par le traitement de l'information : George A. Miller, Eugene Galanter et Karl H. Pribram, *Plans and the Structure of Behavior,* New York, Holt, Rinehart and Winston, 1960.

[22] Ryle, *op. cit.;* aussi David R. Olson, « What is worth knowing and what can be taught », *School Review,* 1973, vol. 82, no 1, pp. 27-43.

[23] Michael Polanyi, *The Tacit Dimension,* Garden City, Doubleday, 1966. Collins et Quillian, dans le chapitre qu'ils ont écrit pour l'ouvrage de Tulving et Donaldson (*op. cit.*), utilisent l'expression « connaissance implicite » dans le sens, assez différent, d'unités de connaissance qui peuvent être indirectement retrouvées à partir de la connaissance générale du monde sans les avoir apprises de façon particulière, par exemple savoir que les canaris ont du sang.

[24] Une meilleure formulation serait que la conscience est une composante de l'attention supposant un mécanisme d'intégration de l'information venant de différents sens. Voir Michael J. Posner et Stephen J. Boies, « Components of attention », *Psychological Review,* 1971, vol. 78, no 5, pp. 391-408. Deux autres ouvrages intéressants sur ce sujet difficile : Tim Shallice, « Dual functions of consciousness », *Psychological Review,* 1972, vol. 79, no 5, pp. 383-393; R. W. Sperry, « A modified concept of conciousness », *Psychological Review,* 1969, vol. 76, no 6, pp. 532-536.

[25] C'est le problème de la *conservation* dont Piaget a traité (voir note 16 *supra*).

Chapitre 2   Les limites de la compréhension

[1] Frank Smith et Peter Carey, « Temporal factors in visual information processing », *Canadian Journal of Psychology,* 1966, vol. 20, pp. 337-342. Pour un exposé plus général, voir Ulric Neisser, *Cognitive Psychology,* New York, Appleton, 1967. Plusieurs sujets abordés dans ce chapitre sont traités de façon générale dans Steven W. Keele, *Attention and Human Performance,* Pacific Palisades, Goodyear, 1973.

[2] James McKeen Cattell, « Ueber die Zeit der Erkennung und Benennung von Schriftzeichen, Bildern und Farben », *Philosophische Studien,* 1885, vol. 2, pp. 635-650, traduit dans *James McKeen Cattell, Man of Science, 1860-1944* (Vol. 1), Lancaster, Science Press, 1947.

[3] Frank Smith, « The use of featural dependencies across letters in the visual identification of words », *Journal of Verbal Learning and Verbal Behavior,* 1969, vol. 8, pp. 215-218.

[4] Pour une analyse des traits distinctifs des lettres, voir Eleanor J. Gibson, *Principles of Perceptual Learning and Development,* New York, Appleton, 1969, ch. 5; et Frank Smith, *Understanding Reading,* New York, Holt, Rinehart and Winston, 1971, ch. 9.

[5] En somme, N traits distinctifs permettent de sélectionner $2N$ cas possibles (à condition que les cas aient une même probabilité d'apparition et que chaque trait coupe de moitié le nombre de cas possibles). Voir les références de la note 17 du chapitre 1.

[6] Claude E. Shannon, « Prediction and entropy of printed English », *Bell Systems Technical Journal,* 1950, vol. 30, pp. 50-64.

[7] George A. Miller, *Language and Communication,* New York, McGraw-Hill, 1951.

[8] *Ibid.*

[9] *Ibid.*

[10] Bien que je ne désire pas divulguer les secrets qui font la fortune des centres de lecture rapide, je peux du moins révéler la clef qui permet de lire vite : *lisez vite.* Les cours de lecture rapide visent deux objectifs : forcer les sujets à lire plus vite et les persuader qu'ils n'y perdront pas en compréhension. Ce chapitre-ci et le suivant devraient démontrer que ralentir ne consti- tue pas une façon efficace de lire si vous avez de la difficulté à comprendre. Si vous ne pouvez pas comprendre ce que j'ai écrit, rappelez-vous seulement ceci : vous devez essayer de relire plus vite, avant de vous préoccuper des détails, afin de vous pénétrer de l'idée générale du texte.

[11] Norman H. Mackworth, « Visual noise causes tunnel vision », *Psychonomic Science,* 1965, vol. 3, pp. 67-68.

[12] Rose-Marie Weber, « The study of oral reading errors : A survey of the literature », *Reading Research Quaterly,* 1968, vol. 4, pp. 96-119.

[13] Roman Jakobson et Morris Halle, *Fundamentals of Language,* La Haye, Mouton, 1956.

[14] George A. Miller et Patricia E. Nicely, « An analysis of perceptual confusions among some English consonants », *Journal of the Acoustical Society of America,* 1955, vol. 27, pp. 338-353.

[15] George A. Miller, G. A. Heise et W. Lichten, « The intelligibility of speech as a function of the context of the test materials », *Journal of Experimental Psychology,* 1951, vol. 41, pp. 329- 335.

[16] John A. Swets, W. P. Tanner, Jr. et T. G. Birdsall, « Decision processes in perception », *Psychological Review,* 1961, vol. 68, pp. 301-320; John A. Swets, « The receives operating cha- racteristic in psychology », *Science,* 1973, vol. 182, pp. 990-1000; aussi Eugene Galanter, « Con- temporary psychophysics », dans *New Dimensions in Psychology* (vol. 1), New York, Holt, Ri- nehart and Winston, 1962.

[17] Karl S. Lashley, « In search of the engram », *Symposium of the Society of Experimental Biology,* 1950, vol. 4, pp. 454-482.

[18] Frederick C. Bartlett, *Remembering,* Cambridge University Press, 1932; Neisser, *op. cit.;* Charles N. Cofer, « Constructive processes in memory », *American Scientist,* 1973, vol. 61, no 5, pp. 537-543.

[19] Voir Neisser, *op. cit.;* Richard C. Atkinson et Richard M. Shiffrin, « The control of short- term memory », *Scientific American,* 1971, vol. 225, no 2, pp. 82-90; et Donald A. Norman et coll., *Memory and Attention: An Introduction to Human Information Processing,* New York, Wiley, 1969. Un point de vue assez différent est présenté dans Fergus I. M. Craik et Robert S. Lockhart, « Levels of processing: A framework for memory research », *Journal of Verbal Lear- ning and Verbal Behavior,* 1972, vol. 11, pp. 671-684.

[20] George Sperling, « The information available in brief visual presentation », *Psychological Monographs,* 1960, vol. 74, p. 11; le no 498 en entier.

[21] George A. Miller, « The magical number seven, plus or minus two: some limits on our capacity for processing information », *Psychological Review,* 1956, vol. 63, pp. 81-97.

[22] Herbert A. Simon, *The Sciences of the Artificial,* Cambridge, M. I. T. Press, 1969.

[23] Frank Smith et Deborah Lott Holmes, « The independence of letter, word and meaning identification in reading », *Reading Research Quarterly,* 1971, vol. 6, no 3, pp. 394-415.

[24] Herbert A. Simon, « How big is a chunk ? », *Science,* 1974, vol. 183, pp. 482-488. Ce sujet est traité plus longuement au chapitre 5.

[25] George Mandler, « Organisation and memory », dans Kenneth W. Spence, Janet T. Spence et coll., *The Psychology of Learning and Motivation,* New York, Academic Press, 1967. Voir aussi les trois articles de James J. Jenkins en collaboration avec trois de ses étudiants (Tho- mas S. Hyde, David A. Walsh et Rober Till) dans un seul numéro du *Journal of Verbal Learning and Verbal Behavior,* 1973, vol. 12, no 5.

[26] Voir la note 16 du chapitre 1. Bruner (note 15 du chapitre 1) utilise une formulation analogue, à savoir que nos premières structures mnémoniques sont *représentatives* («enactive»); elles sont des représentations des mouvements physiques et de leurs effets.

[27] Ralph N. Haber, «Eidetic images», *Scientific American*, 1969, vol. 220, pp. 36-44.

[28] A. R. Luria, *The Mind of a Mnemonist*, New York, Basic Books, 1968.

[29] Allan Paivio, *Imagery and Verbal Process*, New York, Holt, Rinehart and Winston, 1971. Aussi William D. Rohwer, Jr., «Images and pectures in children's learning; Research results and educational implications», *Psychological Review*, 1970, vol. 73, pp. 393-403.

[30] John D. Bransford et Jeffrey J. Franks, «The abstraction of linguistic ideas», *Cognitive Psychology*, 1971, vol. 2, pp. 331-350. Voir aussi Jacqueline S. Sachs, «Memory in reading and listening to discourse», *Memory and Cognition*, 1974, vol. 2, no 1A, pp. 95-100.

[31] Sylvia Farnham-Diggory et coll., *Information-Processing in Children*, New York, Academic Press, 1972.

[32] Gary M. Olson, «Memory development and language acquisition», dans Timothy E. Moore et coll., *Cognitive Development and the Acquisition of Language*, New York, Academic Press, 1973.

[33] Olson, *op. cit.*

[34] Farnham-Diggory, *op. cit.*

Chapitre 3   Les deux faces du langage

[1] La psycholinguistique est une discipline relativement jeune; elles est un point de rencontre entre la psychologie et la linguistique. Les psychologues s'intéressent plus au comportement humain, dont le langage en tant que *processus* n'est qu'une partie, qu'aux *produits* de ce comportement tels que les automobiles, les gâteaux, les tableaux des peintres, les mots et les phrases. Les linguistes, par ailleurs, s'intéressent généralement à la description comparative et historique du langage en tant que *produit* ou à l'analyse des mots, des phrases, des sons et de l'orthographe. Ils traitent aussi de sémantique et essaient de découvrir la relation entre les sons du langage ou les symboles écrits et les objets ou les événements, relation fréquemment identifiée par le mot «sens». La psycholinguistique recoupe ces deux disciplines et s'intéresse d'abord à la façon dont les gens apprennent, comprennent et utilisent le langage. Le présent ouvrage reprend l'idée que la pensée ne peut pas être ignorée chaque fois qu'il est question de langage et que l'étude du langage doit se trouver au centre de tout effort d'explication de la compréhension et de l'apprentissage chez les humains.

Il y a un grand nombre d'introductions à la psycholinguistique: Peter Herriot, *An Introduction to the Psychology of Language*, Londres, Methuen, 1970; James Deese, *Psycholinguistics*, Boston, Allyn and Bacon, 1970; Roger Brown *Psycholinguistics: Selected Papers*, New York, Free Press, 1970: Dan I. Slobin, *Psycholinguistics*, Glenview, Scott, Foresman, 1971. Un texte plus à jour quant aux discussions récentes sur la sémantique, quoique, comme son titre l'indique, limité au langage des enfants, est le premier chapitre de Roger W. Brown, *A First Language; The Early Stages*, Cambridge, Harvard University Press, 1973. En français, il y a la traduction de l'ouvrage de Hans Hormann, *Introduction à la psycholinguistique*, Larousse, Paris, 1972.

Pour une introduction à la linguistique, voir John Lyons, *Linguistique générale: introduction à la linguistique théorique*, Paris, Larousse, 1970; Henry A. Gleason, Jr., *Linguistics and English Grammar*, New York, Holt, Rinehart and Winston, 1965. Il y a plusieurs textes de synthèse fort intéressants dans John Lyons et coll., *New Horizons in Linguistics*, Harmondsworth, Penguin, 1970. Pour la langue française, on pourra consulter Nicolas Ruwet, *Introduction à la grammaire générative*, Paris, Plon, 1967; et, du même auteur, *Théorie syntaxique et syntaxe du français*, Paris, Le Seuil, 1972.

[2] Certaines de ces questions seront traitées plus loin dans le chapitre.

³ George A. Miller, « Decision units in the perception of speech », *I.R.E. Transactions on Information Theory*, 1962, vol. 8, pp. 81-83; Philip Lieberman, « On the acoustic basis of the perception of intonations by linguists », *Word*, 1965, vol. 21, n⁰ 1, 40-54.

⁴ George K. Zipf, *The Psycho-Biology of Language: An Introduction to Dynamic Philology*, Cambridge, M. I. T. Press, 1965. Quant à l'enseignement, voir E. Brooks Smith, Kenneth S. Goodman et Robert Meredith, *Language and Thinking in the Elementary School*, New York, Holt, Rinehart and Winston, 1960.

⁵ Charles C. Fries, *The Structure of English: An Introduction to the Construction of English Sentences*, New York, Harcourt Brace Jovanovich, 1952. (Pour le français, voir note 1.)

⁶ George A. Miller, « Some preliminaries to psycholinguistics », *American Psychologist*, 1965, vol. 20, pp. 15-20.

⁷ Endel Tulving et Cecille Gold, « Stimulus information and contextual information as determinants of tachistoscopic recognition of words », *Journal of Experimental Psychology*, 1963, vol. 66, n⁰ 4, pp. 319-327; John Morton, « Interaction of information in word recognition », *Psychological Review*, 1969, vol. 76, n⁰ 2, pp. 165-178.

⁸ En réalité, je l'ai tirée des théories de Noam Chomsky qui a amené les psychologues à s'intéresser à la linguistique au cours des années 50 et qui est encore le linguiste que toute personne traitant de la production ou de la compréhension du langage doit suivre ou réfuter. Il n'est pas facile de lire les ouvrages de Chomsky, mais on trouvera une bonne introduction à ses théories dans le livre de Judith Greene, *Psycholinguistics: Chomsky and Psychology*, Harmondsworth, Penguin, 1972. Ma grammaire miniature devrait être écrite avec d'autres symboles, par exemple $S \rightarrow NP + VP$, où S est l'abréviation de « sentence » (phrase), NP de « noun phrase » (syntagme nominal) et VP de « verb phrase » (syntagme verbal). Je n'ai pas utilisé ces symboles afin qu'on ne croie pas qu'une grammaire dépend d'abord de la définition des parties du discours. La grammaire définit les fonctions syntaxiques, et les symboles que j'ai utilisés n'ont aucune signification.

⁹ Cela est aussi tiré des théories de Chomsky; voir note précédente; Roderick A. Jacobs et Peter S. Rosenbaum, *English Tranformational Grammar*, Waltham, Blaisdell, 1968; pour la langue française, voir Nicolas Ruwet, *op. cit.*

¹⁰ John Macnamara, « Cognitive basis of language learning in infants », *Psychological Review*, 1972, vol. 79, n⁰ 1, pp. 1-13.

¹¹ Alvin M. Liberman, « The grammars of speech and language », *Cognitive Psychology*, 1970, vol. 1, n⁰ 4, pp. 301-323.

¹² Colin Cherry, *On Human Communication*, New York, Wiley, 1961. Voir plus particulièrement Anne N. Triesman, « Strategies and models of selective attention », *Psychological Review*, 1969, vol. 76, n⁰ 3, pp. 282-299.

¹³ Noam Chomsky et Morris Halle, *The Sound Pattern of English*, New York, Harper & Row, 1968.

¹⁴ La sémantique générative est un champ d'étude vaste, compliqué et qui a connu un développement rapide. Pour un aperçu, voir les chapitres 5 et 7 dans John R. Anderson et Gordon H. Bower, *Human Associative Memory*, Washington, Winston, 1973. On pourra aussi consulter le premier chapitre de Brown, *op. cit.* Plus techniques sont les textes rassemblés dans Charles J. Fillmore, D. Terrance Langendoen et coll., *Studies in Linguistic Semantics*, New York, Holt, Rinehart and Winston, 1971. Je me suis particulièrement appuyé sur l'ouvrage de Wallace L. Chafe, *Meaning and the Structure of Language*, University of Chicago Press, 1970. Voir aussi Herbert H. Clark, « Semantics and comprehension », dans T. A. Sebeok et coll., *Current Trends in Linguistics, Vol. 12, Linguistics and Adjacent Arts and Sciences*, La Haye, Mouton, 1973.

¹⁵ L'exemple est du traducteur.

¹⁶ Le traitement des adjectifs est différent en français et en anglais. Pour l'anglais, on pourra

consulter J. E. Martin, *A study of the determinants of preferred adjective order in English,* thèse de doctorat non publiée, université de l'Illinois, 1968; citée par Thomas G. Bever (voir note 21 *infra*).

[17] Chafe, *op. cit.;* Michael A. K. Halliday, « Relevant models of language », *Educational Review,* 1969, vol. 22, no 1, pp. 26-37; voir aussi, de ce dernier, *Explorations in the Functions of Language,* Londres, Edward Arnold, 1973.

[18] B. F. Skinner, *Science and Human Behavior,* New York, Macmillan, 1953; *Verbal Behavior,* New York, Appleton, 1957.

[19] Lev S. Vygotsky, *Thought and Language* (traduit par Eugenia Haufmann et Gertrude Vaker), Cambridge, M. I. T. Press, 1962; A. R. Luria, « The functional organization of the brain », *Scientific American,* 1970, vol. 222, no 3, pp. 66-78.

[20] Noam Chomsky, *Structures syntaxiques,* Le Seuil, Paris, 1969.

[21] J'ai emprunté cette analogie à un important article de Thomas G. Bever, « The cognitive basis for linguistic structures », dans John R. Hayes et coll., *Cognition and the Development of Language,* New York, Wiley, 1970; c'est un recueil de textes qui ont un rapport étroit avec les chapitres 3 et 8.

[22] Eve Clark, « What's in a word? On the child's acquisition of semantics in his first language », dans Timothy E. Moore et coll., *Cognitive Development and the Acquisition of Language,* New York, Academic Press, 1973, un autre ouvrage important.

[23] David R. Olson, « Language and thought: Aspects of a cognitive theory of semantics », *Psychological Review,* 1970, vol. 77, no 4, pp. 257-273; Roger Brown, « How shall a thing be called? », *Psychological Review,* 1958, vol. 65, no 1, pp. 14-21.

[24] Luria, *op. cit.*

[25] Benjamin Lee Whorf, *Language, Thought and Reality: Selected Writings of Benjamin Lee Whorf,* choix de textes par John B. Carroll, New York, Wiley, 1956.

[26] Roger W. Brown et Eric H. Lenneberg, « A study in language and cognition », *Journal of Abnormal and Social Psychology,* 1954, vol. 49, pp. 454-462.

[27] Je ne ferai qu'un survol de cette question. Je traiterai de façon plus détaillée de différents aspects de cette question dans d'autres chapitres: l'apprentissage du langage au chapitre 6, les différences linguistiques au chapitre 7 et l'usage du langage dans l'enseignement au chapitre 8.

[28] Voir Eve Clark, *p. cit.,* ainsi que Moore, *op. cit.* Un autre recueil de textes valables est celui de John B. Carroll, Roy O. Freedele et coll., *Language Comprehension and the Acquisition of Knowledge,* Washington, Winston, 1972.

[29] Quelques structures ne semblent pas être maîtrisées même après l'âge de cinq ans, la forme passive par exemple. Voir Carol Chomsky, *The Acquisition of Syntax in Children from Five to Ten,* Cambridge, M. I. T. Press, 1969; aussi Melissa Bowerman, « Structural relationships in children's utterances: Syntactic or Semantic? », dans Moore, *op. cit.*

Chapitre 4   L'apprentissage

[1] Voir les notes 2 et 16 du chapitre 1. De façon très approximative, la flèche portant les mots *perception/compréhension* pourrait représenter ce que Piaget appelle l' « assimilation », alors que la flèche portant le mot *apprentissage* représenterait l' « accommodation » chez Piaget. Celui-ci affirme que ni l'assimilation ni l'accommodation ne peut se produire sans l'autre, et je ne voudrais pas le contredire.

[2] Karl R. Popper, *Objective Knowledge: An Evolutionary Approach,* Oxford, Clarendon Press, 1973. Les écrits de Popper sont généralement intéressants mais difficiles à lire; sa façon de voir la méthode scientifique est presque identique au modèle d'apprentissage présenté dans ce chapitre; je recommande fortement la lecture de Bryan Magee, *Popper,* Londres, Fontana, 1973.

[3] Peter Lindsay et Donald A. Norman, *Human Information Processing: An Introduction to Psychology*, New York, Academic Press, 1973, chap. 13. Voir aussi Qalter Kintsch, *Learning, Memory and Conceptual Processes*, New York, Wiley, 1970.

[4] Arthur W. Melton, «Implications of short-term memory for a general theory of memory», *Journal of Verbal Learning and Verbal Behavior*, 1963, vol. 2, pp. 1-21. (Ce numéro de la revue est consacré à la mémoire et constitue une bonne référence.) On trouvera un autre point de vue dans Endel Tulving et Donald M. Thomson, «Encoding specificity and retrieval processes in episodic memory», *Psychological Review*, 1973, vol. 80, no 5, pp. 352-373.

[5] Eve Clark, «What's in a word? On the child's acquisition of semantics in his first language», dans Timothy E. Moore et coll., *Cognitive Development and the Acquisition of Language*, New York, Academic Press, 1973.

[6] *Ibid.*

[7] John Holt, *How Chidren Fail*, New York, Pitman, 1964.

[8] Thomas F. R. Bower, «The object in the world of the infant», *Scientific American*, 1971, vol. 225, no 4, pp. 30-38.

[9] Jean Piaget, *La construction du réel chez l'enfant*, Neuchâtel, Delachaux & Niestlé, 1937.

[10] Robert L. Fantz, «Visual experience in infants: Decreased attention to familiar patterns relative to novel ones», *Science*, 1964, vol. 146, pp. 668-670; Elizabeth K. Bond, «Perception of form by the human infant», *Psychological Bulletin*, 1972, vol. 77, no 4, pp. 225-245; Jerome Kagan, «The determinants of attention in the infant», *American Scientist*, 1970, vol. 58, pp. 298-306.

[11] Voir la note précédente ainsi que la note 16 du chapitre 1.

[12] Bower, *op. cit.*

[13] W. Schiff, «The perception of impending collision: A study of visually directed avoidant behavior», *Psychological Monographs*, 1965, vol. 79, le no 604 en entier.

[14] Herbert Clark, «Space, time, semantics, and the child», dans Moore, *op. cit.*

[15] Bower, *op. cit.*

[16] Eleanor J. Gibson, *Principles of Perceptual Learning and Development*, New York, Appleton, 1969.

Chapitre 5   La signifiance et la mémorisation

[1] Voir John H. Flavell, «Stage-related properties of cognitive development», *Cognitive Psychology*, 1971, vol. 2, no 4, pp. 421-453.

[2] Voir n'importe quelle introduction générale à la psychologie.

[3] Voir Eli Saltz, *The Cognitive Bases of Human Learning*, Homewood, Dorsey, 1971; Jerome S. Bruner, Jacqueline J. Goodenow et George A. Austin, *A Study of Thinking*, New York, Wiley, 1956; Irving E. Sigal, «The attainment of concepts», dans M. L. Hoffman, Lois W. Hoffman et coll., *Review of Child Development Research*, New York, Russell Sage, 1964.

[4] Katherine Nelson, «Some evidence for the cognitive primacy of categorization and its functional basis», *Merrill-Palmer Quarterly*, 1973, vol. 19, pp. 21-39; S. I. Offenbach, R. Baecher et M. White, «Stability of first-grade children's dimensional preferences», *Child Development*, 1972, vol. 43, pp. 689-692; John Macnamara, «Cognitive basis of language learning in infants», *Psychological Review*, 1972, vol. 79, no 1, pp. 1-13; Janellen Huttenlocher, «The origins of language comprehension», dans Robert L. Solso et coll., *Theories in Cognitive Psychology*, New York, Halstead Press, 1974.

[5] Cette partie s'appuie surtout sur l'ouvrage de Bruner, Goodenow et Austin, *op. cit.* On peut aussi se référer à l'analyse des styles cognitifs du chapitre 8.

[6] Tracy S. Kendler et Howard H. Kendler, «Reversal and non-reversal shifts in kindergarten children», *Journal of Experimental Psychology*, 1959, vol. 58, pp. 56-60; Howard H. Kendler

et Tracy S. Kendler, «Effects of verbalization on reversal shifts in children», *Science,* 1961, vol. 134, 1619-1620.

[7] Voir Jerome S. Bruner, «The course of cognitive growth», *American Psychologist,* 1964, vol. 19, pp. 1-15. Bruner parle d'une représentation mnémonique *iconique* et la situe entre les représentations qui présentent des actions et les représentations «symboliques». Comme Piaget, Bruner affirme que les formes premières de représentation ne sont pas remplacées par celles qui sont développées ensuite, elles se complètent.

[8] Une discussion intéressante et vigoureuse de cette question, qui fait ressortir les implications pédagogiques, se trouve dans W. J. McKeachie, «The decline and fall of the laws of learning», *Educational Researcher,* 1974, vol. 3, no 3, 7-11.

[9] C'est au philosophe allemand Herman Ebbinghauss qu'on accorde généralement le crédit d'avoir développé le premier les syllabes artificielles, il y a plus de quatre-vingts ans. On trouve un résumé de la carrière d'Ebbinghaus et d'autres pionniers de la psychologie expérimentale dans Edwin G. Boring, *A History of Experimental Psychology,* New York, Appleton, 1950. Pour des raisons obscures, l'apprentissage de listes de syllabes artificielles s'est appelé «apprentissage verbal» et beaucoup de travaux ont été faits sur ce sujet. On en retrouve le compte rendu dans Charles N. Cofer, Barbara F. Musgrave et coll., *Verbal Behavior and Learning,* New York, McGraw-Hill, 1963; George Mandler, «Verbal learning», dans *New Directions in Psychology* (vol. 3), New York, Holt, Rinehart and Winston, 1967.

[10] Voir James Deese et S. M. Hulse, *The Psychology of Learning,* New York, McGraw-Hill, 1967.

[11] Voir Peter H. Lindsay et Donald G. Norman, *Human Information Processing: An Introduction to Psychology,* New York, Academic Press, 1972, chap. 9.

[12] Richard M. Shiffrin, «Forgetting: Trace erosion or retrieval failure?», *Science,* 1970, vol. 168, pp. 1601-1603. Chez certains psychologues les temps d'apprentissage, ironiquement, ne sont pas tous considérés comme des facteurs nuisibles. De bons résumés des recherches sur l'apprentissage et l'oubli se trouvent dans Leo Rostman, Geoffrey Keppel et coll., *Verbal Learning and Memory,* Harmondsworth, Penguin, 1969, et Carl P. Duncan, Lee Sechrest, Arthur W. Melton et coll., *Human Memory: Festschrift for Benton T. Underwood,* New York, Appleton-Century-Crofts, 1972.

[13] Cela est connu sous le nom d'hypothèse de Skaggs-Robinson; voir E. S. Robinson, «The «similarity» factor in retroaction», *American Journal of Psychology,* 1927, vol. 39, pp. 293-312.

[14] Par exemple, voir David Ausubel, *Educational Psychology: A Cognitive View,* New York, Holt, Rinehart and Winston, 1968.

[15] Clyde E. Noble, «An analysis of meaning», *Psychological Review,* 1952, vol. 52, no 6, pp. 421-430; «Meaningfulness and familiarity», dans Cofer et Musgrave, *op. cit.*

[16] On en trouvera le compte rendu dans W. E. Vinacke, *The Psychology of Thinking,* New York, McGraw-Hill, 1952; Michael Wertheimer, *Productive Thinking,* New York, Harper and Row, 1959. Des études plus récentes font intervenir la simulation électronique ainsi que des mathématiques complexes; par exemple, voir Herbert A. Simon et Allen Newell, *Human Problem Solving,* Englewood Cliffs, Prentice-Hall, 1971; du même auteur, «Human problem solving: The state of the theory in 1970», *American Psychologist,* 1971, vol. 26, no 2, pp. 145-159. Sur la nature «logique» de la pensée, voir John Ceraso et Angela Provitera, «Sources of error in syllogistic reasoning», *Cognitive Psychology,* 1971, vol. 2, pp. 400-410; Peter Wason et Philip N. Johnson-Laird, *Psychology of Reasoning, Structure and Content,* Cambridge, Harvard University Press, 1972.

[17] L'expression est attribuée au mathématicien français Poincaré qui a analysé les processus de sa propre inspiration. Sa théorie est brièvement exposée dans plusieurs livres d'introduction à la psychologie, par exemple celui de William N. Dember et James J. Jenkins, *General Psychology: Modelling Behavior and Experience,* Englewood Cliffs, Prentice-Hall, 1970, p. 497.

[18] Il s'agit d'une adaptation française de « One is a bun, two is a shoe, three is a tree... », cité par George A. Miller, Eugene Galanter et Karl H. Pribram, *Plans and the Structure of Behavior*, Hinsdale, Dryden Press, 1960. On trouve une histoire très fouillée et très amusante des techniques de mémorisation dans Frances A. Yates, *The Art of Memory*, Londres, Routledge & Kegan Paul, 1966.

[19] John Ross et Kerry Ann Lawrence, « Some observations on memory artifice », *Psychonomic Science*, 1968, vol. 13, no 2, pp. 107-108.

[20] Voir Herbert A. Simon, « How big is a chunk? » *Science*, 1974, vol. 183, pp. 482-488. Simon prouve que la mémoire à court terme retient un nombre déterminé d'éléments, que le temps d'apprentissage est proportionnel au nombre d'éléments et que la durée de la mémoire des enfants semble plus courte parce qu'ils emmagasinent moins efficacement.

[21] Karl S. Lashley, « The problem of serial order in behavior », dans L. A. Jeffress et coll.; *Cerebral Mechanisms in Behavior: The Hixon Symposium*, New York, Wiley, 1951; H. Quastler, « Human channel capacity », dans H. Quastler et coll., *Three Survey Papers*, Urbana, Control Systems Laboratory, université de l'Illinois, 1956, pp. 13-33. Sur ce sujet et d'autres abordés dans ce chapitre, voir Steven W. Keele, *Attention and Human Performance*, Pacific Palissades, Goodyear, 1973; et Michael Posner et Steven W. Keele, « Skill learning », dans Robert M. W. Travers et coll., *Second Handbook of Research on Teaching*, Skokie, Rand McNally, 1973.

[22] Lashley, *op. cit.*

Chapitre 6   L'apprentissage de la parole et de la lecture

[1] La description que je fais de l'acquisition du langage chez les enfants s'appuie sur les travaux de plusieurs psycholinguistes dont les études sont exposées dans Frank Smith et George A. Miller, *The Genesis of Language*, Cambridge, M. I. T. Press, 1966. Des exposés plus récents et plus détaillés des travaux de ces chercheurs se trouvent dans leurs ouvrages: Roger Brown, *Psycholinguistics: Selected Papers*, New York, Free Press, 1970; David McNeill, *The Acquisition of Language: The Study of Developmental Psycholinguistics*, New York, Harper & Row, 1970; Dan I. Slobin et coll., *The Ontogeneses of Grammar*, New York, Academic Press, 1972; Lois Bloom, *Language Development: Form an Function in Emerging Grammars*, Cambridge, M. I. T. Press, 1970; Paula Menyuk, *The acquisition and Development of Language*, Englewood Cliffs, Prentice-Hall, 1971. Voir aussi note 1, chapitre 3.

[2] Lois Bloom, Lois Hood et Patsy Lightbown, « Imitation in language development », *Cognitive Psychology*, 1974, vol. 6, no 3, pp. 380-420

[3] Voir particulièrement Roger Brown, *A First Language: The Early Stages*, Cambridge, Harvard University Press, 1973; Timothy E. Moore et coll., *Cognitive Development and the Acquisition of Language*, New York, Academic Press, 1973. Pour une étude plus élémentaire, voir Philip S. Dale, *Language Development: Structure and Function*, Hinsdale, Dryden Press, 1972; James Britten, *Language and Learning*, Coral Gables, University of Miami Press, 1970.

[4] Voir surtout Eve Clark, « What's in a word? On the child's acquisition of semantics in his first language time », Herbert Clark, « Space, semantics and the child » et Melissa Bowerman, « Structural relation in children's utterances: Syntactic or semantic? », les trois dans Moore, *op. cit.*; Jeremy M. Anglin, *The Growth of Word Meaning*, Cambridge, M. I. T. Press, 1970. Voir aussi John MacNamara, « Cognitive basis of language learning in infants », *Psychological Review*, 1972, vol. 79, no 1, pp.1-13; et Nancy Katz, Erica Baker et John MacNamara, « What's in a name? A study of how children learn common and proper names », *Child Development*.

[5] Brown, *op. cit.*, fait une critique de la distinction d'une grammaire ayant une classe ouverte de mots pivots; il fait remarquer que la grammaire des enfants plus jeunes est plus riche que ne le laissent croire ces simples formulations. Par exemple, une structure de surface présentant une classe ouverte de deux mots pivots seulement pourrait être utilisée pour représenter

plusieurs structures profondes, ce qui indiquerait l'existence d'une série de règles sous-jacentes.

[6] David McNeill, «Developmental psycholinguistics», dans Smith et Miller, *op. cit.*

[7] MacNamara, *op. cit.;* Brown, *op. cit.*, 1973; Herbert Clark, *op. cit.*

[8] Voir le chapitre 3.

[9] Brown, *op. cit.*, 1973.

[10] Bowerman, *op. cit.*

[11] Carol Chomsky, *The Acquisition of Syntax in Children from Five to Ten,* Cambridge, M. I. T. Press, 1969; David S. Palermo et Dennis I. Molfese, «Language acquisition from age five onward», *Psychological Bulletin,* 1972, vol. 78, no 6, pp. 409-428.

[12] Brown, *op. cit.*, 1973.

[13] *Ibid.*

[14] MacNamara, *op. cit.*

[15] À un niveau plus général, l'idée que les marqueurs grammaticaux, comme ceux qui indiquent le temps, le nombre et d'autres précisions, sont très redondants dans les situations quotidiennes de communication orale est longuement explicitée par Wallace L. Chafe, *Meaning and the Structure of Language,* University of Chicago Press, 1970. Voir aussi le chapitre 3.

[16] Courtney Cazden, *Environmental assistance to the child's acquisition of grammar,* thèse de doctorat non publiée, School of Education, Harvard, 1965; *Child Language and Education,* New York, Holt, Rinehart and Winston, 1972.

[17] Frank Smith, *Understanding Reading,* New York, Holt, Rinehart and Winston, 1971; *Psycolinguistics and Reading,* New York, Holt, Rinehart and Winston, 1973. Pour d'autres points de vue, voir Eleanor J. Gibson et Harry Levin, *The Psychology of Reading.*

[18] Les exemples sont du traducteur. Pour l'anglais, on peut consulter Noam Chomsky et Morris Halle, *The Sound Pattern of English,* New York, Harper & Row, 1968. On trouvera une synthèse moins technique de cette question dans Carol Chomsky, « Reading, writing and phonology», *Harvard Educational Review,* 1970, vol. 40, no 2, pp. 287-309.

[19] Par exemple, des lecteurs bilingues pourront lire un passage fait d'un mélange d'anglais et de français et le bien comprendre, mais ne pas utiliser la bonne prononciation. Voir Paul A. Kolers, «Three models of reading», dans Harry Levin, Joanna P. Williams et coll., *Basic Studies on Reading,* New York, Basic Books, 1970.

[20] Voir le chapitre 3.

[21] Betty Berdianski, Bruce Cronnell et J. Koehler, Jr., *Spelling-Sound Relations and Primary Form-Class Descriptions for Speech-Comprehension Vocabularies of 6-9 Year Olds,* Los Alamitos, Southwest Regional Laboratory (rapport technique no 15), 1969. La complexité des règles qu'ils ont découvertes ne les a pas empêchés d'essayer d'en enseigner un certain nombre à des enfants; par exemple, voir Bruce Cronnell, «Designing a reading program based on research findings in orthography», *Elementary English,* 1973, pp. 27-34. Pour la langue française, on pourra consulter Claire Blanche-Benveniste, *L'orthographe,* Paris, F. Maspero, 1969. On trouvera un essai d'application à l'enseignement de la lecture dans Robert Préfontaine, *Le sablier - Philosophie et Procédures,* Montréal, Beauchemin,

[22] Kenneth S. Goodman, «Analysis of oral reading miscues: Applied psycholinguistics», *Reading Research Quarterly,* 1969, vol. 5, no 1, pp. 9-30.

[23] Cf. Jeanne Chall, *Learning to Read: The Great Debate,* New York, McGraw-Hill, 1967.

[24] Smith, *op. cit.*, 1973, chap. 10.

[25] Karl S. Lashley, «The problem of serial order in behavior», dans L. A. Jeffress et coll., *Cerebral Mechanisms in Behavior: The Hixon Symposium,* New York, Wiley, 1951.

[26] H. D. Brown, «Categories of spelling difficulty in speakers of English as a first and second language», *Journal of Verbal Learning and Verbal Behavior,* 1970, vol. 9, pp. 232-236.

Chapitre 7 Les différences individuelles

[1] Il n'y a pas de texte général valable sur les *styles cognitifs,* expression de plus en plus utilisée avec plus ou moins de rigueur en psychologie de l'éducation. Beaucoup d'introductions récentes à la psychologie mentionnent le sujet. On trouvera un exposé plus complet sur plusieurs aspects des styles cognitifs dans Leona E. Tyler, *The Psychology of Human Differences,* New York, Appleton-Century-Crofts, 1965, chap. 9. Voir aussi David P. Ausubel et Edmund V. Sullivan, *Theory and Problems of Child Development,* New York, Grune & Stratton, 1970; R. D. Hess et V. C. Shipman, «Early experience and the socialization of cognitive modes in children», *Child Development,* 1965, vol. 36, pp. 869-886; Nathan Kogan, «Educational implication of cognitive styles», dans Gerald S. Lesser et coll., *Psychology and Educational Practice,* Glenview, Scott, Foresman, 1971; George Shouksmith, *Intelligence, Creativity and Cognitive Style,* New York, Wiley, 1970.

[2] H. A. Witkin, R. B. Dyk, H. F. Faterson, D. R. Goodenough et S. A. Karp, *Psychological Differentiation,* New York, Wiley, 1962.

[3] *Ibid.*

[4] David P. Ausubel, *Educational Psychology: A Cognitive View,* New York, Holt, Rinehart and Winston, 1968, pp. 170-174.

[5] Jerome Kagan, «Impulsive and reflective children: Significance of conceptual tempo», dans J. D. Krumboltz et coll., *Learning and the Educational Process,* Skokie, Rand McNally, 1965.

[6] Nathan Kogan et Michael A. Wallach, *Risk Taking: A Study in Cognition and Personality,* New York, Holt, Rinehart and Winston, 1964.

[7] John Holt, *How Children Fail,* New York, Pitman, 1964.

[8] James G. Greeno, «On the acquisition of a simple cognitive structure», dans Endel Tulving, Wayne Donaldson et coll., *Organization of Memory,* New York, Academic Press, 1972. Voir aussi David E. Hunt et Edmund V. Sullivan, *Between Psychology and Education,* Hinsdale, Dryden Press, 1974.

[9] H. A. Witkin, «Cognitive style and the teaching-learning process», communication présentée à l'American Educational Research Association, Chicago, 1974.

[10] Voir la note 17 du chapitre 1.

[11] La plupart des introductions à la psychologie et des manuels de psychologie de l'éducation présentent un aperçu de l'histoire des tests d'intelligence. Ce sujet est particulièrement traité dans W. B. Dockrell, *On Intelligence,* Toronto, Ontario Institute for Studies in Education, 1970. Selon ce qui ressort de la plupart des écrits de Piaget, l'intelligence n'est pas la *cause* d'un comportement intelligent, elle *est* ce comportement adapté et fonctionnel. Voir Jean Piaget, *La naissance de l'intelligence chez l'enfant,* Neuchâtel, Delachaux & Niestlé, 1948. Voir aussi William Rohwer, Paul Ammon et Phebe Gramer, *Understanding Intellectual Development: Three Approaches to Theory and Practice,* New York, Holt, Rinehart and Winston, 1974.

[12] Il y a désaccord sur cette question entre les psychologues britanniques et américains. Les premiers, s'appuyant sur Galton, Burt et Vernon, seraient plutôt enclins à ne supposer qu'un seul facteur sous-jacent ou «général». Voir Cyril Burt, *The Factors of the Mind,* Londres, University of London Press, 1940; Philip E. Vernon, *The Structure of Human Abilities,* Londres, Methuen, 1961. La tradition américaine, venant de Spearman, Thurstone et Guilford, voudrait qu'il y ait une multiplicité de facteurs; voir Louis L. Thurstone, *The Vectors of Mind,* University of Chicago Press, 1935.

[13] J. P. Guilford, *The Nature of Human Intelligence,* New York, McGraw-Hill, 1971.

[14] Jerome S. Bruner, *The Process of Education,* Cambridge, Harvard University Press, 1960.

[15] John B. Carroll, «A model of school learning», *Teachers College Record,* 1963, vol. 64, pp. 723-733.

[16] Benjamin S. Bloom, *Individual Differences in School Achievement: A Vanishing Point?*, Bloomington, Phi Delta Kappa, 1971.

[17] On peut se référer aux disciples de Piaget; voir la note 16 du chapitre 1.

[18] Voir John H. Flavell, «Stage-related properties of cognitive development», *Cognitive Psychology*, 1971, vol. 2, pp. 421-453. On trouvera plusieurs textes intéressants dans Jerome S. Bruner, Rose S. Olver, Patricia M. Greenfield et coll., *Studies in Cognitive Growth*, New York, Wiley, 1966.

[19] Eleanor J. Gibson, *Principles of Perceptual Learning and Development*, New York, Appleton, 1969, notamment le chap. 20.

[20] Eric H. Lenneberg, *Biological Foundations of Language*, New York, Wiley, 1967.

[21] W. L. Bryan et N. Harter, «Studies in the telegraphic language: Acquisition of a hierarchy of habits», *Psychological Review*, 1899, vol. 6, no 4, pp. 346-376.

[22] On trouvera des exposés sur l'ensemble de ces sujets dans Herbert Ginsburg, *The Myth of the Deprived Child: Poor Children's Intellect and Education*, Englewood Cliffs, Prentice-Hall, 1972; Frederick Williams et coll., *Language and Poverty*, Chicago, Markham Press, 1970; Frederick Williams, Jack L. Whitehead et Leslie M. Miller, «Relations between language attitudes and teacher expectancy», *American Educational Research Journal*, 1972, vol. 9, no 2, pp. 263-278; Michael Cole et Jerome S. Bruner, «Preliminaries to a theory of cultural differences», dans Ira J. Gordon et coll., *Early Childhood Education*, Chicago, National Society for the Study of Education (vol. 71), 1972, pp. 161-179.

[23] William Labov, *The Study of Nonstandard English*, Champaign, National Council of Teachers of English, 1970; Roger W. Shuy et coll., *Social Dialects and Language Learning*, Champaign, National Council of Teachers of English, 1965; Johanna S. DeStefano et coll., *Language, Society and Education: A Profile of Black English*, Worthington, Charles A. Jones, 1973.

[24] Basil Bernstein, *Class, Codes and Control*, Londres, Routledge & Kegan Paul, 1969; «Social class and linguistic development», dans A. H. Halsey, J. Floud, C. A. Anderson et coll., *Education, Economy and Society*, New York, Free Press, 1961, pp. 288-314; il y a aussi les chapitres écrits par Bernstein, «Sociolinguistic approach to socialization», dans Williams, *op. cit.* À la base des idées et des formulations de Bernstein, il y a celles d'un linguiste britannique dont les travaux sont très connus: Michael A. K. Halliday, «Language function and language structure», dans John Lyons et coll., *New Horizons in Linguistics*, Harmondsworth, Penguin, 1970.

Chapitre 8   L'instruction et les instructeurs

[1] Je dois plusieurs des idées que je présente dans cette section et dans l'ensemble de ce chapitre à David R. Olson, bien qu'il ne soit pas nécessairement d'accord avec mon interprétation. Je me suis particulièrement inspiré de l'introduction d'un ouvrage qui explore de nouveaux horizons de la théorie pédagogique: David R. Olson et coll., *Media and Symbols: the Forms of Expression, Communication and Education*, Chicago, National Society for the Study of Education, (vol. 73, 1re partie), 1974.

[2] Karl R. Popper, *Objective Knowledge: An Evolutionary Approach*, Oxford, Clarendon Press, 1973; Bryan Magee, *Popper*, Londres, Fontana, 1973.

[3] David R. Olson, «Language and thought: Aspects of a cognitive theory of semantics», *Psychological Review*, 1970, vol. 77, no 4, pp. 257-273.

[4] On trouve de nombreux écrits où est proclamé le succès de l'enseignement par ordinateur, généralement quand il s'agit d'atteindre des buts bien définis et sélectionnés arbitrairement. On trouvera l'écho sérieux d'un enthousiasme déçu dans Anthony G. Oettinger, *Run Computer Run: The Mythology of Educational Innovation*, Cambridge, Harvard University Press, 1969.

[5]   Janet A. Taylor et Kenneth W. Spence, « The relationship of anxiety level to performance in serial learning », *Journal of Experimantal Psychology,* 1952, vol. 44, pp. 61-64.

[6]   Kenneth S. Goodman, « Analysis of oral reading miscues: Applied psycholinguistics », *Reading Research Quarterly,* 1969, vol. 5, no 1, pp. 9-30.

[7]   Edward J. Nussel et Mildred Johnson, « Who obstructs innovation? » *Journal of Secondary Education,* 1969, vol. 44, no 1, pp. 3-11. Parmi les ouvrages généraux qui traitent des enseignants et de l'enseignement, il y a: Philip W. Jackson, *Life in Classrooms,* New York, Holt, Rinehart and Winston, 1968; et Jere E. Brophy et Thomas L. Good, *Teacher-Student Relationship: Causes and Consequences,* New York, Holt, Rinehart and Winston, 1974. Il y a un excellent article de synthèse sur les attitudes des élèves et des enseignants dans S. B. Khan et Joel Weiss, « The teaching of affective responses », dans Robert M. W. Travers et coll., *Second Handbook of Research on Teaching,* Skokie, Rand McNally, 1973.

En guise de conclusion

[1]   Je consacre ces dernières lignes à remercier les amis qui m'ont aidé et encouragé au cours de la longue rédaction de ce livre: mes éditeurs David Boynton et Richard Owen qui m'ont soutenu et Elyce Misher, directrice de la production, qui s'est révélée compétente et compréhensive. Parmi mes collègues, David Olson retrouvera dans ce livre l'écho d'innombrables discussions et désaccords que nous eûmes à l'heure du dîner. Plusieurs autres personnes de l'Ontario Institute for Studies in Education m'ont fourni des idées et des critiques fort utiles; il serait faux et inconvenant de les appeler « étudiants » ou « assistants de recherche », parce que j'ai beaucoup appris de chacun d'eux. Enfin je dédie ce livre à quatre personnes qui, à la maison, ont souffert, fait des efforts et se sont réjouies avec moi: Mary-Theresa, Laurel, Melissa et Nicholas.

Toronto, 1975

Index

273

Alarme (fausse)
(*voir* Signal de détection)
Alphabet, 187-188, 196-198
Ambiguïté,
des mots, 91-93, 187
des phrases, 88, 92-93, 102
Analyse synthèse, 102-103
Anxiété, 65, 83, 242
(*voir aussi* Risque),
Apprentissage, 36, 120-200, 224
des associations par paires, 162
et les catégories cognitives, 126-127
et la compréhension, 134-135
des concepts, 148-158
conditions, 162
par la découverte, 164-165
de la discrimination, 145-149
l'enfant, un expérimentateur, 129-133
et l'instruction, 233-244
à l'interférence, 163-164
chez les jeunes enfants, 135-142
de la lecture, 60-62, 186-195
lois, 157, 165-166
machinal, 156-164
et l'anxiété, 242
et la mémoire, 124-126
augmentation de
la mémoire, 168-171
moteur, 171-174
du non-sens, 160-164
de la parole, 175-186, 221-222
de la perception visuelle, 136-142
processus fondamentaux, 130-133
et les relations entre les
catégories, 128-129
et la résolution de problèmes, 166-168
signifiant, 124-125, 164-171
stratégies, 155-157
et la structure cognitive, 123, 126-129
des traits distinctifs, 127-128
et le travail, 244-247
(*voir aussi* Instruction)
Attentes (*voir* Prévision)
Attention, 27-31

Bébés (*voir* Enfants jeunes)
Boîte à écho, 69
Bruit, 31-32

Catégories,
apprentissage, 128-129
et concepts, 15
emboîtées, 18-19
interrelations, 17-23
systèmes, 14-15
Catégorisation,
et l'apprentissage, 130-132
et le langage, 114-115
et la mémoire, 73
Cerveau, 26-27, 50-60, 136, 172-174
Changements par
renversement, 157-158
Code,
élaboré, 201-202
restreint, 201-202
Compréhension, 9-49
et l'apprentissage, 120-136
définition, 9, 34-36
développement, 182-186
et les dialectes, 220
donner du sens au monde, 10
et le langage, 91, 93-94
et la lecture, 187-193
limites, 50-85
et la prévision, 95-97
relativité, 37, 48-49
et la signification, 110-111
tests, 49
Concepts, 15
apprentissage, 148-156
Connaissance,
acquise, 53-63
et les croyances, 10
et les habiletés, 42-45, 224-233
implicite, 45-46
modes d'acquisition, 42-43, 220-230
Conscience, 46
Créativité, 38, 166-167
Critérium, 63-65

Décodage (*voir* Phonèmes)
Dépendance et indépendance à
l'environnement, 202-204
Dialectes,
différences, 96, 216-222
et la pensée, 218-220

Discrimination,
    apprentissage, 145-149
    dans la théorie du signal de
        détection, 63-64
Donner du sens (*voir* Compréhension)

Écriture, 196-200
    composition, 198-200
    chinoise, 189
    et la lecture, 196-197
    et la langue orale, 187-189
    représentation des mots, 197-198
Éducation (*voir* Instruction)
Enfants,
    jeunes,
        attention, 138-140
        langage, 177-186
        prévision, 142
        vision, 138-142
    d'âge scolaire,
        différences d'âge, 214-216
        apprentissage, 129-134
        apprentissage de la lecture, 193-195
        apprentissage de la
            parole, 176-186, 221-222
        apprentissage des stratégies, 156
        attentes à l'école, 234-236
        attitude vis-à-vis de
            l'apprentisage, 83-84
        capacité de catégorisation, 152-153
        et les changements par
            renversement, 157
        et les enseignants, 239
        intelligence, 213
        langage, 96, 119-121, 176
        mémoire, 80-85
        styles cognitifs, 205-206
        vision, 136-142
Ennui, 84, 140, 251
Enseignants (*voir* Instructeurs)
Enseignement (*voir* Instruction)
Entendre, 50
    limites, 62
Erreurs,
    dans l'identification des lettres, 54-55
    et le risque, 63-64
    (*voir aussi* Précision)

Expériences,
    et l'apprentissage, 43
    substituts, 37
    sur des animaux, 146

Fautes (*voir* Erreurs)
Feed-back, 41, 130-133, 242-243
Film, 230-233

Grammaire,
    générative, 98
    (*voir* Syntaxe)

Habiletés,
    et la connaissance, 42, 224-233
    motrices, 171-174
Holophrases, 177-178
Hypothèses,
    différences selon l'âge, 214-216
    et l'apprentissage, 145-156, 222
    génération, 130
    et le langage, 177-184, 222
    et la résolution de
        problèmes, 166-167
    vérification, 130-135, 222

Images, 76-77
    descriptions verbales, 77-79, 231-232
Imagination, 37-38
Imitation, 176-177
Incertitude, 29-36
    probabilité des lettres, 55-59
    probabilité des mots, 55-59
Incubation, 168
Information, 31-32, 39-42
    générale et particulière, 132
    non visuelle, 51-63
    positive et négative, 153
    théorie, 31
    et la théorie du signal de
        détection, 63-64
    théorie du traitement, 31
    limites et rythme du
        traitement, 52-53
    visuelle, 51-63
    en lecture, 186-187

Information acoustique,
   (*voir* Entendre)
Instructeurs, 223-249
   attitude envers leur propre
      apprentissage, 247-249
   attitude envers les élèves, 244-247
   dilemme, 253-255
   rôle, 233-249, 255
Instruction,
   et l'apprentissage
      machinal, 156, 162-164
   et la compréhension, 46-47
   et l'écriture, 200
   et le langage, 119-120
   et la lecture, 60-62, 193-195
   et les médias, 230-233
   et la mémoire, 82-85
   et le risque, 64-65, 133
   et les stratégies d'apprentissage, 156
   et les styles cognitifs, 202-203
Intelligence, 207-216
   tests, 210-214
Interférence, 163-164

Langage, 86-119
   apprentissage, 175-200, 221-222
   et l'apprentissage, 43, 237
   et les catégories cognitives, 114-115
   dialectes, 216-222
   et l'école, 119-121, 224
   grammaire générative, 98
   grammaire transformationnelle, 101
   et la pensée, 111-119
   et la perception, 118-121
   pourquoi l'apprendre, 112-113, 182
   et les prévisions, 95-97
   règles syntaxiques, 98
   sémantique générative, 104-110
   structure de surface, 86-93
   structure profonde, 86-93
   traitement, produit et usage, 112-115
   (*voir aussi* Lecture, Écriture)
Langues,
   naturelles,
      nombre, 92
   universelles, 92
Lecture, 50-62, 186-195, 216
   apprentissage, 191-195

«décodage», 187
facilité, 216
fixation, 52-53
rythme, 58-59
risques, 64-65
et les sons, 190-191
vitesse, 58-59
Lettres
   fréquence, 55
   identification, 52-59
Linguistique,
   hypothèse de la relativité, 118-119
   (*voir aussi* Dialecte)

Marche du philosophe, 170
Maturation, 214-216
Médias, 230-233
Mémoire, 11, 49, 65-85
   et l'apprentissage, 66, 124-125
   amélioration, 168-171
   aspects (trois), 67-72
   à court terme, 68-70
   capacité, 70
   des enfants, 80-82
   rapport avec celle à long
      terme, 74-75
   définition, 65
   des enfants, 80-85
   et la lecture, 186
   dépasser les limites, 72-75
   à long terme, 71-75
   photographique, 76
   représentations, 75-80
   structure, 75-77
   (*voir aussi* Mémorisation,
      Réserve sensorielle)
Mémorisation, 143-174
   et l'apprentissage, 124-125
   et l'organisation, 73
   (*voir aussi* Mémoire)
Mnémotechnique, 168-171
Modification du comportement, 239-242
Morphèmes, 90
Motivation, 84, 251
Mots,
   difficulté de les définir, 90
   et la lecture, 188-189
   multiplicité des sens, 91-93

pivots et classe ouverte, 181
et les référents, 34

Nommer, 16, 91, 153
Non-sens, 32
  apprentissage, 158-164
  (*voir aussi* Apprentissage machinal)

Observation, 42-43
Oeil,
  coordination avec la main, 172
  (*voir* Vision)
Oubli, 161-164

Parier, 55
  (*voir aussi* Prévision)
Penser, 36-38
Perception, 26-29
  et la théorie du signal de
    détection, 63-65
  (*voir aussi* Vision)
Phonèmes, 88-89, 190-191
Phonologie, 88-89
Plans, 26, 39-45
Ponctuation, 187
Possibilités,
  (*voir* Incertitude)
Pratique regroupée ou distribuée dans
  le temps, 162
Précision,
  atteignable en lecture, 60-61
  dilemme des écoliers, 64-65
  importance exagérée dans
    l'enseignement, 60-62
  théorie du signal de détection, 63-64
Prévision, 30-31, 61, 103-104
  et la compréhension, 95-97
  chez les enfants, 141-142
  en lecture, 191-192
Problème,
  «du cocktail», 103
  résolution, 166-167
Psycholinguistique, 2

Questions cognitives, 28-29
  (*voir* Attention, Incertitude)

Relations casuelles, 106
Relations,
  cognitives (*voir* Catégories:
    interrelations)
  est-un, 18-22
  hiérarchiques, 18-22
  d'inclusion, 17-22
  de propriété, 21
Renforcement, 162, 239-242, 251
Réseaux, 18-19
Réserve sensorielle, 67-68
Résolution de problèmes, 166-167
Risques,
  et l'apprentissage, 234
  et la perception, 63-64
  prendre des, 205

Sémantique,
  générative, 104-109
  (*voir aussi* Signification)
Signal de détection (théorie du), 63
Signification, 89-110
  et la compréhension, 110
  et la connaissance acquise, 56-59
  identification des mots, 56-59
  et la langue écrite, 187
  des mots, 91-93
  et la sémantique, 104-109
  et la syntaxe, 92-93
Sous-sonorisation, 104
Structure cognitive,
  et l'apprentissage du langage,
    126-135, 168
  et la conscience, 44-45
  dynamisme, 38-43
  et les habiletés motrices, 171-173
  organisation, 13-26
  résumé sur la, 251-252
  théorie du monde, 10-11
  (*voir aussi* Catégorisation,
  Catégories: interrelations)
Structure de surface (*voir* Langage)
Structure profonde,
  et le langage des enfants, 181
  (*voir aussi* Langage)
Styles cognitifs, 202-207
Surdité (*voir* Entendre: limites)

Syllabes artificielles, 159-164, 167-170
Syntaxe, 92-104
  et la compréhension, 101-103
  enfants, 179-182
  grammaire générative, 98-100
  grammaire transformationnelle,
    100-101
  ordre des mots, 105
  et le sens, 101

Télévision, 230-232
Traduction, 91-92
Traits distinctifs, 16
  apprentissage, 127
  en lecture, 55-58
  des lettres, 55-58
  dans la parole, 62
Vision, 50-60, 146-147, 172
  apprendre à voir, 136-142
  chez les jeunes enfants, 136-142
  en tunnel, 59-60, 70, 72, 186
Whorf (hypothèse de), 118-119

L'auteur

Frank Smith est né et a grandi en Angleterre. Après avoir servi dans la marine, il a passé dix ans à faire de grands voyages en Europe et en Asie comme reporter et rédacteur d'une revue, jusqu'au moment où son intérêt pour les questions de langage et d'apprentissage l'a poussé à entreprendre des études à l'université Western Australia. Il effectua des recherches de doctorat au centre d'études cognitives de l'université Harvard où, en 1967, il obtint un Ph.D. en psycholinguistique. Depuis, il n'a cessé de faire des recherches en psychopédagogie.

Ses premières oeuvres furent des nouvelles; puis vint un roman, *Brothers' Keepers* (1964), suivi des ouvrages *The Genesis of Language* (1967, en collaboration avec George A. Miller). *Understanding Reading* (1971), et *Psycholinguistic and Reading* (1973).

Frank Smith enseigne la pédagogie à l'Ontario Institute for Studies in Education où, depuis onze ans, il travaille avec de nombreux enseignants et des centaines d'écoliers. Son épouse enseigne l'art et en fait elle-même. Ils ont trois enfants, résident à Toronto et possèdent un cheval, un chien et un canot à voiles.

Achevé d'imprimer
en août mil neuf cent soixante-dix-neuf
sur les presses de l'Imprimerie Gagné Ltée
Louiseville - Montréal.
Imprimé au Canada